日本政治学会 編

政治学における
ガバナンス論の現在

年報政治学2014－Ⅱ

木 鐸 社

はじめに

2014年Ⅱ号の日本政治学会年報の特集テーマは「政治学におけるガバナンス論の現在」である。わたしの通俗的な認識では，日本におけるガバナンスというターム・概念の普及は「コーポレイト・ガバナンス」によるところが大きいものと思われるが，やがてこの概念は，企業統治以外のさまざまな領域に拡大され，ある意味においては，現代社会の多様なアクターや組織の在り方に関する分析用具あるいは指標として広く認知されつつあるといっていいのではないか。

あいまいな記憶でもあり，思い違いの面があるかもしれないが，かつて自民党の小渕内閣の時代に，「統治」から「協治」への転換が謳われ，政府の一方的・片務的な政治指導から，市民や企業，自治体などのアクターが協働し，政治の指導・運営・遂行に多面的に参画して，より良い政治社会を構築しようという発想が提起された。この発想は，ダイレクトに「ガバナンス」の概念に繋がるとはいえないかもしれないが，「統治」に関する新たな着想として注目に値するように思われる。

浅学の身には，そもそもガバナンスという概念がどのような意味をもち，政治分析のツールとしてどのような有意性あるいは有効性をもつのか，判然としない面がある。しかしながら，ガバナンスに関する多様な分析がおそらく急激に増大している現状をみれば，この概念が政治分析の側面においても，重要な位置を占めていることは間違いなさそうである。

企業体をはじめ，さまざまな組織体を健全に維持し，さらなる組織的向上を図ると同時に，その構成員の組織への一体感やインセンティヴを高めていくには，どうしたらいいのか。政治の世界に関していえば，民主主義の体制をさらに洗練させ，われわれがその体制を協働して発展させていくためにどのような方策があり，また，われわれが主体的に民主主義社会のさらなる進展に寄与するためには，どのような行動が求められるのか。さらに，個別具体的な領域において，それぞれの政治的単位がどのように思索し，行動し，政治社会全体の質の向上に貢献しうるか。このような問題意識は，ガバナンスの問題を考えるうえで，やはり必要ではないかと思われる。

ところで，前述したように，そもそも政治学の領域において，ガバナンスの立ち位置とはどのようなものなのか。この根本的な問題を考察するために，2012年にOUPから出版されたD. Levi-Faur編のThe Oxford Handbook of Governanceに収められているピーターズB. Guy Peters（ピッツバーグ大学/ツェッペリン大学教授）の論文“Governance as Political Theory”を一つの手がかりにして，その一部をここでご紹介することをお許しいただきたい。会員の諸先生方にとっては，「何をいまさら」という反応を抱かれることを承知で「ガバナンス論序論」として少しご紹介する。

例えばこの中で，ピーターズは社会学者パーソンズの機能主義を援用しながら，優れたガバナンスは次の4つの活動の実現を要請していると主張する。

1　目標選択。統治することは操縦することであり，操縦はどこに向けて操縦しているのかについての，その目的地に関する一定の知識を必要とする。この機能を遂行できるのは，国家レベルのアクターだけではなく，社会レベルのアクターでもある。しかしわれわれは，目標は単一ではなく，「社会的正義」のような広範な目標から，部局や事業の手段的目標にまで及ぶ，多様なレベルに存在していることを想起しなければならない。したがって，有効なガバナンスは，さまざまなシステムのすべてのレベルにまたがるさまざまな目標の統合を求めている。

2　目標の調整と協調。統治体内部の多様なアクターはすべて，自らの目標をもち，したがって有効なガバナンスは一定の優先順位の確立とそのような優先順位に応じてとられる諸行為を調整することを求めている。

3　履行。上記に示された2段階でなされる決定は，一定形態での履行を要求しながら有効に下されねばならない。この段階過程は国家的アクターによって遂行される可能性が高いが，社会的アクターも含む可能性がある。

4　フィードバックと説明責任。最後に，ガバナンスに包摂される個人や制度は，それらの行為から学ぶ必要がある。このことは，なされつつある決定の質を改善するためにも，また，民主的な説明責任にとっても重要である。したがって，何らかの十分に発展したフィードバックの方法がガバナンスの配置に組み込まれなければならない（p. 22）。

また同書をあと少しだけ参照させていただければ，ガバナンス論の興隆については，同書の編者であるヘブライ大学のレビ-ファウルの分析によると，社会科学において限定的に議論される存在にすぎなかったガバナンス論を劇的に変えたのは，ウィリアムソン Oliver Williamson の論文「取引コストの経済学：契約関係のガバナンス」（1979年）および法と経済領域におけるコーポレイト・ガバナンスへの関心の増大であったが，この概念の学問的高揚が本格的にみられたのは1990年代に入ってからであった。

彼によれば，ガバナンスを社会科学における重要な概念に高めた一つの理由は，それが変化のイメージと意義を呼び覚ますことであった。つまりガバナンス論の高揚は，われわれの時代は変化の時代であり，移行の時代であり，変容とパラダイム転換の時代であるという広範な合意と符合していた。ガバナンス論では，この点はガバナンスの「移行」を観察し，その方向性や含意について論争するなかでもっともよく表現された。これらの移行が示唆するのは，権威はさまざまな活動領域で現に制度化され，あるいは少なくとも制度化されうるものであり，それらの活動領域は暗にそれら自体の間で競合し，取引し，あるいは調整しあうことができ，あるいは相互に無視しあうこともできるということである。このような移行は，次の３つの異なる方向で概念化される。つまり，上昇（地域－脱国家－政府間－グローバル），下降（地方－地域－大都市），水平（権威の私的領域－公的領域）がそれである。ガバナンスにおける移行について考察するきわめて優位な方法のいくつかは，次のような移行を含んでいる。すなわち，政治から市場への移行，地域社会から市場への移行，政治家から専門家への移行，政治・経済・社会のヒエラルキーから分権的な市場・パートナーシップ・ネットワークへの移行，積極国家から規制国家への移行，大きな政府から小さな政府への移行，国家から地域への移行，国家からグローバルへの移行，ハードパワーからソフトパワーへの移行，そして公的権威から私的権威への移行を含んでいる（David Levi-Faur, “From Big Government to Big Governance ?”, in *The Oxford Handbook of Governance*, Oxford University Press, 2012, p. 7）。

本号に掲載されている７本の特集論文も，多様な研究対象に及んでおり，多様な分析レベルで，ガバナンスに関するきわめて示唆に富んだ緻密な議論が展開されている。日本の政治学界において，どのような関心からガバナンスの問題が取り上げられ，どのような研究対象が選択されているのか，また，どのような新たな分析枠組みや理論モデルが提起されているのかを知るうえで，大変参考になるものと思われる。ご高覧願いたい。

最後に，編集の段階でいろいろとお世話になった木鐸社の坂口節子さんに感謝申し上げます。

2014年度Ⅱ号年報編集委員長
吉野　篤

日本政治学会年報　2014－Ⅱ

目次

政治学における
ガバナンス論の現在

税制改革と民主主義ガバナンス

――リスク・ラバーたちの消費税――

木寺　元*

直感的に，このように考えたりはしないだろうか。支持基盤が安定している政権の方が，不人気な政策を決定しやすいはずだ，と。しかし，日本における２度にわたる消費税率引き上げのケースは，その直感を裏切ってくれる。

二度の引き上げは，政権基盤が脆弱な村山政権・野田政権において実質的に決定された（1994年11月，2012年８月）。このことは，むしろより安定した政権基盤の上に立つ第２次安倍政権が，予定されていた引き上げ時期の延期を表明した（2014年11月）ことと比べれば極めて逆説的である。

本稿の目的は，⑴「プロスペクト理論」と「構成主義モデル」を融合させ，なぜこのような直感が裏切られるような決定過程が現出したのかを明らかにすることである。加えて，⑵この決定過程はガバナンス論の観点からどのような評価があたえられるのか，検討していきたい。

1　現代日本の民主主義ガバナンスと税制改革

河野勝はガバナンスを「機能」と「状態」の２つの要素から定義づけしている。まず「機能としてのガバナンス」を「stakeholder の利益のための agent の規律付け」と定義している。例えば，コーポレート・ガバナンスでは，企業組織が株主，従業員，債権者など利害関係者の利益のために，いかに経営者を規律づけるかという側面である。次に「状態としてのガバナンス」を「外部効果として公共財が提供される」と定義している。コーポレート・ガバナンスの文脈では，個々の企業のガバナンスが成立しているかどうかは，その国の産業システムの安定性に影響を与える（河野 2006:

---

*　明治大学政治経済学部准教授　政治学専攻

13－15）。

この定義に沿って，竹中治堅は規律づけのメカニズムとしての民主主義と，公共財としての経済成長の関係を「民主主義ガバナンス」の文脈から検討する。すなわち，自らの所有権の保障を求める国民が統治者を規律することによって所有権が保障される水準が高まる。所有権の保障水準が高まれば，個人は経済的活動に従事することにいっそう関心を持つので経済成長が促進される。経済成長は他国にもその効果が波及するので公共財を提供する，という観点から，民主主義ガバナンスをまなざしている（竹中 2006：163－164）。

そこで，統治者によるステークホルダーの所有権の保障に着目したい。統治者による所有権の侵害として，代表的に考えられるものは「課税」である。

もちろんすべての課税を国民が求めないという訳ではない。社会保障その他の形で自らに還元されることもあるだろうし，防衛費や警察費は安定的な経済的活動を保障するだろう。累進制の高い税目もあれば，逆進性の高い税目もある。したがって問題は，どの税目でどの程度の課税を国民が求めているか，ということである。

そこで本稿では，現代日本において複雑な税制の中で有権者の関心の高い税である「消費税」を検討する。国民が望む水準で消費税率が定まっていれば，機能としての民主主義ガバナンスが成立していると言えるし，そうでなければ逆のことが言えよう。

日本は，1989年の消費税の導入以降，２度の税率引き上げを経験した。1997年には３％から５％へ，2014年４月には５％から８％である。

これに対する国民世論を検討したい。1994年10月，村山内閣は1997年４月から税率の５％引き上げを柱とする税制改革関連法案を閣議決定した。一方で，これらの法案には，所得税･住民税の減税も盛り込まれていた。また，2011年３月，野田内閣は税率を社会保障の充実強化のため2014年４月から８％，2015年10月に10％への引き上げを柱とする社会保障・税一体改革関連法案を閣議決定した。これらに対する直後の世論調査結果はどのようなものであったか。表１がその結果の賛否に関する全国世論調査（朝日新聞）の抜粋である。

以上から分かる通り，いずれも「支持しない／反対」が「支持する／賛

表１　朝日新聞全国世論調査（一部抜粋）

<table>
<tr><td rowspan="2">1994年11月６日
～11月７日実施</td><td colspan="4">「政府は，所得税・住民税の減税をする代わりに，消費税を３年後から５％に上げることを決めました。あなたはこのことを支持しますか。」</td></tr>
<tr><td>支持する</td><td>28</td><td>支持しない</td><td>65</td></tr>
<tr><td rowspan="2">2012年４月14日
～15日実施</td><td colspan="4">「政府は，社会保障の財源に充てるために，消費税率を2014年４月から８％に，2015年10月に10％に引き上げる法案を国会に提出しました。この法案に賛成ですか，反対ですか。」</td></tr>
<tr><td>賛成</td><td>40</td><td>反対</td><td>51</td></tr>
</table>

出典：朝日新聞1994年11月９日，同紙2012年４月16日

成」を上回っている。所得税・住民税が減税されるにせよ，社会保障が充実強化されるにせよ，国民の多数はこの税率引き上げに反対であった。この点で機能としてのガバナンスが成立しているかどうかは疑わしい。また，状態としてのガバナンスの側面では，この二度の税率引き上げは日本の経済成長にマイナスの影響を与えたという評価もある（軽部・西野 1999）。以上から鑑みるに，所有（課税）と経済成長に関してみれば，日本においては民主主義ガバナンスが成立していない可能性が指摘できる。

そこで，本稿では現代日本における税制改革の過程を分析することで，日本における民主主義ガバナンスの可能性に関する議論に貢献したい。

2　先行研究

加藤淳子（1997）は，消費税「導入」の失敗と成功の過程を分析した。その結果，独占的に情報や専門知識を有している官僚制（大蔵省）が戦略的にそれらを有力な与党政治家との間で共有することで，消費税の導入にこぎ着けた，とする。一方で，村山政権下などの税率の「引き上げ」過程では上記では説明できない税制の政治が観察されると指摘している。それでは，「引き上げ」における税制の政治はどのように理解できるのか。本稿では，「引き上げ」の失敗と成功の過程を分析したい。また，加藤は，再選だけでなく官僚や政権党内に対する影響力の増大も政治家の行動目的とおく。おそらくこれは消費税の導入が再選インセンティヴに反すると考えられる行為だからであろう（実際に本書で消費税導入のキーパーソンの一人として描かれている山中貞則は1990年の衆院選で落選した）。しかし，この仮定は政党として組織的凝集性の低い自民党・民主党において，再選基盤の低い“陣笠議員”が支持に廻った理由をうまく説明できない。むしろ

後に紹介するプロスペクト理論を用いれば，なぜ再選に反するような政策案を政党として決定できたのか，シンプルな仮定の上で解釈できるように思われる。

松田憲忠（2008）は，与党議員が再選可能性を高めるため，税制に無知な一般国民に気づかれにくい租税特別措置で利益集団へ便益をもたらす「税制の政治」モデルを示し，小泉政権における税制の政治の変化と連続性を指摘している。しかし，本稿が焦点を当てるのは，有権者の関心の高い消費税である。それが多くの国民の反発にも拘わらずに引き上げが実施されたのはなぜか。

上川龍之進（2014）は，民主党政権における予算編成・税制改正の「与党化」「自民党」化を指摘した。その上で，民主党政権が消費税率引き上げを成し遂げた要因は，そもそも2009年衆院選のマニフェストは鳩山・小沢らが代表のときに作成したもので，元々菅内閣や野田内閣で執行部を構成していた民主党議員は財政再建思考が強く，消費増税やむなしと考えていたから，とする。しかし，それではなぜ野田内閣で引き上げに成功し，菅内閣と（「自民党化」を言うなら）麻生内閣で失敗したのだろうか。

岩崎健久（2013）は，蒲島郁夫の「メディア多元主義モデル」に従い，独自の「消費税の政治過程モデル」を提示している。ここでは世論形成能力を持つマス・メディアが引き上げに不利になるような議題設定をしなかったことなどを重視しているが，結果的に世論は賛成に転じていないなど，わざわざメディア多元主義モデルを採用した理由が判然としない。また，その前提となるメディアの独立性にも疑問符がつく（山口・中北 2014：150）。

以上，日本の消費税率引き上げに関する先行研究をサーベイしたが，次節では本稿の依拠する理論的枠組みを提示したい。

3　理論的枠組み

3－1　構成主義モデル

木寺元（2012）は，現代日本の地方制度改革を分析し，政策アイディアを規範的次元と認知的次元に分け，その双方でアイディアを受け容れた主導アクターが専門的執務知識を通じ実際の政策に反映されるよう合意調達をはかる，という構成主義的なモデルを提示した。アイディアの規範的次元とは価値的な要素，認知的次元とは技術的な要素である。

一方で，このモデルにおいて，主導アクターが実際に制度改革を実現するためには，それ以外の合意を得る必要のあるアクターもまた政策アイディアを受け容れなければならないはずである。加えて，合意調達に必要な能力の根拠を「専門的執務知識」に限ることは，制度改革を実現できる主導アクターを必然的に官僚制に絞ってしまう。しかし，政治家など官僚制以外の政治的アクターが制度改革の主導アクターとなる可能性は排除できない。

そこで，本稿では，「専門的執務知識」概念を一度解体し，計算されたリサーチ・デザインに基づき，合意調達過程に不可欠な前景的な能力を精査することで構成主義モデルの精緻化を図りたい。つまり，木寺（2012）では，政治的アクターが主導アクター役を引き受ける条件としてアイディアの認知的・規範的次元を設定したが，本稿ではそのあとのプロセス，すなわち，主導アクターが，合意調達の客体となる他の政治アクターから制度改革の OK サインを引き出す条件として，この二つの次元を捉えたい[1]。

このときアイディアの規範的次元は，主導アクターの受容する範囲内で改編・拡張され，他アクターをテーブルに引き寄せるために用いられる。なぜならば，最終的な制度改革の形はその合意調達のプロセスにおける交渉によって定まるが，交渉の前段階では他アクターにとって自らの利益をどの程度反映できるか不確実である。その点，規範的次元は他アクターにとってその最終形態のヒューリスティックとなる。認知的次元は，十分な情報や法文技術等によって他アクターにその政策アイディアが自らの利益に適うことを一定の水準まで認識させ合意に導くものである。このようなアイディアを形成するためには主導アクターには高度な能力が必要であることが推察される。

3－2　利益としての「生存」

このような構成主義的モデルを採用しつつ，モデルの精緻化と合理的選択論のアプローチとの対話可能性のために，本稿ではアクターはアイディアにとって外在的な「利益」のために行動するという前提を採用する。同時に，変数節約性を重視し，「利益」についてはシンプルな概念化をおこなう。それでは，アクターの追求する「利益」とは何か。

政治的アクターの追求する最もプリミティヴな利益は「生存」である(戸矢 2003)。これは他の利益に優先する。

政治家は政治家として「生存」しなければ政治活動は大きく制約される。政策実現や昇進といった利益も，そもそも再選され「生存」しなければ達することは困難である。官僚も,「遅い昇進メカニズム」を採用する日本の官僚制において長く現職の官僚として存在し続けなければそれは昇進に繋がらない。現職の期間，長く在職し昇進すれば，退官後も含めて生涯賃金にも大きく影響する。事務次官も2年以上務めれば,「大物次官」として他の次官よりもよい待遇が受けられると言われている。様々な利益の根幹に「生存」が存在する。

なお，本稿で，想定する政治的アクターはあくまで個人である。官僚制も政党も官僚・政治家それぞれ個人にとっては取引費用を軽減させるためのものでしかない。

3－3　リスク・ラバーの誕生

それでは「生存」に向け合理的に行動するアクターが，なぜ一見すると「生存」可能性を低くするかもしれないような行動を取るのだろうか。これは，消費税率引き上げのように不人気政策が決定される際に重要なポイントである。

ゲーム論の枠組みで政府部内の意思決定過程のモデルを検討した曽我謙悟は，政治家や官僚といったアクターについて左右対称の単峰性の効用関数を描き，政策結果が不確実性を持つ場合，アクターは常に危険回避的な行動を採用すると前提した（曽我 2005：22)。

しかし，この前提は正しいだろうか[2]。現実のアクターの態度は，常に危険回避的と言えるだろうか。

そこで行動経済学の学問的知見を検討したい。この分野における近年の研究は，条件によってアクターが危険愛好的な態度を取ることを示している。

それでは，いかなる場合に，アクターは危険愛好的になるのか。

本稿は，行動経済学における「プロスペクト理論」に着目したい。この理論で本稿が注目するのは，アクターは効用関数ではなく価値関数に従って行動し，ときとして危険愛好的に行動する，という点である。

たとえば競馬の最終レースで大穴を狙う人が多いのは何故か。アクターは，自らの資産の増減をトータルで捉え満足度を決定しているのではなく，現状からの差異で満足度が左右されているのではないか。これが価値関数の考え方である。つまり，効用関数の値が絶対的な所得に対応して決まる一方で，価値関数の値は，参照点からの利得及び損失に応じて決まる。例えば，初期保有 e として，それに追加して x 円の利得が発生した場合，効用関数の値は，$u\,(e+x)$ であるが，価値関数の値は，$v\,(x)$ である（大垣・田中 2014：68）。

図１　価値関数

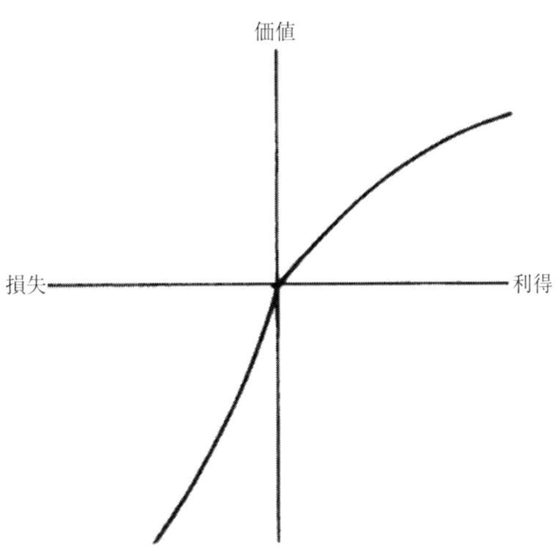

出典：Tversky and Kahneman (1981: 454)

KahnemanとTverskyはプロスペクト理論を提唱し，まず，利得と損失の局面で関数が異なること，利得局面では危険回避的であるが損失局面では危険愛好的であること，絶対値が同じ場合には損失局面の方が利得局面より満足度の変化が大きいこと，を示した（Kahnemanand Tversky (1979), Tversky and Kahneman (1981, 1992) など）。彼らが示した価値関数の形状が図１である。

損失の局面では $v\,(x)$ は下に向かって凸となっている。この状態を分かりやすくディフォルメしたのが，図２である。

すでに $-y_1$ の損失が発生している局面を考えよう。このとき，p の確率で $-y_2$，$(1-p)$ の確率で $-y_3$ となるクジがあるとする。ちなみに，このクジをやったときの期待所得と，やらなかったときの所得は $-y_1$ で同じとする。このときくじをやらなかったときの満足度 V は

$$v\,(-y_1)$$

だが，やったときの期待満足度 EV は

図2　損失局面における価値関数

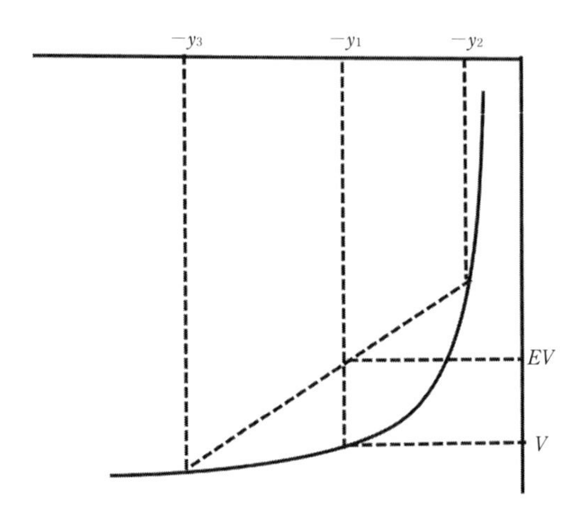

$p \times v(-y_2) + (1-p) \times v(-y_3)$

となる。このとき，

$p \times v(-y_2) + (1-p) \times v(-y_3) > v(-y_1)$

$= EV > V$

なので，リスクを冒してもくじをやることが選択される。つまり，ここでアクターは，危険愛好的な行動を取る「リスク・ラバー」となる。

逆に，利得の局面では $v(x)$ は下に向かって凹なので，その場合，逆にリスクを避ける行動（危険回避）を採用することが分かる。

図3　確率ウェイト関数

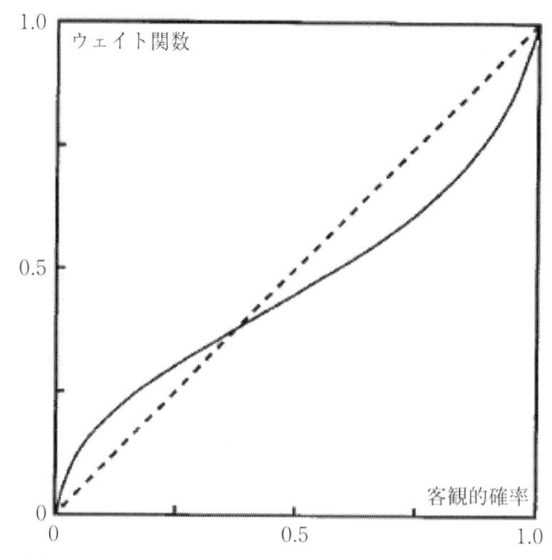

出典：Tversky and Kahneman (1992: 310)

このように，アクターは常に危険回避的とは限らず，損失の局面では危険愛好的となるのである。

加えて，Tversky と Kahneman (1992) は「累積プロスペクト理論」としてこの理論を発展させ，アクターは客観的確率が0に近いところでは過大に評価し，1に近いところでは過小に評価することを示した（確率ウェイト関数）。つまり，確率が低いとアクターは実際よりも高く見積もり，より危険愛好的に振る舞うのである（図３。なお，縦軸は心理的確率に基づくウェイト関数，横軸は客観的確率）。

このことを政治行動にも当てはめて仮説を創設したい。相対的基準であるアクターの参照点をそれぞれ確認することは容易ではないが，本稿では，政治アクターの目的は「生存」の維持であると考える。このとき，政治家も官僚もそれぞれの時点では「生存」しており，アクターの「生存」を参照点におき将来における生存の主観的可能性が高い状態が利得局面であり，逆に生存が危うい主観的可能性にある状態を損失局面と捉える価値関数を考える。つまり，政治アクターは，自らの生存が危ういと感じられると，危険愛好的になってリスキーな選択肢を採用するのではないか。かつ，その選択肢が実際には生存可能性を上げる客観的確率が低い場合，アクターはその確率を実際よりも高く見積もるので，その傾向が助長されているような行動が観察されるのではないか。

３－４　「アクター」たちと「生存」

消費税率引き上げをめぐる政治的アクターは誰か[3]。本稿では，官僚と政治家を想定する。消費税制について官僚は他の公的アクターの中でその情報・専門知識から法案作成能力に卓越する。しかし，最も重要なことは，政治家の合意である。与党，「ねじれ国会」の場合は野党も含めて，法案が通過するために必要な議員の同意が得られなければ，消費税率は引き上げられない。かつ，日本の主要政党は党執行部による平議員の統制力が弱く，党執行部さえ説得できれば容易に必要な合意が得られるものではない。そこで官僚と政治家のそれぞれの「生存」について考察したい。

３－５　官僚の「生存」

驛賢太郎（2013a）は，大蔵官僚のキャリアパスを分析し，大蔵省は通説的に理解されてきたようにジェネラリストを育成してきたのではなく，特定の政策分野・部局に長く携わるスペシャリストを育成する人事政策を採用してきたことを発見した。驛いわく，とりわけ，予算・税制・金融に関しては，大蔵省は組織として所掌する業務をグルーピングして分掌し，それに併せた複数の人事体系を用意していた。このような組織的分業と複数のキャリアパスを，驛は「省内カンパニー制度」と呼んだ。

一般に，大蔵省･財務省は予算査定･編成権に権力の源泉を得て，「主計局」の影響力が強いとされる。しかし，事務次官のキャリアパスをまとめた図4をみると，たしかに主計局長から次官に就任した割合は他のパスと比較しても多いが，事務次官のキャリアパスには多くのヴァリエーションが存在していることが分かる。

以上から，大蔵省は，主計局優位ではあるものの，消費税の導入や金融制度改革など，その時々の組織が抱える重要な課題に応じて，柔軟に特定カンパニーの長を事務次官に選抜してきたことが読み取れる（驛 2013b：40)。このことは財務省に改称して以降も同様である。各カンパニーに属する官僚にとっては，それぞれのカンパニーの組織目標に合致する行動を取れば，カンパニーの中で「生存」する確率が高まる。カンパニーの中で長期「生存」すれば，事務次官の道も開ける。本稿では，プリミティヴな利益の想定を強調するため,「カンパニー」ではなく「トライブ」の語を充てたい。

さて，それぞれのトライブの組織目標を検討しよう。

財務（大蔵）省は，財政を司る官庁である。したがって，財政規律の維持が重要な組織目標となる。財政規律を維持するためには，歳出を抑制するか，歳入を改善するかの二通りの方法がある。

税制改革に関して，代表的な主税トライブと主計トライブの違いに関してみていこう。

主計トライブは，歳出を担当する。歳入の減少は自らの裁量の範囲を狭める。同時に，自らの裁量を確保するために，あらかじめ支出を縛るような税制改革には消極的である。

一方で，歳入を担当する主税トライブは，組織内におけるトライブの役割として，安定した税収の確保が要求される。ゆえにより安定した税収の期待できる付加価値税を好む（加藤 1997，岸 1998)。特定の支出と結びつく税制改革には主計トライブほど消極的ではない。

以上より，財務（大蔵）官僚は，消費税率の引き上げに尽力することが，自らの生存維持に利する行為となる。一方で，主計トライブと主税トライブでは，特に支出に対する縛りのかけ方で，税制改革に関する考え方が異なる。

さて，財務（大蔵）財務官僚が消費税率の引き上げを図るためには政治

図４　大蔵事務次官のキャリアパス

在職期間	事務次官（次官）	次官タイプ	課長・課長補佐経験総和（括弧内課長経験数）										官房課長職名	局長経験（左から経験順）
			主計局	主税局	国税庁	理財局	銀行局	証券局	国金局（為替局）	その他	官房（総務局）	合計		
45/4/13-46/1/30	山際　正道	戦後混乱期					(1)				(2)	(3)	文書課長・秘書課長	銀行(銀行保険)・総務
46/1/30-47/2/6	山田　義見	戦後混乱期		(1)		(2)			(2)			(5)		印刷
47/2/6-48/3/11	池田　勇人	戦後混乱期		(2)								(2)		主税
48/3/11-49/2/18	野田　卯一	戦後混乱期							(2)		(2)	(4)	総務局企画課長・同局総務課長	外資・専売・主計
49/2/18-51/4/20	長沼　弘毅	戦後混乱期				(1)			(2)	(1)		(4)		管理
51/4/20-53/8/14	舟山　正吉	金融（国内金融）					(4)					(4)		銀行
53/8/14-55/7/19	河野　一之	予算（原局型）	(4)									(4)		官房長・主計
55/7/19-57/5/31	平田　敬一郎	税制		(3)								(3)		主税・国税庁長官
57/5/31-59/6/23	森永　貞一郎	予算（官房型）				(1)	(1)				(2)	(4)	企画課長・文章課長	官房長・主計
59/6/23-61/5/30	石田　正	金融（理財局系）							(2)＊			(2)		理財・官房長・為替・銀行
61/5/30-63/4/1	石原　周夫	予算（原局型）	(4)									(4)		官房長・主計
63/4/1-65/4/23	石野　信一	予算（官房型）				(2)			(1)＊		(1)	(4)		官房長・銀行・主計
65/4/23-67/1/10	佐藤　一郎	予算（原局型）	(3)									(3)		官房長・主計
67/1/10-68/6/7	谷村　裕	予算（官房型）					(3)				(2)	(5)	調査課長・文章課長	官房長・主計
68/6/7-69/8/6	村上　孝太郎	予算（原局型）	(6)									(6)		官房長・主計
69/8/6-71/6/11	澄田　智	金融（理財局系）				(3)						(3)		銀行
71/6/11-72/6/27	鳩山　威一郎	予算（原局型）	(4)									(4)		理財・主計
72/6/27-73/6/26	吉國　二郎	税制		2(2)	2(1)	1(1)					1(1)	6(5)	文書課長	証券・主税
73/6/26-74/6/26	相沢　英之	予算（原局型）	9(5)									9(5)		理財・主計
74/6/26-75/7/8	高木　文雄	税制	6(2)		3(3)					1	1(1)	11(6)	秘書課長	官房長・主税
75/7/8-77/6/10	竹内　道雄	予算（理財局系）				3(3)	3(1)			2	1	9(4)		官房長・理財・主計
77/6/10-78/6/17	吉瀬　維哉	予算（原局型）	4(1)		1(1)						1(1)	6(3)	秘書課長	理財・主計
78/6/17-79/7/10	大倉　真隆	税制		5(4)			1(1)				1	7(5)		国際金融・主税
79/7/10-80/6/17	長岡　實	予算（原局型）	3(1)				1(1)				1(1)	5(3)	秘書課長	官房長・主計
80/6/17-81/6/26	田中　敬	予算（理財局系）	2		1	2(2)	1				1(1)	7(3)	文書課長	理財・主計
81/6/26-82/6/1	高橋　元	税制	2(2)	2(2)		2					2(1)	8(5)	文書課長	主税
82/6/1-84/6/27	松下　康雄	予算（原局型）	3(1)	2	1		1(1)				2(1)	9(3)	秘書課長	官房長・主計
84/6/27-86/6/10	山口　光秀	予算（原局型）	4(3)			1(1)					1(1)	6(5)	文書課長	官房長・主計
86/6/10-88/6/15	吉野　良彦	予算（原局型）	2(1)		1		1(1)				2(2)	6(4)	調査企画課長・文書課長	官房長・主計
88/6/15-89/6/23	西垣　昭	予算（原局型）	4(2)						1		2(1)	7(3)	秘書課長	理財・官房長・主計
89/6/23-90/6/29	平澤　貞昭	金融（国内金融）				2(1)	4(1)				1(1)	7(3)	文書課長	銀行
90/6/29-91/6/11	小粥　正巳	予算（原局型）	1(1)				1	2(1)			2(1)	6(3)	秘書課長	官房長・主計
91/6/11-92/6/26	保田　博	予算（原局型）	6(3)			1(1)					1(1)	8(5)	文書課長	官房長・主計
92/6/26-93/6/25	尾崎　護	税制	4(2)			2	1(1)				1(1)	8(4)	文書課長	主税・国税庁長官
93/6/25-95/5/26	斎藤　次郎	予算（原局型）	6(3)			1					1(1)	8(4)	文書課長	官房長・主計
95/5/26-96/1/5	篠沢　恭助	予算（原局型）	8(4)					1				9(4)		官房長・主計
96/1/5-97/7/15	小川　是	税制	2(2)	5(3)			1				2(1)	10(6)	文書課長	主税・国税庁長官
97/7/15-98/1/30	小村　武	予算（原局型）	4(3)				1(1)				1	6(4)		官房長・主計
98/1/30-99/7/8	田波　耕治	スキャンダル収拾	2(2)		1(1)	1					1(1)	5(4)	秘書課長	理財局長・内閣官房内閣内政審議室長
99/7/8-00/6/30	薄井　信明	税制	2	5(3)	1							8(3)		主税・国税庁長官
合計			74(59)	21(20)	11(6)	16(18)	16(17)	3(1)	1(9)	3(1)	26(27)	171(158)	セルの括弧内の数字は課長経験の数を示す。	

出典：（驛 2013b：34）

家の合意を調達する必要がある。特に財務（大蔵）官僚は，政治家の役割を重視する（村松 2007：21）。そこで，カギとなるのは，いかに「消費税引き上げ」という政策アイディアが，生存可能性を高める割のいい「くじ」であるかを，生存が危機に瀕している政治家に説得的に訴えられるかである。財務（大蔵）官僚は，省内で共有されている「重心陣地を敷け」戦略のように，時に妥協し，時に譲歩しながら，本質的な利益を貫く（加藤 1997：91）。かくして，説得された政治家は，“最終レースの馬券”としてその「くじ」を手に取るだろう。

3－6　与党政治家の「生存」

実質的な税率引き上げが，圧倒的な支持率を誇った政権下，たとえば初めて非自民政権を誕生させた細川内閣や構造改革を旗頭に熱狂的な支持を集めた小泉内閣や政権交代を果たした鳩山（由紀夫）内閣において決定されたのではなく，むしろ不安定で危機的な政権，すなわち自社さ連立政権であった村山内閣と民主党政権の最晩年であった野田内閣において決定された事実を看過するべきではない。第２次安倍政権に至っては，これら政権よりも高い内閣支持率と与党議席率の上に安定した政権基盤を築きつつ，引き上げを先送りした。

消費税率引き上げは，表１などの各種世論調査や選挙の結果から不人気な政策であると考えられる。政治家にとってそれは再選可能性を悪化させるおそれがある。しかし，そのとき有権者が関心を持っている政策と結びつけ，その財源とすることに成功すれば，再選可能性が高まるかもしれない。成功した場合でも，その政策の実現によって享受するベネフィットを重視するか，所有権侵害のコストを重視するかのどちらに有権者が転ぶか，その確率は不確実性下におかれる。2004年参院選の民主党など実際に消費税率引き上げを訴えて躍進した政党が存在しない訳でもない。これは危険な賭けである。しかし，確率ウェイト関数論の知見によれば，低い確率で生じるイベントは実際より高めに想定されるのである[4]。そして，生存の維持，つまり次の選挙で再選が脅かされる重大な損失局面にあると認識する与党政治家は，危険を愛好してまで，予後の生存可能性の回復に血道を上げるのではないだろうか。

そこで政治家の主観的な生存可能性における参照点を考えたい。本稿では，世論調査における政党支持率を主観的な生存可能性の代理変数とする[5]。このとき，選挙時の政党支持率は選挙キャンペーン等を経ての数値であって任期途中の参照点とするには適当でない。そこで本稿では，t 期における参照点は，t 期が前回の総選挙より α の期間が経過している場合，前々回の総選挙より α の期間が経過した時点（t–1）での政党支持率 P_{t-1} と考える。t 期における政党支持率を P_t と置くとき，

$$P_t < P_{t-1}$$

が成立している場合，政治家の主観的生存可能性は，損失局面にあると考える。また，有権者が関心を持つ政策領域については，直近の衆院選の直前の世論調査における争点や関心に関するデータを参考にしたい[6]。

4　仮説とリサーチ・デザイン

本稿では,「生存」目的のもと価値関数に従って行動するというアクター像を採用し，制度改革を望む主導アクターが,「規範的次元」「認知的次元」両方において十分な政策アイディアを形成し，合意の調達が必要なアクターを説得できたからこそ，改革が実現できたとの仮説を提示する。特に今回分析の対象とする消費税率引き上げは不人気政策である。合意の調達が必要なアクターは政治家である。彼らが損失局面にあってリスク・ラバーとなっている状況を見極め，消費税率引き上げが彼らにとってリスクは高いが魅力的なくじであることを説得的に示すことができるかどうかがカギとなるであろう。

上記の仮説を検証するために，消費税率の引き上げに成功したケースと失敗したケースを比較するリサーチ・デザインを構成する。ケースが選択される基準は，消費税導入以降，首相が税率引き上げの時期または具体的数値に言及したか否かとしたい。すなわち，細川内閣「国民福祉税構想」，村山内閣の５％への引き上げ，麻生内閣の「３年以内に引き上げ発言」，菅内閣「10％発言」，野田内閣８･10％への引き上げ，の５ケースが採用される[7]。これらのケースは次節以降で以下の表２のように分析される。本稿の末尾に結論と含意を述べる[8]。

5　細川護熙の「国民福祉税」

1994年２月，当時の細川護熙首相は消費税を税率７％の国民福祉税に衣替えする構想を表明したが，税率の根拠を問われた際に「腰だめ」の数値だとする発言が響くなど，国民福祉税構想は，アイディアにおける不備を突かれ，わずか５日で撤回された。

国民福祉税構想は，斎藤次郎以下，主税トライブ出身者に前任の次官を譲った主計トライブがこの構想の主導アクターとなり，当時の主税局長・小川是には事前に殆ど相談をしないなど主税トライブを排除する形で進められた（成田 2010：16）。しかし，主税トライブの欠落は，合意の調達において致命的な問題をもたらしたのである。

なお直近の第40回衆院選直前の世論調査では，「あなたは，この選挙で投票する候補者を決めるとき，とくにどのような政治問題を重視しますか。あれば，次の中から，いくつでもあげて下さい。」との問いに対する回答として，トップが医療・福祉・年金（49.5％），以下，物価・景気（44.8％），政治倫理・政治改革（42.6％）と続いた（読売新聞 1993年７月15日）。

5－1　規範

国民福祉税構想の成否は，与党第１党であり，特に反消費税を掲げてきた社会党の同意を得られるかにかかっていた。

12月５日　斎藤次官らは「必ず与党の納得する案まとめてみせます」と主張した（成田 2010：５）。

ときの社会党委員長・村山富市は，社労族の道を歩み，社会福祉財源の予算として消費税引き上げはある程度はやむを得ないとすでに考えていた（薬師寺 2012：130）。細川首相にも「年金税」という形なら党内をまとめられるかもしれないと答えていた（日経新聞 2010年５月19日）。

表２　本稿のリサーチ・デザイン

ケース	規範的次元	認知的次元	成否
国民福祉税構想（細川内閣）	×	×	×
５％引き上げ（村山内閣）	○	○	○
麻生の３年以内発言（麻生内閣）	×	○	×
菅の「10％」（菅内閣）	○	×	×
８％・10％引き上げ（野田内閣）	○	○	○

ここで，主計局は名を捨て，実を取る戦略に出る。歳入の使途をあらかじめ定めておくことに一貫して反対していた主計局は「福祉」の名を掲げた名称に衣替えさせることで，合意を得ようという戦略に出た(加藤 1997：276)。

しかしながら，この戦略は裏目に出る。国民福祉税だけが社会保障費の財源に充てられる可能性を強く危惧した村山委員長は，逆進性の強い間接税で社会保障費を全額賄うことに反発した（薬師寺 2012：129－130)。

また，政策課題として既に浮上していた地方消費税も，この構想では含まれていなかった。この点は構想自体が僅か８日で撤回されたため顕在化することは無かったが，その後の税率引き上げ過程では，政府部内で大きな争点となったことを考えると潜在的な問題点として指摘できる。

５－２　認知

財政の運営の安定化のためにまずは税収を確保するという主計的視点が突出していた。そのため，主税トライブが重んじる体系的な租税の観点からすれば，次に議論するべきは，消費税制における免税などの特例措置の見直しであった。が，国民福祉税構想はそのような税制の整合性を是正するという観点が欠落していた（加藤 1997：276)。

何よりも大きな反発を引き起こしたのは，税率７％の根拠が明確に示されなかったことである。細川首相自身，記者会見でこの点を指摘され「まだ腰だめの数字だ」と述べるにとどまり，構想がずさんであると受け止められる原因を作った（石 2008：606)。

５－３　小括

このときの主計トライブは，連立政権内でキーパーソンの察知，キーパーソンの真意の把握，税率の根拠となるデータの算出，ブリーフィングに至るまでまったく不十分であり，合意形成に必要なアイディアの形成に失敗した[9]。しかし，国民福祉税構想自体には一定の評価が与えられている。石弘之は，バブル崩壊直後景気対策として所得減税を求める声が極めて強くなる中，財政再建との調和を考えた場合に，国民福祉税を含む税制改革パッケージにはそれなりに評価しうる点もみられたと評価した（石 2008：607)。そして，村山もまたこう振り返る。「僕はあとから思ったのだけれど，この話は事前にもう少しきちんと説明があったなら違う展開になっていたと思う」（薬師寺 2012：132）。村山はその後，首相として消費税率引き上げに携わることになる。

6　村山富市の「5％」

1994年6月29日，社会党委員長・村山富市を首班に仰ぐ，自民・社会・さきがけ三党の連立政権が誕生した。税制改革の論議は仕切りなおしとなったが，このことは，非自民連立政権の一部の幹部と強い関係性を結び性急な税制改革案に走った斎藤次官と主計トライブを沈ませ，本来的な税制改革の担当者である主税トライブが主導的なアクターとなったことを意味した（岸 1998：358）。同年11月24・25日，1995年以降の所得税・住民税の減税と1997年4月からの消費税率5％（地方消費税率1％を含む）への引き上げを柱とする税制改革関連法案が衆参で可決された。

1994年11月に実施された朝日新聞の全国世論調査において，社会党及び自民党の政党支持率P_tは，それぞれ11％と25％であった（朝日新聞 1994年11月28日）。第40回衆院選より1年4カ月が経過しているので，第39回衆院選（1990年2月18日実施）より1年4カ月の付近で実施された世論調査として，1991年6月に実施された世論調査結果を参照点としての政党支持率P_{t-1}とする。このときの社会党及び自民党の政党支持率P_{t-1}は，17％と64％であった（朝日新聞 1991年6月12日）。すなわち，社会党・自民党ともに，$P_t < P_{t-1}$が成立し，与党政治家は損失局面にあったと言える。なお第40回衆院選直前の争点に関する世論調査結果は前節で掲載したとおり「医療・福祉・年金」がトップであった。

6－1　規範

社会党を取り巻く状況は非常に厳しかった。政権交代を果たした1993年の総選挙，社会党は与党第1党になった。しかし，136から70へと議席はほぼ半減。反消費税を掲げ，マドンナブームに乗って大量当選を果たした1989年の参院選，90年の衆院選が嘘のような退行であった。

村山を首相の座に戴く社会党は「自衛隊合憲」「日米安保堅持」と従来の方針を転換させた。このことは，自社さ政権の中で政権の座にあり続けることには役立ったが，従来の支持層の離反を意味した。そこで村山は，社会党委員長が首班の内閣として社会党らしいものを出そうと試みる（薬師寺 2012：181)。社会福祉と地方分権。社会党が退潮を食い止めるには，有権者や支持母体の関心の高い分野で勝負するより他になかった。

当時の社会党は，社会福祉政策に力を入れており，社会福祉政策に関する有権者の関心もトップであった。そのため，社会福祉支出の確保という条件がつくならば，消費税引き上げを容認する姿勢に出たのである（加藤 1997：283)[10]。また，社会党は地方分権にも強い関心を持っていた。社会党は自治労を有力な支持母体の一つとし，革新首長出身者を多く抱え，連立政権誕生以前から独自の法案を作成し機関委任事務制度の廃止を訴えるなどしてきた。そして税制改革においても，社会党は地方の自主財源の強化策として地方消費税の導入に熱心だったのである（加藤 1997：294)。

つまり，社会福祉支出の増加と地方分権の強化を織り込めば，社会党は消費税率の引き上げを呑む可能性があることを意味した。程度の差は違えど，自民党も同様であった。敵失から政権の座に返り咲いたが，政党支持率は低調であった。さきがけは，そもそも将来の消費税率引き上げを確保した上で短期償還赤字国債の発行を支持するという議員が大勢を占めていた（加藤 1997：281)。

消費税の目的税化を嫌い，地方消費税を「税制の論理から言えば箸にも棒にもかからない」と歯牙にもかけなかった主税局であるが，最終的に妥協した（岸 1998：374)。

6－2　認知

細川首相の「腰だめ」発言を踏まえ，政府税調は，国民福祉税構想制度は設計がデータの裏付けに乏しく著しく不備であったと考えた。そこで，定量的な分析が必要であるということで，大蔵省税務局を中心とする事務局が「税制改革に関する機械的試算」を作成した（石 2008：615)。

また，社会党の条件である社会福祉支出の増と地方分権の強化を，厚生省と自治省がそれぞれ認知的次元でバックアップした。

消費税率引き上げと社会福祉支出の関係を明確化する意図で，国民福祉税構想の直後に厚生省は「21世紀ビジョン－少子高齢社会に向けて－」を示し，それを受けて「新ゴールドプラン（高齢者保健福祉５カ年計画)」の策定に着手した。この新ゴールドプランは，最終的に総額３兆7000億円の新たな負担を求めるものとなった。社会党の支持を得るため，最終的に大蔵省は1995年度から5000億円の福祉予算の上積みの提案をするに至る。支出を特定される予算が上積みされることは，大蔵省にとって従来にない譲歩であった（加藤 1997：288）。

地方分権の強化策としての地方消費税制度の導入は，自治省の強力な後押しがあった。自治省にとって，地方消費税制度の創設は悲願であった（加藤 1997：290－291）。このため，自治省もまた大蔵省に対抗できるだけの税制に関する知識を身につけていたのである。地方消費税制度の導入にあたっては，地方財政への影響の試算，付加価値税を地方税として導入している海外の事例，最終消費地と税の帰属地の一致の解決策などで自治省はときに大蔵省を凌駕するほどの情報と知識を持ち，制度導入のためアイディアの認知的次元の精緻化に貢献した（加藤 1997：290－293）。

さらに「非難回避」策として，「二階建て減税」や「見直し条項」も盛り込まれた。二階建て減税は，所得減税を恒久減税と一時減税に分けるもので，実際は，一時減税（2兆円）は2年間のみであるにもかかわらず，消費税率の引き上げ等（4兆8000億円）の一方で恒久･一時合わせて5兆5000億円の所得減税を行うとすることで，有権者に差し引き7000億円の減税と「錯覚」させるものである（岸 1998：382－3）。また，「消費税の税率は，社会保障の財源，行財政改革の推進状況，財政状況などをにらみ，必要に応じて96年9月末までに見直す」ことも大綱に盛り込まれた。これらは，有権者の痛税感を和らげ，また与党議員に最終的な決定の責任を巧妙に回避させるものであり，与党議員の利益に合致して受け容れられた（加藤 1997：284）[11]。

6－3　小括

税制改革の主導権を再び握った主税トライブは，国民福祉税構想時の主計トライブとは異なり，精緻なデータ計算を行うと同時に合意調達に向けた周到さが窺える。

主税トライブは地方消費税制度の導入を許すなど数々の譲歩を行った。一見すると，それは主税の敗北にみえるかもしれない。しかし，譲ってもよい陣地は譲りつつ，税率引き上げという目標は成功を収めたのである。なお，このときの小川是主税局長は，のちに事務次官に昇進している。

7　麻生太郎の「３年後」

2008年10月30日，麻生太郎首相は「新・総合経済対策」発表の記者会見で，「経済状況をみたうえで，３年後に消費税の引き上げをお願いしたいと考えております」と発言した。しかし，この発言は最終的に2009年３月に成立した改正所得税法の付則104条で「消費税を含む税制の抜本的な改革を行うため，2011年度までに必要な法制度上の措置を講じる」と明記される形で反映されるに留まった。

2000年代前半，構造改革を掲げ熱狂的な支持を得た小泉純一郎首相であったが，「私の任期中は消費税を上げない」と明言していた。しかし，高齢化の伸びに伴い社会保障費の支出は増加し，歳入不足は解消しなかった。こうした状況下で，大蔵省は省庁再編を経て財務省となったあとも消費税率引き上げの機会をうかがっていた。麻生の発言は，こうした文脈の上にあるものであった。主導アクターは麻生と財務省である。ただし，主導アクター内では麻生と財務省に若干の距離があったものと考えられる。以下，このケースを検討していきたい。

なお2008年10月に実施された朝日新聞の全国世論調査において，自民党の政党支持率 P_t は，32％であった（朝日新聞 2008年10月28日）。第44回衆院選より３年１カ月が経過しているので，第43回衆院選（2003年11月９日実施）より３年１カ月後付近で実施された世論調査の結果を参照点としたい。しかし，第44回衆院選は小泉首相による郵政解散による総選挙であったため，３年１カ月に満たない任期で解散された。そこで，任期中に実施された最後の世論調査として，2005年７月に実施された世論調査結果を参照点としての政党支持率 P_{t-1} する。このときの自民党の政党支持率 P_{t-1} は，33％であった（朝日新聞 2005年７月26日）。この１％差を誤差と捉える可能性を入れこみ，$P_t \leq P_{t-1}$ として考えたい。

直近の第44回衆院選直前の世論調査では，「今回の選挙で投票する候補者や政党を決めるとき，最も重視したい政策や争点を，１つ選んで下さい。」との問いに対する回答として，トップが社会保障制度改革（39.0％），以下，郵政民営化問題（30.2％），財政再建や税制改革（11.8％）と続いた（読売新聞 2005月９日）。

7－1　規範

2007年参院選の結果「ねじれ国会」が出現した。同年，総理の座についた福田康夫は社会保障費と消費税の問題を争点化するのを避けるため，民主党を誘い込もうと民主党に近いメンバーを社会保障国民会議に入れた。自民党内は党税調の幹部たちまでもが選挙を前に，社会保障費抑制方針の見直しを試みるまでになった。これらを背景に，社会保障国民会議が打ち出したのが，社会保障の「機能強化」論である。「機能強化論」は，これまでのように現行の制度を前提とした社会保障制度の持続可能性の確保から，新たな給付・サービスの充実へ社会保障政策の軸足の転換を目指すものであった。（清水 2013：83－84）。

福田のあと政権を担った麻生は，積極財政論者であったが，財源論を後回しにするマニフェストを掲げた民主党との違いを際出たせるために，衆院選前にあえて消費税に言及し「責任政党」を強調する“逆ばり戦術”に出た。麻生政権で消費税率引き上げに熱心な与謝野馨の経済財政担当大臣も，税制・社会保障改革の実現に向けて熱心に動いた。彼らは国民の理解が得られやすいと，機能強化論に乗って税率引き上げを志向した。しかし，不安定な政治情勢を前に増税の困難さを痛いほど知る主税局の方がむしろ麻生や与謝野よりも慎重であった。そもそも麻生の「３年後」発言は，与謝野も直前まで知らされていなかったのである（清水 2013：90－96）。

果たして，主税局が懸念した通り，「機能強化論」は消費税率引き上げの錦の御旗にはならなかった。

安定した支持基盤を持つ公明党は，選挙前に消費税率の引き上げを明確にすることに反対し，むしろ一時給付金の実現を目指した。与党税制協議会では結局，公明党に押し切られ，増税時期を明確にすることが阻まれた。自民党税調はこのとき「政治の意思に口を挟むな」と，むしろ主税局の動きを封じてしまう。自民党内も，小泉構造改革の熱狂の記憶も覚めやらなかった。自民党内には中川秀直を中心に，増税よりも支出削減を優先する上げ潮派が一定数権勢を誇り，具体的な数値や日程に関する党内の合意を阻んだ（清水 2013：102，112）。

上げ潮派と公明党。主導アクターは，彼らを引きつけ，説得できる共通の理念を織り込むことが，この段階ではまだできなかったのである。

7－2　認知

規範的次元で合意を調達できないまま退陣を余儀なくされた麻生であったが，それを間接的に支えた主税トライブは大事な遺産を残した。

麻生は，公明党と交渉し，増税に必要な法制上の措置を11年度以前に講じる，というところまで合意した。この合意内容を，麻生内閣は「税制・社会保障改革プログラム法案」のような形にせず，税制改正法案の附則に税制抜本改革に関する記述を潜り込ませた。独立した法案と異なり，税制改正法案は予算と表裏一体のため，国会は次年度予算を円滑に執行するために成立を急ぐ動機づけが生じるからである。このアイディアは主税局の若手から出たものであった（清水 2013：106，110）。この附則104条の作成に加藤治彦主税局長ら主税局は心血を注ぎ（大下 2012：294），第一項にて「消費税を含む税制の抜本的な改革を行うため，2011年度までに必要な法制度上の措置を講じる」ことが明記される一方，第二項では「具体的に実施するための施行期日等を法制上定めるに当たっては，景気回復過程の状況，国際経済の動向等を見極め，予測せざる経済変動にも柔軟に対応できる仕組みとする」と示している。これは，消費税の税率などを内容とする「法制上の措置」と，その施行期日等を定める「法制」の関係性を，主税官僚の立法実務の知識を用いてあえて曖昧にすることで，2011年度の税率引き上げの反対派の異論を突破するためのものであった（清水 2013：115－116）。この附則104条は，その後の税率引き上げに大きく作用する。

7－3　小括

「逆ばり戦術」に出た麻生であったが，規範的次元で反対勢力を引き込むに足るアイディアの形成には到らなかった。しかし，主税トライブたちは，附則104条という遺産を残したのである。

8　菅直人の「10％」

2009年の政権交代を達成して初めて迎える国政選挙を前にした2010年６月17日，菅直人首相は民主党代表として2010年参院選のマニフェスト発表会見を開いた。その席で，菅は「10％」を一つの参考として，「消費税について，あるべき税率や逆進性対策を含む改革案を，今年度中に取りまとめていきたい」と表明した。しかし，これを含む参院選前の菅の消費税にまつわる発言は，有権者に支持されず，与党は過半数を割り込み，再度の「ねじれ国会」を出現させてしまう。改革案も2010年度内には取りまとめられず，具体的な税率や引き上げ日程を決定する作業を前に，菅は政権の座から降りるのである。

2010年6月に実施された朝日新聞の全国世論調査において，民主党の政党支持率P_tは32%であった（朝日新聞 2010年6月6日）。第45回衆院選より10カ月が経過しているので，第44回衆院選（2005年9月11日実施）より10カ月後の付近で実施された世論調査として，2006年6月に実施された世論調査結果を参照点としての政党支持率P_{t-1}とする。このときの社会党及び自民党の政党支持率P_{t-1}は，20%であった（朝日新聞 2006年6月27日）。すなわち，このときの民主党は，$P_t < P_{t-1}$が成立せず，損失局面にあったとは言えない。

直近の第45回衆院選直前の世論調査では，「今回の衆議院選挙で投票する候補者や政党を決めるとき，とくに重視したい政策や争点があれば，いくつでも選んで下さい。」との問いに対する回答として，トップが年金など社会保障（65.5%），以下，景気や雇用（54.7%），消費税など税制改革（40.1%）と続いた（読売新聞 2009年7月24日）。

8－1　規範

首相就任以前から菅は，増税を行い，社会保障の給付とサービスの拡大を通じて雇用と所得を増加させ，雇用増と経済成長に結びつける好循環を描いていた。いわゆる「カンジアン・エコノミクス」である。このカンジアン・エコノミクスの発想は菅の10年来の友人の経済学者・小野善康（大阪大学）が振り付けを行った（清水 2013：145）。財政出動の乗数効果まで見込む点では違いはあるが，給付・サービスの充実を訴える点では，政権交代前に麻生・与謝野が乗った「機能強化論」と同じである。

野党になった自民党は谷垣禎一を総裁に仰いだが，鳩山政権の混乱にも拘わらず政党支持率は低空飛行を続けた。厳しい状況の下，参院選を前に谷垣自民党は「当面10%」へ消費税引き上げを訴えることで「責任政党」として有権者の支持を得る戦略に出た。自民党の10%案を聞くと，菅はただちに「10%を参考にする」と自民党案への抱きつきを試みた。菅は菅で，党内に小沢グループという対立派閥を抱え，決して宰相の座は安定していなかった。一方で野党自民党は消費税に言及しなくてはならないほどに攻め手を欠いていた。小沢一郎もかつては国民福祉税構想に大きく関与し，自由党時代は自民党に対し消費税の福祉目的税化を要求していた。その消費税を争点から排除すれば，参院選，衆院選と連勝し，長期政権が可能になるのではないか。このように菅には菅の長期政権を目論む「生存戦略」があった（清水 2013：157－160)。首相と野党第一党の双方が，それぞれの「生存戦略」により，消費税率引き上げで一致した。

8－2　認知

しかし，菅のこの「10%」発言は生煮えであった。菅は，財務省を意図的に遠ざけ，この抱きつき案にも関与させなかった。通常は随行する各省出身の首相秘書官も遠ざけ，遊説には党職員出身の政務秘書官のみ公用車に同乗させた。その結果，菅は6月30日の東北三県の遊説先で，低所得者対策としての消費税の還付税制度を創設する案を突如として発表し，遊説先によって還付の対象となる年収について異なった数値を口にするなど，大きな失策を犯す（清水 2007：164)。窮地に追い込まれていた自民党や小沢一郎ら民主党内の反主流派はこれを見逃さず，発言のブレを執拗に攻撃した。洗練されていないアイディアを軽々に口にした首相に対する有権者の信頼は地に墜ち，民主党は改選議席10を減らし惨敗，参院選での連立与党の過半数割れを招き，「ねじれ国会」の状況を作ってしまった。

8－3　小括

10%引き上げは目前であった。主税カンパニーの協力があれば，それぞれの微妙な思惑の差をも呑み込む制度設計がより速いスピードで可能になったかもしれない。しかし，菅はほぼたった一人で主導アクターの役割を背負い込み，脱官僚に拘泥した。政党支持率も低迷しておらず，民主党議員が損失局面にあったとも言えなかった。このことが菅自身の目論みを打ち破り，結果的に自身の政権の短命化を招いたのである。

9　野田佳彦の「8%・10%」

菅の路線を継承し，代表選で消費税率引き上げを訴えて勝利した野田佳彦は，党に指示し，2011年12月29日，民主党は「2014年4月から8%，2015

年10月から10%」を明記した素案をとりまとめた。その後，次の総選挙を念頭においた党利党略による紆余曲折はあったものの，この税率と日程は，民主・自民・公明の三党合意に至り，2013年８月10日，消費税増税法案は可決，成立した。

野田の党内基盤は決して強固なものではなかった。自身が率いる花斉会は，数ある党内グループの中でも突出しておらず，2011年８月の代表戦では，小沢グループが担いだ海江田万里はもとより，共同歩調を取ってきた前原誠司，かつての盟友・馬淵澄夫らを破っての薄氷の勝利であった。このような野田を唯一組織的に支えたのが財務省であった（清水 2013：221）。野田内閣は財務省とは，勝栄二郎事務次官の意向の下で動く「直勝内閣」と揶揄されるほど一体となって，消費税率引き上げの主導アクターの座を担ったのである（伊藤 2013：273）。

2012年８月に実施された朝日新聞の全国世論調査において，民主党及び自民党の政党支持率 P_t は，同じ13%であった（朝日新聞 2012年８月６日）。第45回衆院選より３年が経過しているので，第44回衆院選（2005年９月11日実施）より３年後の付近で実施された世論調査として，2008年８月に実施された世論調査結果を参照点としての政党支持率 P_{t-1} とする。このときの民主党及び自民党の政党支持率 P_{t-1} は，22%と23%であった（朝日新聞 2008年８月３日）。すなわち，民主党・自民党ともに，$P_t < P_{t-1}$ が成立し，双方の所属議員とも損失局面にあったと言える。なお第40回衆院選直前の争点に関する世論調査結果は前節で掲載したとおり，「社会保障」がトップの関心事項であった。

９－１　規範

菅は失言後も税制・社会保障改革に命運を賭け，党に「税と社会保障の抜本改革調査会」を設けた（清水 20103：180）。その後，この調査会は，増税色を薄め社会保障改革を前面に出すため「社会保障と税の抜本調査会」に改称する（清水 2013：189）。

厚生労働省もまた，５%への引き上げ時と同様，社会福祉支出拡大を狙っていた。特に厚労省が乗っていたのは，高齢者福祉だけでなく，少子化対策などウィングを広げた「機能強化論」であった。政府案のとりまとめにあたった与謝野もかつては「機能強化論」に乗った。財務省は財政赤字の穴埋めを優先したがった。しかし，「機能強化論」を受入れ，引き上げ分の一定割合を，いわゆる高齢者３経費（基礎年金・老人医療・介護）だけでなく，少子化対策などを含めた社会保障４経費に充てることを了承した（清水 2013：200）。

地方財政を所管する総務省は，独自の費用負担で担当している社会保障関連の地方単独事業がかなり存在している（7.7兆円）などとして，引き上げをめぐる配分の争いに参入した（清水 2013：205）。これにも財務省は妥協し，最終的に地方消費税を現行の１％に加えて1.2％上乗せするなど，引き上げ率５％のうち1.54％分を地方に配分することで決着している。

一方で，財務省は税率引き上げに反対する規範的次元を弱めていった。財務省は事業仕分けに積極的に協力することで行政改革を優先すべきとのアプローチに限界があることを多くの民主党議員に知らしめていった（毎日新聞 2009年11月28日，産経新聞 2010年10月30日）。また，国債暴落論を流布することで，消費税増税やむなしという気運を高めたことを規範的要因として挙げる見方も存在する[12]。

こうして社会保障の機能強化や地方財政に配慮し，最終的に菅内閣は2011年６月，2010年代半ばまでに段階的に消費税率を10％まで引き上げる「社会保障・税一体改革成案」（以下，成案）を取りまとめた。

さらに，野田政権下で副総理兼担当大臣として一体改革にあたった岡田克也は，有権者の理解を得るために全額増税分を社会保障の財源とすることを明確にしたがった。そこで岡田は，政府説明では引き上げに伴う税収の使途として公共事業費や防衛費など非社会保障の物品調達費の上昇に充てるとしていたが，この部分を削除して，全て年金，医療，介護で既に生じている財政赤字の穴埋めにも用いることとするよう変更した（清水 2013：239－240）。

このように税率引き上げに伴う増収分の使途の裁量は，次第に狭められていくのだが，財務省は，最終的に民主党に消費税率の引き上げを決断させるのである。

三党合意においては，民主党政権の混迷にもかかわらず支持率の上がらない自民党からは，次期総選挙を念頭に国土強靭策が要求された。消費税率引き上げを優先させる財務省はこの要求をも飲み込み，三党合意の文章に書き入れられることになった（伊藤 2013：89）。

9－2　認知

菅の失言にも拘わらず，民主党政権は消費税に取り組まざるを得なかった。なぜか。この背景には，財務官僚の執務知識が発揮されていた。鳩山政権誕生直後，「政権交代をしたからといって，せっかく付則になった104条を葬り去りたくない」財務官僚は，首相から政府税制調査会への諮問文の中に「税制抜本改革実現に向けての具体的ビジョンについて検討すること」という文言を「さらっと，忍び込ませ」たのである（伊藤 2013：191)。「税制抜本改革」は霞ヶ関の用語で消費税率の引き上げを意味する（清水 2013)。また，当時作成された財務大臣のための想定問答では，「付則104条は，2011年度までに税制抜本改革法案を提出することを政府に義務付けているが，当面は現状のままで問題は生じない」となっていた。このように財務官僚は公式の文章や答弁から付則104条を削らせず，目立たないように残すことで税率引き上げの好機を待つ戦略を採用した（伊藤 2013：191－192)。この戦略は奏功し，菅の失言のあとでは，間もなく衆参は「ねじれ国会」となり，民主党は付則104条を葬る機会を失った。

成案ののち，法制化をめぐっては党内でも様々な意見が噴出した。特に，現行５％から一気に10％は倍増であり，痛税感が強いのでは，という懸念があった。この点で，財務省は税率引き上げを二段階に分ける案を引き受けた。同時に，衆院の任期中は消費税率を上げないという公約に違反したという誹りを避けるためには，増税実施の閣議決定を衆院が任期満了する2013年８月末以降にすべきだという声も出た。これらの声を受けて，まず2014年４月に８％（閣議決定は2013年９月)，次いで2015年10月に10％（閣議決定は2015年４月）の引き上げで決着した。税率変更の間を１年半取ったのは実務的な面からの判断であり，10％引き上げが2015年10月という時期となるのは国債への影響を考えると遅いのではとの野田の懸念を「問題ない」として上記案の決定の最後の後押しをしたのも財務省出身の秘書官であった。景気弾力条項を盛り込めという声に対しても，収拾案のとりまとめに主税局長・古田一之らが奔走していた（清水 2013：228－230，259)。加えて，当時は「ねじれ国会」である。野党との合意が無ければ成立しない。勝次官を筆頭に財務官僚たちは，誰が与野党の橋渡し役となるべきキーパーソンを政権中枢に示唆し，自らも与野党問わず重要な議員にはタイミングを見計らっては説得にあたり，きめ細かにコンタクトをとっていた(清水 2013：237－238，伊藤 2013：273－274)。

9－3　小括

財務省は，機能強化も呑み，地方財政への配分も呑み，最終的には国土強靭まで呑み込んだ。低迷する民主党，その一方で支持の上向かない自民党。彼らをテーブルにたぐり寄せ，引き上げを了承させるためには，必要な妥協であった。与野党合意の局面でも，キーパーソン同士を結びつけた形跡が窺える。その一方で，財務省は，付則104条を巧妙に守り民主･自民･公明の各党を縛った。痛税感をやわらげるための税率引き上げ二段階案も了承し，「非難回避」が可能な閣議決定の時期の設定にも携わった。鮮やかな執務知識は見事に制度設計と合意形成過程に活かされ，消費税増税法案は可決。2014年４月，第一段階として消費税は８％に引き上げられたのである。

10　結論

本稿では，明示的な基準により選択されたケースのうち，与党政治家が損失局面に無い場合には税率引き上げは成功せず，損失局面にある場合，主導アクターが規範的次元・認知的次元の両面で与党政治家を説得できるだけのアイディアを形成できてはじめて消費税率引き上げが成功したことを明らかにした。より仔細に言えば，主導アクターが，「生存」の危機に瀕しリスク・ラバーと化している政治家に，有権者の関心の高い政策領域とバインディングすることで当選可能性に対する正の効果を高く認識させ，同時に文言等を工夫することで有権者からの非難を回避させるような精巧な法案を作成することで当選可能性に対する負の効果を低く認識させることができて，はじめて消費税率は引き上げられた。与党政治家が利得局面にあって，具体的な税率と日程を含んだ消費税の増税法案が可決されたケースは，現時点では存在しない。主導アクターは，モデルの理念型としては政治家がその役を担うことはありうるが，消費税率引き上げのケースでは，二つの次元におけるアイディアの形成能力に長けた主税トライブの協力が無ければ実現できていない。

さて，ステークホルダーの望まぬ所有権の侵害という観点から消費税率引き上げの過程をみると，現代日本では民主主義ガバナンスが効いていないようにみえる。しかし，果たしてそうだろうか。本稿では，国民概念を現時点での有権者と同一視した。一方で，いまだ投票権のない，あるいは存在してない，“将来の国民”をステークホルダーと考えればどうなるのか。また，外部への公共財の提供という観点からも，国債の暴落を招いた場合の国債金融システムへの影響を考慮に入れると，むしろ税率を引き上げないことの方が問題が大きいのかもしれない。そのように概念を組み替えれば，むしろ主税トライブら財務省こそ，民主主義ガバナンスを成立させているとの見方もできる。本稿は，竹中治堅の概念に基づいて評価を試みたが，民主主義ガバナンス概念もまた理論的な精緻化が求められるのではないだろうか。

（1） したがって，主導アクターがアイディアを受容する過程の分析は本稿では扱わない。
（2） もちろん曽我自身は自らが提示したモデルが直ちに現実に当てはまると主張している訳ではない（曽我 2005：257－258）。むしろ本稿は，実際のケースを用いたモデルの検証の一環であると理解することができる。
（3） 予算に関しては，田中秀明（2011）など。
（4） 参院選での争点化を危ぶむ声に，菅直人首相は「民主党は2004年の参院選で，年金目的での消費税増税を主張して勝ったんだ」と反論した（清水 2013：160）。
（5） 本稿では，朝日新聞の全国世論調査の数値を用いる。
（6） 本稿では，読売新聞の全国世論調査の結果を用いる。ただし，質問文や質問形式は調査によって大きく異なるので，比較する際には注意が必要である。
（7） 本稿では，制度を新たに創設することと既にある制度を前提にそれを変更することは違うと考えるので，消費税制度創設の政治過程は扱わない。また，引き上げ税率の具体的数値と日程を明記した法案が可決，成立したことをもって，引き上げに「成功」とする。
（8） 引用に当たり，公式文章を含め引用先の元号表記は一部西暦に改めた。
（9） 主税局は間接税導入過程におけるこれまでの経験から慎重な合意調達の重要性を痛感していた（東京新聞 2007年１月30日）。こうした主税局の教訓を主計局は活かすこと無く国民福祉税構想は頓挫した。
（10） 村山は「国が責任を持って老後の保障はちゃんとやるから安心しなさい，そのかわりにこれだけの負担をしてください」と言えば有権者は理解

してくれると考えていた，と当時を振り返る（村山 2010：5）

(11) 「二階建て減税」は，大蔵官僚出身の柳沢伯夫（自民）の発案とされる。また，売上税に反対して当選してきた社会党議員は，この「見直し条項」にかすかな期待をつなぎ賛成に転じた（岸 1997：377，391）。

(12) 「財務省の「洗脳とメディア操作」を暴く～高橋洋一氏×江田憲司氏～」『週刊現代』2012年4月28日号など。

参考文献

Kahneman, Daniel, and Amos Tversky (1979) "Prospect Theory: An Analysis of Decision under Risk," *Econometrica*, XLVII.

Tversky, Amos and Daniel Kahneman (1981) "The Framing of Decisions and the Psychology of Choice," *Science*, 211.

Tversky, Amos and Daniel Kahneman (1992) "Advances in prospect theory: cumulative representation of uncertainty," *Journal of Risk and Uncertainty*, 5.

石弘光（2008）『現代税制改革史』東洋経済新報社.

石弘光（2009）『消費税の政治経済学』日経新聞社.

岩崎健久（2013）『消費税の政治力学』中央経済社.

伊藤裕香子（2013）『消費税日記』プレジデント社.

驛賢太郎（2013a）「官僚の専門性とキャリアパス：大蔵省を事例として」『神戸法學雑誌』63巻2号.

驛賢太郎（2013b）「大蔵省銀行局の人事，専門性，機関哲学の形成と継承」『神戸法學雑誌』63巻3号.

大垣昌夫・田中沙織（2014）『行動経済学』有斐閣.

大下英治（2012）『財務省秘録』徳間書店.

加藤淳子（1997）『税制改革と官僚制』東大出版会.

上川龍之進（2014）「民主党政権における予算編成・税制改正－民主党の『与党化』と『自民党化』」伊藤光利・宮本太郎（編）『民主党政権の挑戦と挫折』日本経済評論社.

軽部謙介・西野智彦（1999）『検証　経済失政』岩波書店.

岸宣仁（1998）『税の攻防』文藝春秋.

河野勝（2006）「ガヴァナンス概念再考」河野勝（編）『制度からガヴァナンスへ』東大出版会.

木寺元（2012）『地方分権改革の政治学』有斐閣.

塩田潮（1995）『大蔵事務次官の戦い』東洋経済新報社.

清水真仁（2013）『消費税　政と官の「十年戦争」』新潮社.

曽我謙悟（2005）『ゲームとしての官僚制』東大出版会.

田中秀明（2011）『財政規律と予算制度改革』日本評論社.

竹中治堅（2006）「民主主義ガヴァナンスのメカニズム」河野勝（編）『制度からガヴァナンスへ』東大出版会．
戸矢哲郎（2003）『金融ビッグバンの政治経済学―金融と公共政策策定における制度変化』東洋経済新報社．
成田憲彦（2010）「国民福祉税構想の経緯」『研究会「消費税はなぜ嫌われるのか？－死屍累々の教訓」』③，日本記者クラブ．
松田憲忠（2008）「『税制の政治』は変わったのか，変わるのか―小泉政権とその後」『公共政策研究』日本公共政策学会，年報７号．
真渕勝（1989）「大蔵省主税局の機関哲学」『レヴァイアサン』４巻．
御厨貴・牧原出（2011）『聞き書　武村正義　回顧録』岩波書店．
村松岐夫（2010）『政官スクラム型リーダーシップの崩壊』東洋経済新報社．
村松岐夫（2007）「転換期に置ける官僚集団のパースペクティブ」『年報行政研究』（日本行政学会），42号．
村山富市（2010）「消費税５％への決定」『研究会「消費税はなぜ嫌われるのか？－死屍累々の教訓」』④，日本記者クラブ．
薬師寺克行（編）（2012）『村山富市　回顧録』岩波書店．
山口二郎・中北浩爾（2014）『民主党政権とは何だったのか　キーパーソンたちの証言』岩波書店．

日本の基礎自治体ガバナンスにおける無作為型市民参加の研究

――事業評価における取組みを中心として――

長野　基*

第1章　はじめに

2000年代以降，日本の基礎自治体（首長部門）への市民参加として，住民基本台帳から性別や居住地等の代表性を踏まえた無作為抽出とそれに基づく招聘を承諾した住民のみで，あるいはそれら住民と学識者とで諮問組織を設ける取組みが急速に拡大している。本研究はこうした新しい市民参加に対して，筆者が運営に参画した複数の事例の分析から，それらが持つ自治体ガバナンスにおける位置づけを考察するものである。

無作為抽出に基づく市民参加は，市民を「公的プランナー」と位置づけようとする「計画細胞」（ディーネル 2012）や，司法制度における手続き的公正さを応用しようとする「市民陪審」（Crosby et al. 1986）等，今日「ミニ・パブリックス」の取組みに数えられる各種の実践が新たな地平を切り開いた（篠原編 2012）。こうした手法の内，わが国の自治体で数多く試みられているのは「計画細胞」方式を参考にした「市民討議会」の取組みである（篠藤 2012）。2005年の東京都千代田区で東京青年会議所千代田区委員会が主催して「公益法人に対する税制改革」をテーマに実施したものをテストケースに，今日では類似事例を含めると300件を超えると言われている（NPO 法人「市民討議会推進ネットワーク」調べ）。

これらの企画では東京都三鷹市を嚆矢に市民組織側と自治体とで実行委員会を形成する共催事例や，さらには同市や神奈川県茅ケ崎市を代表例に毎年度，異なるトピックに対して実施する自治体が増えてきている。また，議論されるテーマは，「地域の魅力さがし」「地域での子育て」といったも

*　首都大学東京都市環境学部准教授　地方自治論・行政学専攻

のから「自治基本条例」「住民投票条例」といったものまで多様性に富む(佐藤 2012)。これらは係争的案件となりうる公共事業計画を中心に活用されてきたドイツでの計画細胞の取組みとは異なる日本的特徴といえる。

次に「市民討議会」に続いて無作為抽出型参加が増えているのが「事業仕分け」での活用である。無作為抽出市民が「市民判定人」として評価に加わる取組みは2009年7月の埼玉県富士見市の事例が第1号となった。同市では「市民参加で事業仕分け」という当時の市長公約と，元千葉県我孫子市長の福嶋浩彦氏が委員長を務める「民と官の連携による公共サービス改革検討委員会」[1]より事業仕分けにおける市民参加の重要性を勧告されたことを受け，“市民の考えが直接反映される方式”として，無作為抽出による市民判定人方式が取り入れられた[2]。具体的な運用では，市民判定人は「事業仕分け」を唱導する構想日本から派遣された「事業仕分け人」による各事業課職員への質疑を聞き（市民判定人が事業課職員へ質問することはできない），その後，挙手による多数決で判定が実施されている。

「事業仕分け」における無作為抽出型参加は，2011年度末時点で住民が判定に参加する方式が採用された事例の約2割において活用されていることが複数の全国調査より確認されるに至っている。(自治体問題研究所組織部 2011・東京財団政策研究 2012)

ここで，熟議の実践を通じての民主的参画を強調する「参加型ガバナンス」を唱えるフィッシャー（Fischer 2012）は，討議型世論調査や市民陪審そして計画細胞などを総称して「市民パネル」とし，その取組みの多くは，意思決定者へ“別の”有益な情報を提供する“単なる助言機関（merely advisory)”でしかないと指摘する。また，参加民主主義の観点からペイトマン（Pateman 2012）はミニ・パブリックスの大きな制約として，特定の争点に対して組織されたものという性質上，通常の政治サイクルの一部分にはなっておらず，代議制民主主義制度に統合されていないと指摘する。

この意味では，日本での取組みは首長部門によってアドホックに組織される“助言機関”としての「市民パネル」に留まるといえる。ガバナンス改革としては，熟議民主主義を通じた分権・直接民主主義化シナリオ（Pierre & Peters 2000）ではなく，間接民主制に基づく執政部門補完のそれである。しかし，まさにその領域が大きく動いているのであり，こうした「市民パネル」が執政部門からどのように制度選択され，政策プロセスにどのようなインパクトを与えたのかを実証的に分析した研究の蓄積は始まったばかりである。また，日本の自治体で実践された手法間での制度的特徴の比較分析としては木寺（2012）が包括的な成果であるが，具体的運営の動態に即した比較研究は管見の限り多くはないのである。

そこで，本研究では，より近年取り組みが始まった事業評価での無作為抽出型参加に基づく「市民パネル」組織への参与観察より，その自治体ガバナンスにおける機能を探究してゆく。以下，第２章では対象事例を概観し，そこでの市民参加手法の特徴を整理する。続く第３章では分析枠組みを整理し，第４章では各事例のプロセスをレビューする。そして，第５章では以上を踏まえた考察を行うものとする。

第２章　研究対象事例の選択と市民参加手法の特徴

本研究では筆者が運営に参画できた次の３事例を比較対象とする。

⑴ 埼玉県和光市「大規模事業検証会議」

第１の事例は埼玉県和光市にて，2009年10月から2010年１月にかけて計６回の審議で実施された「大規模事業検証会議」の取組みである[3]。同「検証会議」は住民基本台帳より無作為に抽出された18歳以上の住民（1000名）に対する郵送通知での参加呼びかけから応募のあった33名（うち２名辞退）への男女比等での更なる抽選により選ばれた住民（９名）と学識者である委員長とで構成された会議体である。「検証会議」では，市長が指定した事業費規模が数億円以上の公共事業の計画に対して，事業ごとの評価と対象事業全体における各事業の相対評価を実施した。ここでは事業担当者からの説明に基づく個人別評価を各委員が書面で持ち寄り，それを合議して評価意見が取りまとめられている。

⑵ 東京都新宿区「第二次実行計画のための区民討議会」

第２の事例は東京都新宿区にて，総合計画の実施計画改定に当たって計画素案にある事業の審査を目的に2011年10月22・23日に開催された「第二次実行計画のための区民討議会」の取組みである[4]。ここでは住民基本台帳及び外国人登録データから無作為抽出された18歳以上1,200人の住民へ郵送での呼びかけに対して，申し込みがあった区民（94名）から公開抽選で参加者（60名）と辞退者に備える予備参加者が選定された。そして，当日参加者（55名）は無作為に３グループに分けられ，更にグループ内で４～５名の「班」に編制された。この「班」には外部からのファシリテーターは含まれていない。事業審査に当たっては，各事業課担当者からの情報提供の後，「班」で議論を行い，その合議より「班としての主な意見」の選択を実施している。そして，所属グループ内参加者に対して各班が「班としての主な意見」の発表を行った後，個人別「投票用紙」への採点記入と「拡大」「原案どおり」「縮小」「廃止」からの選択で判定が行われた。

⑶ 埼玉県和光市「事業点検」

第３の事例は埼玉県和光市にて，2012年７月29日に実施された「事業点検」の取組みである[5]。ここでは住民基本台帳より無作為に抽出された18歳以上の住民（1000名）への郵送通知での参加招聘に応じた市民（２会場で計23名）が「市民判定人」となり，うち，２名が事業ごとに交替で市が指名した専門家や他自治体職員と共に「点検人」として事業担当者への質疑を行った（「市民判定人」は質疑を行わない）。そして，これら「点検人」は札挙げと「評価作業シート」への記入により，その他の「市民判定人」は挙手方式にて，対象事業へ「廃止」「改善効率化」「継続」「拡充」の判定を行い，それらのうちの多数派意見が判定結果とされた。

以上から事例⑴はいわゆる審議会を，司法制度改革で導入された「裁判員制度」のような形で，無作為抽出市民中心に改変したものといえる。「市民陪審」とその基となった陪審制度に対比させるならば，市民委員と委員長（学識者）が共に議論を行った点で裁判官と参審員が合議体を形成して審理にあたる「参審制」に近い。「裁判員」あるいは「市民参審」型と言えよう。

次に「市民討議会」では，有識者等からのレクチャーを受けて行われる外部からのファシリテーターが入らない５～６人程度の小集団討議の後，各グループから発表を行い，その報告が整理された掲示物に対して，参加者は割り当てられた複数枚の「シール」を自分が支持する意見に貼り付ける方法で意思表示を行う方法が多くの事例で採用されている。この「シール投票」後，討議グループの構成員は入れ替えられ，新たな構成員で次の討議が行われる（篠藤・吉田・小針 2009）。事例(2)は「シール投票」からはアレンジされてはいるが，基本的には「市民討議会」の設計思想に基づいている。

そして，「事業仕分け」では，事業所管課からの説明の後，評価者と事業所管課との質疑応答，および，コーディネーターによる論点整理を踏まえ，札揚げ式等で個人別評価を表明し，多数派意見が採用される方法が一般的である（構想日本 2007）。参加者相互の議論は基本的に予定されていない。事例(3)はこの形式に沿ったものである。但し，パネルの構成では「専門家＋市民」「市民のみ」の二層制となる。NIMBY 問題の研究で論じられてきた「市民」「専門家」「利害関係者」と構成員の属性毎にパネルを純化させて，役割分担でそれぞれの特性を活かそうとする戦略（Renn et al. 1993, 秋吉 2004a，2004b）とは異なる混合型採用の構図である。

以上の 3 方式の間ではパネルの構成以外に，審議の進行に当たるファシリテーター[6]が存在するか否かが異なる。また，「仕分け」では事業所管課職員へ問題点を厳しく指摘し，一定の回答を引き出す質疑が一つの特徴といえるが，「市民討議会」では情報提供者へ事実関係の質問にとどめ，小集団での参加者間討議の時間を長くとるのが基本的なパターンである。討議

表1　参加手法類型と内容

事例	和光市「大規模事業検証会議」（2009－2010）	新宿区「第 2 次実行計画のための区民討議会」（2011）	和光市「事業点検」（2012）
市民参加手法	「裁判員」（市民参審）型	「市民討議会」（計画細胞）型	「事業仕分け」型
参加人数	小規模	中規模	中規模
実施期間	中長期	短期集中	短期集中
パネル構成	市民＋専門家（委員長）	市民のみ	「市民のみ」＋「市民＋専門家」（二層制）
討論（1 対 1）	あり（事業所管課との質疑）	なし（事業所管課への事実関係の質問のみ）	あり（事業所管課との質疑）
討議（参加者相互）	あり	あり	なし
ファシリテーター	あり（委員長）	なし	あり（コーディネーター）
機関意思表示	コンセンサス型	「一人一票制」投票・多数決	「一人一票制」投票・多数決

出所：筆者作成

の「モード」(Fung 2003) も異なるのである。

そして，最終的な意思決定では，「市民討議会」も「仕分け」も「得票数」により意思表示される。一方，「裁判員」(「市民参審」) 型では，参加者の合意を以って決定としている。意見の分極化を避けるために敢えて機関としての決定を行わない「討議型世論調査」(Fishkin 2009) との違いである (表1)。

第3章　分析の枠組み

本研究の対象は，首長部門による無作為抽出参加型「市民パネル」組織である。この研究対象の特性に基づき次の2つの論点から分析を行う。

第1の論点は，どのような争点に対して，どのようなインパクトを持ったか，である。これは「市民パネル」「ミニ・パブリックス」論での従来からの研究争点である。既往研究では，これら新しい手法がどの程度，意思決定に影響力を持つかは，その取組みが埋め込まれている政治制度・政治文化の違いに依存するとするマクロ的な見方 (Dryzek & Tucker 2008) がある一方で，制度選択ではなくあくまでも個別のパワーゲームに依存するとするミクロ的な見方 (Yang & Callahan 2007) があり，また，別の次元として，地域コミュニティ全体に関わる新しい争点で，かつ，官僚や利益団体などの利害関係者のポジショニングが確立していない争点でこそ効果を発揮し得るという争点特性とそこでのステークホルダー形成の強さに着目する議論 (Kathlene & Martin 1991) もある。

本研究は強市長制度を採用する日本の基礎自治体を対象とするため，政治制度による差異の変数は統制されている。そのため，マクロ的な制度の影響はブラックボックスとならざるを得ない。一方，前章で見たミクロレベルでの参加手法の差異や，争点特性との関係については把握可能であり，それらとアウトカムとの関係性の分析は可能である。

第2の論点は「市民パネル」を巡るポリティックスであり，設置者側はなぜ，その設置を選択し，どのようにして政策意図の実現を図ろうとしているのか，である。

諮問機関研究の成果を踏まえるならば，首長部門の諮問機関活用の誘因は政策に対する専門的知識の調達と決定プロセスへの正統性の調達である。ここでの伝統的な正統性調達戦略は，専門家と利害関係者のプロセスへの

「抱え込み」であった。しかし，本研究の事例での参加者は無作為抽出による「平均的市民」（足立 1975）である。利害関係者の専門知とは異なる「生活知に基づく評価」（Dahler-Larsen 2005）であることに正統性の源泉を求めている構図である。ただし，一般市民が参加しての評価活動[7]は，乏しい知識・情報に基づく状態での評価自体を自己抑制するリスク（金井 2010）を招きかねない。

また，諮問機関を用いて設置者側の意図を貫徹させるには，諮問機関組織に対する何らかの「事前統制」が必要である。その基本的な手法は，メンバー決定と審議の「演出と振付」，そして「原案（答申案）作成」（森田 2006）を通じた統制である。構成員選定は政策決定に対するアクターのアクセスを制度化すると共に，決定で参照される「知識」も制御される意味で政策形成を方向付ける（Howlett 2011，曽我 2013）。

だが，本研究の事例では，無作為抽出と応募者への抽選という偶然性が介在するため，メンバー決定と「演出と振付」において直接的な「事前統制」が困難である。加えて，審議方式が事務局原案への“合意を取り付ける”方法ではなく，投票等で全て参加者が決めるため，「原案作成」を通じたコントロールもできない。Brown (1955) は，政府当局にとっての諮問機関の最も大きな貢献は，政府当局により提起された政策が間違いない内容であり，支持されていると“再確認すること”とするが，そうした諮問者側が持つ「原案」への正統性調達を果たせるかは非常に不確実といえ，リスクのある方法を敢えて選択しているということになる。では，どのようにしてそれらリスクを回避しているのであろうか。

次章では本章で整理した内容を基に対象 3 事例のプロセスを見てゆく。

第 4 章　事例分析

本章では研究対象事例における開催経緯，参加者編制，検討対象事業の選定，企画当日の議論の特徴，そして答申を受けての最終的な決定の内容を見てゆく。

⑴ 埼玉県和光市「大規模事業検証会議」[8]

「検証会議」は，2009年 5 月に当選した松本武洋氏（現和光市長）の選挙公約（「学校建設以外のハコモノはすべて一旦凍結，市民参加で『必要』か

『不要』か，検証します」）に始まる。参加者募集は無作為抽出された市民への趣旨と無償参加であることを明記した依頼文書の郵送から始まるが，ここでは「今後も，景気後退等の影響により，財政状況が悪化する可能性がある中，市では大規模な事業が計画されています。このことから，大規模事業の今後のあり方について検討するにあたり，これまで市政に声を届ける機会がなかった方を対象に，一般的な生活者の視点から幅広い視野の意見を出し合っていただくため，大規模事業検証会議による議論を行います。なお，大規模な事業の検証については，市長のマニフェストの１番目に掲げられているものでもあります」と説明された。

そして，市民委員は性別，年齢構成，地域構成，および「過去三年間，審議会などの委員に参画したことがない」を条件にした応募者への公開抽選を経て決定された。「審議会未参加要件」は，市民参加における「顔ぶれの固定化」批判を懸念する松本市長の意向であった。最終的には地元中小企業経営者（男性），主婦（３名），建築士（男性），IT 技術者（男性），金融系コンサルタント（女性），大手広告代理店社員（男性），大手電気機器メーカー管理職（男性）の合計９名（うち女性は４名）が選ばれた。

これら手続きの中で行われた郵送通知に応じた市民への説明会では，「なぜ，30名全員を選ばないのか。自分が選ばれれば全部の事業をストップさせる」と大声で抗議する男性がおり，会場内の別の市民がたしなめ，その場は納まったものの，その後，政策課の窓口で延々と抗議し，最後は市長自らが対応するという事態も生じたのであった。

次に具体的な議論対象事業については，政策課が市の実施計画（2009～11年度）その他で実施予定の事業費が１億円以上のものを洗い出し，その中から未着手のもの，および国・県の補助の制約がないものを抽出した。そして，市長自ら市民に問うべきと考える事業を加えるなどの市長調整を行った結果，７事業（①アーバンアクア広場整備事業・②大和中学校体育館建替え（または耐震補強）事業・③図書館整備事業・④消防署白子分署建替え事業・⑤市民葬祭場整備事業・⑥認定こども園整備事業・⑦総合児童センタープール棟建替え事業）が対象とされた。

これらのうち，下水処理施設の上部をスポーツ施設に利用を図る①の事業は埼玉県との協定が既に結ばれ，市民ワークショップによる構想も策定済みであった。⑤の事業は東京外かく環状道路の上部に整備しようとするもので，道路公団（現・東日本高速道路株式会社）との利用協定が結ばれたうえ，2007年度に市議会内の会派（公明党）から3000名以上の署名による推進要望書が提出されていた。そして②の中学校体育館事業は老朽化に加え，武道必修化による武道場整備という事案も抱えていたのであった。

企画当日の審議は夜７時から９時半過ぎまで審議が続くのが通例となった。進め方は所管課からの説明と質疑の回を実施した後，次の回で委員会としての判定を行うこと基本とした。市民委員は事業資料を読み，評価項目に関する疑問点を用紙（「事前疑問シート」）に記入・提出してから説明の回で事業課の説明を受け，さらに自宅作業にて各評価項目ごとに点数・コメントを作成・提出し，次の判定の回の審議に臨んでいる。

判定の回では委員長のファシリテートの下，各委員が評価点と意見を述べ，それを基に検証会議としての評価点を確定してゆく作業を繰り返した。ここでは，会議が進行する中での委員の要望を受けてのことであったが，効率化のために，ある程度，検討が進んだ段階で委員長が得点の目安を示し，それを踏まえて，全員が合意するという手順も途中から取られた。

以上の作業を経た結果，第一位は②大和中学校体育館耐震補強事業，最下位が①アーバンアクア広場整備事業と③図書館整備事業となった[9]。事業手法によって評価が分かれた②の整備事業については，市民の生命を守ることは必須であり，緊急性・優先度は高いが，事業方法では，市財政を踏まえ，耐震補強を優先すべきとされた。一方，③については，計画が具体化されていなかったため，低い点数となり，また，①の事業については埼玉県の協定という部分を除くと緊急性が低く，波及効果もあまり望めないのではないか，という結論に至り，相対的に低い点数となった（表２）。

こうした審議の途中では「勉強しないままでやってよいのか」という不安の声や，あるいは「我々の答申の後にパブリック・コメントもあるんですよね」という声が繰り返し寄せられた。後者については，自分たち以外の他の市民の声も最終決定へ反映されるので自分たちだけがある種の責任を背負うのではない，という文脈での発言である。一方,「私自身はこの学校の近くに住んでいて，子どもも通わせているので，全面建替えできれいになってほしい。だが，市全体の状況で考えれば，耐震補強でよいのではないか」といったように,「利害関係者」と「審査者」との間にある「矛盾」を表明する場面も度々見られた。

表２ 「大規模事業検証会議」審議結果

評価項目＼検討対象事業	①アーバンアクア広場整備事業	②大和中学校体育館建替え（または耐震補強）事業		③図書館整備事業	④消防署白子分署建替え事業	⑤市民葬祭場整備事業	⑥認定こども園整備事業	⑦総合児童センタープール棟建替え事業
		建替え	耐震補強					
緊急性（緊急性があるか）	1	1	5	1	－	1	1	1
目的の妥当性（市民ニーズはあるか）	1	1	5	1	－	1	2	2
公平性（特定の個人や団体に受益が偏っていないか）	1	1	4	1	－	3	3	3
効率性（コスト削減を図る改善余地がないか［費用対効果］）	1	1	3	1	－	1	2	1
手法の適性化（代替案）（他の手法がないか）	1	1	3	1	－	1	1	1
成果（効果）（波及効果があるか）	1	3	3	1	－	2	2	3
合計点数	6	8	23	6	－	9	11	11

出所：和光市（2010）より引用の上，一部加筆・修正により作成

このような活動を行った「検証会議」を巡っては09年12月定例化以降，市議会でたびたび取り上げられた。その中で質問が集中したのは②大和中学校体育館整備事業と⑤市民葬祭場整備であった。特に前者については建替え推進を主張する質疑が多く行われた。一方，検証会議自体へは「本当に真剣に市民の方が御飯も食べずに駆けつけてくださって，遅い時間まで真剣になってやってくださっている。」（09年12月定例会議事録）といった肯定的な反応が寄せられたのであった。

次に住民から大きな反応が寄せられたのは②大和中学校体育館建替え事業であった。2010年１月には同校 PTA 会長名で市長宛に「大和中学校体育館の改築については，現在，大規模事業検証会議において，耐震補強で進めればよいのではないかと議論がなされており，その結果をもって市が最終的に判断すると聞いております」「耐震補強ではなく，早急な改築をするように3743名の署名を添えて強く求めます」とする要望書が寄せられた。

そして「検証会議」終了後，市では2010年２月中旬から３月上旬にかけて，検証会議答申書をホームページや公共施設で公開し，当該事業についての市民の意見を公募した。その結果は，市民葬祭場整備事業に対して早

期に建設を進めるように求める意見（2件）のみであった。そのほか，答申後に市側へ寄せられたものには，「市長への手紙」で中学校体育館建替えを要望する意見（1件），2010年3月に出された市民葬祭場整備を求める要望書（署名人数1101名）であった。後者は2007年に引き続きの提出である。

以上の過程を経ての市（市長）としての最終的な判断は，まず要望書も寄せられていた「②大和中学校体育館」事業は，2010年当初予算において改築・耐震ともに対応可能な設計費を計上して実施となった。一方，1000名以上の署名が寄せられていた「⑤市民葬祭場整備」は「⑥認定子ども園整備」と「③図書館整備」と合わせ，財政好転まで凍結となった。そして「⑦児童センタープール棟建替え事業」は廃止（修繕による維持管理）とし，埼玉県との協定が締結されていた「①アーバンアクア広場整備」は，計画変更（縮小実施）となった。そして「④消防署白子分署整備」は“耐震診断の結果を踏まえて再検討”と判断が先送りされたのであった。

⑵ 新宿区「第二次実行計画のための区民討議会」[10]

本「区民討議会」は，前年の2010年6月に同区として初の市民討議会方式で行われた「自治基本条例区民討議会」と，同年11月の中山弘子新宿区長の選挙公約（3期目）に基づく。中山区長は公約として「事業の棚おろし，事業仕分けの実施」を掲げ，当選後の「平成23年度区政の基本方針」（2011年2月）で「第二次実行計画の策定にあたっては，限られた財源を有効に活用するため，幅広い層の区民の参加を求めて区民討議会を開催し，事業仕分けの手法を活用した事業判定を実施」[11]と明示されたのであった。

次に参加者募集は趣旨と有償参加（2日間で12000円）であることを明記した依頼文書の郵送から始まるが，ここでは“区が行ってきたパブリック・コメントと地域別説明会に並んで”の実施であり，“「計画素案」に選定した事業について，グループ討議で皆様の意見を伺います”と説明がなされた。一方，同封されたチラシには「専門知識がなくても，参加できます！」ということが大きく印字されていた。公開抽選を経ての最終的な企画参加者は男・女比（22：33名），年齢構成では20代（9人），30代（10人）・40代（7人）・50代（6人）・60代（10人）・70代以上（13人）であった。

具体的な討議対象事業の選定は「区民に身近，または関心が高い」という原則の下，①区長マニフェストの事業，②外部評価で内部評価が適当でないとされた事業，③区民意識調査の10位までの事業，④事業費の大きな事業を基準に選定されたもの，そして東日本大震災対応関連の事業として選定された計17事業が選ばれた。これらは企画部側起案で区長決済として対象事業に決定された後，各事業課へ通知された。ここでは「事業仕分けの手法を活用した事業判定」ということが出発点で謳われていたこともあり，反発を含めた様々な反応が個別部署側から寄せられた[12]。

企画当日の議論は，当該事業所管課長級職員のプレゼンテーション，準備会側で指名した外部有識者がインタビュー形式にて説明で触れられなかった点などを問うことで情報を補足する時間，加えて事実関係に限った質問での参加者質疑を第１段階とした。続く「討議」では，第２章でみたように「班」メンバーから出された意見・提案などを参加者が適宜，大型糊付き付箋紙に書き込み，「討議ボード」（模造紙）へ貼り付けながら行われる。この場面では，他の参加者からの発言に反発して“自分の意見は趣旨にあっていないと思う”といって自分で書きつけた付箋紙を全て撤回してしまう（最終的には班メンバーに宥められて基に戻す）といった一幕も観察されたのであった[13]。さらに，班別発表後には「評価」（「事業の必要性」「緊急性」「手法の適切性」を各０点から３点までの点数選択）と「判定」（「拡大」「原案どおり」「縮小」「廃止」から選択）を各参加者が投票用紙に記入する投票が行われた。ここまでの間，討議対象となった当該事業担当職員は，各グループ会場内で待機し，議論を傍聴していたのであった。

２日間の企画で議論された17事業（１事業のみ３グループ合同実施）の評価は，全事業平均で「評価点：6.0点／廃止・縮小：合計23.1％」であった。これらから具体的な計画修正が発生したものは「災害情報システムの再構築」事業（評価点平均：8.3点／廃止・縮小：合計0.0％），「雇用促進事業の充実」事業（評価点平均：3.1点／廃止・縮小：合計83.3％）の２事業であった。「雇用促進事業の充実」事業よりも低い評価を受けた事業には区長マニフェストの事業も含まれていたが，それらの修正は発生していない。ただし，市民参加手続きを経て具体的な修正が行われたのも区民討議会での２事業のみであり，パブリック・コメントや地域説明会での意見からのものはなかった（表３）。

「区民討議会」を経て計画素案から内容が変更された「災害情報システムの再構築」（危機管理課）事業[14]では，素案から事業を拡充し，新たに2012

表３　「新宿区第二次実行計画」への主な意見反映内容

市民参加手法	計画事業名	反映内容
パブリック・コメント	男女共同参画の推進	「平成23年度に策定する新宿区第二次男女共同参画推進計画を推進する，という文言を入れるべき」との意見を受け，計画事業欄にその旨を盛り込む。（※地域説明会でも同様の意見あり）
地域説明会	学校図書館の充実	「『図書館司書』という資格はなく，表現として不適切である」との意見を受け，正しい名称である『司書』という文言に修正した。
	地球温暖化対策の推進	「『温室効果ガス』と『CO_2』の文言が使われているが，温室効果ガスにはCO_2以外もある」との意見を受け，区が行う取組みはCO_2削減に向けたものであることから，文言を『CO_2』に統一した。
	放置自転車の撤去及び啓発	事業名が自転車の放置を啓発するように受け取れるとの意見を受け，事業名を「放置自転車の撤去及び自転車適正利用の啓発」に変更した。
区民討議会	雇用促進支援の充実	区民討議会で，「廃止」や「縮小」の判定が多いという結果を受け，24年度に相談窓口機能の統合や体制整備等の見直しを図ることとした。
	災害情報システムの再構築	区民討議会で，「拡大」の判定が多いという結果を受け，事業を拡充し，新たに24，25年度に被災者生活再建支援システムを導入することとした。

出所：新宿区（2012）より引用の上，一部加筆・修正により作成（長野 2014）

・13年度に被災者生活再建支援システムを導入へと修正された。この修正は，元々，所管課で準備・検討されていた項目が優先順位を引上げられて計画に盛り込まれたものであった。担当課長は区民討議会で出された結論は一般的な内容と言えるものの，「一般の区民」の反応が見えたのであり，住民のニーズの大きさを再確認した，とする。討議・提言内容は，内部で検討してきたものに対して「検証して確認してもらった」と受け止められたのであった。

区民討議会後の庁内意思決定の手続きでは，企画部門側との調整もスムーズに進んだという。その理由に，当時，震災対策・災害対策は区長の指示の下，区政の最重要課題とされていた時期であり，その時期に合致していた，と担当課長は指摘する。なお，議会からは，計画素案を変更することに対して，特に否定的な反応は示されなかったのであった。

もう一つの「雇用促進支援の充実」事業（消費者支援当担当課）[15]における修正では，所管課課長（当時）は，もともと，判断に揺れる部分があった事柄に対して，区民討議会の判定に「背中を押してもらった」側面があるとする。所管課側では，従来，この分野を担ってきた（公財）新宿区勤労者・仕事支援センターと新宿区との間で機能を整理する必要があるといった「あるべき論」を巡る問題意識は「ずっと持っていた」という。

所管課課長は区民討議会終了の翌日には企画部署側へ「国の動向も見据

えて変更」と申し出る。企画政策課は，“区民討議会で批判されたからと言ってストレートに見直すということは必ずしもない”とするが，担当課長判断として計画修正となった。担当課長は，区民討議会で批判されたにもかかわらず，所管課として「何もしない」場合への「批判」も考慮したとする一方，最も影響があったことは「廃止」が多数支持されたことで「方向性の提示」があったことだとする。後者に関しては，評価項目が細分化された区民討議会の判定方式は「判断に至った道筋が見えてよかった」とする。その後の庁内調整では，特に大きな問題となることなく進み，計画決定されるに至る。なお，こちらの修正でも区議会から特段の否定的な反応を示されることはなかったのであった。

⑶ 埼玉県和光市「事業点検」[16]

和光市議会では2005年12月定例会で公明党議員より，08年12月定例会と09年３月定例会で，後に市長となる松本武洋議員からの一般質問で「事業仕分け」が取り上げられた。この09年３月定例会の質問に対して当時の野木実市長は「事業仕分け」実施を検討してゆく[17]と答弁しており，「事業仕分け」開催経費は2009年度一般会計予算案に計上されている。同09年５月にはマニフェストで「事業仕分けを直ちに行う」を掲げた松本氏が市長に当選し，09年10月に構想日本への委託にて「事業仕分け」が開催される。

続く2012年７月には市独自運営での「事業点検」が実施された。両者の間では無作為抽出型参加で選ばれた市民が「市民判定人」となる方式への移行が大きな違いであった。この方式は政策課が設計しており，無作為抽出型参加が選択された理由は「市政に参加したことのない新たな市民層への参加を促し，市民目線の意見を聴取するため」とされた。こうした参加手法の変更について市長からの指示は特には行われてはいない[18]。

ここでの「市民判定人」の募集にあたっては「市が実施している事業について，『そもそも必要なのか』『市で実施するべきなのか』『実施手法はこれでよいのか』など，事業の必要性や効率的な事業運営の観点から，公開の場で市民や外部の有識者の皆さんに議論していただき，今後の事業運営に生かしていくものです。」[19]との趣旨説明と，「市民判定人」へは交代で質疑を担う「点検人」を務める事業に対して，１事業（約１時間）あたり一千円の謝礼が市より支払われることが告知された[20]。

そして，応募者(57人)から定員30名への公開抽選が行われ，最終的な「市民判定人」の当日参加は23名となった。内訳は男・女比（16：7名），年齢構成では20代（1人）・30代（5人）・40代（6人）・50代（3人）・60代（5人）・70代以上（3人）である。なお，「市民判定人」に対しては企画当日の四週間前に事前勉強会を兼ねた「模擬点検」が実施されている。

2012年度「事業点検」での検討対象選定[21]では，原則，1事業当たりの事業費規模500万円（人件費含む）以上で，特に行革計画で掲げられている「公共施設の必要性・管理運営方法の見直し」[22]および「類似事業の見直し・再構築」に該当する事業を優先的に候補とするとされた。最終的には，個別事業所管部局が指定した事業と政策課が指定した事業とを基に「部局のバランスを考慮し，論点が複数あり効果的な点検を期待できるかという観点」より庁議決定で合計10事業が選定されている。1事業を除き，これらはいずれも外部委託・指定管理者事業であった。

この一連の過程で示された市長意見は「選定基準に定めている『公共施設の必要性・管理運営方法の見直し』に着眼し，業務委託事業（市民への協働委託は除く）の見直しについて選定する」そして「事業費の削減のみが目的ではなく，効率的な運営方法ついて検討する」というものであった。

各事業に対する審議は，第2章で見た方法で「質疑」と「判定」が行われたが，「判定」終了後には「市民判定人」にもコメントを述べる時間が設定された。一連の審議の中では，「市民判定人」が電卓をたたきながら「作業員には日当二万円以上だ。いまどき，一日二万円ももらっている会社員はどれだけいるか」といった批判もなされる場面や，あるいは事業説明・質疑を担当した女性職員が，当該事業の審議が終了後，他の複数の職員に囲まれて労わられるといった場面も観察されたのであった。

「事業点検」後の最終的な対応への検討では，事業部署が対応案を出し，政策課と「調整」する作業となった。ここでは消極的な対応を示した事業課に対して政策課側が要求し，修正を引き出す事業も存在した。なお，この間，判定結果自体に対するパブリック・コメントは実施されていない。

そして，市の最終的な対応[23]では，大半の事業は「事業点検」の判定と同一のものとなった。しかし，「事業点検」判定は「改善」だが市の決定は「継続」となった事業と，逆に「事業点検」判定は「継続」だが市の決定では「改善」となった事業が各1件ずつあった。最終的に市が「改善・効率

表４　「事業点検」（2012）結果に対する市の対応と事業予算（千円）

番号	事業名	所管課	実施方法	業務受託・指定管理者	点検結果（多数派意見）	市の見解		2012当初予算（A）	2013当初予算（B）	（B）－（A）
1	市民文化センター管理運営	人権文化課	指定管理	（財）和光市文化振興公社	改善・効率化	改善・効率化	総事業費	234,828	228,169	－6659
							委託費	234,512	227,860	－6652
2	納税サポートセンター管理運営	収納課	業務委託	（株）ヒューマンプラス	廃止／改善・効率化（同数）	改善・効率化	総事業費	6,496	6,496	0
							委託費	6,012	6,012	0
3	学校給食業務	教育委員会学校教育課	業務委託	（財）和光市学校給食協会	改善・効率化	継続	総事業費	323,681	320,820	－2861
							委託費	281,875	283,344	1469
4	高齢者福祉センター管理運営	長寿安心課	指定管理	（社福）和光市社会福祉協議会	継続	継続	総事業費	44,215	44,215	0
							委託費	44,125	44,215	90
5	総合体育館管理運営	教育委員会スポーツ青少年課	指定管理	（株）コナミスポーツ＆ライフ	継続	改善・効率化	総事業費	68,554	68,415	－139
							委託費	68,118	68,118	0
6	勤労青少年ホーム管理運営	産業支援課	業務委託	（財）和光市文化振興公社	改善・効率化	改善・効率化	総事業費	19,518	19,068	－450
							委託費	15,728	15,278	－450
7	放置自転車対策	道路安全課	業務委託	都市環境整備（株）	改善・効率化	改善・効率化	総事業費	16,999	16,922	－77
							委託費	11,847	11,595	－252
8	子育て支援センター管理運営	こども福祉課	業務委託	南地区：（社福）なかよし会白子地区：（学）柳下学園	改善・効率化	改善・効率化	総事業費	11,947	11,766	－181
							委託費	6,228	5,955	－273
9	坂下公民館管理運営・講座開催	教育委員会生涯学習課	直接実施	－	改善・効率化	改善・効率化	総事業費	52,805	52,805	0
							委託費	52,805	52,805	0
10	総合福祉会館管理運営（地域福祉センター）	社会福祉課	指定管理業務委託	（社福）和光市社会福祉協議会，NPO耀の会，サンワックス，シルバー人材センター	改善・効率化	改善・効率化	総事業費	183,789	175,575	－8214
							委託費	155,775	147,763	－8012

出所：ヒアリング調査における和光市（政策課）提供資料より筆者作成

化」とした事業の総事業費・委託費を見てみると，10事業中２事業が当初予算ベースで委託費の大幅削減が行われる結果となったのであった（表４）。

第５章　考察

本研究では，無作為抽出型「市民パネル」による市民参加が，どのような争点に対してどのような影響・効果をもたらしたか，そして，そのような参加手法を，なぜ，首長部門は選択し，それによって，どのような内容を実現させせようとしているのか，をリサーチクエッションとした。

まず，観察を行った3事例では，共通して若壮年層年代・勤労者層の参加を獲得していた。確かに，応募者からの抽選に際して年齢による統制をかけていない事例⑵では70代以上が2割強を占める最大の参加者層となったが,「事業仕分け」型の事例⑶では70代以上は30代よりも少なかった。金井（2010）は事業仕分けを含む行政評価への市民参加に「『初老（前期高齢者)』を中心とする『有閑市民』の民意を過剰に反映する」可能性を指摘するが，そのリスクは公募型参加に比べて一定程度，回避されていた。参加者層の多元化は一つの成果といえる。

また，3事例とも首長公約を出発点としていた。これは「業績顕示」が首長の誘因の一つとなることを意味する。選挙公約となった理由は，首長が自治体全体を単一選挙区とする独任ポストであるが故に「地方政府全体に関するマクロで集合財的な政策課題への関心」を持つ（曽我･待鳥 2007）とする合理的選択制度論の視角から一定程度，説明可能であろう。

では，3事例での差異はどのようなものであったか。第1に審議対象におけるステークホルダーの形成度合が異なっていた。「裁判員」型が採用された事例⑴では，要望署名活動等を通じて，ステークホルダー形成度合が非常に高くなっているものが含まれていた。「仕分け」の事例⑶も，現在進行形の事業を対象とするためステークホルダーの形成度合いは高い。一方,「市民討議会」型の事例⑵では，基本的に計画素案としてこれから始める事業を対象としたため，相対的にはステークホルダーの形成度合いは低い。

第2に答申後の政策プロセスも異なっていた。事例⑴では一連の市民参加終了後に首長トップダウンの手続きに持ち込まれている一方，事例⑵は事業部署からのボトムアップという分権的なプロセスが選択されている。事例⑶は事業課の提案に対する企画部署の「調整」という通常の実施計画・予算編成プロセスに類似したルーティンで処理された。これを別の角度から見れば，事例⑵⑶は共に各事業所管部署が答申を受けての「自発的改善」を第1ステップとするが，事例⑴ではそのような「自発的改善」の取組みは組み込まれていない。

第3に，市民参加プロセスとしての位置づけが異なっていた。事例⑴は

「市民パネル」組織からの提言に対して，さらに他の市民参加（パブリック・コメント）が行われた。“市民参加に市民参加を行い，手続き的慎重さを担保する”「直列的な相対化」が図られている。事例(2)ではパブリック・コメント，地域別説明会と同時並行で実施され，意見表出の場を多元化させる「並列的な相対化」が図られていた。一方，事例(3)ではこのような市民参加間での「相対化」は行われていない。

以上で析出された相違点は，首長（及び企画部門）からみた正統性調達の戦略の違いとして整理されよう。ステークホルダーが既に形成されている「重い」争点に対して政策的推進力を担保するための正統性調達を図る「突破型」戦略（事例(1)·(3)）と，原案に対して「支持されていることを確認」し，計画合理性を担保しようとする「再確認型」戦略（事例(2)）である。事例(2)では，首長マニフェストの事業も対象とされたが，原理的にマニフェストはその「パッケージ」での信任を得たとは言えても，個別の事業単位での信任を得たということにならない。その点で事業単位での正統性の再確認が図られたといえる。

そして，争点の違いは採用される「戦略」を媒介に答申後のプロセスの違いに連動する。「突破型」戦略では集権的な決定プロセスが選択されているのに対して,「再確認型」戦略は分権的なプロセスが選択されている。先行研究の論点を踏まえると，答申後のプロセスは確かに「パワーゲーム」となるが，少なくとも本研究事例では争点の違いが作用しているのである。

また，このプロセスの違いは，取組みを通じて実現させようとする政策的改善のあり様を規定する。事業部局原案からの変化として明確に測定できたのは事例(2)のみであったが，その変化を引き起こしたのは官僚機構による政策的学習であった。獲得されたリソースは政策的知識といえる。一方，事例(1)(3)で調達されたものは，政策推進に向けた「圧力」となる政治的リソースと分類できる（表５）。

確かに事例(1)(3)を評価・統制の局面，(2)を計画局面とするならば，前者の局面は集権的なプロセスとなり，後者では分権的なボトムアッププロセスとなるという政策局面に応じた違いは一般的な事象ともいえる。また，事例(2)は,「素案」段階まで“生き残った”ものを対象としており，事例(3)のような企画部署対事業部門の「攻防」が発生しないことは当然ともいえる。しかし，これらの点は上記で見た争点特性に応じた正統性調達の違い

表5　事例比較結果

事例	和光市「大規模事業検証会議」（2009－2010）	新宿区「第2次実行計画のための区民討議会」（2011）	和光市「事業点検」（2012）
市民参加手法	「裁判員」（市民参審）型	「市民討議会」（計画細胞）型	「事業仕分け」型
直接的誘因	首長選挙公約実現	首長選挙公約実現	首長選挙公約実現
争点特性	ステークホルダー形成度合が高い争点を含む	ステークホルダー形成度合は相対的に低い	ステークホルダー形成度合は高い
採用戦略	「突破」型	「再確認」型	「突破」型
市民参加の配列	直列的相対化	並列的相対化	単独
答申後のプロセス	庁議直結	事業課主体（ボトムアップ）	企画・事業部門間査定“プロセス”
内発的政策開発	首長トップダウン	自発的修正に期待	自発的修正に期待
獲得された主な資源	首長の事業メニュー中止・廃止への政治判断のための根拠（≒正統性）	企画部署の事業採択の根拠（≒正統性）＋官僚機構による政策開発シーズ	首長・行革部署の事業メニュー修正のための根拠（≒正統性）

出所：筆者作成

と，獲得したリソースの差異から一定程度，説明されるのである。

次に，このような戦略の下でそれぞれの目標を実現させるために，首長部門から「市民パネル」に対しては，どのような「事前統制」手法が機能していたのであろうか。事例研究から導かれる第1は参加者募集の段階での「フレーミング」であり，第2は「何を審議対象とするか」のアジェンダコントロールという2つの「間接的な統制」であったと言えよう。

事例⑴⑶で招聘に当たって送付された趣旨文は，対象事業を廃止・見直しする基調で呼びかけられており，事例⑴での公開抽選会での市民の行動や事例⑶での市民判定人の発言は，行政への「不信感」を基調に「納税者の価値」（砂原 2012）が強く表明されたと言える。「そういうことを言いたい人を引きつけた」可能性である。また，事例⑴の委員構成は財政規律重視の都市中間層が招聘に応えた可能性も示す。無作為抽出による招聘方式であっても自発的参加を前提とするため，何らかの誘因がなければ参加は得られない。確かに報酬の存在は参加の費用を担保するが，本研究事例での謝礼水準は決して高額とはいえない。よって誘因の多くは企画自体が持つ価値への共感と，審議される対象そのものへの関心といえよう。加えて，事例⑴で見られたように，当該争点の発生地が居所の近所であったり，あるいは，子弟を通じてであったり等，住民であること，正にその点により，争点自体に何らかの利害関係を持つのである。無作為抽出型招聘方式も「興味関心がある人が参加する」という意味では公募型参加が持つバイアスと同じである。

なお,「フレーミング」の存在は上記とは別のアプローチで参加を促す効果を持ちうる。事例(2)の参加者募集チラシの「専門知識がなくても参加できる」という表現は参加のハードルを下げるものである。事例(1)で見られたように争点の大きさは，金井（2010）が指摘するように審議する市民に一種の心理的萎縮感を与えうる。それに対して，このようなハードルを下げる「フレーミング」や事例(3)での事前勉強会によるエンパワメントは一定の対応策といえよう。

最後に,「市民パネル」間の比較として，実施方式の違いが結果の違いを導いていたのであろうか。完全に同一争点で用いられたのではないため，厳密な比較を行うことができないが，ここで生じる疑問は，もともと，そのトピックであれば，どの方法でも結果は同一であったのか否かである。

これについては企画のプログラムがアウトプットを拘束したといえる。「裁判員」方式の事例で事業間の比較検討の作業ができたのは，長期間の審議時間を確保し，かつ，市民委員が相互討議を繰り返すことで合意に達するという方式を採用したからである。「仕分け」方式では個別事業単位での審査であり，事業間での比較はプログラムにそもそも入っていない。最後に「市民討議会」方式では，複数枚のシールが参加者に与えられてシール投票が行われるため，シールの枚数による「重み付け」を通じて優先順位の選好表明は可能であり，プログラムの組み方次第では実施可能といえる。

では，そこでの「討議のモード」はインパクトを持つのであろうか。この点で,「仕分け」型での討議は「闘技的」となり,「攻撃・防御」の関係が可視化される。所謂「劇場化」の効果により，当事者へ一種のプレッシャーを与えることが可能となる。事例(3)でみた事業担当者が説明後に同僚から慰められているという光景は典型的なものといえよう。また,「裁判員」型も，鋭い質問を事業担当者へ投げかける，という意味では「闘技的」となりうる。しかし，企画全体の時間配分からすると，その要素の割合は低くなる。むしろ，合意を形成しアウトプットを生むまでにかかる市民の労力と手続き的慎重さが「受容性」（事例１では対議会）を導くといえる。

第６章　結語

基礎自治体での事業評価の取組みにおける無作為抽出型「市民パネル」

は従来の公募型参加ではアクセスが難しかった層にルートを提供することで参加者の多元化をもたらし，内容によっては政策過程へ入力される政策知識の多元化により政策内容の改善に寄与する。パブリック・コメントなどの他の広聴手段よりも討議に参加する市民の労力を，そして争点によっては心理的負担も要求するが，多様な参加者の下，そうした段階を踏むが故に練ることができた内容は，審議・提言を受け止める自治体政府・官僚機構側での受容性を担保し，その政策的学習を促す可能性を持つ。

しかし，あらゆる市民参加がそうであるように政治的動員の要素も持つ。行革の文脈では庁内の縦割り事業部門とサービス事業者の複合体に対して，より広義には争点別ステークホルダーに対して，執政部門の政策推進力確保への正統性調達の手段となる。それに向けてはフレーミングとアジェンダコントロールという間接的な統制手法や，プロセス設計・選択により，「劇場化」させてプレッシャーを与える方法を選択することも可能である。

自治体ガバナンスにおいて無作為抽出型「市民パネル」は大きな可能性と同時にリスクも持つ存在と言えよう[24]。

〔謝辞〕 ご多忙の中，調査にご協力頂いた各自治体職員の皆様に厚く御礼申し上げます。また，草稿にコメントを下さった小島聡先生，日詰一幸先生に感謝致します。なお，本稿はJSPS科研費23730145の助成を受けたものです。

（1） 「民と官の連携による公共サービス改革検討委員会」は仕分けに関することのほか，補助金の見直しのために設置したもので，福嶋氏以外に企業経営者２名，構想日本スタッフ１名，元市教育委員１名，公募１名の６名で構成されている。各事業課・企画部署からのリストを基に40事業を仕分け対象として選定している。

（2） 富士見市企画政策課古屋勝敏氏へのヒアリングに基づく（2014年１月14日　於　富士見市役所）。

（3） 筆者は委員長として評価基準・審議手順の設計と審議・取りまとめに従事した。

（4） 筆者は「区民会議」運営事業者（NPO法人まちぽっと）のプロポーザル段階より企画立案に参画し，受託後には新宿区による「準備会」委員として企画内容の設計と運営に従事した。

（5） 筆者は企画当日の「点検人」及びコーディネーターの活動に従事した。

（6） 計量分析に基づくパブリック・ヒアリング研究（Baker et al. 2005）にてもファシリテーターの技量が取組みの成果を左右すると報告されている。
（7） 山谷（2012）は外部評価委員会組織の構成メンバーが「政策リテラシーを持たない」場合,「その役割は行政が行った政策評価結果の正当化になる」と指摘する。
（8） 本節の記述は長野（2011）を発展させたものである。
（9） 消防署白子分署建替え事業については，耐震診断が前提とされていたことから評価点をつけることができず，定性的な評価のみとなった。
（10） 本節の記述は長野（2014）を発展させたものである。
（11） 新宿区総合政策部企画政策課（2011）「平成23年度区政の基本方針説明（要旨）（平成23年2月21日）」。
（12） 筆者も出席した検討対象事業所管課課長級職員への説明会（2011年10月7日）に同席していた企画政策課職員は筆者に対して，出席していた課長級職員は「ファイティングポーズをとっていた」と表現している（2011年10月7日）。
（13） 筆者が担当者として同席していたCグループでの観察である。
（14） 新宿区・平井光雄氏（2011年当時・危機管理課長）（2013年4月15日　於　新宿区役所）へのヒアリングに基づく。
（15） 新宿区・遠山竜多氏（2011年当時・消費者支援当担当課長）（2013年4月15日　於　新宿区教育委員会事務局）へのヒアリングに基づく。
（16） 本節の記述は長野ほか（2015）を発展させたものである。
（17） 和光市議会議事録平成21年3月定例会2月22日101号
（18） 和光市政策課（企画部次長兼政策課課長・結城浩一郎氏，政策課課長補佐・前島祐三氏，同統括主査・渡部剛氏，同主事・柳下真美氏）へのヒアリング（2014年1月14日）に基づく。尚，同市では2014年7月にも「事業点検」が実施され，筆者も企画に参加している。
（19） 和光市政策課「『和光市事業点検市民判定人』募集のお願い」。
（20） 「点検人」は実質的に1人が1日に1事業を担当のため，日給換算では1000円となる。
（21） 「和光市事業点検」模擬研修・説明会配布資料（2012年6月30日）およびヒアリング調査時配布資料に基づく。
（22） 『和光市行政改革推進計画：平成23年度～平成27年度（平成24年1月／平成25年10月改訂）』では「テーマ型行政改革」取組事項として「施設の委託管理や指定管理者制度のあり方についての再検討」「業務委託の見直し」「公共施設の配置及び機能の再編等に関する方針の決定」「庁舎及び公共施設における余剰地及び余剰床並びに普通財産の有効利用」が掲げられている。

(23)　和光市「平成二四年度事業点検結果を受けての市の今後の方針について」(2013年１月10日)。

(24)　本研究は限定された事例の観察に基づく研究であり，計量分析からの補完が求められよう。また，取組みに参加した市民側の意識分析なども今後の研究課題である。

引用参考文献

Baker, William H., Adams, H. Lon, and Davis, Brian (2005). Critical Factors for Enhancing Municipal Public Hearings, *Public Administration Review*, 65(4), 490-499.

Brown, David S. (1955). The Public Advisory Board as an Instrument of Government, *Public Administration Review*, 15(3), 196-201.

Crosby, Ned, Kelly, Janet M., & Schaefer, Paul (1986). Citizens Panels: A New Approach to Citizen Participation, *Public Administration Review*, 46(2), 170-178.

Dahler-Larsen, Peter (2005). Evaluation and Public Management, Ferlie, Ewan, Lynn, Laurence E., & Pollitt, Christpher. *Oxford Handbook of Public Management*. Oxford University Press. 615-639.

Dryzek, John S. and Tucker, Aviezer (2008). Deliberative Innovation to Different Effect: Consensus Conferences in Denmark, France, and the United States, *Public Administration Review*, 68(5), 864-876.

Fischer, Frank (2012). *Participatory Governance: From Theory to Practice*. In D. Levi-Faur (Ed.), Oxford Handbook of Governance, Oxford University Press. 458-471.

Fishkin, James S. (2009). *When the People Speak: Deliberative Democracy and Public Consultation*, Oxford University Press.

Fung, Archong (2003). Recipes for Public Spheres: Eight Institutional Design Choices and Their Consequence, *Journal of Political Philosophy*, 11(3), 338-67.

Howlett, Michael (2011). *Designing Public Policies: Principles and Instruments*, Routledge.

Kathlene, Lyn, & Martin, John. A. (1991). Enhancing Citizen Participation: Panel Designs, Perspectives, and Policy Formation. *Journal of Policy Analysis and Management*, 10(1), 46-63.

Pateman, Carol (2012). Participatory Democracy Revisited. *Perspectives on Politics*, 10(1), 7-19.

Pierre, John & Peters, B. Guy (2000). *Governance, Politics and the State*, St. Martin Press.

Renn, Ortwin, Webler, Thomas, Rakel, Horst, Dienel, Peter, and Johnson, Branden (1993). Public participation in decision making: A Three-step procedure, *Policy Scineces* 26, 189-214.

Yang, Kaifeng., & Callahan, Kathe (2007). Citizen Involvement Efforts and Bureaucratic Responsiveness: Participatory Values, Stakeholder Pressures, and Administrative Practicality. *Public Administration Review*, 67(2), 249-264.

秋吉貴雄（2004a）「参加型政策形成システムをどのように構築するか？：一般国道９号玉湯改良事業におけるPIプロセスを事例として」『熊本大学社会文化研究』２号，83－97.

秋吉貴雄（2004b）「参加型政策分析による地域紛争の解決―島根県玉湯町での試み―」岩岡中正・伊藤洋典編著『「地域公共圏」の政治学』ナカニシヤ出版，138－164.

足立忠夫（1975）『行政と平均的市民』日本評論社.

金井利之（2010）『実践自治体行政学』第一法規.

木寺元（2012）「市民参加とミニ・パブリックスーその類型と可能性」『北海道自治研究』（523），22－31.

構想日本編著（2007）『入門　行政の事業仕分け』ぎょうせい.

佐藤徹（2012）「市民討議会の広がりとその動向」『地域開発』574，７－11.

篠藤明徳（2012）「市民討議会－日本の政治文化を拓く」篠原一編『討議デモクラシーの挑戦』岩波書店，99－115.

篠藤明徳・吉田純夫・小針憲一（2009）『自治を拓く市民討議会』イマジン出版.

篠原一編（2012）『討議デモクラシーの挑戦』岩波書店.

自治体問題研究所組織部（2011）「特別調査市区町村の『事業仕分けに関するアンケート』のまとめ」『住民と自治』577，７－12.

新宿区（2011）『新宿区第二次実行計画策定に向けた区民討議会実施報告書』（http://www.city.shinjuku.lg.jp/content/000100999.pdf　最終閲覧2014年９月20日）.

砂原庸介（2012）『大阪』中央公論新社.

曽我謙悟（2013）『行政学』有斐閣.

曽我謙悟・待鳥聡史（2007）『日本の地方政治』名古屋大学出版会.

ディーネル，ペーター．Ｃ．（2012）『市民討議による民主主義の再生』イマジン出版.

東京財団政策研究（2012）『これからの自治体改革 - 事業仕分けの検証から』東京財団.

長野基（2011）「『裁判員型』市民参加を通じた自治体政策の形成－和光市の大規模事業検証会議を事例として」小原隆治・寄本勝美編『新しい公共と

自治の現場』コモンズ，250－268.
長野基（2014）「討議民主主義に基づく市民参加型事業アセスメントの取り組みの研究－東京都新宿区『第二次実行計画のための区民討議会』を事例として」『年報行政研究』(49)，99－119.
長野基・牧瀬稔・廣瀬克哉（2015）「基礎自治体における市民参加型『公開事業点検・評価』活動の研究」『日本地方自治学会年報』(27)（2015年刊行予定）.
森田朗（2006）『会議の政治学』慈学社.
山谷清志（2012）「政策過程における府省『審議会』の役割：政策分析と政策評価から」『評価クォータリー』(20)，2－17.
和光市（2010）『大規模事業検証会議報告書』(http://www.city.wako.lg.jp/var/rev0/0012/7171/2010222102715.pdf　最終閲覧2014年９月20日).

好意の規定因としての対人環境とメディア

――有権者意識における政党の競合と成長――

白崎　護＊

1．問題意識

1．1　1党優位制の変化

1993年に始まる政界再編において，互いに異なる主張を持つ中小政党が小選挙区制下での生き残りをかけて96年に合同した結果，民主党の誕生と成長を見た。Reedらによると，2001年から2006年までの小泉内閣期は自民党と民主党が成す2大政党制の形成期にあたる（Reed, 2007; Reed & Shimizu, 2009）。2009年に政権交代を果たしつつ3年後には大敗によって政権を去る民主党だが，一時は単独で300を超える衆議院の議席を得るまでに成長した。現在も，自民党に水をあけられつつ両院で第2位の規模を維持する。単独で過半数を制しつつ政権交代を果たし，下野後も一定の勢力を保つ点で，民主党は93年に政権交代を果たした新党や後続する新進党と異なる経緯を辿った。他方，30％以上の支持率を保ちつつ戦後第3位の長期政権を全うした小泉内閣もまた，93年以降は第2次安倍政権に至るまで短命政権が常態化する中にあって異彩を放つ[1]。顧みれば，政権担当能力を有権者に認められた同内閣と政権担当能力を認められつつあった民主党の相克が，当時の国政選挙の構図であった。従って，2大政党制が未完に終わったとの現在の評価も可能だろうが，同内閣期を2大政党制の展望期と捉えてもよかろう。

本稿は，1党優位制期から2大政党制の展望期への移行を許す有権者の意識に影響した情報の出処と影響過程を知るため，有権者の小泉首相と政

＊　同志社大学国際ビジネス法務研究センター研究員　メディア論・コミュニケーション論専攻

党への好悪に与える対人環境とメディアの影響を考察する[2]。この際，小泉内閣期の4度の国政選挙時の世論調査パネルデータを扱う。長期政権のため，小泉と自民党を継続した政治主体として扱う分析の有効性が認められよう。

1．2　対人環境とメディアの影響

Miyakeによると，政党制が過去50年にわたり不安定な日本では，アメリカと異なり幼少期の党派性の形成に与える家庭の影響が小さい（Miyake, 1991）。4カ国の有権者の党派性に与える対人環境とメディアの影響を比べたSchmitt-Beckによると，政党制の安定が各有権者において党派性の共通した対人環境を実現する結果，有権者は対人環境と異なる党派性が認識されたメディアから影響されなくなる（Schmitt-Beck, 2003）。党派性の世代間継承を重視するMiyakeの説に従えば，政界再編を経て2大政党制を展望する小泉内閣期において，世代間で党派性が継承されるほど長期の政党制の安定を見ない。従って，家族のほか友人・同僚を含む対人環境が，同内閣期の政党に対する有権者の感情へ影響しうると期待できる。他方，党派性の世代間継承を重視するわけではないSchmitt-Beckの説に従えば，同内閣期に党派性の共通する対人環境が形成されつつあった可能性もある。その場合，小泉と政党への感情に与えるメディアの影響は低下しつつあったと予想される。実際，本稿で扱う調査で国政選挙時に政治的な会話を行う頻度の高い相手2名の投票予定政党を問うと，自民党と民主党のいずれかについて2名が共通する際に統計分析が可能となる回答者数を得た[3]。つまり，各選挙の時点で対人環境の党派性は一様性を帯びる傾向も見られた。

他方，政治意識に与えるメディアの影響が大きな可能性もある。小泉は自身の政策に反対する者を抵抗勢力と呼び排撃し，勧善懲悪の構図から国民に政治状況を説明したため，単純で扇情的な報道を好むメディアは進んで小泉を扱った。この結果，政治を扱うテレビのトークショー番組の2001年の放映時間は前年の18倍に達し，この状況が同内閣期を通じて持続した（逢坂，2007）。抵抗勢力を抑えて改革に成功する上で必要な有権者の支持を得るために積極的にメディアを利用する手法は，時にポピュリズムとも評された（大嶽, 2006）。さらに，自民党は2004年に党内の広報組織を一元

化して，コンサルティング会社と広報活動の契約を結んだ。他方，2002年に民主党もコンサルティング会社と契約を結び，翌年にはマニフェストを柱とする選挙を日本で初めて実現した。公職選挙法と放送法は報道の中立性を求めるが，政党の組織的戦略によりメディア側が無自覚なまま特定の政党に有利な争点設定やプライミングに手を貸す事態が生じうる（鈴木，2007：2013）[4]。Köllner の示唆通り，小泉の手法に学んだ各党のメディア戦略は精緻化するであろう（Köllner, 2008）。そこで，実際に TV ニュースが小泉と政党への感情に与えた影響を測る。

メディアの影響を測る際，対人環境への考慮も要する。コロンビア学派は，投票先を決めかねる者が最後に決断する際は周囲の投票依頼の影響が大きな点，日常の接触相手の党派性が有権者の潜在的な党派性を左右する点を発見した（Lazarsfeld, Berelson, & Gaudet, 1944）。他方，以後のコロンビア学派は，対人接触頻度が低い者にメディアの直接的影響を見出した（Berelson, Lazarsfeld, & McPhee, 1954; Katz & Lazarsfeld, 1955）。同じく Noelle-Neumann や Robinson は，対人接触に乏しい者の政治意見にメディアの影響がより大きく現れる点，また Troldahl らは政治的な会話の頻度が低い者ほどメディアへの接触頻度も低い点を発見した（Troldahl & Van Dam, 1965; Noelle-Neumann, 1974; Robinson, 1976）。そこで本稿は，国政選挙時に政治的な会話を交わす相手を２名以上持つ有権者に考察対象を限り，政治的な会話の頻度と相手の政治知識量が回答者の小泉と政党への感情に与える影響を検討する。

2．分析手順

2．1　データ

「21世紀初頭の投票行動の全国的・時系列的調査研究（JES Ⅲ　SSJDA 版），2001－2005」に基づくパネルデータを用いる[5]。総選挙は2003年と2005年に，参議院選挙は2001年と2004年に行われた。また，2002年には統一地方選挙が行われた。国政選挙では選挙の前後２回，統一地方選挙では選挙前に１回の調査が行われた。この９波のデータのうち，各国政選挙前および2005年選挙後のデータを用いる[6]。2001年から2005年までの選挙前調査，および2005年の選挙後調査の各標本規模は，2061（68.7），2162（57.5），2115

(56.6)，1504（70.5)，1498（86.3）であり，括弧内の値は回収率を表す[7]。パネル調査の間，議員定数の変更を除き議員選出方法の変更はない。

標本抽出の方法を記す。まず全国を11の地域に分割する[8]。次に，人口に応じて各地域を５つのグループに分割する[9]。この時点で，５つのグループのうち最大の人口を持つグループを除くと計44のブロックが確定する。この44ブロックに東京23区と13の大都市の計14ブロックを加え，総計58ブロックを確定する。最後に，各ブロックの人口に比例して回答者数を決定し，ブロックごとに無作為抽出を行う[10]。

2．2　対人環境についての仮説

標本の脱落を補うために，JES Ⅲは2003年と2004年に新たな回答者を加える。そこで，補充データを含めたパネルデータに関して各国政選挙時のデータに対するクロスセクション分析を施す[11]。

本稿は，有権者の政治的な意識と行動を左右する首相と政党への感情温度[12]に対する対人環境とメディアの影響を解明する。まず対人環境に関して記す。日本では対人環境に同調的な政治的行動が生じやすいとのFlanaganらの説の妥当性を検証する（Flanagan & Richardson, 1977; Flanagan, 1991a)。対人環境の党派性に鑑み，回答者に認識された２名の相手の党派性が自民党と民主党の場合で標本を分割する[13]。

本稿は，相手との会話の頻度，および回答者が認識した相手の政治知識量をregressorとして対人環境の影響を捉える。まず会話頻度について記す。政治的な会話の頻度が増す選挙期間に入ると，有権者は周囲で優勢な党派性を再認識する機会が増すために自身もその党派性を受容しやすくなるとコロンビア学派は考えた（Berelson, Lazarsfeld, & McPhee, 1954; Katz & Lazarsfeld, 1955)。またMutzによると，有権者は他者がその候補を支持する理由の理解を試み，理解できれば当該候補への支持を強めるために人気ある候補を支持しやすい（Mutz, 1998)。会話を通じ対人環境の党派性が認識される説は自然なので，会話頻度の増加を通じ対人環境の党派性の同質性が強化されると仮定する。つまり，会話頻度が増すほど相手の支持政党への温度が上がり，また相手の支持政党が自民党ならば小泉への温度も上がるとの仮説を設ける。逆に，２大政党制の展望期である点に鑑み，会話頻度が増すほど２大政党のうち相手の支持政党ではない政党への温度が下がり，また相手の支持政党が民主党ならば小泉への温度も下がるとの仮説を設ける。

だが，対立仮説も考えうる。周囲の支持政党が一様な場合，その政党以外への支持を促す情報を対人環境から入手し難い。従って，会話頻度ではなく，特定の党派性を帯びた人々に囲繞される状態自体が影響しうる。この仮説に従えば，会話頻度は感情温度に影響せぬと予想される。アメリカでのMondakの研究によると，主な会話相手の党派性自体が本人の下院選挙での投票行動に大きく影響する一方，会話頻度の影響を認めなかった。そこでMondakは，会話頻度が増すほど本人の行動の変化に与える相手の影響も増すという社会学でのBurtの説が妥当せぬと結論した（Burt, 1987; Mondak, 1995）。また，95年と96年における日本の国政選挙時のデータに基づき，政治的な会話の相手の党派性や会話頻度が回答者の党派性と投票行動に与える影響を分析したIkedaらによると，相手の党派性が影響する一方，会話頻度は影響しなかったため，対人環境の成員が環境内の他者に特定の政党への支持を慫慂することではなく，同一の党派性を持つ他者に囲繞される状況自体が回答者へ影響すると結論した（Ikeda, Liu, Aida, & Wilson, 2005）。

次に，政治知識量に関して記す。アメリカでの96年のデータを分析したHuckfeldtによると，政治に詳しいと回答者が認知した相手に対し，回答者は政治的な会話を進んで行う（Huckfeldt, 2001）。90年代の調査に基づく同様の結果は東西ドイツと日本でも確認された（Huckfeldt, Ikeda, & Pappi, 2008）。以上より，知識量が多いと認識されるほど話に説得力が生じると考えうるので，知識量が増すほど対人環境の党派性の同質性が強化されると仮定する[14]。つまり，知識量が増すほど，相手の支持政党への温度が上がり，また相手の支持政党が自民党ならば小泉への温度も上がるとの仮説を設ける。逆に，2大政党制の展望期である点に鑑み，知識量が多いと認識されるほど，2大政党のうち相手の支持政党ではない政党への温度が下がり，また相手の支持政党が民主党ならば小泉への温度も下がるとの仮説を設ける。

最後に，以上の仮説に鑑みた回帰分析での仮定を記す。regressorとregressandの双方向因果性に基づく推定量の偏りを避けるため，会話頻度と知識量を内生的なregressorとした分析を行う[15]。Flanaganらの説に鑑みて既に日常の接触相手との政治的な同質性を持つと思われるからである（Flanagan & Richardson, 1977; Flanagan, 1991a）[16]。また，有権者は自身と同じ政治的選好を持つ他者と選択的に接触するとのHuckfeldtらやMutzらの説が妥当する場合も，会話頻度と知識量の内生性を考慮せねばならない（Huckfeldt & Sprague, 1988; Mutz & Martin, 2001; Mutz, 2002）。

2．3　メディアについての仮説

本稿は，NHKニュースの視聴の有無によりメディアとの接触効果を捉える[17]。報道が中立的な点，政党や候補のメディア利用に法規制がある点，選挙区が狭いのでメディアが各選挙区を扱い難い点を理由に，MiyakeやFlanaganは日本での投票行動に与えるメディアの影響が小さいと主張した（Miyake, 1991; Flanagan, 1991b）。また「1．2　対人環境とメディアの影響」に見たSchmitt-Beckの説に従えば，自由党を吸収した民主党の議席増加により2大政党制への展望が広がる2003年選挙からは，Schmitt-Beckの言う「党派性の共通する対人環境」の可能性も増したであろう。本稿が扱う2004年と2005年の調査でも，相手2名の投票予定政党がいずれも自民党，またはいずれも民主党の場合に分析可能な回答者数を得た。

ただ，回答者に認識されたメディアの党派性がデータにない。このため，「NHKニュースの中立性に基づき，ニュース視聴は感情温度に影響しない。仮に影響する場合も，回答者の対人環境が支持する政党またはその党首への温度を上げる，あるいは2大政党のうち回答者の対人環境が支持せぬ政党またはその党首への温度を下げる」との仮説を設け，Schmitt-Beckの説を検証する[18]。但し，NHKが不偏報道の規定を遵守したとの前提を置く。つまり，結果的に特定の政党に有利な報道を行う事態も想定するが，ニュースの党派性を事前に仮定しない。このため，regressorであるニュース視聴はpredetermined variableとした[19]。

だが，対立仮説も考えうる。日本でも争点やイデオロギーよりイメージを重視した投票が行われればメディアが大きな効果を発揮するとFlanaganは指摘した（Flanagan, 1991b）。また，選挙区が狭くても小泉の人気次第では自民党を支持するcoattail effectがメディアを介して生じうる。実際にMcElwainは，2005年選挙の際に小泉が応援に現れた選挙区で自民党への投票が増すcoattail effectを発見した（McElwain, 2009）。アメリカに関しても，1992年と1993年にPittsburghとClevelandで調査を行ったMondakによると，弱い党派性を持つ有権者の議会選挙での投票行動には大統領のcoattail effectが確認された。そしてMondakは，大統領の人気を議会選挙に反映させるcoattail effectの発生にはメディアを要すると結論した（Mondak, 1995）。以上より，ニュースは対人環境が支持する政党またはその党首への温度を下げる，または対人環境が支持する以外の政党またはその党首への温度を上げる可能性を持つ。殊に，自民党のメディア戦略が的中した2005年選挙では，ニュースが民主党への温度を下げる可能性もある。

2．4　モデル

２つのモデルを導入する[20]。モデルⅠが内生性を考慮する一方，モデルⅡは考慮しない。モデルⅠでの検定の結果，内生性がなければモデルⅡを用いる。heteroskedastic errorsを想定するので，two-stage least squares (2SLS) estimatorよりも有効性の高いoptimal generalized method of moments (GMM) estimatorを用いる（Cameron & Trivedi, 2005）[21]。モデルⅠのregressand y_{ig}はモデルⅡのregressand y_{ig}と同じであり，モデルⅠのincluded exogenous variablesはモデルⅡのregressorsに含まれる。全分析において，ニュース視聴に加えイデオロギー・世帯所得・年齢をpredetermined variableとして投入する[22]。

相手２名の支持政党が一致する際の影響を検証するため，２名の支持政党がいずれも自民党の場合と，いずれも民主党の場合を区別する[23]。各々の方程式体系または方程式のregressandは，小泉・自民党・民主党への温度である[24]。また，モデルⅠの各方程式体系のexcluded exogenous variablesは各々異なる。検定の結果，内生性の疑われる２変数が，実はexogenous variablesであると判明した。このためにモデルⅡを採用し，この２変数をregressorsに加えた（Cragg, 1983; Davidson & MacKinnon, 1993）。

モデルⅠ

$$y_{ig} = x'_{ig}\alpha + w'_{ig}\beta + \varepsilon_{ig}$$

$$w_{ig} = x'_{ig}\gamma + z'_{ig}\delta + \eta_{ig}$$

x_{ig}はincluded exogenous regressorsを表すK×１のベクトルである[25]。αとγはK×１の係数ベクトルを表す。w_{ig}はendogenous regressorsを表す２

×１のベクトルである。ßは２×１の係数ベクトルを表す。z_{ig}はexcluded exogenous regressorsを表すL×１のベクトルである。δはL×１の係数ベクトルを表す。ε_{ig}とη_{ig}は観測不能な誤差項を表す。添字のiは１からNまでの個人を表す。添字のgは１からMまでの小選挙区を表すので$\sum_{g=1}^{M} i = N$となる。第３の添字はベクトルの要素番号を表す。

モデルⅠの前提

$E(\varepsilon_{ig} | x_{ig}) = 0,$

$E(\varepsilon_{ig} w_{ig}) \neq 0,$

$E(\eta_{ig} | x_{ig}, z_{ig}) = 0,$

$E(\varepsilon_{ig}^2 | x_{ig}, w_{ig}) = \sigma_{ig}^2 < \infty,$

$E(\eta_{ig}^2 | x_{ig}, z_{ig}) = \tau_{ig}^2 < \infty,$

$E(\varepsilon_{ig} \varepsilon_{jh} | x_{ig}, x_{jh}) = 0 \quad i \neq j \quad g \neq h,$

$E(\varepsilon_{ig} \varepsilon_{jg} | x_{ig}, x_{jg}) \neq 0 \quad i \neq j,$

$E(\eta_{ig} \eta_{jh} | x_{ig}, x_{jh}) = 0 \quad i \neq j \quad g \neq h,$

$E(\eta_{ig} \eta_{jg} | x_{ig}, x_{jg}) \neq 0 \quad i \neq j,$

$E[(w_{igr} x_{igs})^2] < \infty \quad \forall r \ \forall s,$

$E[(w_{igk} z_{igl})^2] < \infty \quad \forall k \ \forall l,$

$E(\varepsilon_{ig}^2 x_{igt} x_{igu}) < \infty \quad \forall t \ \forall u,$

$E(\varepsilon_{ig}^2 z_{igl} z_{igm}) < \infty \quad \forall l \ \forall m,$

$\mathrm{rank}\ \{\sum_i (x_{ig} \oplus w_{ig})(x_{ig} \oplus w_{ig})'\} = K + 2,$

$\mathrm{rank}\ \{\sum_i (x_{ig} \oplus z_{ig})(x_{ig} \oplus z_{ig})'\} = K + L,$

$\mathrm{rank}\ (\sum_i z_{ig} z_{ig}') \geq 3$[26].

モデルⅡ

$y_{ig} = v_{ig}' \zeta + \varepsilon_{ig}$

v_{ig}はexogenous regressorsを表す(K+2)×１のベクトルである[27]。ζは(K+2)×１の係数ベクトルを表す。ε_{ig}は観測不能な誤差項を表す。他はモデルⅠと同様である。

モデルⅡの前提

$E(\varepsilon_{ig} | v_{ig}) = 0,$

$$E(\varepsilon_{ig}^2 | v_{ig}) = \phi_{ig}^2 < \infty,$$
$$E(\varepsilon_{ig}\varepsilon_{jh} | v_{ig}, v_{jh}) = 0 \quad i \neq j \quad g \neq h,$$
$$E(\varepsilon_{ig}\varepsilon_{jg} | v_{ig}, v_{jg}) \neq 0 \quad i \neq j,$$
$$E[(v_{igp}v_{igq})^2] < \infty \quad \forall p \ \forall q,$$
$$E(\varepsilon_{ig}^2 v_{igp}v_{igq}) < \infty \quad \forall p \ \forall q,$$
$$\mathrm{rank}(\textstyle\sum_i v_{ig} v_{ig}') = K + 2.$$

2. 5　検定手順

まず，内生性を疑う変数についてC検定を施す（Hayashi, 2000）。帰無仮説の下，疑義ある変数は exogenous variables として扱えるため，帰無仮説を棄却せぬ場合は問題の変数を exogenous variables として扱う[28]。predetermined variables は誤差項との直交を前提とする変数であり，モデルⅠでは included exogenous regressors として，モデルⅡでは regressors として扱う。次に，excluded exogenous variables が除外制約を満たすとの帰無仮説についてＪ検定を施す（Hansen, 1982; Hayashi, 2000）[29]。帰無仮説を棄却せぬ場合，excluded exogenous variables は除外制約を満たす。さらに，内生性の疑義ある変数を regressand とする方程式で係数行列が full rank ではないという帰無仮説に関して Kleibergen-Paap Lagrange Multiplier 検定を施す（Kleibergen & Paap, 2006）[30]。帰無仮説を棄却した場合，excluded exoge-

表１　自民党への投票を予定する会話相手を持つ調査回答者についての分析

Regressand	小泉首相に対する感情温度			
調査年	2001	2003	2004	2005
N	149	186	127	123
Regressor				
頻度	−4.329565* (1.916725)	−3.958694 (2.106668)	−2.511694 (2.066165)	−5.412958 (2.860331)
知識	−1.117816 (1.918961)	3.485854* (1.723478)	1.933833 (2.269223)	3.255563 (2.607881)
TV	−4.980865 (3.767894)	3.665138 (2.636017)	−1.143787 (5.060867)	8.90934 (4.825324)
イデオロギー	1.419103* (.6643158)	2.027747** (.5751798)	2.535284*** (.656171)	−.1172423 (.7803186)
所得	−.9051127 (.6924023)	.2041235 (.6473315)	.4216459 (.7256746)	−1.143003 (1.031033)
年齢	− .047173 (.1117945)	.2323443* (.1128543)	.1517375 (.1161431)	.1426117 (.1201724)
定数	88.89729 (9.669946)	36.29421 (8.272766)	40.65296 (9.568425)	63.86763 (12.99326)
C	1.136 (.5667)	2.756 (.2520)	.301 (.8604)	3.080 (.2144)
J	2.418 (.9830)	9.080 (.4299)	13.999 (.0818)	10.016 (.1240)
Kleibergen	20.428 (.0255)	21.464 (.0181)	16.972 (.0492)	16.127 (.0240)

*<.05　**<.01　***<.001　係数についての括弧内の値は標準誤差　検定統計値についての括弧内の値はＰ値

表2　自民党への投票を予定する会話相手を持つ調査回答者についての分析

Regressand	自民党に対する感情温度			
調査年	2001	2003	2004	2005
N	149	130	169	123
Regressor				
頻度	2.628148（2.293645）	−6.418967*（2.877307）	−1.082722（2.271443）	−3.6335（2.296736）
知識	−3.082792（2.122641）	−.9611433（2.603629）	1.397972（2.253112）	2.994037（1.966746）
TV	−.043163（3.979002）	2.743154（4.090419）	5.366927（3.55839）	12.74152**（4.440127）
イデオロギー	1.730341**（.6407738）	1.052438（1.243357）	1.563011*（.7178552）	1.36453（.7609354）
所得	.907399（.7704047）	−1.030012（1.037522）	.2669454（.5326404）	.1145664（.9836765）
年齢	.308932*（.1191784）	.2710391（.1596345）	.2740659**（.0981115）	.1512589（.1060583）
定数	32.41109（11.45209）	48.83559（11.97912）	35.29942（7.974172）	45.05124（11.2957）
C	2.793（.2474）	3.325（.1897）	4.528（.1039）	4.394（.1111）
J	4.413（.8822）	10.571（.1584）	12.893（.0748）	11.075（.0861）
Kleibergen	20.428（.0255）	16.829（.0319）	16.085（.0412）	16.127（.0240）

*<.05　**<.01　***<.001　括弧内の値は標準誤差　検定統計値についての括弧内の値はP値

表3　自民党への投票を予定する会話相手を持つ調査回答者についての分析

Regressand	民主党に対する感情温度			
調査年	2001	2003	2004	2005
N	147	184	168	123
Regressor				
頻度	1.318587（2.597599）	−1.420994（1.804704）	.2390365（1.903812）	7.876156**（2.347975）
知識	−2.710601（2.041986）	−1.704718（1.966762）	−.7525995（1.579857）	−.5693464（2.237028）
TV	7.055046*（3.193336）	−8.90003**（3.031399）	−1.165822（3.671691）	3.314942（3.783452）
イデオロギー	−.7716266（.6887453）	−2.724459***（.5853521）	−1.339343（.7288856）	−1.538441*（.7463285）
所得	.2986771（.5997375）	.020627（.6387146）	.0765644（.4453891）	1.514473（.8874968）
年齢	−.1716557（.1021836）	.1560771（.1013784）	.0543407（.0967031）	−.0806134（.1068452）
定数	53.72199（9.762551）	64.36585（7.260001）	54.41119（7.396035）	37.4851（10.05524）
C	.658（.7196）	.756（.6853）	1.918（.3832）	2.066（.3559）
J	6.094（.7305）	9.001（.4372）	3.190（.9563）	3.670（.7212）
Kleibergen	20.232（.0271）	21.770（.0163）	18.635（.0452）	16.127（.0240）

*<　.05　**<.01　***<.001　括弧内の値は標準誤差　検定統計値についての括弧内の値はP値

nous variables は内生性を疑う変数と相関する。実際は，excluded exogenous variables の選択を通じて検定結果を1つの場合に限定できた[31]。C検定とJ検定が帰無仮説を棄却せず，かつKleibergen-Paap検定が帰無仮説を棄却する結果である。従って，回帰係数についてはモデルⅡの推定結果のみを表1から表4に示す[32]。またモデルⅡでは，C検定の対象であった変数をmoment conditionsに利用されるregressorsとして扱うとともに，モデルⅠで用いたexcluded exogenous variablesを分析ごとにmoment conditions

表４　民主党への投票を予定する会話相手を持つ調査回答者についての分析

Regressand	小泉首相に対する感情温度		自民党に対する感情温度		民主党に対する感情温度	
調査年	2004	2005	2004	2005	2004	2005
N	48	45	46	45	46	45
Regressor						
頻度	−4.407528	.4522237	1.995449	3.712085	−7.210733**	6.36372*
	(4.738419)	(5.81791)	(5.150589)	(5.110071)	(2.543669)	(3.072227)
知識	−3.732635	−2.339255	−3.352298	6.963505	−1.417483	−.6138551
	(6.188378)	(6.116342)	(5.064386)	(5.681917)	(2.916268)	(4.140058)
TV	3.540584	4.939231	3.015468	25.55019**	−3.186318	−1.510542
	(5.978688)	(11.45171)	(9.711218)	(8.828528)	(5.148654)	(7.15731)
イデオロギー	6.448335**	2.570507	1.943525	3.702958*	−1.81955	−3.214835*
	(2.127683)	(2.056626)	(2.443619)	(1.667141)	(.8959776)	(1.303314)
所得	6.448335	1.861218	.1246503	2.909036	2.100535	.352224
	(1.929177)	(2.506548)	(2.091129)	(2.307207)	(1.629544)	(1.242615)
年齢	−.5418542*	.7248549*	−.3687309	.5913491*	.2623409	.2670009
	(.2244645)	(.3074006)	(.2706927)	(.2168732)	(.1386181)	(.1325563)
定数	53.87953	−19.10874	47.53496	−62.9051	69.84069	57.54398
	(16.55588)	(29.47435)	(19.18034)	(25.2032)	(15.54031)	(16.71837)
C	2.724	.506	.488	1.109	2.777	2.085
	(.2561)	(.7764)	(.7836)	(.5745)	(.2494)	(.3526)
J	9.361	6.618	9.579	6.745	5.970	9.580
	(.0955)	(.4697)	(.1435)	(.4559)	(.6506)	(.2137)
Kleibergen	13.656	16.642	14.994	16.642	17.757	16.642
	(.0337)	(.0341)	(.0361)	(.0341)	(.0381)	(.0341)

*<.05　**<.01　***<.001　括弧内の値は標準誤差　検定統計値についての括弧内の値はＰ値

として利用する。

3. 分析結果

3. 1　2001年選挙

以下では，分析対象を対人環境とメディアの影響に限る。会話頻度の増加が小泉への温度を上げる以外，対人環境の影響はない。ニュースは小泉と自民党への温度の双方に影響しない。他方，自民支持の相手に囲繞されてもニュースは民主党への温度を上げる。首相就任から３カ月後の選挙において小泉への漠然とした期待が自民党への投票を招いたと平野は指摘するが，その中でもNHKが比較的公平な報道を行った結果であろうか（平野，2005）。

3．2　2003年選挙

JES Ⅲデータを用いた池田の研究によると，2001年には25％以上存在した内閣を強く支持する有権者が，2003年には半分以下へ減じた。また，2001年には67％以上存在した小泉を支持する民主支持者が，2003年には約47％へ減じた。他方，この間にも小泉を支持する自民支持者の減少は約10％にとどまる（池田，2005）。

表1と表2を見ると，知識に富む相手との会話が小泉への温度を下げる一方，会話頻度の増加は自民党への温度を上げるため，対人環境の影響は複雑である。Axsom らによると，政策評価を助ける確かな手がかりを得ぬ場合，認知能力の低い者は頼りにならぬ情報に従って投票しやすい（Axsom, Yates, & Chaiken, 1987）。すると，知識に乏しい相手が頼りにならぬ情報のみ提供していたならば，小泉への評価は変化しないだろう。逆に，知識に富む相手との会話は，小泉の実績への疑問を生じさせた可能性がある。

メディアに関しては，マニフェスト選挙への注目が民主党を利したと指摘される中，同党への温度を下げたニュースの影響は意外である。池田によると，TV ニュースよりも新聞の方が小泉人気を下げる影響は大きい。この点につき池田は，マニフェスト配布に法規制が課される一方，新聞がマニフェストを詳しく扱った事情を指摘する。また，自民党と異なり包括的な民主党のマニフェストは同党の政権担当能力を主張しえたという（池田，2005）。

仮に新聞と比べてニュースでのマニフェストの紹介が不十分であったならば，ニュースが伝えた内容とは何か。それは前回選挙と異なり，自民支持者に不安を与える政権交代の可能性ではなかったか。すると，不安を感じた自民支持者が回答者に自民支持を訴えたのかも知れない。

3．3　2004年選挙

JES Ⅲデータを用いた池田の研究によると，2003年には12％以上存在した内閣を強く支持する有権者が，2004年には約10％へ減じた。また，2003年には約47％以上存在した小泉を支持する民主支持者が，2004年には約42％へ減じた。他方，この間にも小泉を支持する自民支持者の低下は約2％にとどまる（池田，2005）。

自民支持者に囲繞された場合，対人環境・ニュースともに影響がない。他方で池田によると，TV ニュースが内閣の業績への評価と将来への期待を高める一方，小泉への評価には影響しない（池田，2005）。民主支持者に囲繞されると，会話頻度の増加が民主党への温度を上げる。

3．4　2005年選挙

まず自民支持者に囲繞された場合を見る。自民党への温度に与える対人環境の影響はないが，会話頻度の増加が民主党への温度を下げる。ニュースは自民党への温度を上げており，客観的な報道姿勢を志向しつつも意識せぬまま自民党のメディア戦略に利用された可能性がある。

次に，民主支持者に囲繞された場合を見る。対人環境に関して，驚いたことに会話頻度の増加が民主党への温度を下げる。また，ニュースは自民党への温度を大きく上げる。つまり回答者は，対人環境において民主党を，メディア接触において自民党を支持する状況に置かれていた。当選挙に関する読売新聞の世論調査によると，平日のテレビ視聴時間が長い者ほど比例代表制において自民党に投票する確率が増す（尾崎，2007）。同じく当選挙のメディア報道に関する朝日新聞の調査によると，50％の有権者が特定の政党や選挙区に偏重した報道を認識する一方，41％のみが報道の中立性を認識した（中井，2007）。圧倒的な自民党人気の前に，民主支持の相手を「負け犬」の支持者と認識したならば，会話頻度が増すほどに民主党を否定的に捉えるだろう。要するに，相手の党派性に関わらず会話頻度の増加は民主党への温度を下げ，またニュースは自民党への温度を上げていた。

4．仮説の検証

4．1　対人環境の影響

自民支持者に囲繞された場合，対人環境に関する２変数が有意な例は限られる。殊に知識量に関しては，2003年選挙で小泉への温度に影響するのみである。民主支持者に囲繞された場合，民主党への温度に与える会話頻度の影響が常に見られたが，2005年選挙では仮説に反する結果を得た。先述の通り，この理由は「負け犬」の民主党の支持者から遠ざかろうとする態度にあると思われる。表３で会話頻度が仮説通りに影響した点も，この推測を裏づける。

結局，相手の支持政党が一様であり，かつ相手が政情を解説できる知識を持つ状況も，回答者の党派性に影響する可能性は低い。また，会話頻度に関して仮説通りの影響を4例で確認した。従って，Ikedaらの主張通り仮に周囲の党派性が一様なだけで影響が生じるとしても，その影響を増幅する役割が会話頻度に認めらうる（Ikeda, Liu, Aida, & Wilson, 2005）。

4．2 対人環境とメディアの相互作用

本稿は，対人環境とメディアの相互作用に関するSchmitt-Beckの説の検証を試みた（Schmitt-Beck, 2003）。ニュースの影響例が4例にとどまる点は，NHKニュースの中立性を前提とした仮説に沿う。4例を見ると，相手が自民支持の場合，自民党への温度については2005年選挙で，また民主党への温度については2003年選挙で仮説通りの影響を認めた。他方，2001年選挙での民主党への温度については仮説に反する影響を認めた。また相手が民主支持の場合，自民党への温度に関して2005年選挙では仮説に反する影響を認めた。そこで，仮説に反する例を中心に検討する。

2001年の結果については，公明党と連合を組む与党たる自民党の1党優位の体制であり，両院での民主党の党勢が自民支持者に脅威と映らぬ段階であったからではなかろうか。この選挙の後，自由党の吸収を通じた民主党の党勢拡大を経て，ようやくSchmitt-Beckの説の前提たる政党制の安定に向けた展望も開けたと思われる。他方，2005年の結果については郵政民営化を争点とした自民党のメディア戦略の結果であろう。かつてFlanaganは，日本における報道の中立性などを理由にメディアの影響を疑問視したが，争点やイデオロギーよりもイメージを重視した投票が実現すればメディアは大きな短期的影響を発揮すると述べた（Flanagan, 1991b）。2005年選挙は，中立性をメディアが遵守しようとする際も，政党の戦略により結果的に特定の政党に有利な報道が導かれうる事実を示した。中井の指摘通り，郵政民営化をめぐり小泉が衆議院を解散したためにメディアが郵政民営化を最大の争点にとりあげたこと自体，自民党の戦略の成功を示す（中井，2007）。従って，決して同年選挙で争点が重視されなかったとは言えない。また，表3と表4ではイデオロギーが有意性を示すため，イデオロギーが無視された選挙とも言えない。同年選挙に関して，表2と表4のニュース

が有意性を示す2例で大きな係数値を示す点に鑑みると，確かにFlanaganの指摘通りメディアは大きな短期的影響を発揮した。だが，重視される要素として争点・イデオロギー・イメージを区別できる選挙ではなく，これらの要素を有権者へ包括的に示す選挙であり，このような選挙でメディアが大きな影響を発揮した事実はFlanaganの仮説の修正を求める。

最後に，ニュースが小泉への温度に影響した例はなかった。首相の個性がメディアを通じて有権者からの評価の対象となったとのKraussらの指摘に鑑みると，メディアを効果的に利用したとされる小泉への温度に対して2005年選挙でさえもニュースが影響しなかった事実は注目される（Krauss & Nyblade, 2008）。同年選挙で自民党への温度に対する大きなニュースの影響を示す表2と表4に鑑みて，この事実はなおさら奇異に映る。

この点は，まさに事実の報道に重点を置くNHKの番組との比較でKraussらが着目した通り，ワイドショーのように政治家個人への批評を伴う内容でなければ，いかに注目度の高い首相といえども有権者にとって評価の十分な材料を得ぬ事実を示唆する。この推測が正しければ，首相がテレビを介して自身の言葉や態度を示すことで自身への視聴者の評価を得るのではなく，テレビに出演する評論家の批評が首相への視聴者の評価を左右することになる。従って，論評抜きにメディアが報道する首相の態度を通じて伝わる首相の個性ではなく，首相に好意的なメディアの扱いこそが個別の政権にとって重要となろう。

4．3　民主党の成長過程

自民支持者に囲繞された者が民主党に抱く温度に対しては，ニュースが最初2回の選挙で影響した一方，対人環境は最後の選挙でのみ影響した。それら回答者または会話相手にとって，民主党についての知識や関心または期待がごく限られていたため，2005年に至るまでは影響ある会話が成立しなかったと思われる。他方，ニュースは台頭しつつある民主党もとりあげた。すると，自民支持の相手が民主党の知識をあまり有していなかったため，ニュースが影響を発揮したのではなかろうか。これは，政治的な会話を持たぬ者にテレビが直接的影響を与えるという，RobinsonやNoell-Neumannの指摘した状況と少し異なる（Robinson, 1976; Noelle-Neumann, 1984）。本稿では，自民支持の党派性を帯びた会話が新興政党たる民主党の情報をほとんど伝えぬ場合，民主党の情報を得たい者はメディアへの依存を深めるためにメディアの影響が大きくなりうると思われる。または，偶発的接触であっても民主党についてのニュースの影響が強く現れうると思われる。

この仮説は，メディアの画一的な情報と異なる情報を有権者が対人環境に求めるためにメディアの影響は否定されるとの Huckfeldt らの主張に通じる（Huckfeldt & Sprague, 1987）。つまり，自身の対人環境の党派性が一様なために周囲からの情報が画一化する場合，やはり対人環境で得られぬ情報を求める有権者はメディアに接触するだろう。または，偶発的接触であってもメディアからの情報の影響が大きくなりうるだろう。つまり，画一的でない情報を有権者が求めるという Huckfeldt らの理論は，対人環境とメディアの影響のいずれを認める議論にも妥当するはずである。本稿の場合，そもそも対人環境を流通し難い新興政党の情報はメディアに依存する部分が大きく，その政党の能力や政策よりもメディアの伝達するイメージが先行するため，同党への評価については Flanagan の主張通り短期的にメディアの大きな影響を認めうる。

民主党への温度にニュースが負の影響をおよぼすこともあるため，メディアに関する Flanagan の予想が常に的中したわけではない。だが，新党の評価に与える比較的強力なメディアの影響は Flanagan の理論に沿う。すると，民主支持者に囲繞された者が抱く民主党への温度について2004年に現れた対人環境の影響，および自民支持者に囲繞された者が抱く民主党への温度について2005年に現れた対人環境の影響は，2大政党制が形成されつつある兆候にも見える。白崎は，政治的な内容および非政治的な内容を含む会話，そして TV ニュースと新聞との接触が93年選挙時の政党への温度と投票に与える影響を調べた。すると，既存党たる自民党と社会党への温度に与える会話の影響を認めた一方，新党たる新生党と日本新党への温度については会話でなくメディア接触のみが影響した。そこで白崎は，政党支持に影響ある対人環境が未成立の新党への評価は，既存党に比してメディアに影響されやすいと指摘した（白崎, 2013）。従って，新生党と日本新党は政党支持に影響する対人環境の成立前に消滅した一方，民主党は有権者の評価をメディアに大きく依存する揺籃期を脱したように見える。

5. 結論

小泉内閣期において，自民・民主両党は初めて本格的なメディア戦略に基づく選挙運動を展開した。その成功例とされるのが，2003年選挙でマニフェストを掲げた民主党の伸長であり，2005年選挙で劇的な衆議院解散を演出した自民党の大勝であった。そこで本稿は，政党のメディア戦略が常態化するとともに２大政党制の展望期である同内閣期において，小泉と２大政党への有権者の意識に与えるメディアの影響の現れ方についての特徴を考察した。

まず2005年選挙に関しては，表４の会話頻度とニュースの影響について仮説に反する結果を得た。この結果に関しては,「負け犬」である民主党の支持者と距離を置く意識とともに，自民党のメディア戦略が的中した点に理由を求められるだろう。同選挙に関しては，周囲の党派性にかかわらず会話頻度が民主党への温度を下げると同時にニュースが自民党への温度を上げる影響を持ち，かつ，相手の知識量が影響せぬ状況を確認した。つまり，２大政党制において一方の政党が大勝する場合, ニュースは「勝ち馬」への支持を大きく高め，他方で政治的な会話は「負け犬」への不支持を招き，かつ，その際に相手の知識は問題とならぬ現象を回答者の周囲の党派性にかかわらず確認した点が第１の知見である。「負け犬」側の政党には２重の不利となる同現象が，近年の総選挙での大きな勝敗差の一因ではなかろうか。但し, 他のメディアに比して信用あるNHKだからこそ, 結果として特定の政党に有利な報道を行う場合は殊更に大きな影響が生じるのかも知れない（横山・米倉，2003)。

88年のカナダでの総選挙時，自由貿易協定という政策争点への態度，党首への評価，党派性の３点に投票行動の決定因を限定した場合，対人環境とメディアがどの要因の働きを強めるかを検討したMendelsohnによると, しばしば会話とメディアが投票に与える影響は互いに矛盾するため，どちらの影響が勝るかは選挙結果を左右する（Mendelsohn, 1996)。だが本稿では，対人環境とニュースの影響が矛盾する例はなかった。つまりMendelsohnの主張は日本の２大政党に妥当せず, 対人環境とニュースの影響のみを見れば，対人環境の党派性にかかわらず一方の政党に有利な結果が常に実現していた。自身の対人環境が支持する以外の政党を支持する気持ちを有権者がメディア接触によって抱いた場合，もはや対人環境の支持する政党への支持を調達する機能を対人環境が失う脆弱性を発見した点は，第一の知見に付随する知見である。

次に，自民支持者に囲繞された者に関して，政党への温度に与える対人環境とメディアの各々の影響が生じる場面に特徴が見られた。自民党への温度については2003年から対人環境が影響していたのに対し，民主党への温度については最初２回の選挙において対人環境ではなくニュースの影響のみ検出した。ようやく2005年に至り，民主党に対する温度への対人環境の影響が現れた。2003年までは相手が民主党に関する知識や関心を欠いていたため，テレビからの情報が民主党への印象を左右しやすい状況であったからだと思われる。加えて，表３の2001年選挙におけるニュースの影響は仮説に反するが，これは自由党を吸収前の民主党を危険視しなかった自民支持者に囲繞された者が，特に民主党を否定する会話を得なかったためではなかろうか。すると，2005年の状況は対人環境の影響が現れるほどに民主党の情報が人口に膾炙した事実を示し，２大政党制の形成に要する民主党への認知が進んだ結果と言える。２大政党制の展望期における対人環境とメディアの影響の現れ方を示した点が，第２の知見である。

最後に，会話頻度に影響を認める事例を数例確認するのみならず，2005年には仮説に反する方向での影響も見られた。従って，対人環境の支持政党の一様化自体が回答者に同党への支持を促す影響を持つにせよ，その影響の規模を会話頻度が左右しうる。それどころか，対人環境の支持政党の一様化が実現したところで，２大政党の一方が大勝する際は，会話頻度の増加が回答者に与える影響は対人環境の支持政党へ不利に作用しうる。従って，対人環境の党派性が一様性を帯びる場合にも会話頻度への着眼が必要だと示した点が，第３の知見である。

〔**謝辞**〕　まず，本稿は東京大学社会科学研究所附属社会調査・データアーカイブ研究センターより「21世紀初頭の投票行動の全国的・時系列的調査研究（JES Ⅲ　SSJDA 版），2001－2005」の個票データの提供を得た。データを寄託された「JES Ⅲ研究会」をはじめとする関係者の方々に感謝申し上げる。次に，本稿は平成24年度より今年度に至る村田学術振興財団の研究助成，ならびに平成24年度より今年度に至る日本経済研究センターの研究奨励金を得た。ご助力いただいた関係者の方々に感謝申し上げる。最後に，本稿は京都大学アジア教育研究ユニットより研究環境についての便宜を得た。ユニット長の落合恵美子先生（京都大学大学院文学研究科）をはじめとする関係者の方々に感謝申し上げる。

（1） 内閣支持率についての記述は，東大法・第7期蒲島郁夫ゼミの著作に基づく（東大法・第7期蒲島郁夫ゼミ，2008)。

（2） JES Ⅲデータを用い，本稿と同じく政党への有権者の好悪に基づく分析から2大政党の対抗状況を見出したのは中村である（中村，2012)。

（3） 但し，相手の投票予定政党が民主党の場合，分析可能な回答者数を得たのは2004年・2005年に限られる。

（4） 議題設定効果に関してはMcCombsらの，プライミング効果に関してはIyengarらの著作を参照せよ（McCombs & Shaw, 1972; Iyengar & Kinder, 1987)。また中井は，2005年選挙での自民党の戦略に陥れられたメディア側の反省を記す（中井，2007)。

（5） 東京大学社会科学研究所附属社会調査・データアーカイブ研究センターで公開されている。http://ssjda.iss.u-tokyo.ac.jp/ssjda（2014年9月20日アクセス）

（6） 所得を問う質問は，2001年から2004年選挙では選挙前，2005年選挙では選挙後の調査で扱う。2005年選挙後の調査に関して用いる変数は所得のみである。選挙前調査は投票日前の11日間に，選挙後調査は投票日後の15日間に面接で行われた。

（7） 計画標本規模は3000である。

（8） 北海道・東北・関東・北陸・東山・東海・近畿・中国・四国・北九州・南九州である。

（9） 町村，10万人未満の市，10万人以上20万人未満の市，20万人以上の市（東京23区と13の大都市を除く)，東京23区および13の大都市である。13の大都市は，札幌・仙台・横浜・川崎・千葉・名古屋・大阪・京都・神戸・広島・北九州・福岡である。

(10) 分析では抽出方法に基づくsampling weightsを用いる。

(11) individual heterogeneityをコントロールできるなどパネル分析の長所は多いが，標本の脱落が分析の有効性を厳しく制限するため，本稿はパネル分析を扱わない。

(12) 対象への好悪の程度を0～100で回答する。50以下は反感，51以上は好意を表し，値が高いほど好感する。なお，内閣への感情温度は計測されていない。

(13) 「日本の首相や政治家や選挙のことが話題になる人で20歳以上」の会話相手を問う質問から想起される1人目と2人目を分析対象とする。1人目を「相手１」と記す。本稿で記す「会話相手の投票政党」は，「次の国政選挙では，その相手はどの政党の候補に投票されると思いますか」との質問への回答を用いる。つまり，回答者が相手の投票予定政党を確認した場合を除き，投票政党は回答者の推測である。便宜上，本稿では「自民（民主）支持の相手」と表記する。相手の党派性を推測する際，投影が生じうる。回答者が好感を抱く政党へ相手も好感を抱いていると思い込む，または回答者が好感を抱く政党へ相手は否定的な感情を抱いていると思い込む場合を想定しうる。だが，本稿と同様の方法で相手の党派性を調べたMondakによると，仮に投影が生じても会話の影響自体は保たれる（Mondak, 1995）。但し，84年大統領選挙時のデータを分析したHuckfeldtらによると，相手の党派性を正確に推測した場合の方が対人接触の影響は強い（Huckfeldt & Sprague, 1991）。相手の投票政党を確認するにはスノーボール調査を要するが，本稿が扱う調査では行われない。

(14)　但し，84年大統領選挙時のデータを分析したHuckfeldtらによると，回答者と相手の党派性をコントロールした場合，回答者が認識した相手の政治への理解度は，従属変数であるレーガン候補への回答者の投票確率に影響しない（Huckfeldt & Sprague, 1991）。

(15)　まず，回答者は政治的な会話を行う相手との会話頻度を１～３の３点尺度で評価する。値が小さなほど頻度は高い。次に，相手の政治知識量を１～３の３点尺度で評価する。値が小さなほど量は多い。加えて，相手と自分の上下関係を１～３の３点尺度で評価する。自分から見た相手の地位に関して，３が目上，２が同輩，１が目下である。表の「頻度」と「知識」は，相手１の会話頻度と知識量を指す。

(16)　政治的な会話の相手との関係を示す変数のうち分析可能な回答者数を得た変数は，会話頻度，相手の政治知識量，相手との上下関係の３つに限られた。日本では小集団内での影響過程において上下関係が重要であるとのFlanaganらの指摘に基づき，相手との上下関係をexcluded exogenous variableに用いる（Flanagan & Richardson, 1977）。

(17)　「ふだん，政治についての情報を見たり聞いたりするメディアはどれですか」との質問に関して，「NHKのニュース番組」を選べば１，選ばねば０を付すダミー変数を設ける。表には「TV」と記す。

(18)　「対人環境が支持する政党」とは，相手の投票予定政党を指す。

(19)　全国の1169人が対象のNHKによる2002年の面接調査によると，NHK・新聞・民放のうち「世の中の動きを知る上で最も信頼するメディア」を１つ選択させた結果，各々45・36・11％であった。一般には，NHKの報道に関する中立性の認識が高いと考えられる（横山・米倉，2003）。他のメディア接触を問う質問に関しては，casewise deletionの下で回答者数が分析可能な規模に達しなかった。

(20) STATA13のModuleであるivreg2を分析に用いる（Baum, Schaffer & Stillman, 2010）。

(21) 回答者は居住する小選挙区に関してクラスタ化される。標準誤差と統計量の算出ではarbitrary intra-group correlationが考慮される（Bertrand, Duflo, & Mullainathan, 2004）。

(22) 表の「イデオロギー」は保革イデオロギーを０～10で問い，値の大きなほど保守的である。「所得」は調査前年の世帯年収を問う。０から1400万円未満まで200万円区切りで１～７を付し，また1400以上2000万円未満とそれ以上に各々８，９を付す。

(23) ２名の支持政党が各々異なる回答者数は，分析可能な規模に達しなかった。

(24) ４つの観測時点，３つのregressand，２つの支持政党という条件に鑑みると，モデルⅠとⅡの各々で24の方程式体系または方程式を検証するはずであった。だが，2001年と2003年の調査では民主支持の相手２名を持つ回答者数が分析可能な規模に達しないため，両モデルともに18の事例のみ検証する。

(25) ベクトルに１を含む。

(26) 識別のためのorder conditionであり，2<Lを表す。

(27) ベクトルに１を含む。

(28) 結果は表側の「C」に示す。

(29) 結果は表側の「J」に示す。

(30) 結果は表側の「Kleibergen」に示す。

(31) ２人の相手に関して紹介した会話頻度・知識量・地位，自民党と民主党に関して紹介した感情温度，および以下の変数の中から回帰分析ごとにexcluded exogenous variablesを選ぶ。ふだん自民党を支持する場合に１，民主支持または無党派の場合に０を付す「自民支持」，1～４で２項対立の政策選好を問い，値の大きなほど後者を選好する「景気対策と財政再建」・「地方補助と自由競争」。１～４で政治への自身の理解度などを問い，値の大きなほど肯定的な態度を示す「投票義務感」・「政治への有力感」・「政治への理解度」。１で男性を，０で女性を表す性別。「義務教育課程」・「新制高校・旧制中学」・「高専・短大・専修学校」・「大学・大学院」の各々に１～４を付す学歴。年齢の２乗。年齢と性別の交互作用。

(32) これらの検定手順に関しては，heteroskedastic errorsを想定したoptimal GMMに基づくパネル回帰分析を行う鈴木の例がある（鈴木，2013）。

参考文献

Axsom, Danny, Suzanne Yates, and Shelly Chaiken. 1987. "Audience Response as a Heuristic Cue in Persuasion." *Journal of Personality and Social Psychology* 53(1): 30-40.

Baum, Christopher F., Mark E. Schaffer, and Steven Stillman. 2010. ivreg2: Stata module for extended instrumental variables/2SLS, GMM and AC/HAC, LIML and k-class regression. http://ideas.repec.org/c/boc/bocode/s425401.html

Berelson, Bernard, Paul F. Lazarsfeld, and William McPhee. 1954. *Voting: A Study of Opinion Formation in a Presidential Campaign*. Chicago: University of Chicago Press.

Bertrand, Marianne, Esther Duflo, and Sendhil Mullainathan. 2004. "How Much Should We Trust Differenc in Differences Estimates?" *Quarterly Journal of Economics* 119(1): 249-275.

Burt, Ronald S. 1987, "Social Contagion and Innovation: Cohesion versus Structual Equivalence." *American Journal of Sociology* 92(6): 1287-1335.

Cameron, Colin A., and Pravin K. Trivedi. 2005. *Microeconometrics*. Cambridge: Cambridge University Press.

Cragg, John G. 1983. "More Efficient Estimation in the Presence of Heteroskedasticity of Unknownform." *Econometrica* 51(3): 751-763.

Davidson, Russell, and James G. MacKinnon. 1993. *Estimation and Inference in Econometrics*. New York and Tokyo: Oxford University Press.

Flanagan, Scott C. 1991a. "Mechanisms of Social Network Influence in Japanese Voting Behavior." In *The Japanese Voter*, eds. Scott C. Flanagan, Shinsaku Kohei, Ichiro Miyake, Bradley M. Richardson, and Joji Watanuki. New Haven and London: Yale University Press.

Flanagan, Scott C. 1991b. "Media Influences and Voting Behavior." In *The Japanese Voter*, eds. Scott C. Flanagan, Shinsaku Kohei, Ichiro Miyake, Bradley M. Richardson, and Joji Watanuki. New Haven and London: Yale University Press.

Flanagan, Scott C., and Bradley M. Richardson. 1977. *Japanese Electoral Behavior*. London and Beverly Hills: Sage.

Hansen, Peter L. 1982. "Large Sample Properties of Generalized Methods of Moments Estimators." *Econometrica* 50(4): 1029-1054.

Hayashi, Fumio. 2000. *Econometrics*. Princeton: Princeton University Press.

平野浩．2005．「小泉内閣下の国政選挙における業績評価投票」『年報政治学』2005（1）：66－87.

Huckfeldt, Robert. 2001. "The Social Communication of Political Expertise." *American Journal of Political Science* 45(2): 425-437.

Huckfeldt, Robert, and John Sprague. 1987. "Networks in Context: The Social Flow of Political Information." *American Political Science Review* 81(4): 1197-1216.

Huckfeldt, Robert, and John Sprague. 1988. "Choice, Social Structure, and Political Information: The Informational Coercion of Minorities." *American Journal of Political Science* 32(2): 467-482.

Huckfeldt, Robert, and John Sprague. 1991. "Discussant Effects on Vote Choice: Intimacy, Structure, and Interdependance." *Journal of Politics* 53(1): 122-158.

Huckfeldt, Robert, Ken'ichi Ikeda, and Franz U. Pappi. 2008. "Political Expertise, Interdependent Citizens, and the Value Added Problem in Democratic Politics." In *The Politics of Modern Japan*, Vol.I, ed. Christopher P. Hood. New York: Routledge.

池田謙一. 2005.「2003年衆議院選挙・2004年参議院選挙の分析－期待の政治のひとつの帰結と有権者－」『年報政治学』2005（１）：36－65.

Ikeda, Ken'ichi, James H. Liu, Masahiko Aida, and Marc Wilson. 2005. "Dynamics of Interpersonal Political Environment and Party Identification: Longitudinal Studies of Votingin Japan and New Zealand." *Political Psychology* 26(4): 517-542.

Iyengar, Shanto, and Donald R. Kinder. 1987. *News that Matters: Television and American Opinion*. Chicago: University of Chicago Press.

Katz, Elihu, and Paul F. Lazarsfeld. 1955. *Personal Influence: The Part Played by People in the Flow of Mass Communications*, Glencoe: The Free Press.

Kleibergen, Frank, and Ricard Paap. 2006. "Generalized Reduced Rank Tests Using the Singular Value Decomposition." *Journal of Econometrics* 133(1): 97-126.

Köllner, Patrick. 2008. "The Liberal Democratic Party at 50: Sources of Dominance and Change in the Koizumi Era." In *The Politics of Modern Japan*, Vol.II, ed. Christopher P. Hood. New York: Routledge.

Krauss, Ellis S., and Benjamin Nyblade. 2008. "'Presidentialization' in Japan? The Prime Minister, Media and Elections in Japan." In *The Politics of Modern Japan*, Vol.II, ed. Christopher P. Hood. New York: Routledge.

Lazarsfeld, Paul F., Bernard Berelson, and Hazel Gaudet. 1944. *The People's Choice: How the Voter Makes Up His Mind in a Presidential Campaign*. New York: Duell, Sloan and Pearce.

McCombs, Maxwell E., and Donald L. Shaw. 1972. "The Agenda-Setting Function of Mass Media. *Public Opinion Quarterly* 36(2): 176-187.

McElwain, Kenneth Mori. 2009. "How long are Koizumi's Coattails? Party-Leader Visits in the 2005 Election." In *Political Change in Japan: Electoral Be-*

havior, Party Realignment, and the Koizumi Reforms, eds. Reed, Steven R., Kenneth Mori. McElwain, and Kay Shimizu. Stanford: The Walter H. Shorenstein Asia-Pacific Research Center.
Mendelsohn, Matthew. 1996. "The Media and Interpersonal Communications: The Priming of Issues, Leaders, and Party Identification." *The Journal of Politics* 58(1): 112-125.
Miyake, Ichiro. 1991. "Agents of Partisan Socialization in Japan." In *The Japanese Voter*, eds. Scott C. Flanagan, Shinsaku Kohei, Ichiro Miyake, Bradley M. Richardson, and Joji Watanuki. New Haven and London: Yale University Press.
Mondak, Jeffrey J. 1995. *Nothing to Read: Newspapers and Elections in a Social Experiment*. Ann Arbor: The University of Michigan Press.
Mutz, Diana C. 1998. *Impersonal Influence: How Perceptions of Mass Collectives Affect Political Attitudes*. Cambridge: Cambridge University Press.
Mutz, Diana C. 2002. "Cross-cutting Social Networks: Testing Democratic Theory in Practice." *American Political Science Review* 96(1): 111-126.
Mutz, Diana C., and Paul M. Martin. 2001. "Facilitating Communication Across Lines of Political Difference: The Role of Mass Media." *American Political Science Review* 95(1): 97-114.
中井孔人．2007．「政治に翻弄された選挙報道：報道の現場から」『選挙研究』22：25－35.
中村悦大．2012．「有権者による政党システム認識の変遷」『年報政治学』2012（１）：37－64.
Noelle-Neumann, Elisabeth. 1974. "The Spiral of Silence: A Theory of Public Opinion." *Journal of Communication* 24(2): 43-51.
Noelle-Neumann, Elisabeth. 1984. *The Spiral of Silence: Public Opinion-Our Social Skin*. Chicago: The University of Chicago Press.
逢坂巌．2007．「小泉劇場 in テレビ　05年選挙のテレポリティクス－『内戦』としての『改革』，その表象と消費－」『選挙研究』22：５－16.
大嶽秀夫．2006．『小泉純一郎ポピュリズムの研究－その戦略と手法－』東洋経済新報社.
尾崎和典．2007．「世論調査から見たメディア選挙」『選挙研究』22：17－24.
Reed, Steven R. 2007. "Duverger's Law is working in Japan." *Japanese Journal of Electoral Studies* 22: 96-106.
Reed, Steven R., and Kay Shimizu. 2009. "Avoiding a Two Party System: The Liberal Democratic Party versus Duverger's Law." In *Political Change in Japan: Electoral Behavior, Party Realignment, and the Koizumi Reforms*, eds. Steven R. Reed, Kenneth Mori. McElwain, and Kay Shimizu. Stanford: The Walter H.

Shorenstein Asia-Pacific Research Center.
Robinson, John P. 1976. "Interpersonal Influence in Election Campaigns: Two Step-Flow Hypotheses." *Public Opinion Quarterly* 40(3): 304-319.
Schmitt-Beck, Rüdiger. 2003. "Mass Communication, Personal Communication and Vote Choice: Thc Filter Hypothesis of Media Influence in Comparative Perspective." *British Journal of Political Science* 33(2): 233-259.
白崎護. 2013.『メディアとネットワークから見た日本人の投票意識－社会学モデルの復権－』ミネルヴァ書房.
鈴木創. 2012.「衆議院小選挙区選挙における現職効果－票は議席を与える，議席は票を与えるか－」新川敏光編『現代日本政治の争点』法律文化社.
鈴木哲夫. 2007.『政党が操る選挙報道』集英社.
鈴木哲夫. 2013.『政治報道のカラクリ』イースト・プレス.
東大法・第7期蒲島郁夫ゼミ. 2008.『小泉政権の研究』木鐸社.
Troldahl, Verling C., and Robert Van Dam. 1965. "Face-to-Face Communication about Major Topics in the News." *Public Opinion Quarterly* 29(4): 626-675.
横山滋・米倉律. 2003.「マス・メディアに対する『信頼』の構造－『日本人のマス・メディアに関する意識』調査の再分析から－」『放送研究と調査』2003（12）：36－51.

大統領制化と政党政治のガバナンス

岩崎正洋 *

1　政党政治の新たな視角

政治の大統領制化（presidentialization）に関する議論は，政党政治におけるガバナンスについて考えるために，一つの手がかりを提供する。我が国では，大統領制化論が執政制度論として取り扱われる傾向がある。日本での大統領制化論は，議院内閣制における「執政」たる首相の大統領化という点から論じられることが多く，首相の権限強化ないし拡大や，首相のパーソナリティや行動に関連して論じられている[1]。

執政制度にかかわるものとして大統領制化を捉えることは，それ自体に誤りはないし，適切な見方である。大統領制化論を執政制度論としてのみ取り扱うことは，大統領制化論が内在している体系性や包括性を無視することになるし，大統領制化という概念を正確に捉えることができなくなる。いいかえると，大統領制化という概念は，執政制度という側面だけでなく，他の側面も視野に収めており，多角的に一つの現象を捉えたものとして位置づけることができる。

たとえば，政党研究の分野で世界的に有名なポグントケ（Thomas Poguntke）とウェブ（Paul Webb）は，民主的な政治システムにおける政治的リーダーへの権力集中という点について，先進工業民主主義諸国における政治の大統領制化という点から検討を行っている[2]。彼らの考える「大統領制化」とは，これまで大統領制ではなかったものが大統領制になることではなく，たとえば，議院内閣制における実際の運用が大統領制的になっていくことを意味している。具体的な事例としては，ブレア（Tony Blair）英

---

*　日本大学法学部教授　比較政治学専攻

首相やシュレーダー（Gerhard Schröder）独首相などの名前が挙げられ，彼らのようなリーダーの登場が大統領制化の実例として考えられている。

ポグントケとウェブは，大統領制や議院内閣制を体制という言葉で表現し，両者の違いを体制のタイプの違いとして扱っている。彼らによれば，大統領制化とは，「ほとんどの場合に形式的構造である体制タイプを変えることなく，体制の実際的運用がより大統領制的なものになってゆく過程である[3]」とされる。

彼らの議論を理解する際には，ポグントケとウェブが政党研究の専門家であり，彼らがこれまでに展開してきた多くの議論において，政党衰退論をいかに考えるのかという問題意識が内包されていたことに注意する必要がある[4]。彼らは，大統領制化が執政府，政党，選挙という三つの側面でみられると指摘し，各側面における大統領制化の特徴に注目した。大統領制化と表現される現象が執政府でみられるとしても，そこだけに限定して捉えるのは不十分であり，政党や選挙の側面に目を向けると，そこでもまた大統領制化と表現できるような現象が目撃される。これら三つの側面を総合的に把握することによって，現代民主主義における大統領制化という現象を正確に理解することができる。

彼らの問題意識からすると，大統領制化論は，政党衰退論に対する現在の彼らの見方を示したものであり，政党衰退論をめぐる議論への彼らの立場表明として捉えることができる。大統領制化の三つの側面は，いずれも政党政治とかかわっている。政府の形成や交代が政党の存在を抜きに語ることができないのは明らかである。政党の側面における大統領制化はまさに政党政治の変容を物語っており，政党衰退論とどのような関連性をもつのかについても疑問が残る点である。

さらに，選挙も政党政治が展開される一つのアリーナであり，政党が選挙で存在感を示すのは紛れもない事実である。執政府，政党，選挙という大統領制化の三つの側面は，いずれも政党の衰退とされる現象がみられるアリーナであるし，大統領制化と政党衰退とが何らかの点で結びつきをもっていることを否定することはできない。

この点は，統治の主たる担い手の一つであった政党がこれまでの地位を他の政治的アクターに譲り渡したり，有力なアクターとして君臨できなくなったりしたことで，政党のガバナンスが問われるようになったと考えられる。政党によるガバナンスが効かなくなったからこそ，政党衰退論が登場したのだし，ガバナンスが効かないからこそ，ガバナンスが問われるようになり，ガバナンスに注目が集まるようになったのである。

本稿においては，大統領制化とされる現象が政党政治のガバナンスを意味しており，とりわけ，政党内のガバナンスと政党間のガバナンスという二つのタイプの変容を説明し得るものであることを明らかにする。

2　政党政治のガバナンス

政党衰退論は，1970年代から提起され始め，政党政治のガバナンスに対する疑問が提示されるようになった[5]。政党衰退論の主な論点は，第一に，有権者と政党との関係に関する見方であり，第二に，政党組織に関する見方である。第三に挙げられるのは，政党の機能に関する変容を取り扱ったものである。

まず，有権者と政党との関係が変化し，政党の衰退現象がみられるようになったという議論は，たとえば，選挙ヴォラティリティの増減，脱編成，投票率の低下などを根拠としている[6]。選挙ヴォラティリティの増減は，選挙ごとに有権者が支持政党を変えることを示し，脱編成は，有権者と政党とのこれまでの結びつきが浸食され，両者の関係が崩れたことを明らかにする。投票率の低下は，有権者が選挙を重視しておらず，政党が有権者の代表ではなくなり，有権者が政党を通じてインプットを行うという図式の妥当性に疑問を投げ掛けることになった。

第二に，政党組織の変容と，政党の衰退とのかかわりに関する論点が挙げられる。政党が衰退したのは，政党メンバーシップの変化によるものだという議論である[7]。党員数の減少は，政党組織を脆弱化し，一つの政治組織として政党は，従来のように活動することができなくなった。たとえば，党員数の減少は，党員から徴収する党費収入の減少につながるし，恒常的な支持者の減少を意味する。

この点は，選挙での支持基盤の浸食につながり，選挙での勝敗にも影響する。その結果として，政党組織は衰退し，組織運営が従来とは異なるかたちになる。また，既存の政党が組織的に機能しなくなり，単一争点を主張する政党や，新しい争点を前面に打ち出すような，新しい政党が既存政党に取って代わろうとして登場する。新しい政党は，既存の政党とは異なる組織形態をとり，ゆるやかなネットワーク型の組織を採用する。

第三の論点は，政党機能の変容である。政党は，政治システムにおいて多様な機能を果たすものと考えられていた[8]。たとえば，政治的社会化は，政党が果たす機能の一つとされた。しかし，今日において，政党が独占的に政治的社会化を行っていると考えるのは適切ではない。マスメディアの発達以降は，政党よりもマスメディアが政治的社会化の機能を果たしているとされる。

他にも，有権者を投票へ動員したり，有権者と政党との関係を構造化したりするのは，政党機能の一つであると考えられてきたが，有権者と政党との関係が変化したことで，政党が独占的に果たしている機能とはいえなくなった。政党は，今もなお選挙の際に候補者を擁立し，自党の獲得議席数の増加を企てており，選挙で果たす機能は存続している。政党による選挙での機能を除く他の機能は，もはや政党だけが果たしているのではなく，他の政治的アクターが果たすようになった。

政党は，選挙を通じて権力を追及する政治集団として考えられてきた。たとえば，バーク（Edmund Burke）による政党の定義は，「政党とは，全員が同意しているある特定の原理にもとづき，共同の努力によって国家的利益を推進するために集まった人びとの集合体である」というものである[9]。シャットシュナイダー（E. E. Schattschneider）によれば，政党とは，まず第一に，権力を獲得しようとする組織化された企図である[10]。エプスタイン（Leon D. Epstein）によれば，政党とは，所与のラベルの下で政府の公職保持者を当選させようとしているすべての集団のことである[11]。

サルトーリ（Giovanni Sartori）は，「政党とは，選挙に際して提出される公式のラベルによって身元が確認され，選挙（自由選挙であれ，制限選挙であれ）を通じて候補者を公職に就けさせることができるすべての政治集団である[12]」という定義を行っている。

ここに挙げた定義をみるだけでも，政党という政治集団がどのような特徴をもっているのかを把握できる。これらの定義から理解できるのは，政党とは，一つの集団であること，集団には何らかの目的があること，それだからこそ一つの集団としてまとまるという点である。集団としてのまとまりには，イデオロギーや政党綱領，政策などについて，メンバー間の合意が必要になる。集団の目的とは，政治権力を獲得することである。そのためには，選挙で自党に所属する候補者を一人でも多く当選させなければならず，政党にとっては，選挙が重要な活動の舞台となる。

「現代政治の生命線[13]」と表現されたように，政党は，インプット側からアウトプット側までのあらゆる側面にかかわりをもち，統治における中心的なアクターとしての役割を一手に引き受けてきた。しかし，政党の果たしてきた役割の多くが他のアクターの役割となり，政党が単独で果たす役割は，選挙での機能だけとなった。その点だけに注目すると，今でも政党は従来の定義に合致しており，選挙を活動の場としており，権力追求を行っている集団であることに変わりはない。

そう考えると，政党は今も昔と変わらず，政治における中心的なアクターであり，政党によるガバナンスが効いているという論理につながる。そうだとしたら，政党が衰退しているという議論の信憑性が疑われることになるし，政党衰退論が論拠としている各種の論点をいかに捉えるのかということになる。

政党衰退論が政党政治のガバナンスが効かなくなったことを指摘しているとしたら，現在のガバナンスをどのように理解することができるのか，これまでの政党ガバナンスと現在のガバナンスとは異なるのか否か，異なるとしたらどのように異なるのかについて明らかにする必要がある。現在のガバナンスを説明する際に，大統領制化論が一つの手がかりを与えるというのが本稿の立場である。

さまざまな機能を政党が果たしていないから政党によるガバナンスが効かなくなったというのではない。政党は今でも選挙で重要なアクターであり，権力追求のための機能を果たしている。しかし，選挙そのものが従来とは異なる性格をもつようになったのである。低投票率であったり，選挙ヴォラティリティや脱編成などにみられるように，有権者と政党との関係が流動化し，両者の関係性が崩れてしまったり，特定の支持政党をもたない無党派層が増加したりしたことで，選挙そのものの特徴が変化し，かつての選挙において政党が有していた存在感ないし重みがなくなり，政党政治のガバナンスが問われるようになった。

ここまでの議論においては，「ガバナンス」という概念を特に定義づけることなく，話を進めてきたが，これから先の行論のためにも，ここで簡単に概念を規定しておく必要がある。ガバナンスの概念は，政治学の他の概念と同様に，さまざまな定義がなされている。ガバナンスという言葉の語源につながる「統治」（govern）という言葉には，舵取り（steering）という意味が含まれていることから，ガバナンスとは，国家が舵取りを行うという意味であるという議論もみられる。さらに，説明責任（accountability），応答性（responsibility），透明性（transparency）などとの関連性が考慮され，ガバナンスが定義づけられる場合もある。

ガバナンスとは何かをめぐっては，それだけで一つの（あるいは一冊の）論考がまとめられるが，ここでは誤解を恐れずに，あえて話を単純化する。本稿では，さしあたり，ガバナンスを「よく治まっている」状態として捉えることにする[14]。したがって，ここでは，政党政治が「よく治まっている」のか否かが，政党政治のガバナンスが効いているか否かの基準となる。もちろん，「よく治まっている」ことの基準が何かは漠然としており，誤解を招きかねないのは明らかである。それだからこそ，誤解を恐れずに話を単純化して進めていく。

政党政治のガバナンスは，政党内部と，政党間競合との二つの次元から考えることができる。政党内部のガバナンスは，有権者と政党との関係や，政党組織に関して，「よく治まっている」状態を意味する。たとえば，有権者と政党との関係が安定しており，有権者の政党支持に変化がみられず，一貫して同じ政党を支持している場合には，安定した関係といえるが，選挙ヴォラティリティの増減や無党派層の増大などがみられる場合には，不安定な関係ということになる。政党組織に関しては，党員数の減少傾向がみられるようであれば，有権者と政党との関係が不安定化しているとされ，「よく治まっている」とはいえない状態となる。

さらに，政党間のガバナンスは，政党間競合の観察可能な状態を意味する。政党間競合がみられるとしても，ヘゲモニー政党制のように，表面的な競合しかみられない場合や，政権交代の可能性が皆無の場合には，「よく治まっている」とはいえない。カルテル政党モデルの議論にみられるように[15]，複数の政党がカルテル化し，政党が事実上の国家の一機関となる場合は，政党システムの競合性が有名無実のものとなり，政党間ガバナンスが効かなくなる。それに対して，一党優位政党制にせよ二党制にせよ，政党システムがどのようなものであっても，実質的な政党間競合が選挙，議会，執政府といったアリーナでみられるならば，政党間ガバナンスは効いていると考えられる。

政党政治のガバナンスは，政党内ガバナンスと，政党間ガバナンスとの二つの点から捉えることができる。一つの政党の内部に焦点を向けることが政党内ガバナンスに注目することであり，複数の政党間の相互作用に焦点を向けることが政党間ガバナンスに注目することである。政党研究のこれまでの蓄積をみると，政党内ガバナンスについては，政党組織論の系譜で取り扱われてきたし，政党間ガバナンスについては，政党システム論の系譜において取り扱われてきた。

あらゆる先行研究において，ガバナンスという概念が用いられているのではないとしても，政党によるガバナンスは政党政治を反映しており，政党政治そのものを意味していると捉えることができる。そのため，既存の政党研究において，政党内ガバナンスと政党間ガバナンスとがこれまでどのように注目を集め，どのように分析され，どのように評価されてきたのかを理解することができる[16]。

3　大統領制化とガバナンス

大統領制化が政党政治のガバナンスとどのように関連性をもつのかを把握するために，大統領制化論の特徴を説明しながら，両者の関連性を検討する。ポグントケとウェブによれば，現実政治における大統領制化は，(a) 党内および政治的執政府内におけるリーダーシップの権力資源と自律性の増大，(b) リーダーシップを重視するようになった選挙過程という二つの点が発展したものである[17]。大統領制化は，執政府，政党，選挙という三つの側面でみられるが，これらは民主的なガバナンスの中心的な領域にある。大統領制化の過程は，憲法改正などのように，憲法構造が直接的に変わるのではなく，それ以外の偶発的および構造的な要因によってもたらされると考えられている。

大統領制，議院内閣制，半大統領制のいずれも原則的に，政党主導型の体制と大統領制的な体制との間を往来するものであり，一つの連続線上のどの極に近づくかは，さまざまな基底構造的要因（社会構造やメディアシステムの変化など）と，偶発的要因（リーダーの人格など）によって決まる。図1は，一つの連続線上に体制の三つのタイプを位置づけており，大統領制化されているのか，それとも政党主導型であるのかという点から両極が区別されている。

政党のガバナンスという意味では，大統領制的な極よりも政党主導型の極に近づくほど，政党によるガバナンスが効いている。大統領制化は，政党主導型の対極に位置しており，従来みられたように，政党によるガバナンスが効いているというよりも，これまでとは異なるガバナンスがみられる状態である。

図１の水平次元は，公式の法律－憲法的な基準にしたがっており，三つのタイプを分けている。これらの境界線は明確であり，半大統領制が議院内閣制と大統領制との間にあるからといって，単純に両者の中間型として半大統領制を理解することは適切ではない。図１の垂直的次元は水平的次元と異なり，明確な区分けがあるのではなく，一続きの連続体として位置づけられる。垂直的次元は，両端に向かう矢印によって示され，上端が「大統領制的な統治」で，下端が「政党主導型の統治」を意味している。

「政党主導型の統治」とは政党ガバナンスを示しており，これまでにみら

図１　大統領制化と体制タイプ

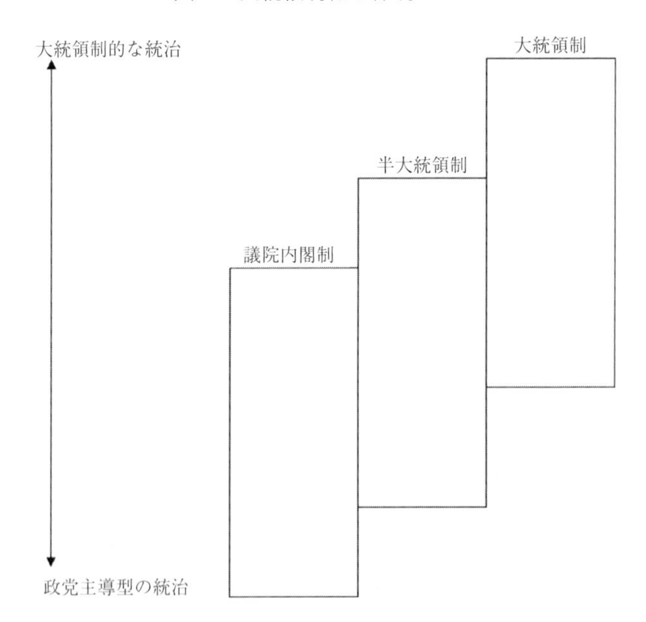

出所　ポグントケ・ウェブ『民主政治はなぜ「大統領制化」するのか』９頁。

れたような政党によるガバナンスとして理解できる。それに対して，「大統領制的な統治」とは大統領制化を意味しており，政党衰退論が提起された後の政党政治においてみられるガバナンスを示している。大統領制化においては，従来型の政党によるガバナンスではなく，大統領や首相といった政治的エリートのリーダーシップによるガバナンスがみられる。

図１における各タイプの位置づけは，公式的な法律－憲法的な規定によるのではなく，構造的および偶発的な政治的特徴によるものである。具体的にいえば，ある国における政治的リーダーの個人的認知度や自律性，権力資源の程度を決定するものであり，構造的変化は，政党規則や社会構成の変化などのように，法律—憲法とは異なるレベルでの持続的な変化を意味し，偶発的変化は，特定の政治的アクターや政治的状況に固有の要因によって左右されるものを意味している。

垂直的次元のどこに位置づけられるのかは，大統領制化の三つの側面によって決定づけられ，政党とリーダー個人との関係によって決まる。政治的リーダー個人にとって有利になるような権力資源と自律性の変化と，それにともなうような内閣や政党などの集団的アクターの権力と自律性の低下とのかかわりにより，連続線上のどこに位置づけられるかが決まる。

リーダーの自律性が高くなるほど，集団的アクターによる抵抗の可能性は小さくなる。そのため，高い自律性をもつリーダーほど外からの干渉を受けることなく，他のアクターを無視できるようになる。このような権力の増大をもたらすのは，次のような二つの過程とされる[18]。

1．自律的な統制領域の増大。これは，求める結果が専らそのような自律的領域内で得られる限り，実質的に権力を行使する必要はないことを意味する。
2．他者の抵抗に対する打開能力の拡大。このためには，起こりうる抵抗を打開するための資源，つまり他者へ権力を行使するための資源の拡大が必要である。

大統領制化の三つの側面について，これらの二つの点をそれぞれ検討すると[19]，まず，執政府に関しては，政治的リーダー（大統領ないし首相，政党のリーダーなど）に任命権や政策決定権などの公式的な権力が付与されたことにより，自律的な統制領域が拡大する。リーダーは，自律的な支配域の外部に対して，公権力やスタッフ，資金，アジェンダ設定や選択肢を規定する能力などを資源とすることにより，潜在的な抵抗を排除できる。

執政府や政党の側面においては，自党に対するリーダーの権力増大が大統領制化の中心的な論点となる。政党の側面では，リーダーが有利になるような党内権力の変動が大統領制化においてみられるが，個人化されたリーダーシップという傾向は，党機構の統制よりもリーダーの個人的名声を高めるために権力資源が用いられる。選挙は，政党主導からリーダーによる支配へと変化する。選挙キャンペーンでリーダーシップがアピールされ，メディアの政治報道は以前にもましてリーダーに焦点を向けるようになり，結果的に，有権者にも影響を及ぼし，投票行動におけるリーダーシップの効果が重要性をもつようになる。

政党主導型から大統領制化への変化は，従来みられたような政党によるガバナンスが効かなくなり，大統領制化のガバナンスになったことを示している。いいかえると，政党によるガバナンスから政治的リーダーによるガバナンスへの変化が生じたのである。

ここで注意しなければならないのは，ポグントケとウェブが政党衰退論をふまえて大統領制化論を展開した点である。かつての政党主導型のガバナンスが効かなくなり，組織面でも政党間競合の面でも政党は機能不全の状態に陥り，政党は統治における唯一の中心的なアクターという立場を手放し，いくつかある中心的なアクターのうちの一つのアクターという立場に移動した。その代わりに，統治においては，政治的リーダーが中心的なアクターとなり，リーダーによるガバナンスが実現した。

ただし，ここで注意すべきは，大統領制化においては，執政たる首相が政治的リーダーによるガバナンスの担い手であり，基本的に，彼もしくは彼女は政党のリーダーであるという点である。彼もしくは彼女は，政党リーダーであるから首相となったのであり，選挙で政党が勝利し政権を獲得したからこそ，首相の座を射止めることができたのである。大統領制化の三つの側面は，いずれも相互に関連しており，相補関係にある。

とりわけ，政党は執政府とも選挙とも密接に結びついており，大統領制化の三つの側面を連結しているのは，政党の存在であると理解できる。大統領制化のガバナンスは，政党リーダーによるガバナンスである。その意味では，政党政治のガバナンスは，政党によるガバナンスではなく，政党リーダーによるガバナンスへと移行したのであり，政党政治のガバナンスそのものは今でもみられ，ガバナンスの中身が変化したのだと説明することができる。

大統領制化において，政党リーダーが自党とのかかわりにおいて自律性をもつようになったという点は，政党内ガバナンスの変化を意味する。従来は，政治的リーダーが政党から自律性をもち，自分の意思を前面に出して行動することはできなかったし，それ自体が困難なことであった。今やリーダーの自律性は，ガバナンスが効くための要因となっている。

選挙が政党リーダーを中心に戦われ，メディアでの政党の取り扱いもリーダーに焦点が絞られるようになったことは，リーダーによるガバナンスとはいえ，政党によるガバナンスとして説明できる。選挙においてリーダーは，さまざまなかたちでシンボル化される。政党リーダーは，次の首相候補として扱われるため，有権者にとって選挙は，誰が次の首相にふさわしいのかというように，首相選びのためのイベントとなる。選挙で政党間競合が展開されることに変わりはないが，選挙の性格が変わってくるし，政党の選挙戦略が変わってくることで，政党間ガバナンスもまた変化する。

したがって，大統領制化は，政党によるガバナンスから政党リーダーによるガバナンスへ変わったとしても，広い意味での政党政治のガバナンスに終止符を打ったり，全く違うものへと変えたのではない。

ポグントケとウェブによれば，大統領制化の要因には，政治的状況やリーダーの人格などの偶発的な要因に加え，以下に挙げるような構造的な要因が含まれる。構造的要因としては，政治の国際化，国家の肥大化，マスコミュニケーション構造の変化，伝統的な社会的亀裂による政治の衰退という四つが挙げられる[20]。

まず，政治の国際化は，今や当たり前のことであり，グローバル化という表現も何ら目新しいものではない。たとえば，民族紛争，テロ，環境問題，移民や難民の問題，グローバルな金融市場など，さまざまな政策的な対応が国家間の交渉によってなされている。また，欧州統合により，国内政治のかなりの部分は，国際政治の問題に対する決定のように，各国の政治的リーダーや執政府によって行われている。

次に，国家の肥大化は，長期にわたり，官僚制の複雑化と組織的専門化をもたらした。いいかえると，制度的分化と制度的多元化となる。その結果として，政治の大統領制化は，統治能力の欠如を埋め合わせるために採用してきた戦略と相俟って，直接的な統治責任の範囲を狭めようとする一方で，他方においては，戦略的に重要な領域では政府の調整能力を強化しようとしてきた。

第三に，マスコミュニケーション構造の変化は，1960年代初頭以来のメディアの役割拡大を意味している。メディアは，政策よりも政治家個人の人格に焦点を合わせて争点を単純化し，政治家は，政策の中身を説明するよりも象徴化することでメディアの要求に迎合してきた。政治的リーダーもまた，政治的な議題設定を行うためにメディアを利用してきた。

第四に，伝統的な社会的亀裂による政治の衰退は，1990年代以降に数多く指摘されてきたように，西欧諸国における政党と社会集団との伝統的な結びつきが浸食されたという議論にみられる。政党に加入している党員の数が低下し，社会における政党の足場ともいえる支持基盤が傷ついたことで，政党は以前の地位に留まることができなくなった。さまざまな社会集団がイデオロギーにしたがって対立し，政党がその受け皿となっている状況は過去のものとなった。そのため，選挙キャンペーンでは，イデオロギーや政策の対立が争点になるのではなく，政治的リーダーの人格的資質が重要になったのである。

大統領制化は，三つの側面で同時に進行するわけではない。構造的要因は，大統領制化のある側面に対して他の側面よりも直接的な影響を及ぼすものであり，三つの側面での大統領制化の過程は，それぞれ異なる速度や異なる時間で進行する。ある一つの過程が進行し，それが他の過程にも影響を及ぼすこともある。

執政府内での大統領制化には，政治の国際化と，国家の肥大化とが直接的に影響を及ぼしており，選挙での大統領制化には，亀裂の衰退が影響を及ぼし，三つの側面すべてに対して，マスコミュニケーション構造の変化が影響を及ぼしていると考えられている。

ポグントケとウェブは，マスコミュニケーション構造の変化が「有権者に影響を及ぼし，選挙での選択においてリーダーの個人的資質を重視させている」こと，「政党リーダーが，政治的な議題設定の場面から他のアクターを外すために利用している」こと，「執政府長官に対して，政権を支配し，自党の頭越しに統治を行うための決定的な権力資源を提供する」ことを指摘している。この点は，大統領制化の三つの側面が相互に影響を及ぼしていることを説明することになる。

4　大統領制化論への批判

政治の大統領制化は，ポグントケとウェブが比較研究を行った国々だけにみられる現象というのではない。最初に彼らが念頭に置いていたのは，先進工業民主主義諸国であるが，彼らの研究に含まれなかった他の先進諸国の事例（日本やオーストラリアなど）はもちろん，東欧諸国やラテンアメリカなどの新興民主主義諸国の事例についても，大統領制化がみられるのか否かについて検証する必要がある。

2005年に彼らの共編著が刊行されたが，その後，大統領制化をめぐる議論は，彼ら自身の予想をはるかに超えて世界中で注目を集めてきた。賛否両論それぞれの立場から議論が展開されたが，賛成の立場からの議論は，彼らの議論を補強するのに役立つとしても，否定的な立場からの議論は，大統領制化の議論を別の角度から考えるのに役立つ[21]。主な批判としては，次に挙げるような点がみられた。

まず挙げられるのは,「大統領制化」という用語に対する批判である。大統領制化を英語で表現すると，presidentialization という用語になるが，ポグントケとウェブが観察している政治現象そのものを「大統領制化ないしpresidentialization」という言葉で表現すること自体が適切なのか否かという問題である。海外の研究者の間では，presidentialization というのは不適切であり，他の用語で表現するべきであるという批判になる。たとえば，presidentialization ではなく，personalization が適しているという批判がみられる。

日本では，まず，presidentialization という英語を何と訳すかという問題がある。たとえば,「大統領制化」と訳したら今度は,「大統領制化」という表現が適切なのか否かとか,「大統領制化」ではなく，むしろ「大統領化」という表現が好ましいのではないかという議論もある。さらに，海外と同様に日本でも，取り扱う政治現象が大統領制化（ないし大統領化）と呼ぶにふさわしいのかどうかという点も批判の的になる。

次に，大統領制化の議論が大統領制と議院内閣制との対置を前提としていることへの批判である[22]。両者が全く異なる性格をもつことから，両者を対置すること，あるいは両者を同等に扱うことに対して疑問視する声もある。たとえば，大統領制と議院内閣制とを対照的なものとして扱うことについては，乱暴な二分法であるという見方がある。

一方の長所が他方の短所，あるいは一方の短所が他方の長所とする議論に対して，権力分立ないし権力融合という点から考えると，両者は制度的背景が異なっており，対置することは不適切であるし，議院内閣制において大統領制化と呼ばれる現象がみられることすら論理的におかしいということになる。また，両者を同等に扱うことについては，いずれの体制においても政党リーダーと執政府の長が本質的に同一の地位にあるから両体制には違いがないといえるという議論である。

この点に関連し，ポグントケとウェブの大統領制化論では，議論の前提となる三つの体制（大統領制，議院内閣制，半大統領制）の本質について体系的な検討を行っていないという批判がある。彼らは，三つの特徴をそれぞれ説明しているとはいえ，古典的かつ教科書的な説明しか行っておらず，大統領制に関する研究蓄積が活用されていないという批判である。

さらに，大統領制化の要因に対して，そこで提示されている議論の因果関係が不十分であるという批判もみられる。ポグントケとウェブが挙げた四つの要因は，いずれも第二次世界大戦後の先進工業民主主義諸国において，長期にわたって顕在化してきたものであり，長期的な変化が最近の大統領制化という現象を直接的に説明することができているのか否かという疑問の声が挙げられている。14カ国の比較研究においても，1980年代以降の現象にほぼ限定されており，大統領制化と戦後の長期的な変化との因果関係について，説得力のある説明がなされていないというのである。

大統領制化に対する批判や疑問は，数多く出されており，ここで紹介したもの以外にも，さまざまなものがある。これらの議論については，多くの場合に，それぞれ根拠が示されているし，それらを紐解くことも有用であり，大統領制化の議論をさらに深めるためには必要な作業となる。同時に，ポグントケとウェブは，これまでになされてきた数々の批判に対して，一括して回答している[23]。

5　結語

本稿は，現時点で改めて，大統領制化論の意義とは何かについて考えるために，大統領制化と政党政治のガバナンスに焦点を向けてきた。大統領制化論は，政党衰退論とかかわっており，政党によるガバナンスから政党リーダーによるガバナンスへの変化を説明するのに役立つことが，本稿の議論を通して明らかになった。

政治の大統領制化論は，大統領制と議院内閣制との対比を主たる関心としているのではないし，首相の大統領化や大統領的首相といった点だけに焦点を絞って論じているのではない。大統領制化論は，そのネーミングにおいてインパクトをもつが，同時に，偏った見方による批判を招きかねないという特徴も併せもっている。

ポグントケとウェブによって大統領制化論が体系的にまとめられ，最初に書物として公刊されたのは，2005年のことであった。同書は，14の先進工業民主主義諸国の事例に注目し，基本的に同一の分析枠組みにしたがって，現在の民主主義諸国に共通した現象として，政治の大統領制化がみられることを指摘した。同書の内容をめぐっては，世界各国で，理論的にも経験的にも多くの議論がなされ，肯定的な評価とともに否定的な評価もなされた。我が国でも，同書刊行後の早い時期から注目を集め，的を射た評価がみられる一方，他方では，大統領制化という言葉が独り歩きしている様子もみられた。

大統領制化論は，現代における民主主義諸国で共通してみられる政治現象を体系的に捉えようとしているところに特徴がある。そのため，大統領制化論を執政制度論としてのみ捉えたり，政策過程における首相や大統領の地位や役割に限定した視点から捉えたりするよりも，広く現代民主主義におけるガバナンスの問題として捉えたり，政党政治の新しい分析視角として捉えることにより，その意義を改めて理解できるように思われる。

（1）　学術的な研究成果だけでなく，ジャーナリズムにおいても，「大統領制化」という言葉や「首相の大統領化」という表現が用いられることがある。ただし，ここでは，学術的な議論のみを念頭に置いている。

（2）　彼らの議論については，（Poguntke and Webb 2005）を参照。翻訳

(2014) については，2007年刊行のペーパーバック版を底本としている。2005年版はハードカバーであったが，2007年版は若干の修正が施され，ペーパーバックとなっている。

（３） この点については，(Poguntke and Webb 2005: 1 邦訳２)。

（４） たとえば，(Webb 2002) を参照。

（５） 政党衰退論については，たとえば，以下を参照されたい (Katz and Mair 1995; Dalton and Wattenberg 2002)。

（６） この点に関しては，たとえば，(Dalton and Wattenberg 2002)。

（７） 政党メンバーシップに関しては，たとえば，(Scarrow 1996) を参照。

（８） この点に関しては，たとえば，以下を参照 (Lawson and Merkl 1988)。

（９） この点については，(Sartori 1976 邦訳15)。

(10) この点については，(Schattschneider 1962 邦訳41)。

(11) この点については，(Epstein 1967: 9) を参照。

(12) 彼の定義は，以下を参照 (Sartori 1976 邦訳111)。

(13) この点については，以下を参照 (Neumann 1956)。

(14) 本稿で用いる「ガバナンス」概念の規定は，以下の論考より示唆を受けている。詳しくは，以下を参照されたい (曽根 2011)。

(15) カルテル政党モデルについては，たとえば，以下を参照 (Katz and Mair 1995)。

(16) 政党と政党システムに関する先行研究については，たとえば，以下を参照 (岩崎 1999；岩崎 2002；岩崎 2011a)。

(17) この点については，(Poguntke and Webb 2005: 5 邦訳７－８) を参照されたい。

(18) この点については，(Poguntke and Webb 2005: 7 邦訳10) を参照されたい。

(19) この点については，(Poguntke and Webb 2005: 8-11 邦訳10－15) を参照されたい。

(20) この点については，(Poguntke and Webb 2005: 13-17 邦訳18－24) を参照されたい。

(21) たとえば，(待鳥 2006) は，比較執政制度論という視点から大統領制化論に関して，興味深い指摘を行っている。

(22) この点については，たとえば，(Dowding 2013) を参照。

(23) この点については，(Webb and Poguntke 2013; Poguntke and Webb 2005 邦訳507－519) を参照。(Webb and Poguntke 2013) を翻訳したものが日本語版に所収されている (Poguntke and Webb 2005 邦訳507－519)。

参考文献

＜欧文＞

Dalton, Russell J. and Wattenberg, Martin P. (eds.) (2002) *Parties Without Partisans: Political Change in Advanced Industrial Democracies*, Oxford, Oxford University Press.

Dowding, K. (2013) 'The Prime Ministerialisation of the British Prime Minister.' *Parliamentary Affairs*, 66, 617-635.

Epstein, Leon D. (1967) *Political Parties in Western Democracies*, New York, Praeger.

Fabbrini, Sergio (2005) 'The Semi-sovereign American Prince: The Dilemma of an Independent President in a Presidential Government.' In Poguntke, T. and Webb, P. (eds.) *The Presidentialization of Politics: A Comparative Study of Modern Democracies*, Oxford, Oxford University Press, pp. 313-314.

Heffernan, R. and Webb, P. (2005) 'The British Prime Minister: Much More That "First Among Equals".' In Poguntke, T. and Webb, P. (eds.) *The Presidentialization of Politics: A Comparative Study of Modern Democracies*, Oxford, Oxford University Press, pp. 26-61.

Katz, Richard S. and Mair, Peter (1995) 'Changing Models of Party Organization and Party Democracy: The Emergence of the Cartel Party.' *Party Politics*, 1, 5-28.

Karvonen, Lauri (2010) *The Personalisation of Politics*, Essex, ECPR Press.

King, A. (2002) *Leader's Personalities and the Outcomes of Democratic Elections*, Oxford, Oxford University Press.

Krauss, Ellis S and Benjamin Nyblade (2005) 'Presidentialization' in Japan? The Prime Minister, Media and Elections in Japan.' *British Journal of Political Science*, 35: 357-368.

Lawson, Kay. and Merkl, Peter H. (1988) *When Parties Fail: Emerging Alternative Organizations*, Princeton, Princeton University Press.

Müller, Wolfgang C. and Narud, Hanne Marthe (eds.) *Party Governance and Party Democracy*, New York, Springer.

Neumann, Sigmund (1956) *Modern Political Parties: Approaches to Comparative Politics*, Chicago, University of Chicago Press. 渡辺一訳（1958）『政党――比較政治学的研究（Ⅰ）』みすず書房。

Papadopoulos, Yannis (2013) *Democracy in Crisis?: Politics, Governance and Policy*, Basingstoke, Palgrave Macmillan.

Poguntke, Thomas and Webb, Paul (eds.) (2005) *The Presidentialization of Politics: A Comparative Study of Modern Democracies*, Oxford, Oxford University Press. 岩崎正洋監訳（2014）『民主政治はなぜ「大統領制化」するのか——現代民主主義国家の比較研究』ミネルヴァ書房。

Samuels, D. and Shugart, M. S. (2010) *Presidents, Parties and Prime Ministers: How Separation of Power Affects Party Organization and Behaviour*, New York City, Cambridge University Press.

Sartori, Giovanni (1976) *Parties and Party Systems: A Framework for Analysis*, Vol. 1, Cambridge, Cambridge University Press. 岡澤憲芙・川野秀之訳（2009）『現代政党学——政党システム論の分析枠組み〔普及版〕』早稲田大学出版部。

Scarrow, Susan (1996) *Parties and Their Members: Organizing for Victory in Britain and Germany*, Oxford, Oxford University Press.

Schattschneider, E. E. (1942) *Party Government*, Holt, Rinehart and Winston. 間登志夫訳（1962）『政党政治論』法律文化社。

Whiteley, P., Stewart, M., Sanders, D. and Clarke, H. (2005) 'The Issue Agenda and Voting in 2005.' In Norris, P. and Wlezien, C. (eds.) *Britain Votes 2005*, Oxford, Oxford University Press.

Webb, Paul, Farrell, David, and Holliday, Ian (eds.) (2002) *Political Parties in Advanced Industrial Democracies*, Oxford, Oxford University Press.

Webb, Paul, (2002) 'Introduction: Political Parties in Advanced Industrial Democracies.' In Webb, Paul, Farrell, David, and Holliday, Ian (eds.) (2002) *Political Parties in Advanced Industrial Democracies*, Oxford, Oxford University Press, pp. 1-15.

Webb, Paul and Thomas Poguntke (2013) 'The presidentialisation thesis defended.' *Parliamentary Affairs*, 66: 646-654.

Webb, Paul, Thomas Poguntke and Robin Kolodny (2012) 'The Presidentialization of Party Leadership? Evaluating Party Leadership and Party Government in the Democratic World.' In Ludger Helms (ed.), *Comparative Political Leadership: Challenges and Prospects*, London/New York: Palgrave Macmillan.

＜邦文＞

岩崎正洋（1999）『政党システムの理論』東海大学出版会。

岩崎正洋（2002）『議会制民主主義の行方』一藝社。

岩崎正洋編（2011a）『政党システムの理論と実際』おうふう。

岩崎正洋編（2011b）『ガバナンス論の現在——国家をめぐる公共性と民主主義』勁草書房。

岩崎正洋編（2013）『選挙と民主主義』吉田書店。

岡澤憲芙（1988）『政党』東京大学出版会。

白鳥令・砂田一郎編（1996）『現代政党の理論』東海大学出版会。

曽根泰教（2011）「ガバナンス論――新展開の方向性」岩崎正洋編『ガバナンス論の現在――国家をめぐる公共性と民主主義』勁草書房。
高安健将（2010）「英国政治における人格化と集権化――大統領化論の再検討」『選挙研究』第26巻第1号，67－77頁。
西岡晋（2006）「パブリック・ガバナンス論の系譜」岩崎正洋・田中信弘編『公私領域のガバナンス』東海大学出版会。
原田久（2008）「政治の大統領制化の比較研究」日本比較政治学会編『リーダーシップの比較政治学』早稲田大学出版部，1－17頁。
待鳥聡史（2006）「大統領的首相論の可能性と限界――比較執政制度論からのアプローチ」『法学論叢』第158号第5・6号，311－341頁。

コーポレート・ガバナンスの政治学

――「三つのＩ」のアプローチ――

西岡　晋＊

1. はじめに

「ガバナンス（governance）」という言葉はこの20年ほどにわたって，相当程度の広がりと深さをもって普及してきた。今日ではガバナンス論は百花繚乱の体を成すに至っている（岩崎・田中編 2006，Bevir 2011; 2012，Chhotray and Stoker 2009, Levi-Faur 2012 などを参照）。数多のガバナンス論が展開されているなか，本稿がとくに着目するのがコーポレート・ガバナンス（企業統治）である。これまで，企業経営のあり方を研究の課題とする経営学，コーポレート・ガバナンスの法的規定に直接的に関わる商法・会社法分野の法学はもちろんのこと，経済学や会計学，企業財務論など，多様な学問分野において，コーポレート・ガバナンスに関連する実証的あるいは規範的な研究が進められてきた。今日では，その研究蓄積は膨大である。

これら他の社会科学分野に比して，政治学のコーポレート・ガバナンスに対する関心は総じて希薄であったといわざるを得ない[1]。ゴルヴィッチ（Peter Alexis Gourevitch）とシン（James J. Shinn）が指摘するように，「コーポレート・ガバナンスが政治的選択の反映であるという見方は標準的なものではな」く，「大抵の場合は法律，経済，関係者間の契約に関わる問題を政治から切り離されたものであるかのように扱って」きたのである（Gourevithc and Shinn 2005: 4 [2008: 6]）。

ところで，コーポレート・ガバナンスはきわめて幅広い意味をもつ概念であるが，「企業に対する資金の提供者が自身の投資にみあう収益を確実

＊　金沢大学人間社会研究学域法学系教授　政策研究，比較福祉国家論専攻

に得るための方法に関するもの」というのが，最も一般的な定義として知られている（Shleifer and Vishny 1997: 737; cf. Chotray, Stoker, and Tobin 2009: 144）。バーリ（Adorf A. Berle）とミーンズ（Gardiner C. Means）による古典的かつ画期的な著作である『現代株式会社と私有財産（*The Modern Corporation & Private Property*）』（バーリ／ミーンズ2014［1932］）で示された現代企業における「所有と支配（経営）の分離」の議論を前提として，所有者（本人）である株主とその代理人として実際に企業経営に携わる経営者との分離状況から派生する「エージェンシー問題」の極小化を目的とした会社機関制度の設計が肝となる（Fama 1980; Jensen and Meckling 1976）。しかし一方で，エージェントである経営者側，あるいは労働者は独自の選好をもち，自己利益の追求に努めようとすることから，彼らは実質的には企業のアウトサイダーである株主，とくに経営権への介入を試み長期的経営安定化に支障をきたしかねない少数株主による企業支配に抵抗しようとする。「会社を支配するのは誰か」（吉村 2012）をめぐる権力闘争が，コーポレート・ガバナンスの形成に際して出来する。コーポレート・ガバナンスは単に企業経営を規律化するにとどまらず，企業内部，企業内外の権力関係・構造を規定するという側面をももつ。権力関係・構造の解明を第一義的な目的とする政治学の出番もここにある。それに加え，コーポレート・ガバナンスを規定するルールは政府が決定する公共政策，法令によっても規定される。したがって，従来の標準的な見方とは異なり，現実には「コーポレート・ガバナンスの構造も基本的には政治的決定の帰結であ」り，政治過程の産物であるといいうる（Gourevithc and Shinn 2005: 3 [2008: 5]）。実際，コーポレート・ガバナンスを政治学的な視座からとらえなおし，これまでとは異なる知見を提示する「政治学派（political school）」が2000年代以降のごく最近になって興隆し，新たな潮流を形成しつつある。コーポレート・ガバナンス論の「政治学的転回」ととらえることもできよう。

そこで，本稿は「コーポレート・ガバナンスの政治学」として位置づけられる先行諸研究をいわゆる「三つのⅠ」の観点から（Hall 1997），制度（Institution）（第２節），利益（Interest）（第３節），アイディア（Idea）（第４節），の各アプローチに整理した上で，それぞれの研究群を概観して全体の見取り図を得るとともに，それらの到達点を見定める。そして，残された課題を抽出し，「コーポレート･ガバナンスの政治学」の展望を示す（第5節)。

2．制度中心アプローチ：コーポレート・ガバナンスの多様性

2．1　資本主義とコーポレート・ガバナンスの多様性

「法と経済学」を専攻するハンズマン（Henry Hansmann）と会社法学者のクラークマン（Reinier H. Kraakman）の二人は，「会社法の歴史の終わり（The End of History for Corporate Law)」という，いささか刺激的なタイトルを掲げた共著論文において，「企業体系における非常に実質的な相違にもかかわらず，より深層の傾向としては収斂の方向に向か」い，コーポレート・ガバナンスの基本的な法律である会社法は「非常に統一性が高くなってきており，単一の標準的モデルへと収斂し続けていると考えられる」と明言した（Hansmann and Kraakman 2001: 439)。二人のコーポレート・ガバナンス収斂説は極端にすぎるとはいえ，経済的グローバル化の進展，先進諸国のみならず途上国も含めたアングロサクソン型の株主価値志向の企業制度改革の実施を想起するならば，こうした言述もまったくの誤りであると即断することはできないだろう。

しかしながら，コーポレート・ガバナンス論においては収斂説よりも分岐説が今なお支配的といえる。「明らかなのは，グローバル化や効率化の圧力にもかかわらず，諸国間の企業構造にはいくつかの重要な相違が消えずに残っているということである」との認識はコーポレート・ガバナンスの政治学では一般的である(Bebchuk and Roe 2004: 77)。裏を返せば，各国間の制度差異の存在こそが，その要因としての政治の重要性を顕現させることにつながる。

比較政治経済学のなかで，コーポレート・ガバナンスを含めた市場制度の差異の存在と分岐の持続性を理論的に解明したアプローチとして，「資本主義の多様性論（VoC: Varieties of Capitalism)」をその筆頭としてあげることができる(Hall and Soskice 2001b [2007b])。VoC は先進資本主義経済を市場的メカニズムを利用して調整問題の解決に取り組む「自由主義型市場経済（LMEs: Liberal Market Economies)」と，非市場的な仕組みを通じて解決を図ろうとする「調整型市場経済（CMEs: Coordinated Market Economies）」との二つのレジームに類別した。

コーポレート・ガバナンスはVoCの主要な論題の一つであるが，LMEsとCMEsのそれぞれにおいて，以下の特徴をもつ（Hall and Soskice 2001a [2007a]）。LMEsは，アメリカの企業に典型的に見られるように，株価上昇を通じた株主利益への貢献が求められるために短期的利益の獲得が重視されるとともに，企業の資金調達は証券市場を通じた直接金融が中心となる。要するに，「LMEsにおけるコーポレート・ガバナンス市場は，現在の収益力のような，株価に影響を及ぼす企業パフォーマンスの公に評価可能な次元に，企業が注意を向けるように促している」（Hall and Soskice 2001a: 29 [2007a: 33-34]）。企業内部構造に関しては経営者へ権限が集中するトップダウン型の運営方法がとられ，敵対的な労使関係を背景として，従業員の解雇も比較的容易である。

これに対して，CMEsの企業では少数株主による統制が弱く経営者の自律性が一定程度保たれるため，長期的利益を勘案した企業経営が可能となる。資金調達はメインバンクを中心とする間接金融によって担われていることが，LMEsに見られるような少数株主による経営権への介入を抑止することにつながる。この種の「忍耐強い資本（patient capital）」によって，企業は景気低迷期にも熟練労働者を解雇する必要性が少なくなるとともに，長期的視野を必要とするプロジェクトへの投資が可能となる（Hall and Soskice 2001a: 22 [2007a: 25-26]）。経営者と株主との関係では前者の自律性の高さがCMEsの特徴として見出されるが，その一方で労使関係が協調的であり，集団交渉制度が発展していることもあって，企業の意思決定は経営幹部によるトップダウンではなくボトムアップ型の仕組みを構築している。CMEsの代表国としてあげられるドイツの企業における，従業員や労働者代表の経営参加を保障する「共同決定方式」に顕著な特徴が表れているように，主要な意思決定に際しては多様な利害関係者間の合意形成が必要となる（Hall and Soskice 2001a [2007a]）。

VoCの最大の貢献の一つは資本主義の世界に「自由主義型」と「調整型」の二類型を析出し，資本主義経済システムの多様性を「発見」したことと，多様性持続のメカニズムをミクロ的に基礎付けた上で理論的に説明したことにある。コーポレート・ガバナンス論においても，その多様性の発見に第一の学術的貢献を見いだせる。従来のコーポレート・ガバナンス論はアメリカやイギリスの制度を基本型として論じてきたのに対して，VoC はそうした「株主重視型」とは異なり，株主だけでなく多様な利害関係者の「声」を会社経営に反映すべきものと考える「ステークホルダー重視型」のコーポレート・ガバナンスのタイプを析出している。制度的補完性や経路依存性のメカニズムが作動することを理由として，こうした制度上の差異はグローバル化時代の今日にあっても持続するというのがVoCのメッセージである。VoC の枠組みに依拠しつつ，イギリスとドイツのコーポレート・ガバナンスの比較事例分析を行ったヴィトルズ（Sigurt Vitols）は，両国がそれぞれに制度改革の圧力にさらされ，実際に改革も進められたとはいえ，「『唯一最善』のコーポレート・ガバナンスのモデルに収斂するという事態は見られない」として，収斂説を明快に否定している（Vitols 2001: 359）。

2. 2　政治制度とコーポレート・ガバナンス

VoC はコーポレート・ガバナンスの多様性の析出と，収斂説の否定において顕著な功績を認めることができる。しかしながら，経済的合理主義の統一的視座に基づいて資本主義制度の分析を試みた VoC の弱点の一つは「政治」の軽視にある（Howell 2003; Pontusson 2005）[2]。

VoC の課題に対応する形で，政治制度に着目し，それとコーポレート・ガバナンスとの相関関係を明らかにしたのがゴルヴィッチとシンである。彼らは，「合意形成型政治制度では所有構造の高集中化と脆弱な少数株主保護が，多数代表型政治制度ではそれとは逆に低集中化と強力な少数株主保護がもたらされる傾向にある」ことを計量的方法を用いて論証している（Gourevitch and Shinn 2005: 73 [2008: 96]）。合意形成型政治制度の下では拒否点の多さゆえに少数生産者の利益が擁護されるので，特定資産へのコミットメントが可能となる。アウトサイダーの介入から企業を防衛するには大規模所有構造の選択が合理的であり，ひとたびそれが形成されれば合意形成型政治制度によって当該のコーポレート・ガバナンス・モデルが維持される。それとは対照的に，多数代表型政治制度の場合には，二党制となりやすいために政権交代にともなう大規模な政策変化が生じる可能性が高い。企業は特定資産への投資を控え，政府から距離を置き，市場適合的で自由度の高いコーポレート・ガバナンス・モデルを選択するインセンティブをもつ。多数の利害関係者が関与するコーポレート・ガバナンス制度ではなく,外部株主を重視する政策を選好する（Gourevitch and Shinn 2005: 76 [2008: 99-100]）。

パガーノ（Marco Pagano）とヴォルピン（Paolo F. Volpin）も同様に，選挙制度とコーポレート・ガバナンスとのあいだに一定の相関関係が存在することを，国際的パネルデータを用いた周到な計量分析を通じて証明している。比例代表制の選挙制度の下では弱い株主保護と強い雇用保護がもたらされ，企業経営者と労働者が便益を獲得する一方，外部株主にとっては有利な制度とはならない。これとは反対に，多数代表型のシステムでは外部株主が選好するコーポレート・ガバナンス・モデルとなり，強い株主保護と弱い雇用保護という特徴が形成される（Pagano and Volpin 2005: 1027）。

2．3　小括

制度中心アプローチの第一の意義は，コーポレート・ガバナンスの多様性を析出して収斂説に対する有効な反証を提示したこと，制度の持続性をもたらす制度的補完性や経路依存性のメカニズムを解明した点である（Bebchuk and Roe 2004）。第二の意義は，政治制度とコーポレート・ガバナンスとの相関関係を明らかにしたことで，政治的文脈の重要性を指摘した点である。経済合理主義的観点からコーポレート・ガバナンスの最適解を求める傾向をもつ従来のコーポレート・ガバナンス論に対して，コーポレート・ガバナンスが特定の政治制度の文脈の下で決定されることを示し，「政治が重要（politics matters）」というテーゼを導き出した。

しかしながら，VoC や政治学の歴史的制度論に対する最も多くの批判はその制度決定主義的な見方にある。換言すれば，制度の変化，政治的なダイナミズムを説明できないことに最大の弱点があるといってよい。コーポレート・ガバナンス論の世界に政治分析の視角を本格的に導入した先駆者であるロー（Mark J. Roe）は，制度はあくまでも人為上の意図的産物であり，可塑的な存在であることを改めて主張している（Roe 2013: 92）。1990年代後半，2000年代以降になると，程度の差こそあれ，先進各国においてコーポレート・ガバナンス改革が実行に移されてきたことは事実である。これらの点からも，コーポレート・ガバナンスの政治的ダイナミズムをとらえるためのアプローチの必要性が示唆される。

3．利益中心アプローチ：コーポレート・ガバナンスの政治的ダイナミズム

3．1　政党政治論

コーポレート・ガバナンス論の「政治学派（politics school）」として最もよく知られているのが，会社法研究者のローである（Gourevitch 2003: 1830）。ローは『強い経営者と弱い所有者（*Strong Managers, Weak Owners*）』において，強力な経営者支配，大規模金融仲介機関の未発達といったアメリカ大企業の統治構造の特質が構築されてきた背景として，小規模金融機関や中小企業経営者らの利益集団の影響力，地方勢力に大きな発言権を認める連邦制と議会の多元主義的な政治制度などの政治的要因があったことを指摘した（Roe 1994 [1996]）。

さらに2003年の著作『コーポレート・ガバナンスの政治的決定要因（*Political Determinants of Corporate Governance*）』では国際比較に取り組み，統計的手法と各国事例研究を通じ，党派性の観点から各国間のコーポレート・ガバナンスの違いを説明している（Roe 2003）。そこで指摘されるのが，社会民主主義政党と企業の所有構造との関係であり，要するに「労働権力が強力であればあるほど所有構造はいっそう集中化する。逆に労働権力が弱体であればあるほど所有構造はいっそう分散化する」という（Roe 2013: 69-70）。

社会民主主義政党の政治的影響力が強いスウェーデン，フランス，ドイツ，イタリアのような国では，政権が労働者の雇用保障を優先的な課題として取り組む結果，企業の長期的・安定的な発展を可能にする，国有化を含む所有構造の集中化と競争的市場の緩和が図られる。株主価値志向型のコーポレート・ガバナンスは社会民主主義政党のイデオロギーと合致しない。これとは反対に，アメリカに代表されるように，保守主義的あるいは自由主義的な右派政治のもとでは企業の所有構造を集中化させるメカニズムが作用しないために，公開会社の株式保有は分散化されるとともに，きわめて競争的な市場が創出される。コーポレート・ガバナンスに関与する株主，経営者，被用者という三つのアクターのうち，社会民主主義政治では経営者と被用者が連携する一方，強力な社会民主主義が不在のアメリカ政治の下では経営者と株主の緊密化が図られる（Roe 2003: 6-8）。

イデオロギー上の予測に反し，社会民主主義政党が株主価値重視型のコーポレート・ガバナンス改革を実施するに至っている現状を研究上のパズルとして設定し,「党派性パラドックス論」を提起しているのがシオッフィ（John W. Cioffi）とヘプナー（Martin Höpner）である。アメリカ，ドイツ，フランス，イタリアといった諸国でのコーポレート・ガバナンス改革を分析対象として，主に事例研究法を用いて「党派性パラドックス」の位相を解明している。それらの国での改革過程では，中道左派政党が有権者の支持拡大を狙いとする政治戦略のもとに，反経営者，反権威主義，反エリート，あるいは「株主民主主義」といったレトリックによってコーポレート・ガバナンス改革の正統性を世論にアピールすることに成功して，改革の主導権を握ったのに対して，中道右派政党は，既存の企業勢力の利益擁護の観点から，改革への抵抗勢力として振る舞う傾向が顕著であった（Cioffi and Höpner 2006; Cioffi 2010; Höpner 2007）。すなわち,「コーポレート・ガバナンス改革は総じて政治的左派のプロジェクトの一つになった。もはや，表面上は親企業的なあるいは新自由主義的な右派のものではない」と評価されるのである（Cioffi 2010: 37）。

党派性パラドックス論の事例選択が恣意的であることを批判するシュナイダー（Gerhard Schnyder）は,「党派性パラドックス」があらゆる国でみられるわけではないと指摘し，党派性パラドックス論に整合的なスイスの事例だけでなく，それとは非整合的で株主価値重視型のコーポレート・ガバナンス改革が達成されずに終わったスウェーデンとオランダの事例とをともに含む差異法を用いながら，コーポレート・ガバナンス改革の成否にかかわる別の要因を突き止めている[3]。それによれば，コーポレート・ガバナンス制度とその形成過程における左派，労働者の関与の度合いというマクロレベルの要因が重要であるという。スウェーデンやオランダでは既存のコーポレート・ガバナンス制度が労使協調の結果として導入された歴史的経緯があるために，社会民主主義政党が当該制度を侵食するような政策を実施するインセンティブをあまりもたない。対照的にスイスでは，労使の敵対的関係のもとで共同決定方式が法的義務を課さない形で導入され，したがって経営者と労働者の選好が必ずしも一致しないという理由から，中道左派政党が親株主改革を支持したのである（Schnyder 2011）。

これらの政党政治論の主張とは異なり，バーカー（Roger M. Barker）は政党がコーポレート・ガバナンス改革を実行しようとする際の経済的条件に目を向けることの重要性を指摘する。バーカーが着目するのが市場競争の状況，経済的レントの多寡とその変動である。生産物市場競争が激化して経済的レントが減少した状況におかれた場合の左派政権は，大株主と労働者のレントの共有が途絶することもあって，新たな支持層獲得を目的にして株主価値志向型のコーポレート・ガバナンス改革を実施するが，経済的レントが享受できる状況下では左派政権であっても親株主型改革は実施しない。右派政権の場合には，旧来の経済的利害関係の軛から逃れることが困難なために，市場競争の状況に関わらずコーポレート・ガバナンス改革が行われる可能性は低い（Barker 2010）。経済的レントの減少が必要条件であり，かつ左派政権であるという十分条件が揃った場合にはコーポレート・ガバナンス改革が実施されるというバーカーの見解は，単一の要因ではなく政党政治と経済構造との組み合わせによって事象を説明する新たな知見をもたらした。

3．2　政治連合論

政党政治論がコーポレート・ガバナンスと政権党派性との関係を解明したのに対して，政治連合論は社会・利益集団に目を向けると同時に，単一の集団が独自に影響力を発揮するというよりも，諸集団が政治的な連携や同盟関係を結ぶことで，当該国におけるコーポレート・ガバナンスのあり方を規定するものとみなす（Gourevitch and Shinn 2005 [2008]）。

政治的連合の基礎にあるのは各集団のそれぞれの自己利益の追求を背景とした選好である。コーポレート・ガバナンスの政治に関与する主要アクターは，一般的にいって，所有者（株主），経営者，労働者の三者から構成される。これら三アクターの選好およびアクター間のさまざまな可能性を孕む政治的対立あるいは同盟の関係を整理して，ゴルヴィッチとシンは以下の三通りのモデルを提示している（表１）[4]。

第一に労働と資本とが対立する「階級闘争モデル」，第二に労働者と経営者のあいだに階級交叉連合が形成される「セクター間対立モデル」，そして第三には一定の条件下で労働者と株主の選好が一致する場合に生じる「所有と発言モデル」である（Gourevitch and Shinn 2005: 60-61 [2008: 80-81]）。

ゴルヴィッチとシンはさらに政治的勝者ごとに細分化して，合計６つの

表１　選好理論：政治的連合とガバナンスの結果

連合の一覧	勝者	政治的連合名	予測結果
組合せＡ：階級対立			
所有者＋経営者 vs. 労働者	所有者＋経営者	投資家	分散
所有者＋経営者 vs. 労働者	労働者	労働者	大規模保有
組合せＢ：セクター間			
所有者 vs. 経営者＋労働者	経営者＋労働者	コーポラティスト的和解	大規模保有
所有者 vs. 経営者＋労働者	所有者	寡頭資本家	大規模保有
組合せＣ：所有と発言			
所有者＋労働者 vs. 経営者	所有者＋労働者	透明性	分散
所有者＋労働者 vs. 経営者	経営者	経営者主義	分散

出典：Gourevitch and Shinn 2005: 60 table 4.1 [2008: 80 表４－１]。

政治的連合モデルを提示している。第一の階級闘争モデルでは，①所有者＋経営者の連合が勝者となる「投資家モデル」と②それらの連合に対して労働者の側が勝者となる「労働者モデル」，第二のセクター間対立モデルでは③経営者＋労働者の連合が勝者となる「コーポラティスト的和解モデル」と④それらの連合に対して所有者の側が勝者となる「寡頭資本家モデル」，第三の所有と発言モデルでは⑤所有者＋労働者の連合が勝者となる「透明性モデル」と⑥それらの連合に対して経営者の側が勝者となる「経営者主義モデル」のそれぞれが区分される（Gourevitch and Shinn 2005: 62-67 [2008: 82-88]）。

これらのなかで，彼らの所説の最大の特徴は「所有と発言モデル」を提起した点である。労働者は帰属企業の長期的経営安定化を阻害し雇用保障を毀損する恐れもある少数株主とは敵対的関係にあると想定されるため，「一見したところ，労働者と株主が仲間同士になるなどというのはありそうにない」（Gourevitch and Shinn 2005: 209 [2008: 264]）。しかしながら，第一に自らの資産のうちで年金給付や持株の比率が大きくなりいわば労働者自身が同時に株主にもなる場合，第二に雇用保障の確立のためには情報開示を進めるなど企業の透明性を高めコーポレート・ガバナンスを改善することが不可欠であると考えるようになる場合，という二つの要素が労働者の選好を変容させ，株主と労働者が手を組む発言者同盟の形成に至る可能性が示唆される（Gourevitch and Shinn 2005: 210-211 [2008: 266]）。

所有と発言モデルのうち「透明性モデル」は，経営者のコントロールとそれを通じた株価の上昇という分散化された株主の利益と，雇用の保護と年金基金の株式運用投資の改善を利益とする労働者の選好とが一致した場合に両者が政治的連合を組み，経営者に対抗し，勝利を収める結果，株式保有が分散化されるというモデルである。これに対して「経営者主義モデル」は，逆に経営者が所有者＋労働者連合に勝利して，弱い少数株主保護と大規模株式保有の減少がもたらされる場合を指す。労働者と所有者の利害関係は必ずしも一致せずに共同歩調をつねにとるとは限らない一方，経営者側は高い組織力を誇り豊富な政治的権力資源を行使することが可能であるためである。ゴルヴィッチとシンは，私的年金資産の比率と少数株主保護とのあいだに正の相関関係があることなどを計量分析から導き出した上で，チリやアメリカなどの事例分析から「所有と発言モデル」が実際に形成されてきたことを明らかにしている（Gourevitch and Shinn 2005: ch. 7 [2008: 第 7 章]）。

政治連合論は社会的集団に目を向け，政党によるトップダウンの改革ではなくボトムアップ型の改革過程が存在することを示した。それだけでなく集団間の連合関係に着目することによって，政治勢力が単独では果たしえない政治的影響力を行使しうることをも明示している。しかしながらシオッフィは，コーポレート・ガバナンスは会社法，証券取引法，それに労使関係法から構成される「法的複合レジーム」としてとらえることができ，したがって，経営者・労働者・株主のそれぞれの選好および政治的連合形成の可能性は三つの法的分野ごとによって異なってくると指摘する（Cioffi 2010: 31-32）。

それに加え，利益集団間や政党間の利害対立が激化して改革に向けた調整や統合が図られない場合，むしろ主導権を発揮するのは社会集団からは一定程度の距離を置き，自律性を確保した官僚集団などの国家アクターである（Cioffi 2010: 29）。あるいはまた，労働者はそもそもコーポレート・ガバナンス改革に大きな関心を抱くとは限らない上に，少数株主も物理的に分散されている以上，元来，集団的組織化の契機が希薄であり，利益の集約・調整・統合・表明を効果的に行って政治的影響力を発揮するための権力資源に乏しいことを考慮するならば，その種の改革を先導するのは改革派の政策エリートであるとの見解も一考の余地があるだろう（Deeg 2003）。

3. 3　企業権力論

利益中心アプローチの第三の系としてあげられるのが企業権力論である。経済的アクターの政治的影響力や支配力については，マルクス主義，エリート論，多元主義論といった，政治体制の性格規定をめぐるかつての一連の論争のなかで論究されてきたものの，企業権力の実証分析は十分には展開されてこなかった（大嶽 1996を参照）。経済的諸力の権力現象に対する関心が希薄な現下の政治学の傾向に対して，比較政治経済学者のカルペッパー（Pepper D. Culpepper）はコーポレート・ガバナンス改革の政治過程における企業の影響力の大きさに目を向け，企業権力研究の重要性を改めて喚起するとともに，それを実証的に分析することの意義を示している（Culpepper 2010, 2011）。経済的諸力や経済エリートによる政治的支配力の一貫性あるいは構造的規定性を強調するマルクス主義やエリート論とは異なり，企業がいかなるときにも政治的影響力を十全に発揮するという前提を置かずに，それが敗北する場合もあることを認識した上で，企業による政治的影響力行使の勝敗を分かつ条件を探っていることが，旧来の研究との相違である（Culpepper 2011: 187）。

企業権力の成否を規定する要素としてカルペッパーが着眼するのは「政治的顕現性（political salience）」である（Culpepper 2011）。政治的争点はそれに対する平均的有権者の注目度によって顕現性の高低が左右され，政治的顕現性が低い状況（low political salience）と高い状況（high political salience）とが生じる。前者では有権者の関心が総じて希薄であり，それにともなって政党政治においても活発な政治論争が喚起されないために，組織化された企業勢力，経営者団体の影響力が強まる。しかし後者においては，必ずしもビジネスの意向が政治的アリーナにおいて実現せずに，企業権力は一定程度抑制される。とくに重視されるのは政治的低顕現性下でのコーポレート・ガバナンス政治であり，そのような政治過程を「静かな政治（quiet politics）」と名付ける。「静かな政治」においては，「高度に組織化された利益集団が一般国民の目から隠されたアリーナで政策過程を支配している」という（Culpepper 2011: xv）。にもかかわらず，既存の政党政治論や政治連合論は議会での立法措置を必要とする公式制度に狙いを定めてきたために，議会の外で行われている意思決定や顕現性の低い政治的争点を分析の射程に収めておらず，「静かな政治」のもとでビジネスが行使してきた支配的権力を見逃してきたのである（Culpepper 2011: 13-18）。

調整型市場経済の「忍耐強い資本」が近年の経済的自由主義化の圧力のもとでどの程度変化を遂げ，あるいは逆に持続しているのか，両者の差異を規定する要因は何であるのか，そうしたことに研究上の関心を寄せるカルペッパーが分析の際に従属変数として設定するのが，主として企業の敵対的買収とそれに関連する株式所有構造の実際である。1990年代後半から2000年代にかけての統計的データの解析から，「忍耐強い資本」に変化と偏差が生じていることを明らかにしている（Culpepper 2011: ch. 2）。

その上で，カルペッパーはフランス，ドイツ，オランダ，日本の4カ国でのコーポレート・ガバナンス政治の事例研究を行い，「静かな政治」のもとで組織化された企業が当該領域で支配的影響力を行使していることを論証している。このうちフランスでは「静かな政治」のもとで企業経営者たちの選好どおりに「忍耐強い資本」からの転換がもたらされる一方，ドイツやオランダでは逆に，企業権力の行使を通じて旧来からの制度レジームの維持に成功した。同時期の日本では，当初，敵対的買収策に関する政治的顕現性は低かったが，ライブドアによるニッポン放送およびフジテレビを対象とした買収劇が2005年に発生し，これを契機に世論の関心が一気に高まった。政治的顕現性の高まりによって経営者団体の政治的権力行使の有効性が低下し，外国企業による買収を容易にする三角合併を定める2007年の会社法改正は，経団連の反対にもかかわらず，成立した（Culpepper 2011: chs. 3-5）。

ロビー活動を展開するための物質的資源や専門的知識を豊富に備える組織化された経営者たちは，敵対的買収のような争点はメディアでの報道量も少なく政治的顕現性が低いため，政党もあまり強い関心を示さないこともあり，政治的影響力を行使して，自らの意向に沿った形で市場経済レジームを維持もしくは再編することが可能となる。しかしながら，企業権力の強さが一貫して発揮されるわけではない。日本での会社法改正やアメリカでの経営者報酬問題にみられるように，世論の関心も集まり政治的顕現性が高まった状況下では企業の政治的影響力は低下する（Culpepper 2011）。

従来の政党政治論がコーポレート・ガバナンスに対する政党の選好，有権者の意向を反映した選挙戦略の面を重視していたのに対して，カルペッパーの研究は政治的低顕現性という概念を導入することで，ガバナンス改革が党派性や有権者の行動とは別の次元で，それらとは隔絶された領分で進行しており，その際に企業の選好が優先されてきたことを論証した。企業権力の重要性を改めて指摘した点に研究上の大きな価値が認められる。

同様の視角からの政治学的な実証分析は依然として少ないものの，企業インサイダーは企業支配力を低下させる懸念のある株主価値志向型改革には基本的には反対の姿勢を示すことを主張するシュナイダーの研究は，カルペッパーの議論を補完するものと位置づけられる（Schnyder 2012）。加えて，ラテンアメリカ諸国における企業集団の盤石性を分析した論考は，政権中枢との非公式な関係を含む緊密性の高さなどをあげ，企業の政治的影響力の強さを指摘している（Schneider 2008）。

3．4　小括

政党や利益集団，ビジネス勢力らアクターの自己利益最大化を前提としつつ，その行動から政治過程を論じる利益中心アプローチは，制度中心アプローチが制度決定的な静態論に陥りがちであったのに対して，制度の可変性を重視してコーポレート・ガバナンス政治のダイナミズム，その動態的側面を明らかにできることに，最大の理論的意義がある。関連諸制度の改革が実施されてきた現状を踏まえるならば，コーポレート・ガバナンスの政治学は各国間の差異性とその経路依存性の存在を指摘するだけにとどまらず，制度変化を理論的に説明することが以前にもまして重要になっている[5]。

政党政治論のうちローの社会民主主義仮説は階級政治モデルに依拠した見解といえるが，それに対して党派性パラドックス論の主張は社会民主主義政党のイデオロギー変化を示唆する内容である。政治連合論の「所有と発言モデル」で示された株主と労働者との政治的連合形成の可能性も含め，それらはいずれも，比較政治経済学の伝統的通説であった階級政治モデルの妥当性に一石を投じるものである。これらに比して，カルペッパーの企業権力論は経済アクターの支配的影響力を重視する点で階級政治モデルと親和性が高い一方で，企業権力の制約性，言い換えれば政治アリーナの多元性も明らかにしており，両者の見解が完全に一致しているわけではない。その意味では，経済アクターの構造的影響力を重視する新多元主義の系譜に位置づけることができるだろう（cf. Culpepper 2011: 185-192）。

しかしながら，いずれの研究においても経済的・物質的利益の最大化をアクターの政治行動の基底要素として措定していることからくる限界も存在する。近年の株主価値重視型の制度改革は特定のアイディアの形成・伝播・普及なしには考えられない。とりわけ調整型市場経済におけるアングロサクソン流の改革は，既存の規範的価値や経営文化に抵触するものであり，理念上の転換が必要になる。そのような点でも，「アイディア中心アプローチ」の重要性が浮上する。

4. アイディア中心アプローチ：コーポレート・ガバナンスの社会的構築

4. 1　アイディアと専門知の政治

すでに記したように，ハンズマンとクラークマンは各国のコーポレート・ガバナンスが株主価値向上への貢献を第一に重視するモデルへと収斂しつつあることを主張し，「会社法は基本的には長期的な株主価値の向上に資するべきである」との「株主中心イデオロギー」が支配的となり，「それと競合するような見方はもはや存在しない」と明言した（Hansmann and Kraakman 2001: 439）。制度面での収斂可能性は，第1節で概観したとおり，制度論者によって実証的に否定されている。けれども，それが現実にどの程度制度化に至るかは別として，少なくともアイディアや言説の次元においては，1990年代以降，アングロサクソン型の株主中心モデルが各国に伝播・流布してきたのは事実であろう。

経済社会学者のドッビン（Frank Dobbin）とゾーン（Dirk Zorn）は，20世紀の終盤に企業の中核的経営戦略が事業の多角化と拡大という従来のモデルから株主価値重視のそれへと代置されたことを指摘するとともに，そうした規範の変容をもたらした一つの要因として，敵対的買収企業，機関投資家，証券アナリストという金融市場の新興勢力が自らの利益拡大を目的として，株主価値モデルのアイディア普及に尽力したと主張する。「こうしたグループは，アメリカの大企業の指針的な戦略として多角化を通じた拡大を支えてきた企業の『ポートフォリオ・マネジメント』神話に取って代わり，『株主価値』の神話を作りだすことに成功した」というのである（Dobbin and Zorn 2005: 181）。株主価値モデルは社会的に構築された「神話」に過ぎないのだとするならば，言説やフレーミング，アイディアといった理念的側面がコーポレート・ガバナンス改革に影響を及ぼした可能性が非常に大きく，それゆえにアイディア中心アプローチの重要性が競り上がる。

株主価値モデルの形成に非常に大きな貢献を果たしたのが経済学におけるエージェンシー理論（プリンシパル－エージェント理論）である（Bevir 2012: 40-42 [2013: 67-72]; Fama 1980; Jensen and Meckling 1976）。委任と受託の契約関係として株主と経営者の関係をとらえるエージェンシー理論は，株主を委託側のプリンシパル（本人），経営者を受託側のエージェント（代理人）と措定した上で，エージェントによる機会主義的行動を抑制することを目的として，プリンシパルが監視や選抜を行う必要があることを主張する。株価の高低や買収の危険性を経営者に認識させることによって企業経営を規律付ける外部的統制と，取締役会を通じた会社内部における内部的統制がカギを握る（出見世 1997：80）。近年のコーポレート・ガバナンス改革においても，外部的統制としては敵対的買収の制度化，株価連動型報酬であるストック・オプションによる経営幹部の株主志向行動への規律付け，内部的統制としては取締役会の独立・社外取締役の選任規定や委員会設置会社の制度化などによる経営幹部の監視・統制体制の確立といった，エージェンシー問題への対処策が実際に講じられてきた。ドッビンらはエージェンシー理論の伝播過程を分析し，「エージェンシー理論は学界から生まれた他の理論と比べても，はるかに急速かつ広範に企業経営者に影響を与えた」と，そのアイディアとしての強さを指摘している（Dobbin and Jung 2010: 36）。

これまでのところ，「アイディアの政治学」の枠組みに明確に依拠した先行研究の蓄積は乏しいものの，専門知が新しいコーポレート・ガバナンス・モデルの導入に一役買ってきたことは，いくつかの研究が示してきた。ヴィトルズ（Sigurt Vitols）はEUでの株主価値重視型のコーポレート・ガバナンス改革推進の原動力となったのは，「法と経済学」を専攻しエージェンシー理論に共鳴する学識者や専門家たちであったことを明らかにしている（Vitols 2013）。スイスのコーポレート・ガバナンス改革を分析したシュナイダーは同国の会社経営幹部層の学歴の変化に着眼し，旧来の標準的な学位であった法学や工学に代わってMBA修得が最高水準の教育歴としてみなされるようになり，ビジネススクール出身者やマッキンゼーに代表されるアメリカのコンサルタント会社から採用されたりした「ニュー・スクール」の経営者たちが，スイスの企業経営文化をアングロサクソン流のものへと刷新してきたと指摘する（Schnyder 2010: 581）。

4．2　言説とフレーミングの分析

経済学や法学の理論などを背景とした政策アイディアが当該政策の合理性や正当性を人びとに訴求する認知的機能を主に果たすのに対して，コミュニケーション手段としての言説は価値規範の観点から政策の適合性，正統性を裏付けることによって人びとを納得させ，改革への支持動員を図る規範的機能を有する（Schmidt 2008）。言説政治のミクロ次元においては，政治的支持の調達，言説連合の構築を意図した，アクターによる事象の理解と意味付けにかかわる知覚的・認識的解釈図式の戦略的提示であるフレーミングが重要となる。

コーポレート・ガバナンスの政治学では，言説分析やフレーミング分析の実績はかなり限定される。そうしたなかで，企業権力論者のカルペッパーは争点操作におけるフレーミングの重要性も認識しており[6]，オランダでの敵対的買収防衛策に関するメディア報道の分析から，オランダの経営者たちが「外国からの脅威（foreign threat）」というフレームを用いて，敵対的買収策への反対姿勢を示したことを明らかにしている（Culpepper 2011: 105-107）。このフレームを用いたメディア報道は，買収防衛策の緩和は外国からの「掠奪者」に対してオランダ企業が脆弱になる懸念があること，他の国のルールではオランダよりもはるかに買収が困難になっていること，それら二つの課題を際立たせた。

敵対的買収を容易化すればオランダ企業が外国企業の支店に成り下がってしまうという意味で，ロイヤル・ダッチ・シェルの前会長が用いた「支店化（branchification）」という言葉は，「外国からの脅威」フレームの象徴的な例である。企業買収に関するEU指令のオランダ法制化の議論の途上で用いられたこの言葉が直接的に法案審議過程を左右したことを明確に論証することは非常に困難であるとはいえ，この種のフレーミングを通じてオランダの企業経営者は敵対的買収策に関連するメディア報道をある程度方向付け，最終的には改革を阻止することに成功したと指摘される（Culpepper 2011: 111-112）。

4．3 小括

アイディア中心アプローチが共通してもつ特徴は，従来の研究では見過ごされてきた，政治過程の理念的側面を明らかにしていることである。このアプローチに基づく研究自体が依然として希少であるが，そうしたなかで社会学的制度論者による論考は株主価値志向型のコーポレート・ガバナンスへの収斂傾向を分析の前提としている。新しいモデルを正統化する規範の形成と伝播，受容と普及の過程の解明に力を注がれてきたのである。これに比して，もう一方のモデルであるステークホルダー型のアイディアの生成，あるいは両モデル間の言説的対抗関係などは，これまでのところ十分な解明が進んでいない（cf. Vitols 2013）。アイディアの伝達過程とそこでのアクターによる政治的戦略性，アイディアそれ自身の可変性をも視野に入れた言説政治論やフレーミング分析に基づく研究はとくに希少である。そのこととも関連して，因果的説明よりも言説の構成的効果を重視する解釈志向の研究においてこそ，言説分析の長所を生かせるとするならば，ポスト実証主義的な研究の量的発展もまた望まれる（加藤 2012；西岡 2011b を参照）。

5．結びにかえて：課題と展望

ここまで本稿では，「コーポレート・ガバナンスの政治学」を，①制度中心，②利益中心，③アイディア中心，の三つのアプローチに整理した上で，先行研究による取り組みを概観してきた。第一の制度中心アプローチでは，コーポレート・ガバナンスの多様性の発見とそれを生み出している政治制度の差異を明らかにしている。第二の利益中心アプローチでは，コーポレート・ガバナンスの多様性や制度変化を生み出す政党政治，利益集団の政治連合，それに加えて企業アクターの権力の強さが解明されてきた。そして第三のアイディア中心アプローチでは，株主価値中心モデルの規範化にかかわるアイディアや専門知の役割，政治過程での政治アクターによる言説・フレーミング戦略に焦点が当てられ，コーポレート・ガバナンスの社会的構築の諸相が描出された。それぞれのアプローチの一長一短はこれまでの章で言及してきたとおりだが，多角的な面からコーポレート・ガバナンス政治に関する分析が進められてきことは確かであり，コーポレート・ガバナンス論および政治学に対する一定程度の貢献が果たされてきた。

しかしながら，当該研究は生成途上の段階にある。したがって今後の課題として言及すべき論点は相当数に上るが，ここでは被説明変数と説明変数のそれぞれにおける最低限の点に絞って指摘するにとどめる。

被説明変数に関する課題として，第一にその理論化の作業が求められる。「コーポレート・ガバナンス」が多義的な概念であるがゆえに，具体的な変数の設定に際しては論者間にばらつきが生じている。コーポレート・ガバナンスは少なくとも，会社法の規定に示されるような制度上のものと，敵対的買収や株式保有構造などに表象される事実上のあるいは機能上のそれとに区別しうるが（cf. Gilson 2004），本稿で言及した先行研究にはそのいずれもが含まれている。説明変数（独立変数）に違いが生じるのは，そもそも被説明変数（従属変数）が異なっているためである可能性がある。分析対象明示化とそのための理論化の作業が必要となるだろう。

第二に，制度の「変化」が指し示す内容の明確化や概念の整理が課題として指摘できる。利益中心アプローチやアイディア中心アプローチではコーポレート・ガバナンス制度の変化の説明が主たる関心事となっているが，一口に「変化」といっても諸次元に分解できることは，ホール（Peter A. Hall）が以前に指摘したとおりである（Hall 1993）。それに加えて，先行研究の多くが断続平衡モデルを暗黙の前提にしているが，「複雑に組み合わされた法的枠組みとしてのコーポレート・ガバナンス・レジームは，完全に置換されることはたとえあったとしても稀である」とのシオッフィの言述が正しいものだとすると（Cioffi 2010: 242-243），漸進的制度変化モデルの枠組みを援用した被説明変数の精緻化が求められるだろう（Streeck and Thelen 2005; Mahoney and Thelen 2010）。

つぎに説明変数にかかわる課題として，時間的文脈を考慮した分析の必要性を指摘できる（cf. Pierson 2004 [2010]; 西岡 2014）。第一に，改革がなぜそのときに生じたのかという「タイミング」の問題がある。近年のコーポレート・ガバナンス改革の多くが企業の不祥事や景気の低迷を契機として着手されてきたことを想起するならば，ミクロレベルでの経済的危機あるいはマクロレベルでの政治・経済体制の危機状況が改革を駆動した直接的要因としてとらえられる。改革の「タイミング」という時間的文脈に位置づけつつ，危機に対する政治的対処の政治過程を解明することは，コーポレート・ガバナンスの政治学の重要な課題であろう（cf. Kahler and Lake

2013; 岡部 2014）。

政策選択の瞬間の以前である「上流」と以後である「下流」で生じた事象展開に分析の射程を広げることの重要性を主張したピアソン（Paul Pierson）の議論にしたがえば（Pierson 2005: 42），第二に，コーポレート・ガバナンスの制度形成や改革に至るまでの「上流」において何が生じたのかを明らかにする必要がある。たとえば，日本の会社法の独自性を生んだ背景として，過去におけるドイツ法やアメリカ法からの移入，その後の複数にわたる法改正の影響が指摘されるが（神田 2013：32），今日の制度に至るまでの長期的軌道の変遷の解明が重要であることを物語る（cf. Jackson 2005）。

そして第三に，政策選択の以後，「下流」で生じた出来事の解明が求められる。下流効果の分析の一つとしてあげられるのは，コーポレート・ガバナンス制度がどのような政治的効果を発揮しているか，その分析作業である。「会社資源の支配は政治的権力をもたらす」との指摘にあるように（Bebchuk and Roe 2004: 100），コーポレート・ガバナンスの制度編成が特定の仕方で経済的資源の分配に寄与するとともに，それが政治的資源に転化しうる可能性をもち，結果として政治的権力構造の布置の変化あるいは固定化をもたらす。今一つには，コーポレート・ガバナンス改革の後退，制度と実態の乖離を政策フィードバック限界論の枠組みを用いて分析することである（Patashnik 2008; Patashnik and Zelizer 2013）。ガバナンス改革が結果として失敗に終わった場合，先行研究の多くはその答えを旧来制度の有する経路依存性の一言で済ませてきた。そうではなく，「フィードバックの限界」という視座から捉えなおすことによって，より精緻な分析が可能となるだろう。

以上で概観したように，コーポレート・ガバナンス論に対する政治学の貢献は始まったばかりであるが，それゆえに目の前には研究の沃野が広がっている。本稿は，そのフロンティアの一端を示した。

〔付記〕　本稿は日本学術振興会科学研究費補助金基盤研究（C）「調整型市場経済レジームの政策変化に関する研究」（研究代表者：西岡晋）および同基盤研究（A）「公共政策の総論的分析」（研究代表者：真渕勝）の交付を受けた研究成果の一部である。

（1） もっとも，コーポレート・ガバナンスは多義的な概念であり，それを広義にとらえるならば，議論の守備範囲は金融システムや労使関係にまで及ぶ。これらの領域はすでに比較政治経済学の分野で政治学的な分析も多数行われてきた。
（2） その後，VoC も理論的発展を遂げていくなかで，市場経済制度と政治制度との関係性や制度的補完性を視野に収めた研究も広まっている（詳細は西岡 2011a を参照）。
（3） シュナイダーは，これら三つの国は一つの異なる独立変数以外は経済構造，合意形成型政策決定，ネオ・コーポラティズムの存在という三つの点で最近似システムであるとする（Schnyder 2011: 189）。
（4） なおゴルヴィッチとシンは，第2節でも取り上げたとおり，規定要因として政治制度も重視している。
（5） 最近では，VoC の論者にあっても制度変化の描出と説明が理論的課題として認識され，実証分析も行われている（Hall and Thelen 2009; Schneider and Paunescu 2012）。
（6） カルペッパーは別の論考で，共有された信念や知識がアクターの行動や制度変化に及ぼす影響を分析しており，アイディア中心アプローチに基づく研究成果も明らかにしてきた（Culpepper 2005, 2008）。

参考文献

＊邦訳のある文献については訳文を参照したが，改訳した個所もある。
岩崎正洋・田中信弘編（2006）『公私領域のガバナンス』東海大学出版会。
大嶽秀夫（1996）『増補新版　現代日本の政治権力経済権力――政治における企業・業界・財界』三一書房。
岡部恭宜（2014）「韓国とタイにおける二つの金融危機と政治変動――内生的危機と外生的危機」日本政治学会編『年報政治学2013－Ⅱ　危機と政治変動』木鐸社，86－108頁。
加藤雅俊（2012）『福祉国家再編の政治学的分析――オーストラリアを事例として』御茶の水書房。
神田秀樹（2013）『会社法〔第15版〕』弘文堂。
出見世信之（1997）『企業統治問題の経営学的研究――説明責任関係からの考察』文眞堂。
西岡晋（2011a）「『多様な資本主義』と政治・福祉・労働」宮本太郎編『政治の発見　第2巻　働く――雇用と社会保障の政治学』風行社，149－179頁。
西岡晋（2011b）「政策過程論の『構成主義的転回』」『金沢法学』第53巻第2号，97－140頁。

西岡晋（2014）「政策研究に『時間を呼び戻す』――政策発展論の鉱脈」『季刊行政管理研究』第145号，16－30頁。

バーリ，A．A．／G．C．ミーンズ（2014［1932］）『現代株式会社と私有財産』（森杲訳）北海道大学出版会。

吉村典久（2012）『会社を支配するのは誰か――日本の企業統治』講談社。

Barker, Roger M. (2010) *Corporate Governance, Competition, and Political Parties: Explaining Corporate Governance Change in Europe*, Oxford: Oxford University Press.

Bebchuk, Lucian Arye, and Mark J. Roe (2004) 'A Theory of Path Dependence in Corporate Ownership and Governance,' in Jeffrey N. Gordon and Mark J. Roe (eds.) *Convergence and Persistence in Corporate Governance*, Cambridge: Cambridge University Press, pp. 69-113.

Bevir, Mark (ed.) (2011) *The SAGE Handbook of Governance*, London: Sage Publications.

Bevir, Mark (2012) *Governance: A Very Short Introduction*, Oxford: Oxford University Press［野田牧人訳（2013）『ガバナンスとは何か』NTT 出版］.

Chhotray, Vasudha, and Gerry Stoker (2009) *Governance Theory and Practice: A Cross-Disciplinary Approach*, Basingstoke: Palgrave Macmillan.

Chhotray, Vasudha, Gerry Stoker, and Damian Tobin (2009) 'Corporate Governance,' in Vasudha Chhotray and Gerry Stoker, *Governance Theory and Practice: A Cross-Disciplinary Approach*, Basingstoke: Palgrave Macmillan, pp. 144-164.

Cioffi, John W. (2010) *Public Law and Private Power: Corporate Governance Reform in the Age of Finance Capitalism*, Ithaca: Cornel University Press.

Cioffi, John W., and Martin Höpner (2006) 'The Political Paradox of Finance Capitalism: Interests, Preferences, and Center-Left Party Politics in Corporate Governance Reform,' *Politics & Society*, 34(4): 463-502.

Culpepper, Pepper D. (2005) 'Institutional Change in Contemporary Capitalism: Coordinated Financial Systems since 1990,' *World Politics*, 57(2): 173-199.

Culpepper, Pepper D. (2008) 'The Politics of Common Knowledge: Ideas and Institutional Change in Wage Bargaining,' *International Organization*, 62(1): 1-33.

Culpepper, Pepper D. (2010) 'Corporate Control and Managerial Power,' in David Coen, Wyn Grant, and Graham Wilson (eds.) *The Oxford Handbook of Business and Government*, Oxford: Oxford University Press, pp. 497-511.

Culpepper, Pepper D. (2011) *Quiet Politics and Business Power: Corporate Control in Europe and Japan*, New York: Cambridge University Press.

Deeg, Richard (2003) 'Remaking Italian Capitalism? The Politics of Corporate Governance Reform', *West European Politics*, 28(3): 521-548.

Dobbin, Frank, and Jiwook Jung (2010) 'The Misapplication of Mr. Michael Jensen: How Agency Theory Brought Down the Economy and Why it Might Again,' in Michael Lounsbury and Paul M. Hirsch (eds.) *Markets on Trial: The Economic Sociology of the U.S. Financial Crisis: Part B (Research in the Sociology of Organizations Vol. 30B)*, Bingley: Emersld, pp. 29-64.

Dobbin, Frank, and Dirk Zorn (2005) 'Corporate Malfeasance and the Myth of Shareholder Value,' *Political Power and Social Theory*, 17: 179-198.

Fama, Eugene F. (1980) 'Agency Problems and the Theory of the Firm,' *Journal of Political Economy*, 88(2): 288-307.

Gilson, Ronald J. (2004) 'Globalizing Corporate Governance: Convergence of Form or Function,' in Jeffrey N. Gordon and Mark J. Roe (eds.) *Convergence and Persistence in Corporate Governance*, Cambridge: Cambridge University Press, pp. 128-158.

Gourevitch, Peter A. (2003) 'The Politics of Corporate Governance Regulation,' *The Yale Law Journal*, 112(7): 1829-1880.

Gourevitch, Peter Alexis, and James J. Shinn (2005) *Political Power and Corporate Control: The New Global Politics of Corporate Governance*, Princeton: Princeton University Press［林良造監訳（2008）『コーポレートガバナンスの政治経済学』中央経済社］.

Hall, Peter A. (1993) 'Policy Paradigms, Social Learning, and the State: The Case of Economic Policymaking in Britain,' *Comparative Politics*, 25(3): 275-296.

Hall, Peter A. (1997) 'The Role of Interests, Institutions, and Ideas in the Comparative Political Economy of the Industrialized Nations,' in Mark Irving Lichbach and Alan S. Zuckerman (eds.) *Comparative Politics: Rationality, Culture, and Structure*, Cambridge: Cambridge University Press, pp. 174-207.

Hall, Peter A., and David Soskice (2001a) 'An Introduction to Varieties of Capitalism,' in Peter A. Hall and David Soskice (eds.) *Varieties of Capitalism: The Institutional Foundations of Comparative Advantage*, Oxford: Oxford University Press, pp. 1-68［遠山弘徳ほか訳（2007a）「資本主義の多様性・序説」『資本主義の多様性——比較優位の制度的基礎』ナカニシヤ出版，1－78頁］.

Hall, Peter A., and David Soskice (eds.) (2001b) *Varieties of Capitalism: The Institutional Foundations of Comparative Advantage*, Oxford: Oxford University Press［遠山弘徳ほか訳（2007b）『資本主義の多様性——比較優位の制度的基礎』ナカニシヤ出版］.

Hall, Peter A., and Kathleen Thelen (2009) 'Institutional Change in Varieties of Capitalism,' *Socio-Economic Review*, 7(1): 7-34.

Hansmann, Henry, and Reinier Kraakman (2001) 'The End of History for Corpo-

rate Law,' *Georgetown Law Journal*, 89(2), 439-468.
Höpner, Martin (2007) 'Corporate Governance Reform and the German Party Paradox,' *Comparative Politics*, 39(4): 401-420.
Howell, Chris (2003) 'Varieties of Capitalism: And Then There Was One?,' *Comparative Politics*, 36(1): 103-124.
Jackson, Gregory (2005) 'Contested Boundaries: Ambiguity and Creativity in the Evolution of German Codetermination,' Wolfgang Streeck and Kathleen Thelen (eds.) *Beyond Continuity: Institutional Change in Advanced Political Economies*, Oxford: Oxford University Press, pp. 229-254.
Jensen, Michael C., and William H. Meckling (1976) 'Theory of the Firm: Managerial Behavior, Agency Costs and Ownership Structure,' *Journal of Financial Economics*, 3(4): 305-360.
Kahler, Miles, and David A. Lake (eds.) (2013) *Politics in the New Hard Times: The Great Recession in Comparative Perspective*, Ithaca: Cornell University Press.
Levi-Faur, David (ed.) (2012) *The Oxford Handbook of Governance*, Oxford: Oxford University Press.
Mahoney, James, and Kathleen Thelen (eds.) (2010) *Explaining Institutional Change: Ambiguity, Agency, and Power*, New York: Cambridge University Press.
Pagano, Marco, and Paolo F. Volpin (2005) 'The Political Economy of Corporate Governance,' *American Economic Review*, 95(4): 1005-1030.
Patashnik, Eric M. (2008) *Reforms at Risk: What Happens After Major Policy Changes Are Enacted*, Princeton: Princeton University Press.
Patashnik, Eric M., and Julian E. Zelizer (2013) 'The Struggle to Remake Politics: Liberal Reform and the Limits of Policy Feedback in the Contemporary American State,' *Perspectives on Politics*, 11(4): 1071-1087.
Pierson, Paul (2004) *Politics in Time: History, Institutions, and Social Analysis*, Princeton: Princeton University Press［粕谷祐子監訳（2010）『ポリティクス・イン・タイム――歴史・制度・社会分析』勁草書房］.
Pierson, Paul (2005) 'The Study of Policy Development,' *Journal of Policy History*, 17(1): 34-51.
Pontusson, Jonas (2005) 'Varieties and Commonalities of Capitalism,' in David Coates (ed.) (2005) *Varieties of Capitalism, Varieties of Approaches*, Basingstoke: Palgrave Macmillan, pp. 163-188.
Roe, Mark J. (1994) *Strong Managers, Weak Owners: The Political Roots of American Corporate Finance*, Princeton: Princeton University Press［北條裕雄・松尾順介監訳（1996）『アメリカの企業統治――なぜ経営者は強くなったか』

東洋経済新報社].

Roe, Mark J. (2003) *Political Determinants of Corporate Governance: Political Context, Corporate Impact*, Oxford: Oxford University Press.

Roe, Mark J. (2013) 'Capital Markets and Financial Politics: Preferences and Institutions,' in Mike Wright, Donald Siegel, Kevin Keasey, and Igor Filatotchev (eds.) *The Oxford Handbook of Corporate Governance*, Oxford: Oxford University Press, pp. 65-96.

Schmidt, Vivien A. (2008) 'Discursive Institutionalism: The Explanatory Power of Ideas and Discourse,' *Annual Review of Political Science*, 11: 303-326.

Schneider, Ben Ross (2008) 'Economic Liberalization and Corporate Governance: The Resilience of Business Groups in Latin America,' *Comparative Politics*, 40(4): 379-397.

Schneider, Martin R., and Mihai Paunescu (2012) 'Changing Varieties of Capitalism and Revealed Comparative Advantages from 1990 to 2005: A Test of the Hall and Soskice Claims,' *Socio-Economic Review*, 10 (4): 731-753.

Schnyder, Gerhard (2010) 'How Political Institutions Determine Corporate Governance Reforms: The Polity, Law and Corporate Practices in the Case of Switzerland', *New Political Economy*, 15(4): 565-596.

Schnyder, Gerhard (2011) 'Revisiting the Party Paradox of Finance Capitalism: Social Democratic Preferences and Corporate Governance Reforms in Switzerland, Sweden, and the Netherlands,' *Comparative Political Studies*, 44(2): 184-210.

Schnyder, Gerhard (2012) 'Varieties of Insider Corporate Governance: the determinants of business preferences and governance reform in the Netherlands, Sweden and Switzerland,' *Journal of European Public Policy*, 19(9): 1434-1451.

Shleifer, Andrei, and Robert W. Vishny (1997) 'A Survey of Corporate Governance,' *The Journal of Finance*, 52(2): 737-783.

Streeck, Wolfgang, and Kathleen Thelen (eds.) (2005) *Beyond Continuity: Institutional Change in Advanced Political Economies*, Oxford: Oxford University Press.

Vitols, Sigurt (2001) 'Varieties of Corporate Governance: Comparing Germany and the UK,' in Peter A. Hall and David Soskice (eds.) *Varieties of Capitalism: The Institutional Foundations of Comparative Advantage*, Oxford: Oxford University Press, pp. 337-360.

Vitols, Sigurt (2013) 'European Corporate Governance: Is There an Alternative to Neo-Liberalism?,' in Vivien A. Schmidt and Mark Thatcher (eds.) *Resilient Liberalism in Europe's Political Economy*, Cambridge: C.U.P., pp. 257-285.

ポスト・コンフリクト社会のガバナンスを考える

――イラクを事例に――

山尾　大＊

はじめに

(1) 中東諸国のガバナンスを考える――問題の所在

中東では，強権的な権威主義体制や政治的自由を抑制する王政といった非民主的な政治体制が支配的である。ポリティⅣによる2013年の指標をみると，民主主義に分けられるのはイスラエル（完全な民主主義）と，トルコ，レバノン（民主主義）のみで，その他は全て非民主体制となっている。たとえば，サウディアラビアをはじめとする湾岸諸国やシリア，イランは独裁体制に，アフガニスタンとリビアは崩壊国家に位置づけられている[1]。

さらに，中東諸国は半世紀にわたって大きな政治変動を経験してきた。特に，2011年の9.11事件以降は，03年のイラク戦争や11年のいわゆる「アラブの春」など，めまぐるしい政治変動が続いた。「アラブの春」によって，チュニジア，エジプト，イエメン，リビアで政権交代が生じ，シリアの内戦は依然として続いている。さらに，14年6月には「イスラーム国」がイラク北部の都市モスルを陥落させ，イラクとシリアの国境をまたいで支配地域を形成した。こうした大きな政治変動にともなって，中東諸国では深刻な政治的不安定が広がることとなった。

このように，非民主体制が大半を占め，政治的不安定が続く中東諸国のガバナンスは，どのような視点から論じることができるのだろうか[2]。

ガバナンス論は，1970年代後半から80年代に先進民主主義国で共通にみられた投票率の低下，有権者の政治不信，政府の能力の低下，市民の抗議

＊　九州大学大学院比較社会文化研究員講師　イラク政治，中東政治，国際政治，比較政治専攻

図1　中東諸国のガバナンス指標

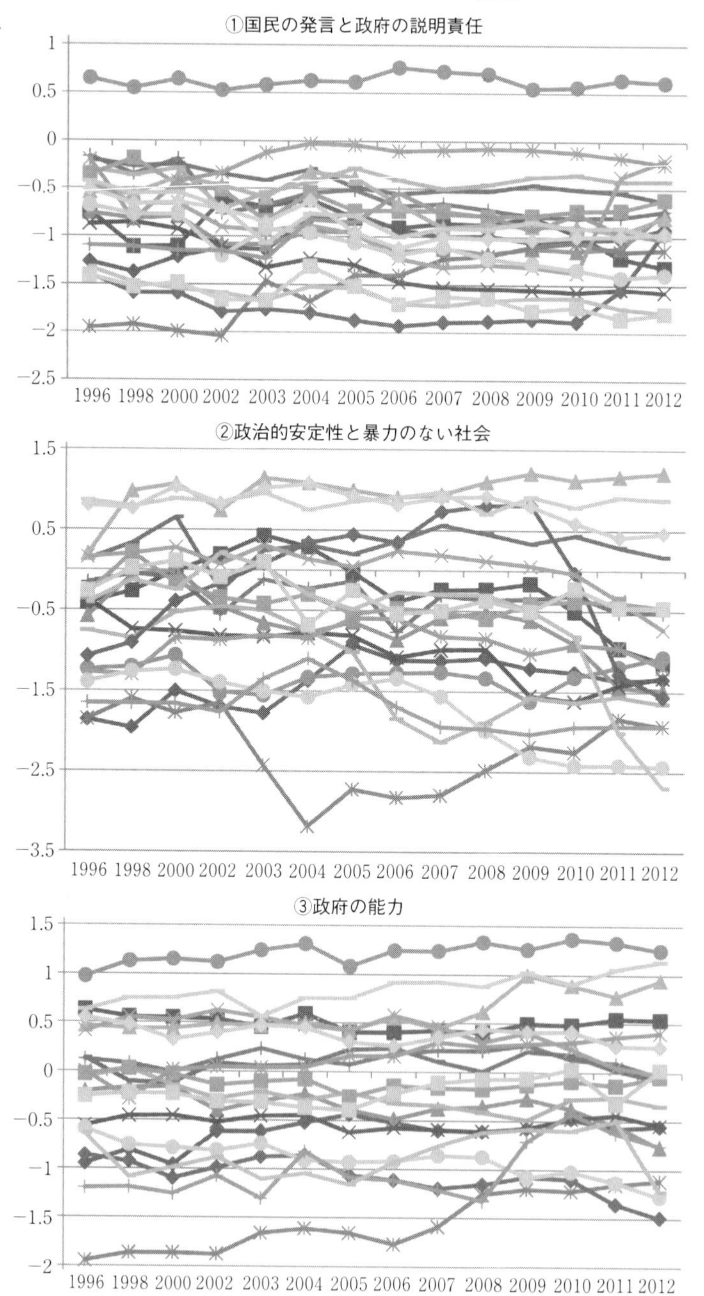

出所：世界ガバナンス指標のデータ（http://data.worldbank.org/data-catalog/worldwide-governance-indicators）から筆者作成。

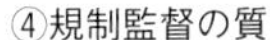
④規制監督の質

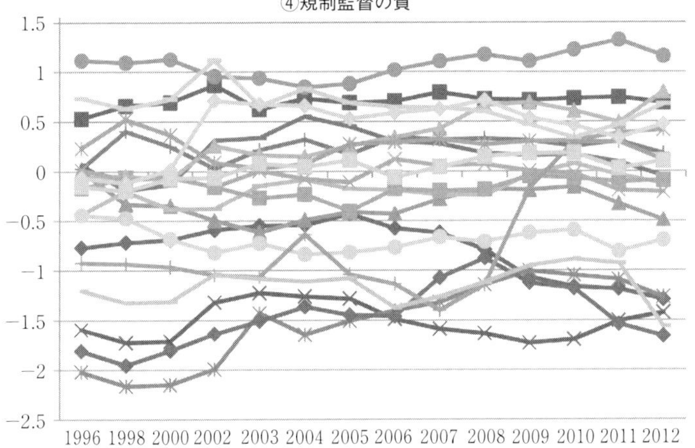
1.5
1
0.5
0
−0.5
−1
−1.5
−2
−2.5
1996 1998 2000 2002 2003 2004 2005 2006 2007 2008 2009 2010 2011 2012

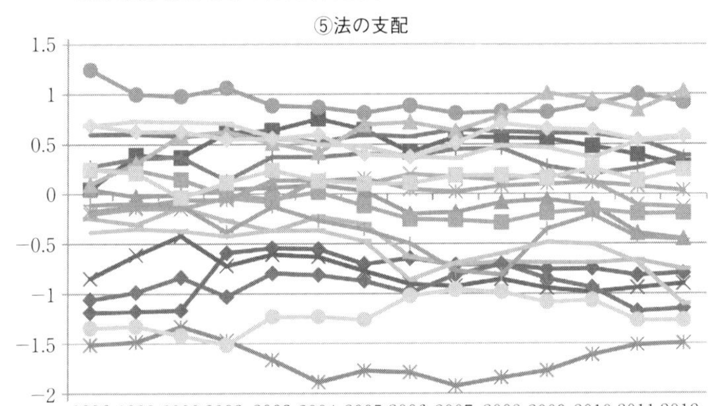
⑤法の支配
1.5
1
0.5
0
−0.5
−1
−1.5
−2
1996 1998 2000 2002 2003 2004 2005 2006 2007 2008 2009 2010 2011 2012

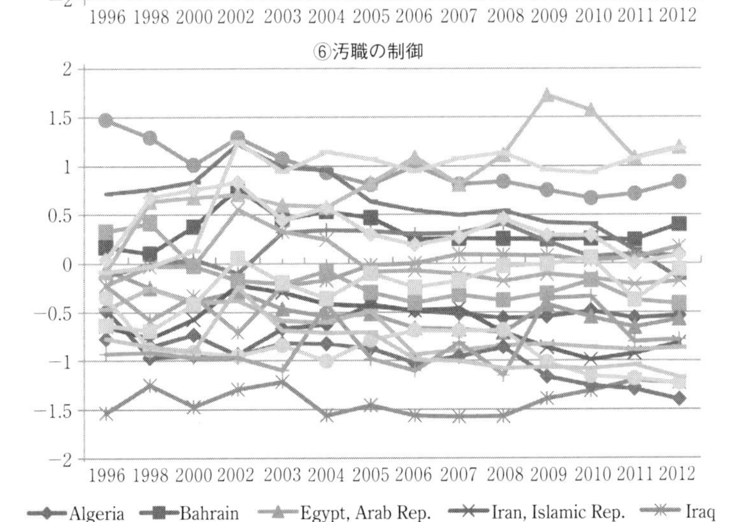
⑥汚職の制御
2
1.5
1
0.5
0
−0.5
−1
−1.5
−2
1996 1998 2000 2002 2003 2004 2005 2006 2007 2008 2009 2010 2011 2012
Algeria
Bahrain
Egypt, Arab Rep.
Iran, Islamic Rep.
Iraq
Israel
Jordam
Kuwait
Lebanon
Libya
Morocco
Qatar
Tunisia
Turkey
Yemen, Rep.
West Bank and Gaza
Syrian Arab Republic
United Arab Emirates
Oman
Saudi Arabia

活動の活性化などの，民主主義の統治能力の危機から生まれた（Crozier et al. 1975）。このことに鑑みると，既存のガバナンス論は，基本的には民主体制を前提とし，民主主義の質を問う議論であることが分かる。したがって，非民主体制でガバナンスを論じることの有効性には疑問がつきまとう[3]。さらに，深刻な政治的不安定の広がりによって，ガバナンスどころかガバメントすら瓦解の危機にあることに鑑みると，中東諸国のガバナンス論を展開することはより一層困難になる。

中東のガバナンスを論じることの困難さを示すデータがある。ひとつの指標を使って中東諸国のガバナンスの実情をみてみよう。現在，ガバナンス指標は多数存在するが[4]，ここでは最も代表的な世界ガバナンス指標（Worldwide Governance Indicators）を参照する。世界銀行研究所が作成する世界ガバナンス指標では，ガバナンスは，「ある国で権力が行使される慣習や制度である。そこで政府が選出され，監視され，交代される過程や，政府による政策の策定と実施能力，市民と国家による経済と社会の相互行為を司る制度への尊重を含む」と定義され，①国民の発言力と政府の説明責任，②政治的安定性と暴力のない社会，③政府の能力，④規制監督の質，⑤法の支配，⑥汚職の制御，という６つの項目からなる。各指標は推定値として示され，その値が大きくなるほどガバナンスが良好と判断できる。

図１から分かるのは，第１に，中東諸国のガバナンス指標はほぼ全ての項目で極めて低いスコアを示している点である。特に①発言力と説明責任については，イスラエルを除いて全ての国でマイナスの値になっており，自由な発言が著しく抑制され，政府の説明責任がほとんどないことを示している。同様に⑤法の支配についても，多くの国で低い値となっている。第２に，②政府の能力と④規制監督の質，⑥汚職の制御については，各国の値にばらつきがある点である。イラクやリビアなどで低い値となる一方で，カタルやバハレーンといった湾岸諸国の値は相対的に高い。とはいえ，項目によって差はみられるものの，中東では政治的不安定や暴力が広がり，多くの国で法の支配や汚職対策が機能していないことは紛れもない事実である。

このように，世銀などの国際機関が提供する中東諸国のガバナンス指標はおしなべて低い。こうしたデータから導き出されるのは，中東のガバナンスが極めて劣悪だという結論である。そのため，政策提言を除けば[5]，中東のガバナンス研究は低調なままである。いくら研究しても，ガバナンスの悪さを証明する同じような結論しか出ないからである。さらに，数少ない研究のほとんどが，政治と経済の関係に論点を集中させてきた[6]。たとえば，ガバナンスの向上が中東の経済発展に寄与している点を明らかにした研究（Looney 2013），中東の湾岸産油国が，オイルマネーを用いて貧困の削減や社会の繁栄に寄与し，政治の安定性や政府の能力を高めている点を指摘した議論（Najem and Hetherington eds. 2003），資源の存在とレント依存型国家における安全保障の観点からガバナンスの問題を分析する研究（Tétreault 2013），が代表的である。いずれの研究も，湾岸産油国の特殊なガバナンスのあり方を強調する傾向が強いと言えるだろう。

これらの研究によって，確かに，湾岸産油国のガバナンスの特徴は明らかになってきた。だが，既存研究が，レントに依存した特殊な体制のガバナンス論に収斂している傾向も否めない。だとすれば，ガバナンスが劣悪であるという安易な結論や，湾岸産油国の特殊なガバナンス論に陥ることなく，中東のガバナンスを論じるための有意義な視点はあるのだろうか。

⑵ 本稿の問い

そこで本稿が着目したいのは，ガバナンス論のなかでも社会中心アプローチと呼ばれる視角である。岩崎によれば，ガバナンス論は，国家中心アプローチと社会中心アプローチの２つの立場に分けることができる（岩崎 2011）。国家や政府の存在を前提としてガバナンスを論じる国家中心アプローチに対して，社会中心アプローチは，国家を含む様々なアクター間の相互作用としてガバナンスを論じる立場である。これは，国家に加えて，政党，官僚，地方自治体，NGO，民間企業などの非公的アクターが共同で統治にかかわるしくみを重視するアプローチを指す（Kooiman ed. 1993; Rhodes 1997）。

社会中心アプローチは，民主主義を前提とする市民社会の自発的ガバナンスに限定しなければ，政治変動や紛争によって政府が機能不全を起こした中東諸国の政治やガバナンスの理解に寄与する[7]。典型的なのは，米軍の侵攻で国家機構が崩壊し，その後の内戦や政治対立の激化によって政府が機能不全に陥ったイラクである。イラクのようなポスト・コンフリクト社会では，なによりもまず，軍や官僚制などの国家機構を再建し，政治制度を整える必要がある。だが，こうした国家建設には，公的アクターのみが関与するわけではなく，非公的アクターが極めて重要な役割を果たす場合が多い。国家機構や政治制度が再建された後も，それらが効果的に機能しなければ，非公的アクターの役割はさらに大きくなる。ここに社会中心アプローチのガバナンス論の有効性が高まるのである。というのも，国家や政府の動きに加え，非公的アクターのガバナンスへのかかわりに着目することによって，ポスト・コンフリクト社会における政治のダイナミズムの解明にも繋がるからである。

こうした問題意識にもとづいて，本稿では戦後イラクを取り上げ，部族，地方知事，宗教界という３つの非公的アクターに着目して，それがガバナンスにどのようにかかわっているのか，そしてイラク政治にいかなる影響を及ぼしているのかという点を明らかにしたい。この３つの非公的アクターに着目するのは，伝統的社会紐帯が依然としてイラクのガバナンスを考えるうえで重要になるからである。

1　イラク戦争後の政治プロセスとガバナンス

本稿の問いに答えるために，まずはイラク戦争後の政治プロセスを概観し，そのなかで政府によるガバナンスが瓦解していった様子を瞥見してみたい。

(1) 占領統治期におけるガバメントの再建

イラクでは，1968年にバアス党が政権を掌握して以降，35年間にわたって強権的支配が続いた。バアス党政権下では，70年代後半以降急激に増加した石油生産が生み出した富を用いて，官僚制を肥大化させた。68年に約５万８千人であった公務員の数は，80年には約82万８千人に増えた。これは当時の人口約1700万人の4.9％を占め，労働力人口の15％を超えていた（ジャッバール 1998）。こうして肥大化した官僚制に加え，バアス党組織を用いた監視網が整備された。バアス党は，アラブ民族主義指導部とイラク地域指導部を頂点とした強いヒエラルキー構造を持ち，「細胞」と呼ばれる最も小さな組織が，社会の末端にまで根を張る監視国家を作り上げたのである。多数の戦争を経験してもなお，肥大化した国家機構と社会に張りめぐらされた党の監視網によって，強固な支配を維持してきた。こうしてイラクは，中東のなかでも相対的に能力の高い官僚機構を持ち，安定した支配体制が社会秩序を維持してきたのである。

このような国家機構や社会秩序の崩壊をもたらしたのが，米軍のイラク侵攻（2003年イラク戦争）であった。4月9日にバグダードが陥落すると，その後イラクの統治を担ったのは連合国暫定当局（CPA）であった。CPAはまず，肥大化した国家機構とバアス党組織を解体した。具体的には，バアス党を非合法化し，党幹部を行政と社会の責任ある立場から解任する「脱バアス党政策」を強行した。その結果，30万人を超える党員が公職を解かれ，6千人から1万2千人もの教師も解任された（Stover et al. 2005）。それに続いて行われたイラク軍と警察機構の解体は，35万人もの失業者を生み出した。彼らの多くが武器を持ち出したため，軍の武器庫は空になった。脱バアス党政策と軍・警察の解体によって，60万人以上の人々が職を失ったのである。

重要なのは，脱バアス党政策と軍・警察の解体によって，行政が完全に停滞した点である。官僚のほとんどが追放されたからである。職を失った人々は，西部の町ファッルージャを拠点に，反米・反占領闘争を開始した。これに対して，米軍は2004年4月，ファッルージャに侵攻し，人口約30万人の街をほぼ壊滅させた。この事件によって反米感情が広がり，治安が急激に悪化した。

こうしたなかで，CPAは解体した国家機構の再建に取り組まねばならなかった。軍や警察，官僚機構の再建プログラムが進められ，同時に民主化も促進された。主権が移譲され，制憲議会選挙の準備も始まった。民主化のための制度構築が比較的スムーズに進展したのとは反対に，国家機構の再建は遅々として進まなかった（山尾 2013）。

⑵ 第1次マーリキー政権（2006～10年）とガバナンスの諸相

2005年1月の制憲議会選挙で勝利したのは，バアス党政権下で亡命反体制活動を展開してきたイスラーム主義勢力であった。彼らを中心に起草した憲法が国民投票で承認されると，05年12月には第1回国会選挙が実施された。その選挙で勝利したイスラーム主義政党のダアワ党を母体として，第1次マーリキー政権が発足した。

第1次マーリキー政権の最優先課題は，治安の回復であった。というのも，政権発足直前にイスラーム教シーア派の聖地サーマッラーが過激派に爆破され，それを契機にイラクは内戦状態に陥ったからである。だが，CPA が軍と警察機構の再建に失敗していたため，内戦に対応できる軍も警察機構も，依然として再建されていなかった。CPA は，巨額の資金を投じて兵士や警察官をリクルートし，軍と警察を戦前の規模に回復させたが，兵士や警察官の訓練は不十分で，指揮系統も確立していなかった。それゆえ，テロ対策や治安維持の作戦を遂行する能力を持たなかったのである（Cordesman 2006）。マーリキー政権の治安維持政策は，必然的に米軍に依存することになった。

だが，米軍もまた，独自に治安回復を実現できなかったため，イラクの部族に資金を提供し，「覚醒評議会」と呼ばれる組織を形成して治安維持の任務を委譲した。これについては後に詳述するが，社会に根を張った部族の覚醒評議会は，短期間のうちに治安の回復に成功したのである。

内戦からの脱却は，第1次マーリキー政権の大きな功績となった。暴力の連鎖は止まり，秩序が戻った。ところが，治安が回復すると，政治対立が激化するようになった。最大の争点は，米軍に依存した治安政策の是非であった。特に，強い反米姿勢を持つサドル派は，マーリキー首相とブッシュ米大統領との治安協力合意に反対して国会をボイコットし，全閣僚を引き上げた。それに続いて，ほとんどの野党勢力もボイコットを始めた。このように，民主制度が定着し，治安が安定したイラクでは，議員や官僚などの政治エリートも国民も自由に政治的意見を述べられるようになった。その一方で，ボイコットなどの政治対立の連鎖は，次第に政治的不安定をもたらすようになったのである。

さらに深刻な問題は，汚職の蔓延であった。世銀によれば，イラクでは毎年40億ドルもの使途不明金が発生している（Kadhim 2013: 191）。トランスペアレンシー・インターナショナルの腐敗認識指数は，汚職の深刻さを如実に物語っている。イラクは，2006～08年にワースト3位，09～10年はワースト4位となっており，ソマリアや北朝鮮と同程度の汚職がみられるのである[8]。汚職は，公的資金の横領から近親者への利権配分まで多岐にわたるが，最もスキャンダルになったのは，通商相が数百万ドルを流用した事件であった（*al-Ḥayāt* 1 Jun 2009）。汚職の拡大は，国家予算のほとんどが石油輸出に依存しており，政府がその石油産業のほぼ全てを管轄下においていることに起因する（山尾 2013）。さらに，国外から流入した莫大な復興資金へのチェック機能が確立していないため，汚職が発生しやすい構造ができあがったのでる[9]。言うまでもなく，汚職の蔓延はガバナンスの悪化に直結した[10]。

とはいえ，第1次政権下のマーリキー首相の人気は相当高かった。なぜなら，内戦から脱却したことに加え，「国民の指導者」としてのイメージを形成することに成功したからである。マーリキー首相は，内戦下でナショナリズムにもとづくイラクの統一を訴え続けた。2008年3月には，同じシーア派のサドル派民兵の活動を封じ込める軍事作戦を自ら指揮した。これは，シーア派に独占された政権というイメージを払拭した。その結果，マーリキー首相は第2回地方選挙（09年）で大きな勝利を収めた（山尾 2009）。

ところが，国民的支持を獲得したマーリキー首相は，次第に自らの権限を強化するようになった。首相府の予算を拡大し，それを自らの支持基盤にばら撒いた。軍や治安機関に首相府直属の特殊部隊を設置し，首相に直結する指揮系統を作り上げた。こうして，国民の指導者から大きな権力を持った首相へと姿を変えた。

このように，第1次マーリキー政権下では，暴力の克服と秩序の回復，自由な発言の許容などの点で部分的にガバナンスの向上がみられた。その一方で，政治対立に起因する政治的不安定や汚職の蔓延，権力の集中などの問題も露呈することになったのである。

⑶ 第2次マーリキー政権（2011～14年）とガバナンスの崩壊

第2次マーリキー政権下では，ガバナンスが悪化した。特に，これまで維持されていた法の支配が崩壊し，政治的不安定が進行した。その結果，暴力が政治舞台に再登場した。

そもそも，第2次マーリキー政権の発足は，民主的正当性の観点からは疑問が多かった。というのも，マーリキー首相が，第2回国会選挙（2010年3月）で敗北したにもかかわらず，選挙後の多数派工作によって政権を維持したからである。「反マーリキー連合」を結成して第1党に躍進した野党連合は，選挙後の多数派工作に失敗して分裂を繰り返し，マーリキー首相が事実上の最大会派となったのである（山尾 2010）。

重要なのは，首相続投を正当化するために，マーリキー首相が最高裁判所に圧力を加えた点である。その結果，最高裁は，「選挙で最大議席を獲得した政党」ではなく，「選挙後の組閣時点で最大議席を有する政党」こそが，首班指名権を持つという解釈を出した。首相は，司法を利用して法規定（の解釈）を変更させたのである。

これには与野党から強い反対が挙がった。さらに，「アラブの春」に影響を受け，政治改革を求めるデモが拡大した。野党はデモに乗じてマーリキー政権批判を強めた。その筆頭となったのは野党重鎮の副大統領であった。あらゆる法案や閣議決定が反対に合い，政局は麻痺した。

こうした事態を打開するために，マーリキー政権は再び，司法の政治的利用という苦肉の策に依存するようになった。まず，2011年末に，国会議事堂前の爆破未遂事件に関与した容疑で副大統領に逮捕状を出した。副大統領が武装勢力と内通していたという情報もあるが，真実のほどは判然としない。重要なのは，多くの政治エリートと国民にとって，マーリキー首相が司法を利用して政敵を排除したようにみえたという点である。その結果，マーリキー首相をサッダーム・フセイン前大統領になぞらえて，独裁者と非難する声が挙がるようになった。野党勢力は，マーリキー首相の不信任決議案を画策し始めた[11]。

次に，マーリキー首相は，反体制デモの拠点があった西部のアンバール県で大きな支持を得ていた財務相の警備員を拘束した。容疑は，武装勢力と連動した反体制デモの扇動であったが，実のところ，反体制派の支持が多い財務相に圧力をかけることが目的であった。これに対して大規模な反体制デモが生じ，そこに内戦下のシリアから流入した「イスラーム国」などの武装勢力が紛れ込むようになった。反体制デモが拡大するなかで，2013年４月と６月には第３回地方選挙が実施された。だが，年末になると，アンバール県はデモに流入した「イスラーム国」とイラク軍が攻防を繰り返す凄惨な戦場と化した。このように，マーリキー首相が司法を政治的に利用したことによって，法の支配体制が崩壊し，政治的不安定が助長された結果，暴力が政治舞台に再登場したのである。

だからこそ，マーリキー首相は，第３回国会選挙（2014年４月）を前に窮地に陥っていた。ところが，多くの政党が分裂するなかで，マーリキー首相は法治国家同盟の勢力を維持し，国家資源をばら撒くことによって大きな勝利を収めた。選挙後の組閣交渉では，マーリキーの首相三選を阻止しようとする勢力と，首相を支持する勢力が激しい対立を繰り返していたが，その最中に「イスラーム国」が第2の都市モスルを陥落させたのである。その結果，選挙の勝利にもかかわらず，マーリキー首相は第2次政権後期の混乱とモスル陥落の責任を取らざるを得なくなった。シーア派宗教界からの圧力が高まったからである（後述）。こうして「政権交代」が生じた。

このように，第2次マーリキー政権下では，それまでかろうじて維持されていた法の支配が崩壊し，それに起因する政治対立の激化が政局の麻痺をもたらした。その結果，政府は機能不全に陥り，政治的不安定が助長されると暴力が再度政治を支配するようになった。こうして，ガバナンスが瓦解していったのである。

2　オルターナティブなガバナンスの台頭

以上のように，戦後イラクでは政府によるガバナンスが瓦解したが，それに代わって秩序の回復や政府のチェック機能を果たす様々な非国家アクターが台頭するようになった。本節では，治安の回復や秩序の形成・維持を担った部族，地方のガバナンスを向上させた知事，中央政府の監視やチェックの機能を果たした宗教界という3つの事例を取り上げて，オルターナティブなガバナンスのあり方を論じたい。

(1) 秩序を作る部族

まず，内戦からの脱却に貢献した部族の役割からみていこう。治安の急激な悪化に直面した米軍は，有力部族に資金と武器を提供し，「覚醒評議会」を形成して治安政策を委託した（*al-Bayyina* 19 Sep 2007）。具体的には，資金（給与），軽火器，治安車両，諜報関係の情報を提供した（ICG 2008）。覚醒評議会メンバー1人に対して，当時の物価に鑑みると高額の月間300ドルが給与として支払われた。その一方で，覚醒評議会の組織化や治安維持の方法については，米軍はほとんど介入しなかった。

覚醒評議会は，治安の悪化が著しいアンバール県で2006年半ばに形成された。有力なドゥライム部族のアブー・リーシャ家，ハーイス家，スライマーン家の族長が，それぞれ「イラク覚醒評議会」，「アンバール救済評議会」，「アンバール覚醒評議会」を結成した（*BJ* 20 Aug 2007）。これらの覚醒評議会が県内の治安回復に成功したことで，07年後半には各地で同様の評議会が形成された。同年８月にはディヤーラー県で，９月にはバグダード県内とその近郊で，その後サラーフッディーン県やバービル県でも，覚醒評議会が形成された（*al-Bayyina* 20 Aug 2007; *BJ* 18 Sep 2007）。

こうして，全国に広がった覚醒評議会は，米軍の発表によると，2007年末に約７万３千人，08年初頭には約９万１千人，同年４月には約10万５千人に達し，08年初頭で42組織，09年３月には約130組織にのぼった（山尾2012b）。その半数が首都バグダード県とその近郊に集中しているが，全体では８つの県に広がった。

覚醒評議会の中心的な任務は，身代金目的の誘拐，暗殺，自爆テロ，拷問，集団処刑などが頻発し，無法地帯と化していたバグダード＝アンマン街道やバグダード＝ティクリート街道の治安を回復することであった（ICG 2008: 12）。具体的には，治安維持のための検問活動，警備のためのパトロール，武器の押収，武装勢力との交戦など，地元社会防衛のあらゆる任務を行った（*RD* 30 Jun 2009; *SA* 30 Jun 2009）。多くの地域で公的治安機関よりも多数の検問所を建設した。それに加えて，宗教行事や式典，巡礼などの警備も担当した（*al-Zamān* 7 Mar 2009）。2009年の第２回地方選挙や10年の第２回国会選挙では，覚醒評議会が投票所の警備にあたった。

かくして，覚醒評議会は短期間のうちに治安の回復に寄与した。覚醒評議会の幹部が証言しているように，米軍の支援によって武装勢力をしのぐ武力を獲得した（ICG 2008: 11）。また，2006年以降，治安の悪化に歯止めがかからなかったバグダード県のアアザミーヤ地区では，08年初頭に戦後初めて預言者生誕祭を大々的に開催することができた（*al-Ḥayāt* 21 Mar 2008）。米国議会に提出された報告書でも，08年に入ってからの大幅な治安改善の立役者となったのは覚醒評議会であると評価されている（RTC 2008: iii）。

イラク軍と米軍にできなかった治安回復を，部族が成し遂げられたのにはもちろん理由があった。というのも，閉鎖的なコミュニティが支配的なイラクで，そこに入り込んだ武装勢力に対処できるのは，社会に根を張った部族だけだったからである。部族は，伝統的ネットワークにもとづいて中央政府から自律性を維持し，地方ボスとしての役割を果たしてきた。近代化以降は，部族組織は弛緩したものの（Jabar and Dawod eds. 2003），社会での影響力は維持されてきた。近現代史のなかで繰り返された戦争に関与してきたため，武器の扱い方の知識も蓄積していた。だからこそ，治安の回復が可能となったのである。それ以降，部族は治安維持で獲得した影響力を背景に，政治参加を進めていった[12]。

このように，戦後イラクで治安を回復したのは，軍や警察などの国家機構ではなく，部族であった。非公的アクターこそが，機能不全に陥った政府に代わり，社会に張り巡らされた伝統的ネットワークを用いて治安の回復と秩序の維持を実現したのである。

⑵ 地方を司る「グッドガバナンス」

２つ目の事例は地方政府である。戦後イラクでは，中央の政策や行政機能に依存できない地方政府のなかから，独自にガバナンスを担うアクターが出現した。その典型的な事例として，ナジャフ県知事の政策をみていきたい。

ナジャフ県は，イラク南部に位置するシーア派の聖地である。だが，中央政界を支配するイスラーム主義政党は，ナジャフでほとんど集票力を持たない。というのも，地元勢力が強い基盤を持っているからである。その代表がアドナーン・ズルフィー知事である[13]。ズルフィーは，イラク生まれの米国籍所有者で，戦後占領統治政策の一環として，2003年に米国によってナジャフ県知事に任命された人物である[14]。サドル派が米軍と衝突した04年には，ズルフィーは米軍を強く支持し，「マフディー軍のような民兵は，ナジャフとクーファの２つの聖地から立ち去るべきである」と主張していた（*IHT* 5 Jun 2004）。そして，米軍の後援を受けてナジャフ県警の装備を強化し，サドル派民兵を市外へと排除した（*NYT* 13 Jan 2004）。

こうして占領統治期に県内に基盤を確立したズルフィーは，保険や公衆衛生，教育，農業，工業などの分野で独自の行政サービスを始めた。彼は，巨大なハキーム総合病院やイマーム・アリー診療所をはじめ多数の医療施設を新設し，最新の医療機器を設置した。市内から郊外のクーファへ続く幹線道路をはじめ高速道路網を再整備し，市街地の舗装を修復した。学校を次々と改装・新築し，消防署の新装も整えた。近代的で高性能な上下水道施設も完備した。そのうえ，巨大な共同住宅を市街地に建設し，格安で市民に提供したのである[15]。こうして，ズルフィーはナジャフ県で戦後復興を主導し，社会サービスを充実させていった。それに加え，ズルフィーは大規模な開発も進めた。特に，豪奢で大規模なショッピングモールの建設などに投資を呼び込み，それによって県内の雇用を生み出していった（*WP* 19 Mar 2013）。

このような政策はなぜ可能となったのだろうか。イラク戦争前に米国で培ったビジネスマンとして経歴が，この問題を考える鍵になると考えられる。シカゴとディアボーンで自動車関係の事業に9年間従事したズルフィーは，「ナジャフを安定させることができるのは金とプロジェクトだ。人々は政府が機能していることを認識すると安心する」（*WP* 30 Jan 2005）と語った。中央政府が地方のガバナンスを支援する余裕のない状況では，頼れるのは中央ではなく国際社会だと考えたズルフィーは，頻繁にワシントンを訪問した。そこでイラク人コミュニティや米国政府，企業の投資を呼び込み，それをもとに社会サービスの向上と経済の活性化を実現する政策を進めた（*BBC Monitoring* 8 Jan 2011）。こうした「グッドガバナンス」は，さらに投資を呼び込むための材料になり得た。こうしてガバナンスの改善はさらなるガバナンスの向上に繋がる，という好循環を生み出したのである。

この戦略は奏功し，ズルフィーは選挙で圧倒的な強さを誇るようになった。第1回地方選挙（2005年）と第2回地方選挙（09年）では安定的な票を獲得して知事を歴任したが，13年の第3回地方選挙では大勝利を飾った。ズルフィー率いる政党は，第2回地方選挙で30,219票を得て4議席（総議席28）を獲得したが，第3回地方選挙ではその約4倍にあたる118,310票（全投票数の29.3%）を獲得し，9議席へ躍進した。彼の政党は，中央の大規模政党を抑えて大差で第1党となった。個人得票をみると，ズルフィーの強さがより際立つ。41,006票を獲得したズルフィーは，第2，3位となった中央の大規模政党の候補者をはるかに凌ぐ，圧倒的な強さを誇示した（山尾 2014）。戦後復興のなかで行政サービスを向上させ，投資を呼び込むことで経済活動を活性化させたズルフィー知事は，選挙で圧倒的な集票力を獲得することとなった。

このように，非公的アクターが，中央政府をバイパスせずに国際社会から大量の援助を受け取り，地方のガバナンスを向上させるというメカニズムが生まれた。それは中央政府のガバナンス機能を代替するようになったのである。

⑶ 政治を動かすシーア派宗教界

３つ目の事例はシーア派宗教界である。これは，戦後イラクのガバナンスを考えるうえで最も重要であろう。イスラーム教スンナ派には，キリスト教のように宗教界の組織的ヒエラルキーはない。だが，シーア派では，16世紀以降イスラーム法学者のあいだに位階制が生まれ，アーヤトゥッラー・ウズマーと呼ばれる最高権威を頂点とするヒエラルキーが作られた。これがシーア派宗教界である。宗教界は，代理人を各地に派遣して金曜日の集団礼拝を指導し，信徒から「５分の１税」を徴収することで独自の巨大な財源を獲得した。こうして，宗教界は信徒に大きな影響力を持ち続けている[16]。

宗教界は，占領統治期の民主化の促進と，それ以降の中央政界に対するチェック機能という２つの決定的な役割を果たした。順にみていこう。

第１に，シーア派宗教界の最高権威であるアリー・スィースターニーは，占領統治期に選挙の早期実施を呼びかけることで民主化を促進した。CPAは当初，独自に任命したリベラルな親米政権が新憲法を起草し，その後に選挙で成立した新政府に主権を移譲しようとした。ところが，スィースターニーは「まず，全てのイラク人有権者による選挙を行ない，その後，この議会が起草した憲法を国民投票にかけねばならない」[17]とのファトワー（法学裁定）を出し，選挙の早期実施を主張した。つまり，憲法を起草するのは，CPAが任命した評議会ではなく，「総選挙で選ばれたイラク国民の代表」でなければならず，民選議員以外が憲法起草にかかわることは「正当性を持たない」というわけである[18]。

こうした選挙の早期実施を求めるスィースターニーの呼びかけは，有権者の大きな支持を獲得した。その結果，CPAは主権移譲の後に制憲議会選挙を行い，そこで新憲法を起草するという計画に変更を余儀なくされた（Herring and Rangwala 2006: 22）。主権は2004年６月に移譲され，当初の計画を大幅に前倒しする形で05年１月に制憲議会選挙が実施された。こうして，スィースターニーは，国民の政治的意見を代弁することによって米国のイラク政策を大きく変化させ，選挙の時期を早めたのである。

第２に，スィースターニー率いる宗教界は，その後，中央政府の政策に対するチェック機能を果たした。内戦下では，戦闘を煽る過激派を非難しつつ，宗派の違いに起因する争いを牽制し，イラクの国民統合を呼びかけた[19]。第１次マーリキー政権下では，国民和解政策を支持し，挙国一致内閣を支援した（*al-ʻAdāla* 22 Jul 2006）。第２次マーリキー政権下では，汚職を批判した（*Shafaq* 26 May 2014）。毎週行われる金曜礼拝で，こうした改革を求める説法が繰り返されたことは，中央政界に大きな圧力を与えたのである。

さらに，宗教界は，ガバナンスが悪化した第２次マーリキー政権後期には，「政権交代」を主導した。つまり，宗教界は，第２次政権後期にみられた司法の政治的利用と「イスラーム国」によるモスル陥落事件の政治的責任を追及して，マーリキー首相に引導を渡したのである。マーリキー首相は，宗教界による政権交代の要請に応じず，選挙での勝利を正当性の根拠にして首相継続の意思をみせた（*al-Ḥayāt* 30 Jun 2014）。これに対して，宗教界はマーリキー首相率いるダアワ党に，「イラク国内で合意可能な首班指名候補者を出すこと」を求める書簡を送り，「国民に広く受け入れられる新政府の形成」を呼びかけて，金曜礼拝で首相三選を牽制した（*al-Ḥayāt* 15 Jul 2014; 19 Jul 2014）。その結果，イスラーム主義を掲げ，宗教界と密接な関係を持つダアワ党は，宗教界に反対することが困難になった。ついに，ダアワ党政治局は政権交代に応じ，同じダアワ党から別の首相候補を出すことに合意した（*al-Ḥayāt* 27 Jul 2014）。その結果アバーディー新政権が誕生した。

こうして宗教界は，汚職や司法の政治的利用を繰り返し，政治的不安定と暴力を再燃させた政権に終止符を打った。「政権交代」の立役者となったのである。このように，宗教界という非公的アクターは，中央政府の政策をチェックし，規律をもたらし，必要な場合には介入して軌道修正するという機能を果たしているのである。

おわりに

冒頭の問いに戻ろう。部族と地方知事，宗教界という３つの非公的アクターは，戦後イラクのガバナンスにどのようにかかわり，さらにイラク政治にいかなる影響を及ぼしているのだろうか。

本稿が導き出した答えは，中央政府によるガバナンスが悪化するなかで，こうした非公的アクターが，政府の本来果たすべき役割を社会の側から代行することによって，ガバナンスの向上や国家建設に寄与しているという点である。

戦後イラクでは，国家機構を解体したCPAが，その再建に失敗した。そのため，導入された民主的な制度は直ちに効率的な政府機能の再建に繋がらなかった。第1次マーリキー政権下では暴力が克服され，秩序が回復され，自由な発言が許容されるようになった。だが，政治対立に起因する政治的不安定や汚職の蔓延が顕在化していった。さらに，第2次マーリキー政権下では，法の支配が崩れ，政治対立の激化が政府の機能不全を引き起こした。政治的不安定が続くと，一旦は抑え込まれた暴力が再度政治の表舞台に登場するようになった。こうして政府によるガバナンスが瓦解していったのである。

これに対して，部族は軍や警察機構にはできなかった治安の回復と秩序の形成・維持に大きく貢献した。その後は，独立した政治アクターとして，地方を中心に政治参加を始めた。ナジャフ県知事は，中央政府を経由することなく国際社会から投資を呼び込み，社会サービスの向上や雇用創出による経済の活性化を通して地方のガバナンスを向上させた。宗教界は中央政界を監視する役割を果たし続け，必要に応じて「政権交代」を演出するなど規律を維持する担い手となった。こうした非公的アクターの役割こそが，政府が効果的な役割を果たし得ない戦後イラクにおいて，内戦の深刻化や汚職のさらなる蔓延，地方の切り捨て，政治的不安定の常態化などを回避し，ガバナンスだけでなく国家自体の崩壊をくい止める役割を果たしてきたと考えられよう。部族や宗教界といった伝統的社会紐帯が重要な役割を果たしているからこそ，こうした非公的アクターがガバナンスを担うことになったのである。

こうした非公的アクターの活動は，社会中心アプローチのガバナンス論を通した分析によって明らかになったイラク政治のダイナミズムの一側面である。それはまた，将来的に国全体のガバナンスの向上をもたらす鍵になるかもしれない。

ガバナンス論は民主主義国のみに有効な視角ではなく，国際組織の指標を前提にしてガバナンスの質を図ることも，必ずしも有意義ではない。そうではなく，社会中心アプローチのガバナンス論を持ち込むことによって，政府が機能不全に陥ったポスト・コンフリクト社会において，非公的アクターと国家レベルの政治とのかかわりあいのダイナミズムを解明することができるのである。非公的アクターに光を当てるガバナンス論は，これまで国家の機能を中心に論じてきた国家建設論に一石を投じることにもなるだろう。

（1） ポリティⅣのホームページ（http://www.systemicpeace.org/polity/polity4.htm）を参照。
（2） ガバナンス論は，国境を越えた世界規模での相互関係を扱うグローバル・ガバナンス論や，企業の経済にかかわる問題を扱うコーポレート・ガバナンス，さらには開発援助をはじめとする実務系の議論など多岐にわたっているが，本稿では一国内のガバナンスを扱う。
（3） 非民主体制のガバナンスを，「規律」や「にらみの効き具合」に着目して分析する視角もあり得るが，それでは権威主義体制の持続性の議論と重複することになる。中東諸国で権威主義体制が継続するのはなぜかという問題は，近年盛んに論じられてきたが（Posusney and Angrist eds. 2005; Schlumberger ed. 2007），こうした研究にガバナンス論を持ち込んでも建設的な結果が出るとは考えにくい。
（4） ガバナンス指標の動向と問題点，展望については，近藤（2010）を参照。
（5） たとえば，World Bank (2003) を参照。
（6） この他に，女性の人権侵害や市民社会の現状に対する批判的な研究もある。
（7） 中東政治研究ではかつて，中東例外論を批判する立場から，民主化を促進する要素として市民社会の存在を強調する議論が盛んに行われていた（Norton ed. 1995）。本稿は，市民社会の存在を強調する立場ではなく，市民社会の担い手となるアクターがいかに統治にかかわっているか，というガバナンス論の立場をとる。
（8） ホームページ（http://www.transparency.org/）を参照。
（9） ただし，汚職は戦後イラクに限った現象ではなく，イラン・イラク戦争期にも大規模にみられた。湾岸戦争後の経済制裁期には制度化された形で汚職が定着していた（Kadhim 2013: 194）。
（10） マーリキー政権下で最大の問題は，汚職の蔓延であるというイラク人有識者の見解もある。バグダード大学教授へのインタヴュー（2014年8月20日，アンカラ，トルコ）。
（11） マーリキー首相への不信任決議案をめぐる対立については，山尾

（2012a）を参照。
(12)　政治参加の拡大にともなう問題については，山尾（2012b）を参照。
(13)　ズルフィーは知事であるため，公的アクターだが，中央政界の人物ではないため，本稿では非国家アクター＝非公的アクターの範疇に入れて議論を進めることにする。
(14)　欧米の報道でも「米国に任命された知事」や「米国が就任させた知事」などと形容されている（*NYT* 10 Jun 2004）。
(15)　ナジャフ県のホームページ（http://najafmc.com/）の2012年２月７日，９月17日，13年１月22日，8月21日，14年１月５日，8月24日付けの記事を引用。
(16)　シーア派宗教界の歴史的変容や独自の資金源については，山尾（2011）を参照。
(17)　2003年６月26日付けのファトワー。スィースターニーのホームページ（http://www.sistani.org/）から引用。
(18)　2003年７月14日付けのファトワー。
(19)　たとえば，2006年２月22日，07年２月２日，2月11日付けファトワーを参照のこと。

引用文献

al-'Adāla (The Organ of the SCIRI, Web 版 http://www.aladalanews.net/home/)

al-Bayyina (The Organ of the Iraqi Ḥizb Allāh Movement)

BBC Monitoring Service

BJ: al-Bayyina al-Jadīda（The Organ of the Sadr Movement）

Cordesman, Anthony H. 2006. *Iraqi Security Forces: A Strategy for Success*. Westport and London: Praeger Security International.

Crozier, Micheal, Samuel P. Huntington, and Joji Watanuki. 1975. *The Crisis of Democracy: Report on the Governability of Democracies to the Trilateral Commission*. New York: New York University Press.

al- Ḥayāt (Web 版 http://www.daralhayat.com/)

Herring, Eric and Glen Rangwala. 2006. *Iraq in Fragments: The Occupation and Its Legacy.* Ithaca and New York: Cornell University Press.

ICG: International Crisis Group. 2008. "Iraq after the Surge I: the New Sunni Landscape," *Middle East Report*, No. 74, 30 April 2008.

IHT: International Herald Tribune (Web 版 http://www.iht.com/)

Jabar, Faleh A. and Hosham Dawod eds. 2003. *Tribes and Power: Nationalism and Ethnicity in the Middle East*. London: Saqi Books.

Kadhim, Abbas. 2013. "Transition in Progress: Governance in Iraq 2003-2011," in Abbas Kadhim ed., *Governance in the Middle East and North Africa: A Handbook*, London and New York: Routledge, pp. 187-201.

Kooiman, Jan ed. 1993. *Modern Governance: New Government-Society Interactions*. London: Sage.

Looney, Robert E. 2013. "Governance-constrained Growth in the MENA Region," in Abbas Kadhim ed., *Governance in the Middle East and North Africa: A Handbook*, London and New York: Routledge, pp. 3-32.

Najem Tom P. and Martin Hetherington eds. 2003. *Good Governance in the Middle East Oil Monarchies*. London and New York: Routledge.

Norton, Augustus Richard ed. 1995. *Civil Society in the Middle East*, Vol. 1. Leiden and New York: Brill.

NYT: New York Times (Web 版 http://www.nytimes.com/)

Posusney, Marsha Pripstein and Michele Penner Angrist eds. 2005. *Authoritarianism in the Middle East: Regimes and Resistance*. Boulder, London: Lynne Rienner Publishers.

RD: Rādiyū Dijla (Web 版 http://www.radiodijla.com/)

Rhodes, R. A. W. 1997. *Understanding Governance: Policy Networks, Governance, Reflexivity and Accountability*. Buckingham: Open University Press.

RTC: 2008. *Measuring Stability and Security in Iraq*, Report to Congress (June 2008) (http://www.defense.gov/pubs/pdfs/9010Quarterly-Report-20061216.pdf).

SA: al-Sharq al-Awsaṭ (Web 版 http://www.asharqalawsat.com/)

Schlumberger, Oliver ed. 2007. *Debating Arab Authoritarianism: Dynamics and Durability in Nondemocratic Regimes*. Stanford: StanfordUniversity Press.

Shafaq: Shafaq Taymuz (Web 版 http://www.shafaaq.com/sh2/news/iraq-news)

Stover, Eric, Hanny Megally, and Hania Mufti 2005. "Bremer's 'Gordian Knot': Transitional Justice and the U.S. Occupation of Iraq," *Human Rights Quarterly* 27(3): 830-857.

Tétreault, Mary A. 2013. "Stuff in not Enough: Resources and Governance in the Middle East," in Abbas Kadhim ed., *Governance in the Middle East and North Africa: A Handbook*, London and New York: Routledge, pp. 33-49.

World Bank. 2003. *Better Governance for Development in the Middle East and North Africa: Enhancing Inclusiveness and Accountability*. Washington, D.C.: The World Bank.

WP: The Washington Post (Web 版 http://www.washingtonpost.com/)

al-Zamān (Web 版 http://www.azzaman.com/)

岩崎正洋 2011「ガバナンス研究の現在」岩崎正洋編『ガバナンス論の現在

――国家をめぐる公共性と民主主義』勁草書房，pp. 3 －15.
近藤正規 2010「ガバナンス指標――現在の動向と展望」小山田和彦編『開発途上国における財政運営上のガバナンス問題』（調査研究報告書）アジア経済研究所，pp. 101－123.
酒井啓子 2003『フセイン・イラク政権の支配構造』岩波書店.
ジャッバール，ファーレフ（酒井啓子訳）1998「イラクにおける国会，社会，地縁集団，党，そして軍――全体主義衰亡期の全体主義国家」酒井啓子編『イラク・フセイン体制の現状――米国の対イラク政策の変化とそれへの対応』アジア経済研究所，pp. 1 －28.
山尾大 2009「イラク・ナショナリズムが勝利した日――2009年 1 月31日イラク地方県議会選挙の分析」『イスラーム世界研究』 2 （ 2 ）：152－175.
―― 2010「多数派形成ゲームとしてのイラク選挙後危機――2010年 3 月国会選挙後の権力分有をめぐる合従連衡」『中東研究』510：76－91.
―― 2011『現代イラクのイスラーム主義運動――革命運動から政権党への軌跡』有斐閣.
―― 2012a「米軍撤退後イラクの政治対立と合従連衡」『中東研究』515：55－68.
―― 2012b「イラク覚醒評議会と国家形成――紛争が生み出した部族の非公的治安機関と新たな問題（2003～2010年 3 月）」佐藤章編『紛争と国家形成――アフリカ・中東からの視角』アジア経済研究所，pp. 101－136.
―― 2013『紛争と国家建設――戦後イラクの再建をめぐるポリティクス』明石書店.
―― 2014「安定化した政党政治――第 3 回イラク地方県議会選挙の分析」『イスラーム世界研究』 7 ：298－319.

ガバナンスにおけるパートナーシップ

——ナショナルとグローバル両レベルでの実践と理論——

杉浦功一 *

1. はじめに

ガバナンスの概念は，1990年前後より実践と学問の場の双方で注目を集めるようになり，90年代を通じて行政学から国際関係論，経営学まで幅広い分野で研究されるようになっていた（Bevir (ed.) 2011; Kjær 2004; Levi-Faur (ed.) 2012; ベビア 2013）。そして，国内の公共行政では，1980年代のOECD諸国での行政改革以降，「公民パートナーシップ」（PPP）が活用され，ガバナンス改善の主要な手法の一つとなっている。地球的課題を解決するためのグローバル・ガバナンスにおいても，2015年以降のポスト国連ミレニアム開発目標（MDGs）を議論した国連ハイレベルパネルの報告書のタイトルが「新しいグローバル・パートナーシップ」（2013年５月）と題されたように，パートナーシップが依然キーワードとなっている。今やパートナーシップはナショナル（国内），グローバル両レベルでのガバナンスにおいて欠かせない要素となっている[1]。

しかし，これまでのガバナンス研究ではパートナーシップが何を意味して，どのような意義を有するのかに関する考察は限られてきた。そもそも，現実の世界では，先進国，発展途上国，グローバル，各レベルのガバナンスは相互に影響しあいながら同時に存在しているが，それぞれ公共行政（学），開発学，国際関係論が中心となってガバナンス研究が進められる中で「分断」が生じており，パートナーシップの考察もまたその影響を受けている。それらの間の何らかの統合の可能性を示すことが，ガバナンスの実践及び研究のさらなる発展に必要である（Chhotray, and Stoker 2009）。そ

＊　和洋女子大学人文学群准教授　国際関係論・政治学専攻

こで，本稿は，ナショナルとグローバル両レベルのガバナンスに関わるパートナーシップを実践と理論の両面から改めて検証することで，その歴史的経緯やガバナンスにおける位置付け，特性，直面する課題を明らかにし，包括的な分類の枠組みを提示したい。なお，ガバナンスは，コーポレート・ガバナンスのように多様な分野で用いられる概念であるが（ベビア 2013），本稿では特に政治学分野に関連したものに焦点を合わせる。パートナーシップの概念もいろいろな用途で用いられているが，本稿では公共財の提供に関わりかつ公的アクターが関与するものを取り上げたい。

まず，先進国内でのガバナンスの議論とPPPを中心としたパートナーシップの実践の経験を検証する（2節）。続いて，途上国におけるガバナンスとパートナーシップが意味するものを考察する（3節）。さらに，グローバル・ガバナンスでパートナーシップがどう展開してきたかを，国連での動きや持続可能な開発と保健の分野に注目して検証する（4節）。それらの検証を通じて，ナショナルとグローバル両レベルにおけるパートナーシップを比較してその共通する特性を明らかにし，パートナーシップの包括的な分類の枠組みの構築を試み，その形成についての仮説と共通の課題をまとめる（5節）。最後に，本稿で明らかになった点がガバナンス論に与える示唆を述べる（6節）。特に，パートナーシップの研究が，ガバナンスの理論と実践に内在する先進国／途上国及びナショナル／グローバルの「分断」を乗り越える手がかりとなる可能性があることを示したい。

2．先進国でのガバナンスとパートナーシップ

(1) 先進国内でのガバナンス

1980年代になり，サッチャー政権下のイギリスや，オーストラリア，ニュージーランド，アメリカといったアングロサクソン圏の西側先進国では，オイルショック後の財政難を受けて新自由主義の思想に基づく「小さな政府」を標榜する改革が進められた。そこでは，中央政府から地方自治体まで公的セクターへの市場メカニズムの導入とネットワークの活用が進められ，新公共管理（NPM），アウトソーシング，PPPといった政策の新しい概念・手法を用いて改革が実行されていく。それらの一連の改革が「ガバメント」から「ガバナンス」への公共行政のシフトとして注目され，研究

が進められていった（Chhotray and Stoker 2009, ch.2; 新川編著 2011；ベビア 2013，第 4 章）。

ローズによると，公共行政の学問分野では，①ネットワーク・ガバナンス，②メタ・ガバナンス，③解釈的（interpretive）ガバナンスという 3 つのガバナンス研究の波が生まれてきたという（Rhodes 2012; 風間 2013；堀 2011）。①のネットワーク・ガバナンス論は，公共政策が，従来の階層的な行政機構だけではなく，政府の部局，専門家，労働組合，NPO，民間企業などによって構成される「政策ネットワーク」を通じて形成・実施されていく状況に注目する（Enroth 2011, pp.26-27; Rhodes 2012）。ネットワーク・ガバナンス論の「国家は空洞化しつつある」という主張に対し，政策ネットワークでは国家（政府）の存在意義はむしろ高まっているという反論がなされた（Pierre and Peters 2000）。ジェソップによって広められた②のメタ・ガバナンスの概念も，そのような問題意識に沿う形で援用される。ガバナンスを「複雑で互恵的な相互依存によって特徴づけられる社会関係の調整に関わる構造と実践」としたうえで，メタ・ガバナンスはそれら構造と実践の調整をするものである（Jessop 2011, p.108）。イギリスのブレア政権などを例に，メタ・ガバナンスにおいて，国家（政府）は，ゲームのルールを設定したり，意味や信念，アイデンティティなどを助長することでアクターを導いたり，資金や権威などの資源を配分したりすることで，ガバナンスの調整の確保など主要な役割を担うとされる（Jessop 2011; Rhodes 2012）。③の解釈的ガバナンスは，公務員研修を通じたネオ・リベラルな管理的（managerial）合理性の「埋め込み」のように，信念と実践のアクターによる解釈と受容に焦点を合わせることで，ガバナンスが移行していくパターンを説明する（Rhodes 2012）。

このように，国内レベルのガバナンスの概念をめぐる議論は，公共行政の新自由主義的な改革を背景に，ビジネス（営利）セクターの行政サービス提供への参入と政策ネットワークの広がりへの注目を中心に展開した。先進国の国内レベルのガバナンス概念は，①国家のような伝統的な政治主体による階層的な統治ではなく，②私的なアクターが政策形成から執行に至るまで幅広い政治的なプロセスに関与し，③こうしたアクターは他者からの支配を受けない自律的な存在であり，④アクター間の関係は水平的なネットワークであるという点で特徴づけられる（木暮 2011，169頁）。ただし，ガバナンスにおける国家（政府）の役割・位置づけは論争中であり，また，政府を対象とした従来の民主的アカウンタビリティへの影響も問われている。さらに，検証される事例はもっぱらOECD諸国におけるものであるため，国家の優位を否定する傾向が強いネットワーク・ガバナンス論でも，国家が一定の能力を持つことを暗黙の前提としている点に注意が必要である。国家の能力が低くNGOや企業など非国家アクターも未発達の途上国に適用可能かは疑わしい。しかし，ガバナンスの概念は，OECD諸国やそれらが主導するブレトンウッズ機関を通じて，途上国への開発援助やグローバル・ガバナンスへ形を変えながら浸透していく。

⑵ 先進国内でのパートナーシップ

上のように，国内のガバナンスの議論は，政策ネットワークを軸に展開されてきたが，パートナーシップはその重要な実践の一つの形態とされる。特にいわゆる公民パートナーシップ（PPP）は「今日，パブリック・ガバナンスの世界で圧倒的な存在となっているネットワークの，単により公式な一形態」とみなされている（ベビア 2013，116頁）。アメリカやイギリスを始めとした先進国政府では，1980年代以降，民間企業やNPOが公共サービスの提供で果たしうる役割に注目が集まっていった。まず，イギリスを中心に，経済性，効率性，有効性を追求するNPMの思想が行政活動に適用され，公共サービス提供での市場メカニズムの活用が目指された。そこではPFI（民間資金を活用した社会資本整備）や民間委託，民営化，エージェンシー化が押し進められたが，1990年代には，国内行政における公共サービスの提供における政府と民間セクターの間の協働はPPPと呼ばれるようになる。

ただし，PPPの定義は定まっておらず，多様な活動が含まれうる。東洋大学PPP研究センターは，日本への適用を意識しながら，PPPの狭義の定義として「公共サービスの提供や地域経済の再生など何らかの政策目的を持つ事業が実施されるにあたって，官（地方自治体，国，公的機関等）と民（民間企業，NPO，市民等）が目的決定，施設建設・所有，事業運営，資金調達など何らかの役割を分担して行うこと。その際，①リスクとリターンの設計，②契約によるガバナンスの2つの原則が用いられていること」としている（根本 2011，20－21頁）。国連欧州経済委員会（UNECE）

では，欧州諸国の経験などを踏まえて，PPP を「公共施設とサービスの資金提供，実施，運営を目指すもの」と定義し，その特徴は，長期（時には30年に及ぶ）のサービスの提供，民間セクターへのリスクの移転，法的主体と公的機関の間で結ばれる多彩な形態の長期的契約であるとする（UN-ECE 2008)。そもそも PPP の「民間（private)」の意味するところが，企業などビジネスセクターだけなのか, NPO など非営利セクターも含むのか, 曖昧な部分が残っている。OECD では，PPP は「政府のサービスの提供上の諸目的が民間パートナーの利益上の目的と整合している，政府と民間パートナーの間の長期的な合意」と定義され，非営利の市民社会組織が公共サービスの提供に関与する合意は除外されている（Hawkesworth 2011, p.3; OECD 編著 2014，27頁も参照)。

企業中心の民間セクターと行政の協力をベースにした PPP には，PFI, 指定管理者制度，市場化テスト，公設民営（DBO）方式，下水管の維持管理等で導入された包括的民間委託，自治体業務のアウトソーシングなどが含まれる（町田 2009，18－27頁)。特に，PFI は PPP の手法のほとんどを包含し，多額の資金が必要なインフラ整備に活用されている。国際通貨基金（IMF）の報告書が指摘するように，PPP は，国や地方の財政状況が切迫し，他方で高度成長期以降に投資した設備が更新時期を迎える中で，PPP は，民間の資金とそのインフラ投資に係る民間の経営ノウハウを活用する方法として，いわば民営化の行き詰まりを克服する代替案として注目を集めた（IMF 2004, p.4; 町田 2009，17頁)。そのため，民間の資本を活用するという NPM 以来のガバナンスの議論の流れを引き継いで，多くの OECD 諸国における PPP の実践は, OECD の定義にあるような行政機関と民間≒ビジネスセクター間の協働に重点が置かれ，かつインフラ整備を目的とするものが主流となっている。

行政と民間≒ビジネスセクターの間の結びつきに重点を置く PPP に対して,「民」を NPO 含む市民アクターを中心に捉えて，行政と市民との間の協働としてのパートナーシップに注目する動きもアメリカやイギリスを中心に広がりを見せてきた。アメリカでは，すでに1960年代より社会サービスや住宅及びコミュニティ開発・保健医療などの分野で，政府が NPO に資金を提供し，NPO がサービスを供給するという，いわゆる「第三者政府」の形成が指摘されてきた（サラモン 2007；原田・藤井・松井 2010)。

イギリスでは，1997年に新自由主義に代わる「第三の道」を掲げるブレア政権が誕生すると，公共サービス提供において，政府とNPO間の対等な立場にもとづくパートナーシップが重視されるようになった。政府・自治体とNPOとの間で「コンパクト」と呼ばれる協定文書が結ばれ，さまざまな公共サービスが提供されるようになる（塚本 2007；原田・藤井・松井 2010，165－167頁）。日本を含め，近年でもNPOと行政との間の協働としてのパートナーシップは盛んに唱えられており，「①異質なアクターが，②共通の目標のために，③対等かつ相互に自立した形で協力すること，また，そのような関係性を維持するために④相互の理解や信頼関係を醸成すること」が含意されている（原田・藤井・松井 2010，26頁）。また，行政，ビジネス，非営利の3つのセクター間のパートナーシップも地方行政などで実践されている。例えば，イギリスで2000年に「地域戦略パートナーシップ」が地方政府に設置され，地域における公共サービスの提供や地域再生戦略の策定・実施を担うようになった（原田・藤井・松井 2010，第7章）。

国内でのPPPは，その目的から，長期的な戦略的政策課題を管理する「促進（facilitating）パートナーシップ」，広く合意された優先順位に基づいて政策の実施と管理を行う「調整パートナーシップ」，現実的で特定の相互に利益を生むプロジェクトにかかわる「実施パートナーシップ」，カギとなる方向性と目的，実現の方法の特定を目指す「戦略目的の合意のためのパートナーシップ」に分けられる（McQuaid 2010, p.129）。しかし，過去の実践では，PPPは政策の実施に関わるものが多いといえる。

PPPが形成され変容する要因については，PPPが政府，ビジネス，非営利セクターそれぞれの限界を「補完」するものとして，政府主導で形成されるという説明がなされることが多い。すなわち，政府には画一的で消費者を満足させにくいという「政府の失敗」があり，民間企業には情報の非対称性から消費者の信頼を損ねるという「市場の失敗」があり，NPOなど非営利セクターにも資源不足，個別主義，温情主義，アマチュアリズムという「非営利の失敗」がある。これらの欠陥を埋める公共サービスの担い手として，PPPが形成されるのである（サラモン 2007）。

過去の実践から，PPPによって公共行政へ生じた問題が指摘されている。第1に，その複雑さであり，参加アクターがその過程で発言ができなかったり，透明性が欠如していたりする。第2に，PPPにおける政府の役割のジレンマがある。特に財務関係省庁は，PPP 政策の擁護者であると同時に公共財政の守護者として，時に矛盾する二重の役割を負わされる。第３に，PPP は行政サービスの提供の形態としては複数の選択肢の一つであるが，それぞれの長短について十分に考慮されないまま PPP が選ばれることがある。第４に，PPP での政府の課題は，独自の戦略課題を追求する民間セクターの多数のパートナーをどう管理するかであるが，多くの政府はその能力を有していない。最後に，特にインフラ分野では PPP は数十年に及ぶ長期的な契約であるため，どのような要素がガバナンス環境に長期的に影響するか予見できず，アウトプットの評価も難しい（Greve and Hodge 2010, 153-155）。これらの問題もあり，PPP の普及は伸び悩んでいる。ビジネスセクターが参加するインフラ中心の PPP は OECD 諸国で広く実践されてきたが，一番盛んなイギリスでも PPP は公共投資の12％程度を占めるに過ぎない（Hawkesworth 2011, p.6）。

そこで OECD は，各国の PPP の実践からの教訓を踏まえ，PPP の各国での有効利用を助けるため「公民パートナーシップの公的ガバナンスのための諸原則」を2012年５月に策定している。同原則には，政治的リーダーシップの確保や各機関の役割と責任の明確化，投資プロジェクトの優先順位づけ，リスクの適切な管理，プロジェクトの持続可能性や透明性の確保，政府による無駄や腐敗の防止が含まれる（OECD 2012; Hawkesworth 2011）。OECD は，それらの諸原則に沿って，PPP が，保有可能（affordable）で，金額に見合う価値（value for money）のあるものとなり，予算過程で透明性をもって扱われるよう推奨している（OECD 2012; 2014）。

また，松行らは，企業間や企業と NPO 間，行政と NPO 間のパートナーシップの実践を踏まえて，パートナーシップの（追求すべき）特性として，組織間における「対等性」，各組織の「自立性」，組織相互の「信頼関係」の継続，組織相互に利益をもたらす「互恵性」，（特に NPO にとって）契約相手に対して下請け関係ではない自由で「緩やかな連結」，組織相互に経営資源を補い合う「補完性」を挙げている。その上で，パートナーシップを結ぶ場合，最初に役割と責任の分担を定めておくことが重要であり，相互の立場を理解するために，対話を交わすことが不可欠であるとする（松行・松行 2004，８－10，22－25頁）。

このように国内行政の分野では，ガバナンスの議論とともに PPP の実際の活動と研究が発達したが，2000年代終盤からの世界金融危機により新しい公共ガバナンスの枠組みとしてPPPがはたしてどの程度適切なのか，議論が再燃している（Greve and Hodge 2010, p.158）。ビジネスセクターの参加中心から，公共性（publicness）に沿うようにパートナーシップも変化すべきという議論がある（Peters and Pierre 2010）。また，地域行政への市民の参加を基準とする「市民参加のはしご」の中にパートナーシップを位置付けて，その実現と更なる権限の市民への移譲を求める議論も生まれている（山本 2014，230－234頁）。

3．途上国のガバナンスとパートナーシップ

⑴ 開発援助におけるガバナンス

1980年代は，西側先進国の影響力の強い世界銀行及びIMF，いわゆるブレトンウッズ機関でも，その援助政策において「ワシントン・コンセンサス」といわれる新自由主義的な思想が浸透していった。世界銀行は市場主義経済と「小さな政府」を推奨し，その実施を援助の条件とする構造調整政策を実施したが，社会不安を生んでむしろ経済的に困窮する諸国も現れるなど成功しなかった。1990年代になると，東アジア諸国の開発主義の経験が評価され，政府の能力に注目が集まる文脈でガバナンスの概念が用いられるようになっていく（木村 2013；Pomerantz 2011）。

世界銀行の1992年の定義では，ガバナンスは「開発へ向けた当該国の経済的及び社会的資源の管理における権力の行使のされ方」と定義される（World Bank 1992, p.1）。2007年段階で，世界銀行では，ガバナンスを「パブリックな役人と機関が公共政策を形作り公共財とサービスを提供するために権威を取得し行使する手法」としている（Pomerantz 2011, p.160）。ガバナンスの課題としてよく取り上げられるテーマとしては，①法の支配，規制官庁，アカウンタビリティ，透明性，誠実さや反腐敗，②政府の能力，リーダーシップ，組織化，制度上の構造や範囲，実効性，③分権化，民衆の声（Voice），参加，市民社会と社会資本の強化，④デモクラシー，自由で公正な選挙，市民的自由と人権，報道の自由，⑤グローバル・ガバナンスのアジェンダのサブセット（国際金融機関のアカウンタビリティ，透明性，誠実さ，組織化，正当性，実効性）といったものが挙げられる（Pomerantz 2011, p.164)。ただし，OECDやUNDPではこれらの要素のうちデモクラシーに関わる要素をガバナンスの概念に積極的に取り入れてきたのに対して，世界銀行は，自らの「非政治性」の原則への配慮もあり，むしろ公共セクター管理に限定して用いる傾向にある。

開発援助の分野では，援助ドナーを中心とする外部者が発展途上国のガバナンスをどう評価するかが主要な論点となってきた。いわゆる「グッド・ガバナンス」の実現の程度が各種指標を用いて測定され，援助の戦略や金額の決定の参考とされる（杉浦 2010，第4章)。総合的なガバナンス評価の代表的なものとして，世界ガバナンス指標（World Governance Indicators, WGI）がある。WGIは，世界銀行研究所（WBI）で開始され，2002年以来毎年評価結果が公表されている。WGIの中心的な考案者であるカウフマンは，ガバナンスを「ある国における権威が行使される伝統と制度」と定義して，そこに(a)政府が選ばれ，監視され，置き換えられる過程，(b)政府が実効的に健全な政策を策定し実施する能力，(c)市民と国家の間の経済的・社会的相互作用を支配する制度に対する市民と国家の尊重が含まれるとする（Kaufman et al. 2010, p.4)。そのガバナンスの定義の構成要素に対応する形で，(a)に対し①発言権とアカウンタビリティ，②政治的安定性と暴力・テロリズムの不在，(b)に対して③政府の実効性，④規制の質，(c)に対して⑤法の支配，⑥腐敗の統制の項目を設けて，それぞれについての様々な指標を総合して，スコアを算出する。

UNDPでは，2000年代になると，世界銀行のガバナンスの概念に，政治的権利や市民的自由，アカウンタビリティ，包摂的な参加など民主的価値を加えた「民主的ガバナンス」の概念を提示し，民主的ガバナンス構築のために，選挙過程，電子ガバナンスと情報へのアクセス，議会の強化，人権，人間開発のための裁判へのアクセス，反腐敗，ガバナンス評価などへの技術的な支援を行っている[2]。また，最近の援助においては，イギリスの国際開発省（DfID）の「変化の動因（Drivers of Change)」プロジェクトのように支援対象国の政治経済上の権力構造を検証し援助に反映させたり（杉浦 2011)，「まずまず良い（good enough）ガバナンス」の概念のように，対象国の特殊な状況に応じたより柔軟なガバナンス評価を取り入れるべきという主張も見られる（Grindle 2007)。

途上国に適用されるガバナンスの概念は，このように第1に，政府と非政府アクター間の水平なネットワークよりも，垂直的な権力構造を前提に政府の能力を重視する傾向にあり，ガバナンス≒ガバメントとしての意味合いをいまだ強く帯びている。第2に，ガバナンスは，外部のアクターによる評価の対象となっている。第3に，しかし同時に，その新自由主義に基づく市場主義など先進国のガバナンス概念との共通点も見られる。第4に，デモクラシーなど政治的価値の実現よりも経済開発を目標として，ガバナンスのあり方が検討されてきたといえる。

⑵ 途上国内を対象とするパートナーシップ

上のようなガバナンスの概念の捉え方のもとで，途上国では，2つの意味でパートナーシップの概念が用いられている。第1に，先進国の場合と同様に，ビジネスセクターを利用して国家（政府）の能力を補うものとして，国内の公共サービスの提供や公共施設の整備でPPPを活用する試みが行われている。例えば，ルワンダ政府は，2013年から2018年までの経済開発貧困削減戦略（EDPRS2）にICT分野のインフラ整備でのPPPの活用を織り込んでいる（Rwanda Government 2012, p.65）。経済発展が進むアジア諸国でも，2000年代以降，インフラ整備のためにPPPを推進する動きが見られる。アジア各国では，公的資金が不足する中で膨大なインフラ整備需要を満たすためにPPPが有力な選択肢と考えられている。しかし，PPPの活用には国ごとに大きな差が生じており，ベトナムやカンボジア，ミャンマー，ラオスなどでは未発達である。また，実施諸国でも，PPPの案件を主導する政府機関の案件形成力の弱さが指摘されている（美原・藤木 2014，36頁）。その結果，PPPを促進するために，世界銀行やアジア開発銀行（ADB）よって金銭・非金銭両面から支援が実施されている（美原・藤木 2014，30頁）。そもそも途上国では，政府の能力としてのガバナンス及び非政府アクター（ビジネス及び非営利セクター）ともに未発達なことも多い。そのために，PPPを含めたガバナンスを国内アクターのみで改善し，国内の公共サービスを提供することが困難な場合がある。そこで，国際アクターが国内のPPPを支援したり，次節で見るグローバルなパートナーシップに各国内アクターが実施レベルで参加したりする形がとられている。

途上国を対象とする第2のパートナーシップの形態として，国連ミレニアム開発目標（MDGs）の目標8「開発のためのグローバル・パートナーシップ」で掲げられるように，国際アクターと途上国のアクターの間の開発へ向けた協力関係の構築が促進されている。2005年の「援助の実効性に関するパリ宣言」に盛り込まれているように，支援アクターと支援対象国は，パートナーシップを組んで，オーナーシップ，アラインメント（整合），調和化，成果マネジメント，相互説明責任を原則とする「パートナーシップ・コミットメント」を実施し，開発の実効性の向上を目指すことになっている。そのため，例えばフィリピンでの国連開発枠組み（UNDAF）2012−2018では，その実施過程での国連国別チームと政府の間のパートナーシップの強化が謳われている（United Nations 2011, p.iv）。

4．グローバル・ガバナンスとパートナーシップ

(1) グローバル・ガバナンス

国際関係論では，国際社会を国家が本質的に対立するアナーキーの世界とする現実主義の見方に対し，1980年代以降，国際経済や地球環境といったイシューにおいて公式・非公式のルールや規則など国家の行動を規律する制度が，いわゆる「国際レジーム」の形成が主張されるようになった（山本 2008）。それに続いて，冷戦後の国際社会に一定の秩序が形成されつつあることを示すために，理論と実践が相互作用しながら急速に発達した概念が，グローバル・ガバナンスである。グローバル・ガバナンスの概念は，国際関係論では1992年刊行の論文集『政府なきガバナンス』によって知られるようになった（Rosenau and Czempiel eds. 1992）。1995年には，冷戦後の望ましい世界秩序を検討するために国連が政治家や知識人を集めて設置したグローバル・ガバナンス委員会によって，報告書『地球リーダーシップ―新しい世界秩序を目指して（Our Global Neighbourhood）』が刊行された。同報告書は，当時の国連に向けられた楽観的な期待論を背景に，グローバル化による国家主権の浸食と，それに対照的な国際機構や市民社会組織の役割の上昇を踏まえ，多様なアクターの協力によるグローバル・ガバナンスを通じたグローバルな課題の解決を求めた（ベビア 2013，152−156頁）。同報告書は，グローバル・ガバナンスを「個人と機関，私と公とが，共通の問題に取り組む多くの方法の集まり」であり，「相反する，あるいは多様な利害関係の調節をしたり，協力的な行動を採る継続的プロセ

ス」であり，「承諾を強いる権限を与えられた公的な機関や制度に加えて，人々や機関が同意する，あるいは自らの利益にかなうと認識するような，非公式の申し合わせもそこには含まれる」とした（Commission on Global Governance 1995，邦訳，28－29頁）。

以後，合意された定義は存在しないものの，国際社会における集合行為問題を解決するための，国際レジームを含めたプロセスや制度のことが一般にグローバル・ガバナンスと呼ばれる（渡辺・土山 2001，4頁；山本 2008，169－171頁）。グローバル・ガバナンスの概念の出現は，国際関係論を支配してきた旧来の理論の書き直しにつながり，冷戦後のグローバル化が進んだ国際社会における新しい実践と政治的対応の理解を進め，国際関係の実践の変化へ向けたアジェンダ設定に貢献した（Bevir and Hall 2011）。同時に，冷戦後の目指すべき望ましい世界秩序として，グローバル・ガバナンスの概念は規範性を強く帯びながら定着している。そこでは独自のマルチレベル・ガバナンスが形成されつつあり，超国家的な権威と補完性の原理を有するEUが，目指すモデルとされることもある（Held 1995）。

しかし，1990年代後半の国連のソマリアでの失敗や，今世紀初めのイラク戦争などアメリカの単独行動主義によって，国連への幻滅が広がると，グローバル・ガバナンスの議論は単純な楽観論から離れていった。現在のグローバル・ガバナンス研究は，その規範的な立場から分類すると，国際レジーム論を含めたリベラルなアプローチに結び付いて国際機構・制度に注目する「制度主義」，国際機構・制度や国民国家よりもNGOや社会運動に特に注目する「トランスナショナリズム」，よりマクロな視点で楽観的かつ変化を求める「コスモポリタニズム」，マルクス主義より導かれ既存のグローバル・ガバナンスの体制を搾取と不平等な社会経済構造と結びついたものとして批判的にみる「ヘゲモニズム」，国際関係論の現実主義の想定を踏襲し国家主権を尊重してグローバル・ガバナンスの概念自体に批判的な「否定主義（Rejectionism）」に分けられる[3]。これら規範的な姿勢の違いは，グローバル・ガバナンスをめぐる対立の原因でもあり結果ともなっている。他方で，規範的立場から離れて，グローバル・ガバナンスを一般的な概念として扱い，歴史的アプローチや国際レジーム論などを援用しながら，その歴史的な変化やその内部の権威構造や権力関係，政治的対立，規範的な問題（アカウンタビリティや民主的正当性）を分析する研究も増えている

（Kacowicz 2012; Weiss and Wilkinson 2014）。

グローバル・ガバナンス概念は，上述のように，国際機構やNGO，多国籍企業といった非国家アクターの役割が国家とともに協力してグローバルな課題の解決に取り組んでいくことが，長らく前提であると同時に望ましいこととされてきた。そのような多様なアクターによる協力は90年代の早い段階より「パートナーシップ」と称されてグローバル・ガバナンスの望ましい実践方法の一つとされている。

⑵ 国連とパートナーシップ

まず，1992年の国連環境開発会議（地球サミット）で採択されたリオ宣言では，「持続可能な開発を達成し，すべての者のためのより良い将来を確保するため，世界の若者の創造力，理想及び勇気が，地球的規模のパートナーシップを構築するよう結集されるべきである」（第21原則）とされた。その行動計画であるアジェンダ21では，各国政府や国際機構とともに，ビジネスと産業界やNGO，女性など非国家アクターにも役割と責任が与えられた。1995年には，先述の『地球リーダーシップ』でも多様なアクター間によるパートナーシップの必要が言及されている[4]。

地球サミットに代表される冷戦後の国際協力でのNGOへの注目の高まりと国連の活動への関与の拡大を受けて，国連機関とNGOとの間の協力体制は一層制度化されていった（杉浦 2004，第8章）。90年代末になると，当時のアナン国連事務総長は，地球環境や貧困など国連が取り組む問題の解決で民間（≒ビジネス）セクターとの協力を積極的に模索していく（Bull and McNeill 2007, p.8）。98年には，国連機関と民間セクター，市民社会組織の参加を通じて援助プロジェクトを実施する，国連国際パートナーシップ基金（UNFIP）が設立された。2000年9月の国連ミレニアム・サミットで採択されたミレニアム宣言では，開発と貧困撲滅のために民間セクターや市民社会との間でパートナーシップを発展させることが明記され（第20項），具体的目標を定めたMDGsでも「開発のためのグローバル・パートナーシップ」を構築することが織り込まれた（目標8）。MDGsにおけるパートナーシップ自体はODAの増額や債務削減といった南北問題に焦点を合わせたものであったが，国際規範としてパートナーシップの概念は一層浸透することとなった。その後，グローバルなパートナーシップは，国連におけるグローバル・コンパクトなどビジネスセクターとのパートナーシップ，持続可能な開発の分野，保健（health）の分野で，特に発達を見せていくことになる。

まず，2000年７月には，アナン事務総長の呼びかけで，グローバル・コンパクトが総会決議などの裏付けはない事務局独自の活動として発足した（以下，杉浦 2008）。グローバル・コンパクトは，人権，労働，環境にかかわる10の原則について，署名した参加者（国際機関及び企業，NGO）がそれぞれの活動の中で遵守し，同時に実践例などの情報を交換する。2000年12月には，「グローバル・パートナーシップへ向けて」と題される決議55／215が採択され，グローバル・コンパクトに限らず，より広く国連と非国家アクター，特に民間セクターとの間のパートナーシップの構築が目指されるようになった。そこでの「民間セクター」は，利益追求志向（for-profit）の個別の企業，ビジネスの協会・連合体，企業の社会奉仕（フィランソロピー）団体を指している。2002年12月にはUNFIPの実務を担当するパートナーシップ・オフィスの設置が決められた。

上の決議に関連する03年８月の事務総長報告書では，パートナーシップは，「すべての参加者が，共通の目的を達成あるいは特定のタスクを請け負うために協働することと，リスクと責任，資源，利益を共有することに合意する，国家と非国家双方の多様なアクター間での自主的で協働的な関係」と定義された（United Nations 2003, para.9）。この定義は，その後の国連の民間セクターとの間のパートナーシップの基本的な定義となっていく（United Nations Global Compact Office 2013, p.6）。同報告書は，パートナーシップの「目的」も分類し，①ILOや持続可能な開発委員会のように，民間セクターが国連内外の政府間過程に公式・非公式に参加する「政策対話」，②FAOのテレフード・キャンペーンのように，公共の認識と国連の目的及びプログラムへの支持を向上させるために協力する「アドボカシー」，③先述のUNFIPのように，国連のプログラムやプロジェクト，開発全般へ向けた公的・民間の資本を共に動員する「民間基金の動員」，④共同で情報の共有，研究，学習を行う「情報と学習」，⑤国連人道調整局の「最初に現地へ」イニシアティブのように，国連の現場作業を直接支援する「運用での提供（operational delivery）」，⑤国連機関によるパートナーシップ振興の活動である「パートナーシップの促進」に分類する（United Nations 2003, para.14)。「グローバル・パートナーシップへ向けて」の決議と関連する事務総長報告書では，本稿執筆時点に至るまで，国連と民間セクターの関係を中心とするパートナーシップの新しい展開が述べられている[5]。

このように国連では，NGO との協力関係に比して遅れていた民間セクターとの間の協力関係構築を進める手段としてパートナーシップが活用されている。この点，民間セクターから NPO へと注目される行政のパートナーが変化しつつある先進国内とは対照的である。代表的なパートナーシップの一つであるグローバル・コンパクトでは，2014年11月時点，8000を超える企業を含む12000以上のパートナーが参加し，国連の諸機関や政府とネットワークを形成している[6]。他方，参加団体の原則への遵守をどのように確保するのか，また，参加する団体・企業の欧州へ偏り（2004年時点で43％，対し北米５％，アフリカ６％）をどう解消するかが課題となっている（UN Joint Inspection Unit 2010）。

⑶ 持続可能な開発分野におけるパートナーシップ

持続可能な開発の分野では，先述の地球サミットで採択されたリオ宣言でグローバルなパートナーシップの構築を唱えられたが，具体的なパートナーシップの活用が始まったのは，2002年の持続可能な開発に関する世界首脳会議（ヨハネスブルグサミット，WSSD）においてである。WSSD では，各国政府による交渉と合意の成果として，持続可能な開発の決意を新たにするヨハネスブルグ宣言と，各国，国際機関等に対し21世紀最初の包括的な行動指針を示す実施計画（タイプ１文書）が採択されるとともに，タイプ２文書と呼ばれる「約束文書」がまとめられた。タイプ２文書は，各国政府の交渉や合意の結果をまとめたタイプ１文書とは異なり，国家，国際機構，地方自治体，NGO，企業等がパートナーシップを自主的に組んで，アジェンダ21で約束された目標の達成を目指すことを宣言したものである。このタイプ２文書に沿って国連持続可能な開発委員会（CSD）に登録されたパートナーシップはタイプ２あるいは WSSD パートナーシップと呼ばれる。2005年段階で220のパートナーシップが登録された（Wilson 2005, p.391）。

その後10年間の活動を検証したパットバーグらは，WSSD パートナーシップの実効性について，多くのパートナーシップが活動的でなく，比較優位があるはずのコアな機能で役割を果たしていないなど，全体として2002年当時の期待に応えていないとする（Pattberg et al. 2012, p.241）。CSD のパートナーシップの37％がアウトプットを産出していないという報告もある（Beisheim 2012, p.14）。また，ガバナンスのギャップを埋めるためにパートナーシップが形成されるという機能主義者の説明とは異なり，実際には新興工業国で多く形成され，他方，より必要なはずの後発開発途上国では少ない。また国際法や合意が既に濃密に存在し制度化が進んでいるイシュー領域でパートナーシップは活発である（Beisheim 2012, p.23; Pattberg et al. 2012, pp.241-242; Schäferhoff, Campe, and Kaan 2007, pp.10-11）。そもそも，WSSD パートナーシップの定義や運用方法は，WSSD における政治交渉でアメリカなど強力な国家やビジネス団体の影響を受けた。その結果，当初よりモニタリングや報告の要求が不十分なものとなり，パートナーシップ内のガバナンスの有効性を制限したとされる（Pattberg et al. 2012, p.240）。

正当性については，参加，アカウンタビリティ，透明性，熟慮といったデモクラシーのコアな価値を満たしているかという観点からは，持続可能な開発分野のパートナーシップは弱いとされる。南北間，周辺化された集団とそうでない集団，国家と非国家アクターの間の既に存在する権力の不均衡を，変えるよりもむしろ強化した。また，水セクターで見られたように，パートナーシップが地域のステークホルダーの実質的な関与につながっているかは不明とされる（Pattberg et al. 2012, pp.242-244）。

2012年の国連持続可能な開発会議（リオ＋20）では，成果文書である「我々が望む未来」において，パートナーシップの活用が引き続き強調された。しかし，2010年２月の段階で，CSD に348のパートナーシップが登録されていたものの，リオ＋20に先立つレビューでは，そのうち198しか活動的でなかった（UNDESA 2013, p.5）。そこで，成果文書の283項では，WSSD パートナーシップだけでなく，すべてのステークホルダーとそれらのネットワークによる「自主的コミットメント」の登録簿の作成が事務総長に求められた。自主的コミットメントでは，パートナーシップなど組織的な編成よりもむしろその「結果」が重視される（UNDESA 2013, p.4）。事務局は宣言を受けて，活動中の持続可能な開発（SD in Action）登録制度を構築している。そこには，リオ＋20でアナウンスされた730の自主的コミットメントに加えて，グリーン経済の政策と実践，WSSDからの198のパートナーシップを含めた合計1382の「自主的なイニシアティブ」が登録された（UNDESA 2013, p.5）[7]。

⑷ 保健分野におけるパートナーシップ

持続可能な開発分野と並んでパートナーシップが積極的に活用されてきたのが，保健の分野である（杉浦 2009）。現在，保健にかかわる問題の解決を目指す国際協力はグローバル保健ガバナンス（GHG）といわれるまでに発達し，グローバル・ガバナンスの一角を構成している（Youde 2012）。GHGは，ほかの分野と同様，政府や国際機構による「国家的規制」から，次第に企業や市民社会組織による「私的規制」や，政府／国際機構，民間セクター，市民社会間の「混合的規制」へと移行してきた（Bartsch, Hein, and Kohlmorgen 2007, p.22）。GHGの具体的な手法として注目されるものが，世界保健機関（WHO），各国政府，NGO，企業系財団，製薬会社といった多様なアクターが参加するグローバル保健パートナーシップ（GHP）である。

20世紀後半からの保健分野の国際協力では，WHOが重要な役割を担ってきた（以下，杉浦 2009）。しかし，80年代の南北間対立と新自由主義思想の国際的な流行の中で，途上国の影響力の強いWHOの国際保健の分野における地位は相対的に低下していく。90年代終盤から，WHOは，協力関係が進んでいた市民社会に加えて，民間セクターとの協力関係を積極的に築くことで存在意義を取り戻すことを考え，その主な方策のひとつがWHOをホストとするパートナーシップであった。先進国政府も，2000年7月の九州・沖縄G8サミットで示されたように，パートナーシップを活用した感染症対策に積極的になっていく。このように，先進国，WHO，NGO，民間セクターの利害が一致し，先述のように国際協力全般で多セクター間の協力が好ましいとする価値観の広がりもあり，2000年代には（公民）パートナーシップの概念は保健分野において一つのパラダイムとなった。

バーチは保健分野のパートナーシップを4つの発展段階に分けている（Bartsch 2011）。①初期段階（1996～1998）では，ロックフェラー財団など企業（経営者）による社会奉仕団体の役割が増大していった。②パートナーシップ増殖の段階（1998～2002）では，国連やWHOよりむしろ社会奉仕団体や製薬会社など民間アクターの役割の増大が見られた，③「大きいもの（Big Ones）」の成長段階（2002～2005）では，ロックフェラー財団とビル・アンド・メリンダ・ゲイツ財団（以下，ゲイツ財団）の資金提供を受ける，世界エイズ・結核・マラリア対策基金（GFATM）やワクチン予防接種世界同盟（GAVI 同盟）など６つのパートナーシップの財政的，政治的影響力が増加し，④定着の段階（2005～）では，援助の実効性とドナー間の調和の過程にパートナーシップをうまく統合させることが目指されている。実際，国家の保健システムを軽視・弱体化させてしまうといったGHPの問題が顕在化し始め，2007年には各国の保健戦略と国際援助の整合を目指して，国際機構や政府系援助機関，途上国政府から成る国際保健パートナーシップ（IHP ＋）が立ち上がっている。

このような展開の中で，GHP の定義について，例えばブルとマクネイルは，「公民保健パートナーシップ」を，他分野の PPP の定義を参照しながら「現在のグローバルな保健問題を解決するために，公的・私的セクターの諸機関から異なった技術と資源を画期的に組み合わせるアレンジメント」とする（Bull and McNeill 2007, p.66）。保健分野での国際協力のために，各国政府及び政府間国際機構など「公」的アクターと NGO や民間企業など「私」的アクターが，原則として対等なものとして参加する，一定程度独立した協力関係を GHP と考える点では，どの論者もおおむね一致している。その意味での GHP は，80から100あまり存在する（Bartsch 2011）。

GHP の目的について，ブルとマクネイルは，大きく，①マラリア治療薬事業（MMV）など，いわゆる顧みられない病気（neglected diseases）のように商業ベースでは十分な研究が行われない病気に対する医薬品やワクチン開発を目指す「研究・開発」，②抗エイズ薬供給推進イニシアティブ（AAI）など，医療サービスへのアクセスを支援し，医療や治療薬の割安販売や無償提供，国内の保健制度の能力強化ための技術的な支援などを行う「技術支援・サービス支援」，③結核を止めるためのグローバルなパートナーシップ（Stop TB）など，各国政府や国際機関，各国市民に対して特定の病気に対する注意を喚起し，特定の保健活動の普及や資源の動員のための運動を行う「アドボカシー」，④世界エイズ・結核・マラリア対策基金（GFATM）など特定の病気の治療やそれに関わる施策に必要な資金を集めることを目的とする「財源確保」の４つに分類する（Bull and McNeill 2007, p.66)。他のGHPの研究も，おおむね類似の分類を採用している（Bartsch 2011）。

最近，多様なアクターによる共同の意思決定を前提にせず，すべてのタイプのアクターを包摂し，広い範囲の活動をカバーする「グローバル保健イニシアティブ」（GHIs）という表現がGHPよりも用いられつつある。そこでは，公的及び私的アクター間の相互作用とパートナーシップという，それまで不可欠とされてきた要素が抜け落ち，実績やパフォーマンスが強調されている。「AIDS救済のための米大統領の緊急計画」などの二国間ないし多国間のプログラムを含むことになり，従来のGHPがもっていた特色があやふやになっている。このようなパフォーマンスを強調する傾向は，インプットの正当性をさらに危険に陥らせるという批判がある（Bartsch 2011）。

その他，GHPの実効性について，次の問題が指摘されている（以下，杉浦 2009；Williams and Rushton 2011）。まず，GHP同士の連携が不十分で国内での重複が生じており，実施対象の途上国の負担となっている。また，GHPのアカウンタビリティが，対象となるパートナーやステークホルダーの「複合性」のためにむしろ不明確になっている。さらに，GHP内部のガバナンスにかかわる問題がいくつか懸念されている。第1に，GHPの目標の具体化と参加パートナーの役割の明確化が求められているが，NGOと製薬会社の間など参加パートナー間での価値観や組織文化の違いにより，全体が一致する明確な目標を設定することが難しい。第2に，GHPの持続可能性の問題である。GHPの活動の資金源として先進国政府とゲイツ財団など特定の民間財団からの資金の比重が大きく，それがGHPの活動を活性化させる反面，依存につながっている。そもそも，GHPの形成がその目的の一つである民間資金の増加には必ずしもつながっていない。例えば，GFATMの原資のうち，先進国とEUを中心とする公的資金が94％を占め，残りもゲイツ財団が多くを占める（Bartsch 2011）。2008年以降の世界的な景気後退もあり，持続可能性への不安が高まっている。

GHPのインプットの正当性についても問題が指摘されている（杉浦 2009; Williams and Rushton 2011）。第1に，いくつかのGHPでは，意思決定の場での各セクターへの決定権の分配が必ずしも適切でなく，特定のアクターの影響力が拡大していることが指摘される。例えば，2000年発足の

GAVIは，意思決定機関の構成において，決定の影響を受ける人々を代表するNGOより，大手資金提供者や国連機関の発言権が強いと批判された。第2に，GHPに参加するパートナーの各セクターからの選定の問題がある。特に，民間セクターのパートナーの選定についてのガイドラインの欠如や不明瞭さによって，パートナーシップへの不透明な参加による特定の企業の影響力の増大が危惧されている。

5. パートナーシップの概念と実践の整理

以上の各分野でのパートナーシップの議論と実践の検証から，パートナーシップの概念は，ガバナンスの概念と同様，ある現象や実践を特定しその生成や変化を説明する概念であると同時に，目指すべき方向を示す規範性を強く帯びた概念として発展してきたといえる。そこで示されるパートナーシップに備わる共通の「特性」として，①複数のセクターからのアクターの参加，②内部のガバナンスの非階層性と意思決定でのパートナー間の対等志向，③アクター間での目的と利害・資源の共有を指摘できよう。ただし，これらの特性は，実態として備えているというよりも，むしろ備えるべき規範的な要素と考えられてきた。

次に，多種多様なパートナーシップを分類する枠組みについて，本稿では，先進国内，途上国内，グローバル・レベルに分けてパートナーシップを検証してきたが，結局のところ，国内とグローバル・レベルの違いは，参加するアクターが異なるという点に還元できる。また，目的についても，国内レベルのパートナーシップでは資源の動員と政策の実施に関わるものが圧倒的に多く，グローバルなレベルではそれらに加えてアドボカシーや政策・規範の形成を目的とするものもある程度の割合で存在するという点で異なるものの，それらはカテゴリーのセットとして扱うことが可能である。そこで，各パートナーシップは，次のようにパートナーシップの「目的」と「参加するパートナー」によって分類することができよう。

まず，これまでの考察を踏まえて，パートナーシップの「目的」は，大きく，第1に，特定の問題や政策，規範をアピールし啓発運動を行う「アドボカシー」，第2に，問題解決に必要な資金や専門知識などを集める「資源の動員」，第3に，問題解決に必要な規範や基準を形成･発展させる「政策・規範の形成」，第4に，技術援助などを通じて実効的･効率的に特定の政策あるいは規範を実施する「政策・規範の実施」に分けることができよう。もちろん，実際のパートナーシップの多くは，上記の複数の目的を遂行している。

また，パートナーシップに「参加するパートナー」は，公的アクターである政府（自治体レベルの政府を含む）と国際機構，私的アクターであるNPO/NGOとビジネスセクターの中から，異なったカテゴリーに属する二つ以上のアクターの組み合わせである。国際的なパートナーシップの場合，政府とNGOは，さらに「北」と「南」のカテゴリーに分類することもできよう。政府（中央政府や地方政府など），NPO/NGO（草の根組織や地域コミュニティ含む），ビジネスセクター（先進国企業と新興国企業，多国籍企業と国内的な企業など）はさらに細かく分類することも可能である。

以上の，目的と参加するパートナーの組み合わせから単純な分類の枠組みを作ると，表1のようになる。表1では，OECD諸国で活動するインフラ整備のためのPPPと，NPOを中心とした第三者政府型パートナーシップ，グローバルなPPPとして国連グローバル・コンパクトとグローバル水パートナーシップ（GWP），世界エイズ・結核・マラリア対策基金（GFATM）を当てはめている。表1は，あくまでも単純な分類の試みであるが，各パートナーシップの性格の違いをとらえることができよう。

その他のパートナーシップを分類する基準としては，「組織化」の程度が考えられる。MDGsの目標8の「開発のためのパートナーシップ」のようにむしろ規範概念に近いものから，国際機構としての体裁を整えている

表1　パートナーシップの分類の枠組み

		パートナーシップのパートナー					
		公的アクター			私的アクター		
パートナーシップの目的		先進国政府	途上国政府	国際機構	北のNPO/NGO	南のNPO/NGO	ビジネスセクター
	アドボカシー	◇	◇	●◇	●◇	◇	●◇
	資源の動員	◎○◇△	△	◇△	○△	△	◎△
	政策・規範の形成						
	政策・規範の実施	◎○			○		●

注：インフラ整備のためのPPP（OECD諸国）＝◎，第三者政府型パートナーシップ＝○，国連グローバル・コンパクト＝●，グローバル水パートナーシップ（GWP）＝◇，世界エイズ・結核・マラリア対策基金（GFATM）＝△

出所：杉浦2008の表2を筆者加筆修正

GWPのようなより組織化されたものまで，段階的に分けることができよう。また，参加パートナーのうちどのタイプのアクターがパートナーシップを主導しているかによっても，それぞれのパートナーシップは分類可能である。国内のPPPでは政府，持続可能な開発のパートナーシップではCSD，GHPではWHOが中心的なアクターである場合が多い。

次に，これまでの事例から，パートナーシップの「形成」について，いくつかの仮説が提示できる。第1に，グローバル化のような国際構造の変化がガバナンスのギャップを生み，結果として，国家アクターがそれに効果的に対応する必要が生じ，その手法としてパートナーシップが形成されるという，いわゆる「機能主義」仮説がある。第2に，先進国や国際機構，NGO/NPO，企業など個々のアクターが自らの利益の極大化を求めた結果，パートナーシップが設立されるという「インセンティブ」仮説，第3に，非国家アクターが公共財提供の責任を引き受けるような新しい制度的環境が，国内・国際的な規範・価値の変化によって構築されてきたことで，パートナーシップが出現したとする「コンストラクティビズム（社会構成主義）」仮説，第4に，パートナーシップはビジネスセクターが企業経営上のヘゲモニーをある分野や地域に確保するための政治戦略であるとする「ネオグラムシ主義」仮説に分けることができよう（Schäferhoff, Campe, and Kaan 2007, pp.10-13）。もちろん，それぞれ根拠と反証が存在しており，どれか一つが形成の要因とは言えず，複合的である。本稿で見た限りでは，公的な活動，すなわち政府や国際機構が担ってきた活動にビジネスセクターを巻き込むために，政府や国際機構主導でパートナーシップが導入された事例が目立つ。NGO/NPOの対等な参加も求められてはいるものの，パートナーシップがそもそも新自由主義的な価値の広がりに沿って出現した側面が強いことは否めない。

パートナーシップに共通する問題について，実効性と正当性の各観点から指摘できる。まず，パートナーシップの目的の実現という実効性の観点からは，パートナー間の調整の欠如，パートナー間の役割の不明確さ，一部の先進国や企業，財団への財源の依存，効果の測定方法の未発達，実施国内の制度上の欠陥（政府の能力不足や企業・NGOの未発達含む），内部でのパートナー間の利害対立といった問題が指摘されている。インプットの，あるいは民主的正当性の観点からは，意思決定でのアクター間の影響力の不平等，幅広いアクターの参加の要請と実効性・効率性の間のトレードオフ，参加パートナーの選抜方法の欠陥，透明性の不十分さ，アカウンタビリティの複合性の問題などが共通した課題ないし争点として挙げられる。また，アウトプットの正当性（＝実効性）とインプットの正当性の間にはジレンマが存在するが，GHP から GHI へのシフトに見られるように，現実のパートナーシップの展開では前者を重んじる傾向が見られる。この実効性と民主的正当性それぞれ及び両者の間のジレンマの問題は，先に見たように，ガバナンス全般が直面している問題でもある。

6. おわりに―ガバナンスとパートナーシップ

最後に，パートナーシップの研究がガバナンス論に内在する「分断」を架橋できる可能性について触れておきたい。先に見てきたように，ガバナンスの概念が実際に用いられる文脈は，各分野で依然として大きく異なっている。第 1 に，西側先進国を対象とする議論と途上国向けのそれとでガバナンスの概念の適用の方向性は対照的である。西側先進国では，国家（政府）の公共サービス提供での従来の役割からの縮小を前提として，民間企業や NPO がいかに公共サービスの提供に関わるかに関心が向けられてきた。その「新しい」公共行政のあり方を表現し，かつその実態を分析する枠組みとしてガバナンスの概念が用いられる（Osborne. (ed.) 2010; 新川 2011）。他方，途上国では，開発（援助）の議論にあるように，新自由主義的な政治経済体制を前提としつつも，開発における政府の役割が強調され，国家（政府）の役割と能力を強化してグッド・ガバナンスを目指すことが支援の焦点となっている。第 2 に，国内レベルとグローバルなレベルでのガバナンス概念には，前提の違いがある。国内レベルでのガバナンスの議論は，実際の能力の強弱はあるものの国家における単一の政府の存在が前提になっている。対して，グローバルなレベルでは，単一の世界政府は存在せず，国家（政府）が複数存在するアナーキーな状態が議論の前提となっている。先述のようにガバナンスの議論では「公」的アクターの役割が共通した争点となっているが，国内レベル（単一の国家のみ存在）とグローバル・レベル（複数の国家及び政府間国際機構が存在）では，「公」の示す中身は異なってくる。

このような，先進国／途上国，国内／グローバル・レベルのガバナンスの概念の「分断」状況に対して，パートナーシップの考察は，前節で整理したように，その「分断」を意識することなく，目的，参加アクター，組織化の程度に注目することで分類でき，また，実効性や民主的正当性について比較・検討したり，取り組む課題に応じたより好ましいパートナーシップの形態を明らかにしたりできる。パートナーシップがガバナンスの実効性と正当性向上のツールの一つであるならば（Börzel and Risse 2005），同様の研究アプローチがガバナンスの様々な形態の実践に適用できるかもしれない。パートナーシップのさらなる考察は，ガバナンス研究の総合を考える上でも，意義があるといえよう。

（1）　地域的なものも含めた国境を超えている状態を意味する「トランスナショナル」と世界全体を網羅する概念である「グローバル」は本来意味が異なるが，本稿では煩雑さを避けるためにトランスナショナルの意味合いを含めてグローバルの語を用いる。

（2）　UNDP の民主的ガバナンスのサイトを参照。<http://www.undp.org/content/undp/en/home/ourwork/democraticgovernance/overview.html>

（3）　Sinclair 2013 の分類を元に修正。グローバル・ガバナンスの研究のアプローチについては，Weiss and Wilkinson (eds.) 2014 所収の論文も参照。

（4）「（グローバルな意思決定の効果を上げるためには）グローバルなアクターたちが，情報，知識，能力をプールし，共通の関心事について共同の方針や実践方法を開発できるように，パートナーシップ，つまり制度とプロセスのネットワークを構築すべきである」としている（Commission on Global Governance 1995，邦訳，31頁）。

（5）　UN General Assembly, *Enhanced cooperation between the United Nations and allrelevant partners, in particular the private sector,* Report of the Secretary-General, UN Doc. A/62/320 (2009); A/64/337 (2011); A/66/320 (2011); A/68/326 (2013).

（6）　グローバル・コンパクトのサイト参照。<https://www.unglobalcompact.org>

（7）　次のサイト参照，<http://sustainabledevelopment.un.org/aboutcommitments.html>

参照文献

Bartsch, Sonja, (2007) “The Global Fund to Fight AIDs, Tuberculosis, and Malaria,” in Hein, Bartsch, and Kohlmorgen, in Wolfgang Hein, Sonja Bartsch, and Lars Kohlmorgen (eds.), *Global Health Governance and the Fight Against HIV and AIDS*, Palgrave Macmillan.

Bartsch, Sonja (2011) "A Critical Appraisal of Global Partnerships," in Simon Rushton, Owain David Williams (eds.) *Partnerships and Foundations in Global Health Governance* (International Political Economy Series), Palgrave Macmillan.

Bartsch, Sonja, Wolfgang Hein, and Lars Kohlmorgen (2007) "Interfaces: a Concept for the Analysis of Global Health Governance," in Wolfgang Hein, Sonja Bartsch, and Lars Kohlmorgen (eds.), *Global Health Governance and the Fight Against HIV and AIDS*, Palgrave Macmillan.

Beisheim, Marianne (2012) *Partnerships for Sustainable Development: Why and How Rio+20 Must Improve the Framework for Multi-stakeholder Partnerships*, SWP Reserch Paper, German Institute for International and Security Affairs, Stiftung Wissenschaft und Politik (SWP).

Bexell, Magdalena and Ulrika Mörth (eds.) (2010) *Democracy and Public-Private Partnerships in Global Governance*, Palgrave Macmillan.

Bexell, Magdalena and Ulrika Mörth (2010) "Introduction: Partnerships, Democracy, and Governance," in Bexell and Mörth (eds.), pp.3-23.

Bezanson, Keith A. and Paul Isenman (2012) *Governance of New Global Partnerships: Challenges, Weaknesses, and Lessons*, Center for Global Development (CGD) Policy Paper 014, October 2012.

Börzel, Tanja A. and Thomas Risse (2005) "Public-Private Partnerships: Effective and Legitimate Tools of International Governance?" in Edgar Grande and Louis W. Pauly (eds.), *Complex Sovereignty: On the Reconstitution of Political Authority in the 21st Century,* University of Toronto Press, pp.195-216.

Bevir, Mark (ed.) (2011) *The SAGE Handbook of Governance*, SAGE Publications Ltd.

Bevir, Mark and Ian Hall (2011) "Global Governance," in Bevir (ed.) (2011), pp.352-365.

Bull, Benedicte, and Desmond McNeill (2007) *Development Issues in Global Governance: Public-Private Partnerships and Market Multilateralism*, Routledge.

Chhotray, Vasudha, and Gerry Stoker (2009) *Governance Theory and Practice: A Cross-Disciplinary Approach*, Palgrave Macmillan.

Commission on Global Governance (1995) *Our Global Neighbourhood*, Oxford University.（京都フォーラム監訳『地球リーダーシップ－新しい世界秩序を目指して－』NHK 出版，1995年）

Enroth, Henrik (2011) "Policy Network Theory," in Bevir (ed.), pp.19-34.

Greve, Carsten, and Graeme Hodge (2010) "Public-Private Partnerships and Public Governance and Challenges," in Osborne (ed.), pp.149-162.

Grindle, Merilee S. (2007) "Good Enough Governance Revisited," *Development Policy Review*, 25 (5), pp.553-574.

Hawkesworth, Ian (2011) *From Lessons to Principles for the use of Public-Private Partnerships*, Hand-out for OECD Public Management Committee, 32nd Annual meeting of Working Party of Senior Budget Officials, 6-7 June, 2011.

Held, David (1995) *Democracy and the Global Order*, Polity Press.

International Monetary Fund (IMF), *Public-Private Partnerships*, March 12, 2004.

Jessop, Bob (2011) "Metagovernance," in Bevir (ed.) (2011), pp.106-123.

Kacowicz, Arie M. (2012) "From Global Governance, International Order, and World Order"? in Levi-Faur (ed.) (2012).

Kaufmann, Daniel, Aart Keaay, and Massimo Mastruzzi (2010) *The Worldwide Governance Indicators: Methodology and Analytical Issues*, Brookings Institution.

Kjær, Mette Anne (2004) *Governance*, Polity.

Kohlmorgen, Lars (2007) "International Governmental Organizations and Global Health Governance: the Role of the World Health Organization, World Bank and UNAIDS," in Hein, Bartsch, and Kohlmorgen (eds.) 2007, pp.119-145.

Levi-Faur, David (ed.) (2012) *The Oxford Handbook of Governance*, Oxford University Press [Kindle 版].

McQuaid, Ronald (2010) "Theory of Organizational Partnerships: Partnership Advantages, Disadvantages and Success Factors," Osborne (ed.) (2010), pp.127-148.

OECD (2012) *Recommendation of the Council on Principles for Public Governance of Public-Private Partnerships*, May 2012.

Osborne, Stephen P. (ed.) (2010) *The New Public Governance: Emerging Perspectives on the Theory and Practice of Public Governance*, London and New York: Routledge.

Pattberg, Philipp, Frank Biermann, Sander Chan, Aysem Mert (2012) "Conclusions: partnerships for sustainable development," in Pattberg, Biermann, Chan, and Mert (eds.), pp.239-248.

Pattberg, Philipp, Frank Biermann, Sander Chan, Aysem Mert (eds.) (2012) *Public - Private Partnerships for Sustainable Development: Emergence, Influence and Legitimacy*, Edward Elgar Publishing.

Peters, B. Guy, and Jon Pierre (2010) "Public-Private Partnerships and the

Democratic Deficit: Is Performance-Based Legitimacy the Answer?" in Bexell and Mörth (eds.) (2010), pp.41-78.

Pierre, Jon, and B. Guy Peters (2000) *Governance, Politics and the State*, Palgrave Macmillan.

Pomerantz, Phyllis R. (2011) "Development Theory," in Bevir (ed.) (2011), pp.160-178.

Rhodes, R. A. (2012) "Waves of Governance," in Levi-Faur (ed.) (2012).

Rosenau, James N. and Ernst-Otto Czempiel (eds.) (1992) *Governance without Government: Order and Change in World Politics*, Cambridge University Press.

Rwanda Government (2012) *Economic Development and Poverty Reduction Strategy 2013-2018*.

Pomerantz, Phyllis R. (2011) "Development Theory," in Bevir (ed.), pp.160-178.

Schäferhoff, Marco, Sabine Campe, and Christopher Kaan (2007) *Transnational Public-Private Partnershipsin International Relations: Making Sense of Concepts, Research Frameworksand Results*, SFB-Governance Working Paper Series, No. 6, August 2007.

Schuppert, Gunnar Folke (2011) "Partnerships," in Bevir (ed.) (2011), pp.1-16.

Sinclair, Timothy (2013) *Global Governance*, Polity Press.

UNECE (2008) *Guidebook on Promoting Good Governance in Public-Private Partnerships*, UNECE.

UNDESA (2013) *Sustainable Development in Action: Voluntary Commitments and Partnerships for Sustainable Development*, Special report of the SD in Action Newsletter, July 2013.

United Nations (2003) Enhanced cooperation between the United Nations and all relevant partners, in particular the private sector, Report of Secretary-General, UN.Doc.A/58/227.

United Nations (2011) *The United Nations Development Assistance Framework for the Philippines 2012-2018*, United Nations System in the Philippines.

United Nations Global Compact Office (2013) *UN-Business Partnerships: Handbook*.

UN Joint Inspection Unit (2010) *United Nations corporate partnerships: The role and functioning of the Global Compact*, UN Doc. A/66/137.

Weiss, Thomas and Rorden Wilkinson (eds.) (2014) *International Organization and Global Governance*, Routledge.

Weiss, Thomas and Rorden Wilkinson (2014) "Rethinking Global Governance? Complexity, Authority, Power, Change," *International Studies Quarterly*, Vol.58, pp.207-215.

Wilson, Marion (2005) "The New Frontier in Sustainable Development: World-Summit on Sustainable Development Type II Partnerships," *Victoria University of Wellington Law Review*, Vol.36, pp.389-425.
Williams, Owain David, and Simon Rushton (2011) "Private Actors in Global Health Governance," in Simon Rushton, Owain David Williams (eds.) *Partnerships and Foundations in Global Health Governance*, Palgrave Macmillan.
World Bank (1992) *Governance and Development*, World Bank.
Youde, Jeremy (2012) *Global Health Governance*, Polity Press.

OECD 編著，平井文三監訳（2014）『官民パートナーシップ―PPP・PFI プロジェクトの成功と財政負担』明石書店
風間規男（2013）「新制度論と政策ネットワーク論」『同志社政策科学研究』14（2），1－14頁
金川幸司（2008）『協働型ガバナンスと NPO』晃洋書房
木村宏恒（2013）「途上国開発戦略におけるガバナンス」木村宏恒・金丸裕志・近藤久洋編著『開発政治学の展開』勁草書房，40－75頁
木暮健太郎（2011）「第2世代のガバナンス論と民主主義」岩崎正洋編『ガバナンス論の現在―国家をめぐる公共性と民主主義』勁草書房，165－186頁
L.M.サラモン著，江上哲監訳（2007）『NPO と公共サービス―政府と民間のパートナーシップ』ミネルヴァ書房
杉浦功一(2004)『国際連合と民主化―民主的世界秩序をめぐって』法律文化社
杉浦功一（2009）「グローバルな保健パートナーシップ（GHP）の発展とその課題の考察」『公益学研究』（日本公益学会）第9巻，第1号，51－59頁
杉浦功一（2008）「グローバル・ガバナンスにおけるグローバル・パートナーシップの整理と評価」『和洋女子大学紀要』（人文系編）（和洋女子大学）第48集，51－66頁
杉浦功一（2010）『民主化支援― 21世紀の国際関係とデモクラシーの交差』法律文化社
杉浦功一（2011）「開発援助における『政治経済分析』の可能性」『和洋女子大学紀要』（和洋女子大学）第51集，115－127頁
塚本一郎（2007）「福祉国家再編と労働党政権のパートナーシップ政策―多元主義と制度化のジレンマ」塚本一郎・柳沢俊勝・山岸秀雄編著『イギリス非営利セクターの挑戦―NPO，政府の戦略的パートナーシップ』ミネルヴァ書房，1－23頁
新川達郎編著（2011）『公的ガバナンスの動態研究』ミネルヴァ書房
新川達郎（2011）「公的ガバナンス論の展開可能性―ガバメントかガバナン

スか―」新川編著，15－49頁
根本祐二（2011）「PPP 研究の枠組みについての考察（１）」『東洋大学 PPP 研究センター紀要』，創刊号，19－28頁
原田晃樹，藤井敦史，松井真理子（2010）『NPO 再構築への道―パートナーシップを支える仕組み』勁草書房
マーク・ベビア著，野田牧人訳（2013）『ガバナンスとは何か』NTT 出版
堀雅晴（2011）「公的ガバナンス論の到達点―ガバナンス研究の回顧と展望をめぐって―」新川編著，50－78頁
町田裕彦（2009）『PPP の知識』日経文庫
松行康夫・松行彬子（2004）『公共経営学―市民・行政・企業のパートナーシップ』丸善
美原高史・藤木秀明（2014）「アジア PPP の概況，可能性と課題」『東洋大学 PPP 研究センター紀要』，No.4，21－40頁
山本啓（2014）『パブリック・ガバナンスの政治学』勁草書房
山本吉宣（2008）『国際レジームとガバナンス』有斐閣
渡辺昭夫・土山實男（2001）「グローバル・ガヴァナンスの射程」渡辺昭夫・土山實男編『グローバル・ガヴァナンス』東京大学出版会，1－16頁

地方議員の立法活動

――議員提出議案の実証分析――

築山宏樹 *

1. はじめに

本稿は，日本の地方議員の立法活動のメカニズムを，主に日本の地方政府の執政制度や議会制度の観点から分析することを目的としたものである。日本の地方政治研究は，伝統的には行政学の一分野に位置づけられ，専ら中央地方関係や自治体行政の観点から研究が進められてきたために，地方政府独自の政治過程については，相対的に研究の蓄積が遅れてきた問題があった（曽我・待鳥 2007；辻 2002）。これが，2000年代には，比較政治学の枠組みに依拠しながら，大規模なデータセットに基づき，地方政府の政策選択のメカニズムを明らかにすることを目的とした一連の実証研究が提出されはじめている。しかし，それらの先行研究では，地方政府の予算編成（曽我・待鳥 2007）や特定の政策条例（伊藤 2002），政策転換（砂原 2011），または首長提案に対する議会の否決･修正議決（馬渡 2010;辻 2002）などの特徴的な政策選択の事例が中心に取り上げられており，地方政府がときに年間に数百以上を処理する議案全体の立法メカニズムについては，これまで大きな実証研究の手が及んでこなかった[1]。それゆえ，たとえば，一般に認識されるように，日本の地方議会の立法活動が低調であるとして，そのような現状がいかなる要因によって生じているのかについても，いまだ十分な実証的基礎が与えられていないのである。

そこで，本稿では，1967年から2006年までの都道府県議会に関する大規模なデータセットを構築した上で，地方議員の立法活動―具体的には，議員提出議案の議案提出行動のメカニズムを実証的に明らかにすることを試

* 慶應義塾大学大学院法学研究科後期博士課程　日本学術振興会特別研究員

みている。特に，日本の地方政府が採用する執政制度と議会制度の特徴を強調し，そのような制度的制約の観点から日本の地方議員の立法活動を説明していく。また，地方分権一括法による地方自治法改正が，地方議員の立法活動に与えた影響についても同時に検討する。

本稿は，以下の構成に従う。続く第二節では，地方政治研究と比較政治学の先行研究を整理した上で，執政制度や議会制度の制度的要因を中心に，地方議員の議案提出行動に関する仮説を導出する。また，第三節では，それらの仮説を検証するために本稿で用いるデータと推定方法について概観し，第四節では，その推定結果を考察する。終わりに，第五節では，本稿の結論と今後の研究課題を述べる。

本稿の議論は，次のようにまとめられる。日本の地方政府の二元代表制は，首長に強力な議題設定権を認め，また，中央集権的な地方自治制度の下，地方政府の政策形成自体が中央政府の一定の影響下に置かれている。そのため，一般に日本の地方議員には首長や国会議員の議題設定権に従属する誘因があり，議会内の立法活動を静態化させる傾向がある。他方で，そのような中央や地方の執行機関との関係が弱まった場合には，条例制定権や意見表明権を行使することで地方議会独自の立法活動が目指されうる。さらに，議案提出に必要な人数要件などの議会制度の特徴も，地方議員の立法活動を制約する存在となっているが，地方分権一括法による地方自治法改正により，そのような傾向に変化の兆しもみられる。政党ごとに議案提出行動について異なるメカニズムが示唆されるものの，概して，日本の地方議員の立法活動は，地方議会の制度的制約の観点から説明することが可能であり，日本の地方議会のオール与党体制や一党優位体制が地方議会の立法過程を静態的に特徴づけてきたというのが本稿の結論である。

2. 仮説

まず，本節では，地方政治研究や比較政治学の先行研究に依拠しつつ，本稿が検証する仮説を，地方政府の執政制度や議会制度の制度的要因と，その他の諸要因とに分けて導出する。本稿の目的は，前述の通り，日本の地方議員の立法活動―とりわけ議会内での議案提出行動のメカニズムを，地方政府を取り巻く諸制度の観点から明らかにすることである。この点，地方議員の議案提出行動については，意見書案・決議案や請願・直接請求の提出会派連合のパターンとその成否を分析した辻（2006a；2006b）や，地方議員の意識調査を用いながら，議員提案条例の提出・議決状況を地方議員の規範意識の観点から分析した中谷（2009）などの実証研究がある[2]。両者の結論は，概ね，地方議会の議案提出行動が，二元代表制の執政制度の下で，首長に対する与野党関係（とそこから醸成される政治文化）に規定されるとする点で共通している。

本稿もこれらの先行研究と同様，二元代表制の執政制度の制度的帰結を強調するが，他方で，これらの先行研究は主にデータ上の制約の問題から，分析対象が特定の地域や時代に限定されているために，その知見の一般化に留保が置かれるか，包括的な独立変数群を取り込めていないという課題が残されている。そこで本稿では，40年間にわたる47都道府県議会の大規模なパネルデータを用いることで，議員の議案提出行動を規定する包括的な要因を，地域的・時代的に一般化可能な形で検証することを目指す。具体的には，「地方議会の立法活動の制約性」という共通の観点から，執政制度や議会制度及び中央地方関係の制度的要因を取りまとめ，地方議員の立法動態とその政策選好の両方を明らかにしていくこととする[3]。

まず，本稿では，議案提出行動のメカニズムを仮説化するにあたって，議員は自己の政治的目標を達成するために立法活動を行うという前提から議論を進める。伝統的に，議員には，再選，昇進，政策などの多様な政治的目標が想定されるが（Fenno 1973, p.1），議案提出行動はこれらの政治的目標によって動機づけられた議員行動であると理解できる[4]。以下では，そのような議案提出行動を阻害するような日本の地方議会の制度的制約に着目して，そのような制約の軽重や誘因の大小から，地方議員の議案提出行動の増減を議論していく。

2．1．執政制度

第一に，近年の地方政治研究で最も強調されるように，日本の地方議員の立法活動は，地方政府の執政制度―すなわち二元代表制によって大きく制約づけられている側面がある[5]。日本の地方政府は，別個の選挙によって選出される首長と議会からなる二元代表制を採用しているが，首長が予算の排他的な調製権を持つ上に，予算以外の議案の提出権も有するなど首長に強力な議題設定権を認める特徴がある（曽我・待鳥 2007；砂原 2011）。

また，政策立案を補佐する組織体制の観点でも，首長が自治体の行政部局を政策立案組織として運用できる一方で，議会の補助機関である議会事務局は職員が手薄であり，また執行機関からの短期出向者が少なくないなど政策立案のための人的資源には大きな非対称性が存在する（野村 1993)。結果として，現実に，地方議会に提出される議案の大半が首長提案によるものとなっている[6]。

このような首長―議会間の権限配分の制度的帰結として，地方議員には首長の議題設定権へと従属する誘因が生じ，しばしば首長選挙での推薦・支持関係を通じて，与党化を目指す傾向がある（依田 1995)。この関係は一方的なものではなく，首長の側も，首長選挙や議会運営で地方議員から協力を取り付ける誘因があるために，特に与党勢力の意向に対しては応答的になりうることが考えられ（河村 2001)，実際にそのような慣行も存在するという（小林・塩沢 2010)。このとき首長を推薦・支持する与党会派は，自己の政策や要望を，首長―執行機関を通じて実現することが可能となるために，自ら議会に議案を提案する必要性が低下する（野村 1993)。要するに，首長に強力な議題設定権を認める二元代表制の下では，議会は首長に従属化しやすく，かつ首長がこれを受け入れる場合には，議会内での立法活動は静態化することが予期されるのである。ここから，次のような仮説が導出できる。

仮説 1　与党議席率が高い議会では，議会に提出される議員提出議案数が減少する。または，議員提出議案は野党会派によって提出されやすい。

また，地方議員の立法活動が首長―議会関係によって規定されているのであれば，首長の置かれた政治環境に対応する形で，地方議員の議案提出行動が取られることも考えられよう。ここでは，首長の選挙での得票率と在任期間の要因を取り上げる。まず，高得票率で当選した首長は，そのような住民からの支持の大きさに訴えるか，あるいは，単純に再選可能性の高さを背景として，自己の選好に忠実な政策選択を行う余地があり（砂原 2011)，地方議員に首長の政策選択とは異なる独自の立法活動を行うことを躊躇させる一つの要因になりうる[7]。他方で，首長の在任期間の長期化は，新規施策立案から生まれる限界効用を低めるために首長の立法的生産性を低下させる効果を持つ可能性があり（Fukumoto 2008），地方議員に独自の立法活動を行う誘因をもたらすことが考えられる[8]。ここから，次のような仮説が導出できる。

仮説２　得票率が高い首長の下では，議会に提出される議員提出議案数が減少する。

仮説３　首長の在任期間が長くなるほど，議会に提出される議員提出議案数が増加する。

2．2．議会制度

第二に，議会における立法活動は，当然に議会制度とそれに規定された議会内の会派構成に左右されるものと考えられる。議案の可否が出席議員の過半数によって決されることは言うに及ばず（地方自治法第116条第１項），地方自治法では議員の議案提出に対して議員定数の12分の１（1999年の地方自治法改正以前は８分の１）以上の賛成を要するとする人数要件を定めている（同第112条第２項）。会派単独で議案提出を目指す場合には，この人数要件を上回る会派規模を持つ必要があり，また，会派連合によって議案提出を行う場合にも，各会派が一定以上の議員を擁することがそのような会派連合の形成を容易にするものと考えられる。ゆえに，単独議案提出が可能な会派総数の増加は，議案提出行動を活発化させる可能性がある[9]。ここから，次のような仮説が導出できる。

仮説４　単独議案提出の可能な会派総数が多くなるほど，議会に提出される議員提出議案数が増加する。また，特定の会派が，単独議案提出の可能な規模に達すると，その会派による議案提出が増加する。

2．3．中央地方関係

第三に，地方議員の立法活動は，中央地方関係によって規定される側面が指摘できるだろう。日本政治の文脈でしばしば概説されるように，日本の地方財政は中央政府からの財政移転に依存している部分が小さくなく，地方議員はそのような中央からの利益誘導を図るために，国会議員の下に系列化する構造があるという（阿部・新藤・川人 1990）。過去の地方議員調査によっても，地方議員が，自己の政策や要望を実現するにあたって，地域の首長や行政部局に対してのみならず，選挙での協力関係を持つ系列の国会議員や，彼らを仲介役に中央省庁に対しても働きかけを行うことが示されている（黒田編 1984，第 4 章）。特に，このような利益誘導と選挙協力を通じた系列化は，長きに渡り国政の政権与党を担ってきた自民党に関して顕著である（井上 1992）。

本稿では，このような自民党の系列関係が地方議会の立法活動に与える影響を，地域内の自民党の国会議員比率の観点から検証することを試みる。そもそも，地方議員の国政への働きかけが国会議員に対する選挙協力との交換関係を前提に成立するのであれば，そのような陳情は，「選挙の応援で結びつき」のある「地元議員」を頼る形態が一般的になる（黒田編 1984, pp.122－123）。それゆえ，単純に，自民党の国会議員が多くなるほど，国政とのパイプを利用できる地域及びその地域から選出される地方議員の数は多くなるものと予想される[10]。そして，その種の系列の陳情活動によって政策や要望を実現する余地が広がるのであれば，議会内での立法活動や意見表明活動を静態化させることや，陳情の主要な対象となりうる利益誘導に関わる政策領域の議案提出行動が抑制される可能性が考えられる。ここから，次のような仮説が導出できる。

仮説 5　地域内の国会議員に占める自民党議員の比率が高いほど，議会に提出される議員提出議案数が減少する。特に，利益誘導に関わる政策領域の議員提出議案数が減少する。

2．4．その他の諸要因—財政資源，社会経済的変化

以上の仮説群が，本稿が主要な関心を寄せる地方議会の立法活動を制約する制度的要因であるが，首長—議会の推薦・支持関係は，その地方政府の財政資源に依存している可能性があり（名取 2009），また，地方議会の政党システムの分極化は，社会経済的変化に規定される側面もある（曽我 2011）。それゆえ，これらの要因は，従属変数と理論的に関心のある独立変数との間の見かけ上の相関を統制する目的として，共変量に加えられる必

要があろう。

さらに，このような財政資源や社会経済的変化それ自体が，地方議員の議案提出行動に与える影響にも興味が持たれる。たとえば，通常，政策や要望の実現にあたっては財政資源が必要になることから，財政力に余裕のある議会ほど議員による立法活動が活発化するであろうし，他方，高齢化や都市化といった地域の社会経済環境の変化は，地方議員にとって立法活動や意見表明活動から得られる限界効用を高めるものと考えられる（Fukumoto 2008）。そこで，最後に，次のような仮説が導出される。

仮説6　財政力の高い議会では，議会に提出される議員提出議案数が増加する。

仮説7　高齢化や都市化の進展に伴って，議会に提出される議員提出議案数が増加する。または，そのような変化に応じた政策領域の議員提出議案数が増加する。

3. データと方法

3. 1. データ

本節では，このような仮説群を検証するために，本稿で用いるデータとその推定方法について解説する。まず，本稿のデータは，1967年から2006年までの47都道府県議会を対象としたものである[11]。このように分析対象期間を設定する理由は，主として依拠した資料の制約によるものであるが[12]，1967年の統一地方選挙は，東京都知事選挙において，社会党・共産党推薦の美濃部亮吉が当選し，都道府県レベルでの「革新系知事急増の幕開け」（曽我・待鳥 2007，p.145）となった選挙であり，そのような革新自治体の隆盛期以降―二元代表制間の党派性を通じた関係が多様化しはじめた時期を観察することが可能なデータとなっている。

このうち，議員提出議案については，全国都道府県議会議長会事務局が公表している『都道府県議会提要』に基づき独自でデータ化を，議会内の会派構成については，曽我謙悟氏･待鳥聡史氏が公開している『朝日年鑑』及び全国都道府県議会議長会の資料に基づくデータを，各都道府県知事に対する知事選挙を通じた国政政党の推薦・支持関係及び知事選挙での知事得票率については，砂原庸介氏が公開している『全国首長名簿』に基づくデータを，都道府県別の自民党衆議院議員比率については，Steven R. Reed氏が公開しているJapan MMD Data Set及びJapan SMD Data Setを，財政力指数については，土居丈朗氏が公開している『都道府県財政指数表』に基づくデータを使用している[13]。なお，本稿では，1967年から2006年までの通時性を考慮して，会派別の分析という場合には，自民党，公明党，社会党（社民党），共産党の4党を扱う点を付記したい。

分析で用いる従属変数は，各年度の都道府県議会に提出された議員提出議案数及びその議決様態である。具体的には，条例案，意見書案，決議案，その他の議員提出議案数と，その議決様態をデータ化している。このうち条例案については，委員会，選挙区定数，議員報酬，情報公開，政治倫理などの議会運営に関するもの以外の条例を「政策条例」として別個に整理した上で，その会派別の提出議案数もデータ化している。さらに，意見書案と決議案については，1967年から1990年までの期間に限って[14]，外交，税財政，警察消防，教育，社会・労働，保健衛生，農林水産，商工，土木建設，運輸，環境・公害，交通安全，過密・過疎の政策領域別の提出議案数を用意している。本稿では，特に仮説5との関連から，先行研究を参考に，政策領域を分配（distributive）領域，中央専管（high policy）領域，公共財（public goods）領域に再分類した上で，その各々の合計議案数を分析に用いている（Pekkanen, Nyblade and Krauss 2006）。この際，分配領域には，農林水産，商工，土木建設，運輸，交通安全を，中央専管領域には，外交，税財政，警察消防を，公共財領域には，教育，社会・労働，保健衛生，環境・公害，過密・過疎を含めている。

次に，分析で用いる独立変数を，仮説で提起した順に示していく。第一に，仮説1の議会の与党化については，知事選挙に際して当該知事を推薦・支持した国政政党を与党と定義し，その議席率の合計を与党議席率としたものと，自民党，公明党，社会党（社民党），共産党の4党が推薦・支持を与えたか否かのダミー変数を用意している。仮説2と仮説3については，それぞれ，知事選挙での得票率と，知事の通算在任年数を用意している。仮説4については，議案提出の人数要件を単独で満たす会派総数，自民党が議会の議員総数の過半数を満たすか否かのダミー変数と[15]，公明党，社会党（社民党），共産党が議案提出の人数要件を単独で満たすか否かのダミー変数を用意している。仮説５については，各都道府県の衆議院議員に占める自民党議員の比率を[16]，また，仮説６については，各都道府県の財政力指数を，仮説７については，国勢調査に基づき，65歳以上人口比率と，

表１　記述統計（従属変数）

変数名	観測数	平均	標準偏差	最小値	最大値
議員提出議案数（条例）	1875	1.267	1.935	0	37
議員提出議案数（意見書）	1875	18.231	11.783	0	101
議員提出議案数（決議）	1875	3.158	3.908	0	35
議員提出議案数（合計）	1875	23.762	13.112	0	110
議員提出議案議決様態（原案可決）	1875	21.032	10.082	0	76
議員提出議案議決様態（否決）	1875	2.567	6.320	0	71
議員提出議案数（政策条例）	1645	0.169	0.978	0	30
議員提出議案数（政策条例・自民党）	1645	0.036	0.239	0	4
議員提出議案数（政策条例・公明党）	1645	0.052	0.774	0	30
議員提出議案数（政策条例・社会党）	1645	0.067	0.801	0	30
議員提出議案数（政策条例・共産党）	1645	0.059	0.418	0	11
議員提出議案数（意見書・分配）	985	6.092	4.855	0	43
議員提出議案数（意見書・中央専管）	1031	3.262	2.847	0	19
議員提出議案数（意見書・公共財）	985	5.230	4.624	0	35
議員提出議案数（決議・分配）	985	0.785	1.508	0	14
議員提出議案数（決議・中央専管）	1031	0.644	1.141	0	9
議員提出議案数（決議・公共財）	985	0.839	1.558	0	13

表２　記述統計（独立変数）

変数名	観測数	平均	標準偏差	最小値	最大値
知事得票率	1875	0.691	0.152	0.291	1
知事通算在任年数	1875	8.352	5.739	1	31
与党議席率	1875	0.639	0.257	0	1
自民党推薦・支持ダミー	1875	0.827	0.379	0	1
公明党推薦・支持ダミー	1875	0.506	0.500	0	1
社会党推薦・支持ダミー	1875	0.397	0.489	0	1
共産党推薦・支持ダミー	1875	0.069	0.253	0	1
会派総数（単独発議可能）	1875	2.066	0.896	1	8
自民党議席ダミー（単独可決可能）	1875	0.816	0.388	0	1
公明党議席ダミー（単独発議可能）	1875	0.095	0.293	0	1
社会党議席ダミー（単独発議可能）	1875	0.503	0.500	0	1
共産党議席ダミー（単独発議可能）	1875	0.068	0.252	0	1
自民党衆議院議員比率	1875	0.609	0.176	0.158	1
財政力指数	1875	0.477	0.235	0.132	1.678
65歳以上人口比率	1875	0.126	0.048	0.043	0.271
DID 人口比率	1875	0.456	0.187	0.175	0.980

表3　相関行列（独立変数）

変数名	知事得票	知事在任	与党議席	自民推薦	公明推薦	社会推薦
知事得票率	1					
知事通算在任年数	0.245	1				
与党議席率	0.480	0.218	1			
自民党推薦・支持ダミー	0.383	0.197	0.837	1		
公明党推薦・支持ダミー	0.271	0.010	0.351	0.179	1	
社会党推薦・支持ダミー	0.133	−0.024	0.105	−0.150	0.465	1
共産党推薦・支持ダミー	−0.097	−0.004	−0.241	−0.482	0.041	0.309
会派総数（単独発議可能）	−0.212	−0.084	−0.351	−0.237	0.041	0.146
自民党議席ダミー（単独可決可能）	0.277	0.085	0.389	0.339	−0.004	−0.149
公明党議席ダミー（単独発議可能）	−0.166	−0.081	−0.160	−0.155	0.102	0.083
社会党議席ダミー（単独発議可能）	0.005	0.031	0.002	−0.015	−0.219	−0.041
共産党議席ダミー（単独発議可能）	−0.203	−0.035	−0.186	−0.183	0.039	0.096
自民党衆議院議員比率	0.157	0.097	0.184	0.157	−0.073	−0.192
財政力指数	−0.134	−0.027	−0.035	−0.080	0.053	0.087
65歳以上人口比率	−0.011	−0.020	−0.093	−0.086	0.391	0.148
DID 人口比率	−0.302	−0.090	−0.177	−0.195	0.160	0.149

人口集中地区（DID）人口比率を用意している。

なお，都道府県知事選挙，都道府県議会議員選挙，衆議院議員総選挙が実施された年度のデータについては，統一地方選挙が4月に実施されること，及び，第二回定例会が6・7月に開催されることに鑑み，5月以前に選挙が実施された場合には，当該年度のデータに反映し，6月以降に選挙が実施された場合には，翌年度のデータに反映するという整理を行った。

従属変数の記述統計は，表1に，独立変数の記述統計は，表2に示した通りである。また，独立変数間の相関行列を，表3に示した。いくつかの説明変数については，相関係数の高い組み合わせもあり多重共線性の懸念は残る。ただ，多重共線性のある変数を欠落させることによって欠落変数バイアスが生じる問題もあり，比較考量の末，本稿では，理論的に関心のあるモデルの推定を優先することとした。

3. 2. 推定方法

前述の通り，本稿の分析で用いるデータは，1967年から2006年までの47都道府県議会に関するパネルデータであり，推定対象となる従属変数は，各種の議員提出議案数やその議決様態別件数などの，非負整数のカウントデータである。本稿では，このようなカウントデータのデータ生成過程を

共産推薦	会派総数	自民議席	公明議席	社会議席	共産議席	自民衆議	財政指数	65歳人口	DID人口
1									
0.140	1								
−0.268	−0.529	1							
0.085	0.547	−0.367	1						
0.139	0.289	−0.083	−0.086	1					
0.202	0.502	−0.412	0.410	−0.091	1				
−0.228	−0.330	0.449	−0.296	−0.091	−0.272	1			
0.226	0.168	−0.358	0.385	0.057	0.227	−0.393	1		
−0.218	0.165	0.065	0.065	−0.372	0.047	0.187	−0.386	1	
0.229	0.379	−0.551	0.565	−0.001	0.401	−0.531	0.728	−0.124	1

記述するための一般的なモデルであるポアソン回帰モデルと負の二項回帰モデルを採用し，負の二項回帰モデルの分散関数内の過剰分散パラメータαが0であるか否かの尤度比検定によって，両モデルのモデル選択を行うこととした[17] (Cameron and Trivedi 2010)。また，都道府県ごとの観測できない固定効果を考慮するために，両モデルは，都道府県ダミーを投入した非条件付き固定効果モデルにより推定を行い[18]，あわせて，すべての推定式には時代効果を考慮するための年度ダミーも投入している。他方，パネルデータでは，標準誤差のクラスター相関が生じる恐れがあるため，都道府県ごとにクラスター化したロバスト標準誤差を用いている。

4. 実証分析

それでは，実証分析へと入ろう。以下では，はじめに，政策条例案数及びその可決・修正議決数の時系列推移を確認し，1999年の地方分権一括法の制定以降の地方議員の議案提出行動のトレンドを確認した後に，議員提出議案数及びその議決様態の規定要因，会派別の政策条例案数の規定要因，政策領域別の意見書案・決議案数の規定要因を推定するという手順を取ることとする。

4．1．政策条例案数・可決数の時系列推移

はじめに，議員による政策条例の提出数及び修正議決を含めたその可決数の時系列推移を確認しよう。都道府県議会に提出される議員提出条例の大半は，委員会，選挙区定数，議員報酬，情報公開，政治倫理などの議会運営に関するもので，行政関係に分類される政策条例の数は少ない。図1は，政策条例の提出数及び修正議決を含めたその可決数の時系列推移を示したものである。図1からわかるように，1999年以前は，年間に全国の都道府県議会に提出される政策条例の数が5件を下回るような状況が続いており，しかもそのほとんどが可決されてない。ところが，地方分権一括法施行後の2000年以降は，提出数，可決数ともに上昇傾向にあることがみてとれる。地方分権一括法による地方自治法の1999年改正では，議員の議案提出要件が議員定数の8分の1以上から12分の1以上へと緩和され（地方

図1　政策条例案数・可決数の時系列推移

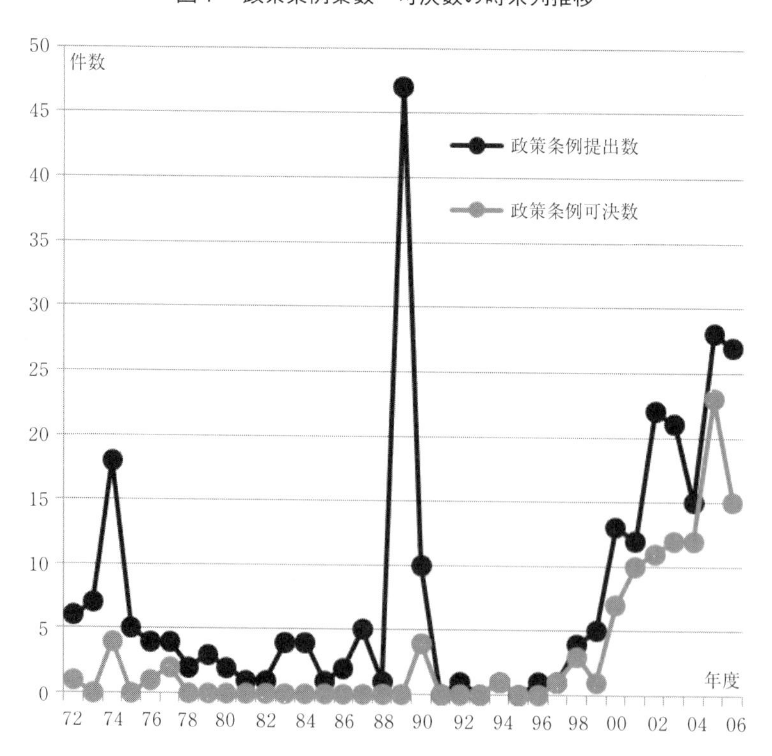

自治法第112条第２項），共産党を中心に小会派による政策条例の提出が活発化している[19]。ただし，2000年以降に提出された政策条例は，全会派による提出を含めて自民党会派が提出に加わった事例も増加しており，議案提出要件の緩和以外のその他の要因の存在も無視できない。

なお，図１を一目してわかる通り，1989年が外れ値となっている。これは，1989年の徳島県議会において，社会党，公明党により30件の条例が共同提出されたことが反映されている。以下の分析では，そのバイアスを取り除く目的で，この30件の条例案については，１つのセットの議案提出行動としてカウントしている点を注記したい。

4．2．議員提出議案数・議決様態の規定要因

表４は，議員提出議案数及びその議決様態の規定要因に関する推定結果である。具体的には，政策条例，条例，意見書，決議，その他の議案を含めた合計と，その可決数及び否決数を従属変数として推定を行っている。なお，可決数及び否決数を従属変数とした推定モデルでは，議員提出議案数の合計を統制変数として投入している。

推定結果を，仮説の順にみてみよう。まず，執政制度の観点では，議会の与党議席率が高くなるほど，決議案の提出数が減少することがわかる。決議案は，中央省庁への意見表明を中心とした意見書案とは異なり，知事部局に対する意見表明を含む場合も多く，議会の与党化が進む場合には，事前審査過程を通じて知事部局に要望を伝えることが可能になるために，決議案という形での意見表明活動を行う必要性が減じられる可能性がある。これは，仮説１に整合的な推定結果である。ただし，政策条例案，条例案，意見書案，議員提出議案の合計については，与党議席率は統計的に有意な影響を与えていない。これをどのように解釈するか。一つには，変数の操作化の問題が考えられる。日本の都道府県議会の場合，与党議席率の高低は，多数の議席を占める自民党が知事与党に加わっているか否かに依存する部分が大きく，その他の会派の影響は与党議席率の係数に表れない恐れもある。紙面の関係上，推定結果の表は割愛するが，表４の推定モデルから与党議席率を除外し，自民党・公明党・社会党・共産党の推薦・支持ダミーを投入して同様の推定を行ったところ，共産党が与党の場合には，政策条例案（５％水準）と条例案（10％水準）が統計的に有意に減少し，自

表4　議員提出議案数・議決様態の規定要因

従属変数	1972－2006 議員提出議案数（政策条例）		1967－2006 議員提出議案数（条例）		1967－2006 議員提出議案数（意見書）	
独立変数	Neg.Bi Coef	Robust Std.Err	Neg.Bi Coef	Robust Std.Err	Neg.Bi Coef	Robust Std.Err
議員提出議案数（合計）						
知事得票率	−0.9348	1.0171	0.0906	0.2563	−0.3918	0.1784*
知事通算在任年数	0.0157	0.0216	−0.0026	0.0058	0.0032	0.0032
与党議席率	0.1740	0.4217	−0.1220	0.1669	0.0582	0.1157
会派総数（単独発議可能）	−0.2521	0.2185	0.0487	0.0641	0.0051	0.0363
自民党議席ダミー（単独可決可能）	−0.0602	0.3780	0.0052	0.1835	0.0801	0.0865
公明党議席ダミー（単独発議可能）	0.9643	0.5215†	0.0879	0.1510	−0.0589	0.0955
社会党議席ダミー（単独発議可能）	0.0497	0.4146	−0.1988	0.1023†	0.1020	0.0607†
共産党議席ダミー（単独発議可能）	0.9595	0.5065†	0.1658	0.1381	0.1514	0.0848†
自民党衆議院議員比率	−1.0169	0.5949†	−0.1460	0.2287	−0.1098	0.1605
財政力指数	4.6523	2.0070*	1.6762	0.9735†	−0.1792	0.3014
65歳以上人口比率	−6.8735	13.5617	−0.5834	4.3782	−1.8158	5.6522
DID 人口比率	−1.5841	5.6621	−0.9448	1.4495	0.8052	1.1863
定数項	2.6263	5.7310	0.4518	0.9885	2.9643	0.8327***
都道府県ダミー・年度ダミー	YES		YES		YES	
擬似対数尤度	−484.1612		−2380.9457		−6285.9346	
擬似決定係数	0.2922		0.1836		0.1084	
観測数	1645		1875		1875	
LR test of alpha ＝ 0 ：	chibar2(01)＝6.88**		chibar2(01)＝81.10***		chibar2(01)＝1481.40***	

（1）***：p<0.001，**：p<0.01，*：p<0.05，†：p<0.1（2）Robust Std. Err. adjusted for clustering on 47 prefectures

民党が与党の場合には，決議案（0.1％水準）が減少するという推定結果が得られた。つまり，自民党と共産党に関しては，野党の地位にあるときに立法活動を動態化させる傾向が確認されるが，その立法活動の形態には相違があることが示唆されるのである。

次に，議会内では，単独議案提出可能な会派総数が多い議会で，決議案の提出が増加する一方で，議案全体の否決数も増加している。他の議案については統計的に有意な関連が確認されないのは，これも会派ごとに議案提出行動のパターンに相違があるからかもしれない。そこで，会派の議席ダミーを確認してみよう。10％水準の統計的有意性ではあるが，共産党が単独議案提出可能な議会で，政策条例案，意見書案，議員提出議案の合計が増加するなど，議案提出の担い手として存在感を持っている。公明党が政策条例案と，社会党が意見書案や議案全体の可決数と正の関連を持っている一方で，社会党が単独議案提出可能な議会で，条例案や決議案が減少

1967－2006 議員提出議案数 （決議）		1967－2006 議員提出議案数 （合計）		1967－2006 議員提出議案議決様態 （原案可決）		1967－2006 議員提出議案議決様態 （否決）	
Neg.Bi Coef	Robust Std.Err	Neg.Bi Coef	Robust Std.Err	Poisson Coef	Robust Std.Err	Neg.Bi Coef	Robust Std.Err
				0.0267	0.0038***	0.0620	0.0073***
−0.0199	0.2728	−0.3234	0.1514*	0.0676	0.0495	−0.1216	0.3578
0.0062	0.0051	0.0050	0.0030†	−0.0019	0.0019	0.0122	0.0093
−0.5879	0.1472***	−0.1018	0.0941	0.0231	0.0610	0.1358	0.2200
0.1451	0.0631*	0.0260	0.0291	−0.0118	0.0315	0.1832	0.1055†
−0.0093	0.1325	0.0722	0.0641	−0.0397	0.0359	0.0564	0.2681
−0.2268	0.1477	−0.0854	0.0768	−0.0135	0.0363	0.0028	0.3012
−0.2744	0.0967**	0.0273	0.0482	0.0734	0.0299*	−0.0678	0.2289
0.0484	0.2127	0.1589	0.0756*	0.0626	0.0455	0.0594	0.2256
−0.1868	0.2826	−0.1312	0.1313	−0.0311	0.0839	−0.1334	0.3807
0.9967	0.6407	0.1521	0.2382	−0.0356	0.1842	0.1914	0.8296
−3.6212	6.9980	−4.3831	4.0100	3.2003	2.0224	−8.0870	10.2531
−1.0187	2.0883	0.3032	0.9759	0.2983	0.6574	−4.6164	3.0375
3.0983	1.4285*	3.7699	0.6116***	2.0111	0.4486***	1.8253	2.0548
YES		YES		YES		YES	
−3787.1742		−6411.4639		−5285.1371		−2835.6702	
0.1187		0.1100		0.4018		0.2073	
1875		1875		1875		1875	
chibar2(01)＝640.83***		chibar2(01)＝1300.77***		chibar2(01)＝2.7e −04		chibar2(01)＝878.66***	

している様子も確認される。同党は，単独議案提出が可能でない場合に，会派連合による共同提案に積極的になるのかもしれないが，ここでの推定結果からは解釈が難しい。とはいえ，いくつかの観察事実からは，小会派にとって人数要件が議案提出に際する制約になっている様子が推察される。これらは，仮説4に整合的な推定結果である。

他方，中央地方関係の観点では，都道府県内の自民党衆議院議員比率が大きい議会で，政策条例の提出数が減少しており，これは仮説5に整合的な推定結果である。その他の議案についても負の係数が示されているが，統計的に有意ではない。さらに，財政力指数が高い議会では，政策条例案や条例案の提出が増加していることから，議員の政策提案にも財政資源の制約が存在することが推察される。これは，仮説6に整合的な推定結果である。各種の意見表明活動と財政力指数との間に関連がみられないのは，財政資源の裏付けを必要としないことによるものであろうか。知事の政治環境の観点では，得票率の高い知事の下では，意見書案や議員提出議案の合計が減少し，知事在任年数が長期化するほど，議員提出議案数の合計が増加するなど，仮説２，３に一部で整合的な推定結果が得られている。

4．3．会派別政策条例案数の規定要因

表４の推定結果からは，会派ごとに議案提出行動が異なる可能性が示唆されたが，会派別データからもそのような傾向が確認されるのであろうか。表５は，提出会派別の政策条例案数の規定要因に関する推定結果である。これらは，会派が共同提出に加わった場合も同様にカウントしているため，重複が存在している点は注意されたい。

推定結果を，仮説の順にみてみよう。執政制度の観点では，特に，社会党，共産党について，知事に推薦・支持を与えている場合に，政策条例案の提出に抑制的になる傾向がみられる。また，自民党が単独で議案を可決することができる場合や，社会党，共産党が単独で議案を提出することができる場合には，それらの会派による政策条例案の提出が進む様子が確認される。それぞれ仮説１，４に整合的な推定結果であるが，自民党では，知事に推薦・支持を与えているかどうか，公明党では，推薦・支持に加え，単独で議案提出可能かどうかのいずれについても，政策条例案の提出状況と統計的に有意な関連を持っていない。表４の推定結果と比較してみると，多数の議席を占める自民党の場合，野党の立場であっても知事の議題設定権に一定程度は政策的影響力を与えることが可能であると考えられ，政策条例案の形式に則った独自の政策立案を目指すよりも，決議案などを利用した意見表明活動を通じて知事部局への圧力を強める選択が行われている可能性は指摘できる。公明党については，単独での政策条例案の提出は，1972年から2006年までの期間で１件を数えるのみで，会派連合を中心とした異なる力学によって政策提案が行われているのかもしれない[20]。

財政力指数は，自民党，社会党の政策条例案の提出行動と正の関連を持っており，ここでも，議案提出に係る財政資源の制約が示唆される。知事の政治環境では，得票率の高い知事の下では，自民党の政策条例案の提出が減少するなど，議会の議決権に強く関与する自民党の知事に対する合理的な対応がみられる。これらは，それぞれ仮説２，４と整合的な推定結果である。他方，中央地方関係では，統計的な有意性はないが（ただし10%

表５　会派別政策条例案数の規定要因

従属変数	1972－2006 議員提出議案数（政策条例・自民党）		1972－2006 議員提出議案数（政策条例・公明党）		1972－2006 議員提出議案数（政策条例・社会党（社民党））		1972－2006 議員提出議案数（政策条例・共産党）	
独立変数	Poisson Coef	Robust Std.Err	Neg.Bi Coef	Robust Std.Err	Poisson Coef	Robust Std.Err	Neg.Bi Coef	Robust Std.Err
知事得票率	－3.6163	1.2750**	1.0165	1.6146	1.2834	1.8317	0.5542	1.9773
知事通算在任年数	0.0683	0.0428	－0.0121	0.0390	0.0380	0.0416	0.0188	0.0349
党推薦・支持ダミー	0.1503	0.2836	－0.2566	0.4494	－0.8526	0.2894**	－3.0841	0.9605**
党議席ダミー（単独可決・発議可能）	1.4514	0.4740**	－0.7034	0.9826	0.8880	0.4409*	2.1613	0.7060**
自民党衆議院議員比率	1.5974	0.9834	－1.1334	1.9222	－2.6875	1.9112	－2.5426	1.6726
財政力指数	4.1753	1.9751*	2.1213	3.0293	4.1854	1.9650*	0.8245	3.1572
65歳以上人口比率	84.5909	47.4289†	－40.4178	30.3607	－21.1233	36.4254	－9.2333	37.6719
DID 人口比率	3.1502	6.5431	－1.6456	8.0119	－8.1961	10.5605	－14.3122	8.6008†
定数項	－24.1700	13.5896†	9.4852	10.9112	6.6637	13.0542	11.9955	12.0065
都道府県ダミー・年度ダミー	YES		YES		YES		YES	
擬似対数尤度	－127.4198		－156.4798		－188.9947		－186.0972	
擬似決定係数	0.5279		0.3292		0.4599		0.4214	
観測数	1645		1645		1645		1645	
LR test of alpha ＝ 0 ：	chibar2(01)＝0.00		chibar2(01)＝8.49**		chibar2(01)＝1.34		chibar2(01)＝3.33*	

（１）***：p<0.001，**：p<0.01，*：p<0.05，†：p<0.1（２）Robust Std.Err. adjusted for clustering on 47 prefectures

に近い有意確率である），都道府県内の自民党衆議院議員比率が高い議会では，自民党による政策条例案の提出が増加する傾向があり，これは仮説５と非整合的な推定結果である。本稿の分析からは解釈が難しいところだが，本稿の仮説５とは反対に，国会議員が系列の地方議員に働きかけを行い，自己の政策を実現しようとする可能性や[21]，国会議員の協力を背景として，地方議員が知事部局とは異なる政策立案を目指す可能性も考えられる。

４．４．政策領域別意見書案・決議案数の規定要因

最後に，表６は，政策領域別の意見書案・決議案数の規定要因に関する推定結果である。ここでは，それぞれ，意見書案と決議案の総数を統制し，政策領域に対する政策選好の比重がどのような要因によって規定されるのかを分析している[22]。特に，本稿が関心を寄せるのは，各会派が知事に推薦・支持を与えている場合や，各会派が単独で議案を可決・提出できる場

表６　政策領域別意見書案・決議案数の規定要因

従属変数	1970－1990 議員提出議案数 （意見書・分配領域）		1967，1970－1990 議員提出議案数 （意見書・中央専管領域）	
独立変数	Poisson Coef	Robust Std.Err	Poisson Coef	Robust Std.Err
意見書案数（合計）	0.0361	0.0039***	0.0343	0.0044***
自民党推薦・支持ダミー	－0.0028	0.0692	0.2077	0.0850*
公明党推薦・支持ダミー	－0.0727	0.0579	－0.0283	0.0780
社会党推薦・支持ダミー	0.0387	0.0669	－0.0022	0.0707
共産党推薦・支持ダミー	0.0127	0.0697	0.0847	0.1104
自民党議席ダミー（単独可決可能）	－0.0125	0.0754	－0.2623	0.0678***
公明党議席ダミー（単独発議可能）	－0.0877	0.1276	－0.2317	0.0763**
社会党議席ダミー（単独発議可能）	－0.0301	0.0470	0.0715	0.0729
共産党議席ダミー（単独発議可能）	－0.0949	0.0862	－0.1085	0.2075
自民党衆議院議員比率	－0.5224	0.2210*	0.0311	0.2754
財政力指数	－0.2250	0.3063	－1.4582	0.4479**
65歳以上人口比率	6.0658	6.3342	3.1365	8.3022
DID 人口比率	0.5850	1.4478	－2.9751	1.8436
定数項	0.8058	1.6675	2.5005	1.3805†
都道府県ダミー・年度ダミー	YES		YES	
擬似対数尤度	－2022.0948		－1818.2496	
擬似決定係数	0.3926		0.2964	
観測数	985		1031	
LR test of alpha ＝ 0 ：	chibar2（01）＝1.2e －04		chibar2（01）＝2.6e －05	

（１）***：p<0.001，**：p<0.01，*：p<0.05，†：p<0.1（２）Robust Std.Err. adjusted for clustering

合に，各会派の党派性に応じた政策領域の意見表明活動が進むのか否かである。また，ここでは，仮説５の後段に示した通り，自民党の代議士系列が強い議会で，中央省庁に対する分配領域での意見表明活動が減じられるのか否かにも興味を持ちたい。

推定結果をみると，執政制度の観点では，自民党が与党である場合には，中央専管領域での意見書案，分配領域での決議案の割合が増加し，公共財領域での決議案の割合が減少することがわかる。他方で，公明党が与党，共産党が野党である場合には，公共財領域の決議案数が増加する。一般に，共産党が公共財領域での政策に関心を持つのであれば，野党である場合に，そのような決議案を提出する傾向にあることは，仮説１に整合的かもしれない。しかし，全体の傾向は明瞭ではない。

また，議会制度の観点では，自民党が単独議案可決できる議会で，中央専管領域での意見書案や，公共財領域での決議案が減少すること，公明党

1970－1990 議員提出議案数 （意見書・公共財領域）		1970－1990 議員提出議案数 （決議・分配領域）		1967，1970－1990 議員提出議案数 （決議・中央専管領域）		1970－1990 議員提出議案数 （決議・公共財領域）	
Poisson Coef	Robust Std.Err	Poisson Coef	Robust Std.Err	Poisson Coef	Robust Std.Err	Neg.Bi Coef	Robust Std.Err
0.0447	0.0040***	0.1131	0.0112***	0.1233	0.0144***	0.1400	0.0208***
－0.0921	0.0600	0.4531	0.2430†	－0.1819	0.2754	－0.6367	0.1936**
－0.0679	0.0439	0.0465	0.1194	0.2225	0.1834	0.3258	0.1636*
－0.0119	0.0715	－0.0108	0.1722	－0.1393	0.1716	－0.2308	0.1672
－0.0639	0.1073	0.4112	0.2811	0.0423	0.3033	－0.7203	0.2567**
0.0138	0.1144	0.1162	0.2885	0.0543	0.2002	－0.7605	0.2280**
－0.0514	0.1994	－0.5052	0.3906	－0.7213	0.1841***	－0.6561	0.3464†
0.0496	0.0700	－0.0730	0.1619	－0.0129	0.1412	－0.1833	0.1062†
0.2290	0.1022*	0.0127	0.2688	0.7647	0.4445†	－0.0693	0.1757
－0.1123	0.1804	0.6209	0.5596	－0.8692	0.8256	－0.6750	0.6000
0.4229	0.2749	0.1184	0.7432	1.9860	0.8821*	0.0883	0.7160
8.9045	8.0525	23.5576	16.3970	29.4532	17.5005†	30.0256	11.3021**
0.6790	1.7984	5.4137	3.5611	－1.8086	3.2270	3.0464	2.8824
－0.6504	1.7928	－9.2087	4.1137*	－2.3503	2.2142	－4.8840	3.0777
YES		YES		YES		YES	
－1957.5361		－867.6164		－877.1764		－903.3652	
0.4140		0.3821		0.2939		0.2595	
985		985		1031		985	
chibar2(01)＝3.3e－05		chibar2(01)＝0.00		chibar2(01)＝0.65		chibar2(01)＝6.78**	

on 47 prefectures

が単独議案提出できる議会で，中央専管領域の意見書案や決議案が減少し，公共財領域の決議案が減少すること，社会党が単独議案提出できる議会で，公共財領域の決議案が減少すること，共産党が単独議案提出できる議会で，公共財領域の意見書案や，中央専管領域の決議案が増加することがわかる。55年体制下において，自民党が中央専管領域の政策に関する意見表明活動に消極的であることや，共産党がその逆であること，また，共産党が公共財領域について中央省庁に対する意見表明活動に積極的であることなどは，各会派の党派性に応じた議案提出行動と理解できるかもしれない。限定的には，仮説4と整合的な推定結果が得られたといえるが，統計的に有意な関連を持たない項目も多く，解釈は慎重になるべきであろう。

そして，中央地方関係の観点では，自民党衆議院議員比率が高い議会で，中央省庁を対象とする意見書案について，分配領域の意見表明活動が減じられることがわかる。これは仮説5とも整合的な推定結果である。すなわち，代議士を通じて国政への系列化が進んだ議会では，そのルートを利用して要望を中央省庁へと伝達することが一定程度は可能となるために，意見書などの議会独自の意見表明活動を行う必要性が減じられるのでないか。決議案にこの傾向が確認されない（分配領域では反対に正の係数を示している）ことは，意見書案と決議案の性質の相違について示唆的である。その意味では，財政力指数の高い議会で，税財政を含んだ中央専管領域の意見書案が減少する一方，その決議案が増加することも興味深い。財政資源が制約化した地域では，中央からの財政移転が争点となり，財政資源に余裕のある地域では，その地域内での利益配分が争点となるのかもしれない。なお，社会経済的変化について一貫した影響を発見することは難しいが，65歳以上人口比率が増加した議会で，公共財領域の決議案の割合が増加するという結果は直観的であろう。

5. 結論

本稿では，ここまで，日本の地方議員の立法活動のメカニズムを，主に執政制度や議会制度の制度的要因から分析することを試みてきた。一般に日本の地方議会は議員提案が低調であるという特徴を持っているが，そもそも地方議員の立法活動がなぜ低調なのかについては，十分な実証的検討が行われてこなかった問題があった。

本稿は，1967年から2006年までの47都道府県議会に関する大規模なパネルデータに基づき，日本の地方議員を取り巻く様々な制度的制約が，地方議員の立法活動を静態化させてきたとする仮説を検証してきた。日本の地方政府の採用する二元代表制は，首長に強い議題設定権を認めるものであり，また，中央集権的な地方自治制度の下，地方政府の政策形成自体が中央政府の一定の影響下に置かれている。その上，地方議員の議案提出行動は，議案提出に要する人数要件など議会制度にも制約づけられている。このような制度的制約は，地方議員の執行機関への従属を促し，地方議会独自の立法活動を阻害する働きを持ってきたのではないか。

これらの仮説を検証した前節までの推定結果からは，首長に対する与党化の程度が高く，単独で議案提出可能な会派総数が少ない議会では，決議案などの意見表明活動が減退すること，また，政策条例案は，野党会派や単独で議案提出可能な規模を持つ会派から提出されやすいこと，政策領域別の意見書案・決議案については，地域内の代議士の系列を通じた国政への陳情仲介ルートの存在が，利益誘導などの分配領域での関係行政省庁への意見表明活動の比重を低くすることなどが明らかになった。

概して，日本の地方議員の立法活動が外形的に静態化してみえる理由は，執政制度や議会制度，または，中央地方関係の制度的制約から説明できる部分が小さくない。そして，これらの制度的帰結である日本の地方議会のオール与党体制や一党優位体制が，議会の立法過程を静態的に特徴づけてきたということが，本稿から示唆される結論である。もし日本の地方議員の立法活動を外形的に活性化することを目指すのであれば，これらの制約を緩和するための制度改革が必要となるだろう。

最後に，本稿から示唆される独自の知見と，そこに付随した今後の研究課題を整理して論を閉じたい。本稿から得られた独自の知見の一つとして，日本の地方議員の議案提出行動が，所属する会派ごとに異なる誘因に動機づけられており，そのような誘因に基づき，議員提出議案の性質の相違が戦略的に運用されている可能性が指摘できる。たとえば，議会の議決権を単独で行使できる多数党の場合，会派として議会に提出する議案は当然に可決が見込まれる。また，議案の成否を握る多数党にとって，首長選挙を通じた首長との協力関係の有無は，首長提案に政策的影響力を及ぼすための決定的な条件ではないかもしれない。そのような多数党にしてみれば，野党の立場にある際には，議案が可決された場合に現実的な費用が生じる条例提案を利用するよりも，決議案などの意見表明活動を通じて首長部局へと働きかけを強める方が合理的であるかもしれない。他方で，小会派が提出する議案は，議会の多数派の同意を得ない限り可決されることはないわけであるから，意見表明活動だけでなく，可決の見込まれない条例提案によって立場表明（position taking）を行う選択肢も考えられよう。

本稿の推定結果から示唆されるこれらの知見は，次のような研究課題を提起する。第一に，議員提案条例だけでなく意見書案や決議案などの意見表明活動は，どのような政策的帰結を導くものなのか。第二に，議案提出行動は，議員の政治的目標にどのように合致したものなのか。たとえば，地方議員の立法活動と「選挙とのつながり」（Mayhew 2004）はいかなるものなのか。このような合理的な地方議会像から，日本の地方政府の立法過程を理論的・実証的に研究していく必要性は大きいだろう。

〔謝辞〕 本稿は，平成24－27年度科学研究費補助金（特別研究員奨励費：課題番号12J02974）の助成を受けたものである。

（1） 後述するように，意見書·決議（辻 2006a），請願·直接請求（辻 2006b），議員提案条例（中谷 2009）を分析対象として，地方議会の立法動態を取り上げた実証研究も著されている。本稿では，これらの先行研究に対して，特に執政制度や議会制度の制度的要因の重要性を強調し，地域的・通時的に網羅性の高い大規模なデータセットによる検証を目指している点に独自性がある。

（2） その他，馬渡（2010，第4章）でも，議員提出条例の件数に関する考察が行われている。そこでも，改革派と呼ばれる知事に触発される形で，独自色のある議員提出議案が提出されることが確認される。

（3） このほか，地方議員の立法活動を規定する制度的要因として，選挙制度の影響が考えられるだろう。近時の地方政治研究が強調するように，日本の都道府県議会議員は，単記非移譲式（single non-transferable vote）の中選挙区制及び小選挙区制から選出されるために，特に前者の効果として，政党に対する自律性が高く，選挙区内の特定の支持集団の利益を代表する傾向が強い可能性がある（曽我・待鳥 2007，p.46）。このような観点から，たとえば，選挙区定数の大きい議会ほど，特定の支持集団の利益に関わる立法活動に積極的であることなどが予期されよう。本稿では，執政制度や議会制度上の立法活動の「制度的制約」に着目するという趣旨から，選挙制度については扱っていないが，この点は今後の課題としたい。

（4） Woon (2008, p.201) の整理によれば，議案提出行動は，選挙民の反応を期待するものであったり（Mayhew 2004），よりよい委員会への任命のような制度内報酬を目的としたものであったり（Wawro 2000），または単に政策そのものに動機づけられたものであったりすると考えられる。もちろん，同じ再選のための議案提出行動であっても，それが功績の主張（credit claiming）を目的としたものであるのか，立場表明（position taking）を目的としたものであるのかの線引きは難しいなどの問題がある（Mayhew 2004, pp.62-63）。

（5） ここでの議論の整理は，概ね，築山（2013）による。

（6） たとえば，2006年度に全国の都道府県議会に提出された全議案10206本に占める割合は，知事提出議案が8746本で85.7%，議員提出議案が1460本で14.3%である（全国都道府県議会議長会事務局編 2009）。

（7） ただし，首長選挙の得票率は，立候補者の数や各候補者に対する政党の推薦・支持状況などの対立構図にたぶんに左右されるものであり，得票率の高さが直ちに住民の支持の大きさを意味するわけではない点には注意が必要である。しかし，実際上，そのような対立構図を考慮した独立変数を新たに操作化することは難しい。また，得票率自体は，首長の選挙の強さ，再選可能性の高さを示す指標としては一般的であるため（e.g. 河村 1998），本稿では，それらの限界には留意しつつ，先行研究と同様に（砂原 2011，p.93），得票率を首長の立法資源として解釈することとした。

（8） あるいは，砂原（2010）が指摘するように，首長の在任期間の長期化が，利益の固定化を生じさせ，現状に不満を持つ勢力を生み出す潜在的な因子になるという説明もありうるだろう。

（9） 中谷（2009）では，議会の規模が大きくなるほどに，議員提案に要する賛成者の数が多くなり，議員提案を行う際の心理的・物理的コストが高くなるという立論から，議員提案条例数をその議会の議員定数に回帰させる分析を行っている。なお，議員提出議案のうち意見書案や決議案は，提出要件に地方自治法による制約がなく，地方議会の会議規則にその運用が任されている点には注意が必要である（標準会議規則14条後段）。ゆえに，意見書案や決議案については，議会ごとの提出要件に基づく分析が適切であるが，本稿では考慮されていない。この点は今後の課題である。

（10） とはいえ，もちろん，ある政党の国会議員比率の大きさが，その政党の国会議員と地方議員の系列関係の強さを直接に示すわけではない。また，同じ政党の国会議員であっても，政府・国会・政党内の役職によってその政策的影響力には大きな相違があろう。このように国会議員と地方議員の系列関係の指標の精緻化には課題が残されている。

（11） なお，沖縄県議会については，沖縄返還後の1972年以降からのデータである。

（12） 具体的には，議員提出議案に関する参照元である『都道府県議会提要』の資料上の制約である。各種の議員提出議案の議案数については1967年以降，議員提出議案のうち条例案一覧については1972年以降，政策領域別の意見書案・決議案数については1967年（運輸，環境・公害，交通安全，過密・過疎は除く）及び1970年以降から1990年までの資料が利用可能であり，各データを従属変数とした分析では，それに応じた分析対象期間が設定されている。

（13） データは，曽我謙悟氏の個人ホームページ http://www2.kobe-u.ac.jp/~ksoga/ksoga/JLP.html（2012/9/21），砂原庸介氏の個人ホームページ http://www.geocities.jp/yosuke_sunahara/data/data.html（2012/9/21），Steven R. Reed 氏の個人ホームページ http://www. fps.chuo-u.ac.jp/~sreed/DataPage.html（2012/3/15），土居丈朗氏の個人ホームページ http://web.econ.keio.ac.jp/staff/tdoi/pfdata.html（2012/12/24）から，それぞれダウンロードした。データの

公開者の各氏には，この場を借りて，御礼を申し上げたい。なお，『全国首長名簿』のデータについては，元の資料にあたり，一部修正を加えたものを使用している。

(14)　このように分析対象期間を限定する理由は，前述の通り，資料上の制約によるものである。

(15)　自民党についてのみ，議会の過半数を満たすか否かのダミー変数を用意している理由は，自民党会派の分裂を考慮しない場合，自民党が議案提出の人数要件を単独で満たさない事例が2件を除き存在しないためである。そこで，自民党の会派規模の効果については，単独議案可決が可能か否かの相違を検証することとした。交渉費用の観点からは，自民党の会派のみで議案を可決できる場合に，そうでない場合よりも一層，議案提出に積極的になることが考えられる。なお，前述の2事例は，1971年，1972年の島根県議会であり，データ利用の統一性の観点から元のデータを修正せずに利用している。

(16)　なお，小選挙区比例代表並立制導入以降の衆議院総選挙については，小選挙区から立候補し，小選挙区で当選した議員と，重複立候補により比例区から復活当選した議員を分析対象としている。

(17)　ただし，負の二項回帰モデルによる推定が実行可能でなかった場合は，次善の策として，ポアソン回帰モデルを採用している。

(18)　ポアソン回帰モデルや負の二項回帰モデルでは，固定効果ダミーを投入した際に生じる，付随パラメータ問題の影響は軽微であることが知られている（Allison and Waterman 2002）。

(19)　たとえば，1972年から1999年までの28年間に22件であった共産党単独による政策条例の提案が―しかも，そのうちの17件は1986年から1989年の任期中の東京都議会に占められている―，2000年から2006年の7年間ですでに12件を数えている。ただし，共産党単独による議案が可決された事例はない。

(20)　なお，その1件は，1972年に東京都議会に提出された「東京都モノレール建設促進条例」であり，継続審査の扱いとなった。また，同期間中における，自民党単独による政策条例案は27件，社会党（社民党）単独による政策条例案は23件，共産党単独による政策条例案は34件を数える。

(21)　たとえば，本稿の推定結果からそれらの傾向が確認されるわけではないが，元号法制決議や改憲決議などのように，全国の地方議会に対して国政での自民党の意向に沿った決議案を採択するよう求める大衆運動の手法が知られている（仲 1981）。

(22)　ここでは，意見書案や決議案の総数を統制した上で，その政策領域ごとの比重に興味を持っている点には注意を付したい。それゆえ，知事の得票率や通算在任年数などの議員の立法活動の総量を説明する要因は除外している。

参考文献

阿部斉・新藤宗幸・川人貞史（1990）『概説現代日本の政治』東京大学出版会.

伊藤修一郎（2002）『自治体政策過程の動態―政策イノベーションと波及』慶應義塾大学出版会.

井上義比古（1992）「国会議員と地方議員の相互依存力学―代議士系列の実証研究」『レヴァイアサン』10：pp.133－155.

河村和徳（1998）「地方財政に対する首長選挙の影響」『選挙研究』13：pp.130－139.

河村和徳（2001）「首長選挙における政党の役割―相乗り型選挙を手がかりとして」『都市問題』92（10）：pp.27－37.

黒田展之編（1984）『現代日本の地方政治家―地方議員の背景と行動』法律文化社.

小林良彰・塩沢健一（2010）「全国ガバナンス市民意識調査結果　第１回地方議員調査（上）」『地方財務』667：pp.39－58.

砂原庸介（2010）「地方における政党政治と二元代表制―地方政治レベルの自民党「分裂」の分析から」『レヴァイアサン』47：pp.89－107.

砂原庸介（2011）『地方政府の民主主義―財政資源の制約と地方政府の政策選択』有斐閣.

全国都道府県議会議長会事務局編（1969－2009）『第１－11回都道府県議会提要』.

曽我謙悟（2011）「都道府県議会における政党システム―選挙制度と執政制度による説明」『年報政治学』2011－Ⅱ：pp.122－146.

曽我謙悟・待鳥聡史（2007）『日本の地方政治―二元代表制政府の政策選択』名古屋大学出版会.

地方自治総合研究所編（1974－2007）『全国首長名簿　1974年版－2006年版』.

築山宏樹（2013）「地方議会の審議時間―会期日数・委員会開催日数の規定要因」『公共選択』59：pp.86－109.

辻陽（2002）「日本の地方制度における首長と議会との関係についての一考察」『法学論叢』151（６）：pp.99－119，152（２）：pp.107－135.

辻陽（2006a）「地方議会の党派構成・党派連合―国政レベルの対立軸か，地方政治レベルの対立軸か」『近畿大学法学』54（２）：pp.237－293.

辻陽（2006b）「地方議会と住民―地方議会における党派性と住民による請願・直接請求」『近畿大学法学』54（３）：pp.241－285.

仲衛（1981）「地方議会における改憲決議の動向と背景」『法律時報』53（６）：pp.38－42.

中谷美穂（2009）「地方議会の機能とエリートの政治文化―議員提案条例に関する分析」『選挙研究』25（１）：pp.24－46.

名取良太（2009）「「相乗り」の発生メカニズム」『情報研究』31：pp.67－86.

野村稔（1993）「政策立案，決定機能と議会事務局，図書室の充実」西尾勝・岩崎忠夫編『地方政治と議会』ぎょうせい，pp.187－203.

馬渡剛（2010）『戦後日本の地方議会―1955～2008』ミネルヴァ書房.

依田博（1995）「地方政治家と政党」『年報行政研究』30：pp.1－13.

Allison, Paul D. and Richard P. Waterman. 2002. "Fixed-Effects Negative Binomial Regression Models," *Sociological Methodology* 32 (1): pp.247-265.

Cameron, A. Colin, and Pravin K. Trivedi. 2010. *Microeconometrics Using Stata Revised Edition*. College Station, Texas: Stata Press.

Fenno, Richard F., Jr. 1973. *Congressmen in Committees*. Boston: Little, Brown and Company.

Fukumoto, Kentaro. 2008. "Legislative Production in Comparative Perspective: Cross-Sectional Study of 42 Countries and Time-Series Analysis of the Japan Case," *Japanese Journal of Political Science* 9 (1): pp.1-19.

Mayhew, David R. 2004. *Congress: The Electoral Connection Second Edition*. New Haven: Yale University Press.（岡山裕訳（2013）『アメリカ連邦議会―選挙とのつながりで』勁草書房.）

Pekkanen, Robert, Benjamin Nyblade, and Ellis S. Krauss. 2006. "Electoral Incentives in Mixed-Member Systems: Party, Posts, and Zombie Politicians in Japan," *American Political Science Review* 100 (2): pp.183-193.

Wawro, Gregory. 2000. *Legislative Entrepreneurship in the U.S. House of Representatives*. Ann Arbor: University of Michigan Press.

Woon, Jonathan. 2008. "Bill Sponsorship in Congress: The Moderating Effect of Agenda Positions on Legislative Proposals," *Journal of Politics* 70 (1): pp.201-216.

推論的ジレンマと司法審査の正当性

斉藤　尚＊

はじめに

近年のデモクラシー論において，社会的選択理論の影響と含意をめぐる様々な研究がなされてきている。社会的選択理論とは，アローの一般可能性定理（以下，一般可能性定理と略す）に端を発した，社会的意思決定ルールを，厚生経済学の手法を応用した数理的手法を用いて明らかにする分野である。本稿は，その中で特にリベラル・デモクラシーにおける司法審査の理論化可能性について考察する。

リベラル・デモクラシーの制度構築において，司法審査は重要な位置を占めている。リベラル・デモクラシー制度は，憲法上のリベラルな諸権利を擁護しつつも政策決定においては民主的決定を尊重する。司法審査は，立法部においてなされる多数決による民主的決定を，司法部において憲法上の諸権利の擁護のために抑止する制度である。つまり，それはリベラル・デモクラシー制度の中心となるリベラリズムと民主主義という二つの理念の対立を，前者を後者よりも優先することで解消しようと試みる制度である。しかし，多数決原理こそが民主主義の根幹であると考えるデモクラシー論者からは反民主的とみなされる場合があり，その正当性について様々な論争が引き起こされている。

これまで，社会的選択理論の研究成果が司法審査に対してどのような含意をもつのかについて様々な研究がなされてきた。それらの先行研究は主に三つの潮流に分類できる。第一に，一般可能性定理の直接的な含意を考察し，特に多数決原理の恣意性という観点から司法審査を擁護する研究で

＊　東北学院大学経済学部共生社会経済学科准教授　政治理論・公共哲学専攻

ある。第二に，リベラル・パラドックスから派生した立憲的決定に関する研究である。第三に，近年，推論的ジレンマの解消方法として発展した司法審査の擁護についての研究である。

しかし，結論を先取りすれば，第一の潮流では，司法審査に反する立場への反論はなされているものの，その直接的な定式化が課題として残されている。一般可能性定理の枠組みを用いる社会的選択理論では，すべての構成員がある選択肢を選べば社会的にもその選択肢が選ばれるというパレート原理は自明の理とみなされている。他方で司法審査はリベラルな諸権利の尊重のためにパレート原理の制約を容認する。それ故に，その理論では司法審査それ自体の正当性に対する懐疑があり，その定式化についてあまり研究が進んでいない。第二の潮流では，パレート原理と権利の原理の対立を論じながら，立憲的決定の定式化を行うものの，司法審査の定式化を行わない。これに対して，第三の潮流は近年盛んな判断集計（judgment aggregation）の理論である。そこでは司法審査の定式化の試みがなされており，それ以外の潮流よりも直接的に司法審査を扱う。

本稿の目的は，第一および第二の潮流を検討した後，第三の潮流における司法審査の定式化のメリットを指摘したうえで，その研究成果に残された課題を指摘すると共に，その課題の解決方法を明らかにし，新しい司法審査の定式化の研究に示唆を与えることである。

本稿は，次のことを主張する。第三の潮流である推論的ジレンマの解消方法の一つとして提示された司法審査の定式化は，第一，第二に比べて司法審査のもつ特徴を明らかにできるが，それの定式化というよりもむしろ正当化のための議論であり，さらにそのための議論としても限界点が残されている。そのため，それを克服するようにこれまでの研究を応用する必要がある。

構成としては，まず，司法審査の特徴を明らかにした上で，それに対する初期の社会的選択理論の研究がもつ含意を明らかにする（第一節）。次に，リベラル・パラドックスから派生した立憲的決定に関する研究について論じる（第二節）。続いて，推論的ジレンマの解消方法の提示とその方法の一つとしての司法審査の定式化を明らかにする（第三節）。最後に，第三節で示した方法の批判的検討を行う（第四節）。

1．一般可能性定理と司法審査

本節は，まず司法審査の特徴を明らかにした上で，一般可能性定理をはじめとした初期の社会的選択理論がそれに対してもつ含意を明らかにする。

1）司法審査の特徴

司法審査は，立法部における民主的手続きを経た政策決定に対して司法部が違憲と判断した場合，その決定を無効にできる制度である。それは，多数決による多数派の専制に対して憲法上のリベラルな諸権利を擁護する切り札としての役割を担う。他方で，その制度は民主的決定に対する制約を含むため，多数決こそが民主主義の根幹であると考える民主主義者達から批判されてきた。それらの批判と論争は，その制度を擁護する立憲主義と民主主義の対立問題と呼ばれている（阪口 2001，2－12）[1]。

このような役割を担う司法審査に対して，次に，集団的意思決定の可能性について考察する社会的選択理論がこれまで与えてきた含意について検討する。

2）司法審査に対する一般可能性定理の含意

社会的選択理論とは，一般可能性定理に端を発した集団的意思決定に関する研究分野である。一般可能性定理は，ケネス・アローが『社会的選択と個人的評価』（Arrow 1951/1963）にて発表した定理である。それは，民主的決定にとって望ましいと考えられる四つの条件を設定し，それらの条件をみたす集団的意思決定ルールが存在しないことを証明する。

技術的には，その定理は消費者選択理論を応用した数理的手法で証明される。まず，選択主体である社会的構成員は，所与の選択肢集合に対して完備性と推移性をみたす選好順序をもつと仮定される。社会的決定では，これらの個人的選好順序を集計して社会的決定の指標となる一つの社会的選好順序が形成される。その際，集計方法である社会的厚生関数に対して，定義域の非限定性，パレート原理，無関連対象からの独立性，非独裁制という四つの条件が設定される。詳細については除くものの，このうちパレート原理とは，すべての構成員がある選択肢をもう一つの選択肢よりも二項関係において選好するとすれば，社会的にも前者の選択肢が後者の選択肢よりも選好されなければならないという条件である。一般可能性定理によれば，これらの四つの条件を公理とする場合，それらをみたす社会的厚生関数は成立不可能である（Arrow 1951/1963, 48-59/77-95）。

この定理を解消するために，アローの四つの条件や構成員のもつ選好順序の性質などは様々に変形されてきており，その中にはパレート原理の変形も存在する。しかし，アローはパレート原理の制約に異議を唱えてきた（Arrow 1967, 221-222）。その理由は，パレート原理は民主主義における市民主権の理念を表現するからである。つまり，社会厚生の基準である社会的選好順序が個人厚生の基準である個人選好順序を反映しないことは，アローの言葉からすれば反民主的だからである。ここから，アローのデモクラシー観は，パレート原理に支えられた社会的決定の帰結は倫理的に意味をもつべきであるというポピュリズムであることがわかる。

政治学の分野では，最初にウィリアム・ライカー（Riker 1982）によって，主に1970年代までのその理論の研究成果がデモクラシー論に対してもつ含意についての研究がなされた。ライカーによれば，民主的決定の帰結に倫理的な意義を与えるか否かによって，デモクラシー観はポピュリズムとリベラリズムに分類できる。その上で彼によれば，一般可能性定理はポピュリズム的デモクラシー観の上に作られており，それに対して否定的結論を導く。なぜなら，それはパレート原理をみたす集団的意思決定ルールが循環した社会的選好順序を生み出すことを証明する。このことは，ある選択肢集合の中から一つを選択するとしても，その選択肢は他の選択肢集合の中では異なる選択肢に負ける場合があることを意味する。つまり，どの選択肢もそれが「人民の声」を反映した倫理的意義をもつわけではないからである（Pildes and Anderson 1990, 2122-2126; cf. 斉藤 2012，Ch. 1）。

さらに言えば，パレート原理以外の条件を変更することで一般可能性定理が導出される研究がなされているが，それらの研究によってポピュリズムが肯定されるわけではない。なぜなら，社会的選好順序は異なる集団的意思決定ルールを採用することで変更しうるからである（Riker 1982, Ch. 1-3）。その上，それらのルールの中で最も望ましいルールを決定しようとしても，日常的に使用可能なすべてのルールは望ましい条件のいくつかをみたさないことが明らかにされてきている。そのため，最も望ましい帰結を導出すると言い得るルールを決定することができない（Riker 1982, Ch.

4)。したがって特定の社会的決定の結果に倫理的価値を与えることはできない。

他方で，リベラリズムにおいては民主的な意思決定の結果に「人民の声」としての倫理的意義を与えない。民主社会における選挙とは，その時々の為政者に対して市民が拒否権を表明する機会を意味する（Riker 1982, 244/296）。また，たとえ循環した社会選好が形成されるとしても，そのことはむしろ多数派と少数派の流動性を生み出すが故に民主主義にとって望ましい。重要なのは，定期的な選挙を実施しうる憲法上の諸制約があることである（Riker 1982, 250/303-304; cf. 斉藤 2012，Ch. 2, Sec. 1）。

ライカーが考える諸制約の一つは「独立した司法部」の設立であり，彼は司法審査が社会的選択理論の研究成果を受けて擁護されうると説く。ライカーによれば，前述したように多数決原理の結果は恣意的で倫理的正統性がなく，また必ずしも個人の権利を擁護する結果が出るとは限らない。さらに，多数派は選択肢集合を変えることで帰結を自分たちの選好にとって有利に変更することができる。これらの観点から，多数決原理の帰結は特に少数派の権利を侵害する可能性があり，したがって司法審査が必要である（Riker and Weingast 1988, 381-388）。

ライカーの研究を踏まえて，より具体的に，社会的選択理論の研究成果が立法裁量論に与える影響についても考察がなされた（宇佐美 1994－1995；宇佐美 2000，149－152）。宇佐美誠によれば，立法裁量論において裁量範囲を広くとる根拠を一般可能性定理が否定するがゆえに，その定理は司法審査の擁護に貢献する。

立法裁量論とは，司法審査においてある法律の合憲性が争われる場合に，裁判所が国会の立法行為を尊重して，その行為が合憲か否かを立法府の自由裁量に委ねる範囲があるという法理である。宇佐美によれば，立法裁量論において裁量範囲が広く，そのために合憲判断が下される場合，その正当化のために主に次の二つの根拠が提示されてきている。第一に，法律は多様な市民の意見の集約であるが，司法審査を下す裁判官はそうではない。それゆえに民主国家においては前者の意見を尊重するべきである。第二に，議員は市民に対して彼らの意見を政治に反映させるという政治責任を負う。

しかし第一の点に対しては，社会的選択理論の研究成果から，集団的決定の帰結が恣意的であることが明らかにされており，その帰結は市民の意見としての正統性を有するわけではないという反論が可能である。第二の点についても同様である。従って宇佐美は，社会的選択理論は裁量範囲を広く認める際の根拠に対する反論になりうると論じた。

このようにして，ライカーおよび宇佐美は，社会的選択理論の含意は司法審査を，あるいはそれが有効に機能することを肯定すると論じた。ただし，宇佐美自身が認めるように，これらの議論は有効な司法審査に反対する論拠に対する反論にはなりうるが，それでもその制度の論拠を直接的に強固にするわけではない（宇佐美 2000，151－152）。ライカーにせよ宇佐美にせよ，有効な司法審査の正当性を自明視した上で，その対立概念のもつ難点を社会的選択理論を用いて指摘するのみである（cf. Coleman and Ferejohn 1986）。

他方で，社会的選択理論からはライカーらの解釈とは反対に，司法審査に対する批判もなされた。それは，もし司法審査が高等裁判所において複数の裁判官による合議審によって下されるとすれば，複数の裁判官の意見調整をする際に，一般可能性定理に代表される問題が残されるという批判である（宇佐美 1994，51）。しかし，司法審査は裁判官達の選好表明を目的とするのではなく，独立した司法部が何らかの違憲判決を行うことを目的とする。したがって裁判官による憲法解釈上の意見の不一致は，正しい解釈をめぐる議論を通じて解決されるべき問題であるが，それ自体が司法審査そのものの正当性を脅かすわけではない。

要するに，先行研究から明らかなことは，アローの枠組みを土台とした社会的選択理論の研究成果は，司法審査を直接的に正当化も批判もしないということである。その理由のうちで重要な点は，それらの議論が司法審査を正当化するために必要な，権利の原理に基づくパレート原理の制約について論じないという点であると考えられる。司法審査はパレート原理の公理性を疑う（List 2011, 284）。他方でパレート原理は経済学におけるパレート最適性を政治的決定に応用した原理であり，その自明性を疑うことは多くの厚生経済学者にとって難しい（Arrow 1967, 221）。つまり，司法審査それ自体の定式化を問うためには，その前に権利の原理とパレート原理の原理的対決を議論の遡上に載せなければならない。そうでなければ，多数決による多数派の専制に対してリベラルな権利を擁護する切り札としての司法審査の役割を考察することはできないであろう。

2. ゲーム形式の権利論における立憲的決定

社会的選択理論においては，パレート原理と権利の原理の対立という問題がリベラル・パラドックスを中心に議論されてきた。次に，この原理同士の論争から生まれたゲーム形式の権利論における立憲的決定の定式化がもつ特徴を明らかにし，それが司法審査を定式化可能か否かを検討する。

1）リベラル・パラドックスとゲーム形式の権利論

社会的選択理論においては，リベラル・デモクラシーの理論化可能性を，その理念に基づいた集合的意思決定ルールの存在証明という，一般可能性定理とは独立した論理によって示す研究が発展した。

一般可能性定理は情報的基礎として個人の厚生を表す個人的選好順序のみを用いるという点で，厚生主義的であると解釈されてきた。この定理に関する研究の多くは，情報的基礎として個人厚生のみを扱うという点でアローと共通の立場にあった。他方で，アマルティア・センはリベラリズムが擁護する非厚生主義的な自由主義的権利の原理を集合的選択ルールがみたすべき公理の一つとみなし，それとパレート原理の対立を意味するリベラル・パラドックスと呼ばれる定理を証明した（Sen 1970）。リベラル・パラドックスとは，個人の選好順序を集計して社会決定を一つないし複数定める関数を社会的決定関数と呼ぶとき，前述した二つの原理と定義域の非限定性の三つの条件をみたす関数が存在しないことを明らかにした定理である（鈴村 2009，239，249）。このパラドックス以降，厚生主義では表現しきれない権利の原理を公理とみなし，それと厚生主義的な原理との対立を問う研究がなされてきている。

しかし，リベラル・パラドックスには司法審査を含むリベラル・デモクラシー制度の理論化としては主に次の問題が残されていた。第一に，そこではパレート原理と権利の原理はともに公理であり，パレート原理の自明性それ自体が疑われることはない。第二に，一方で司法審査は，社会的決定が自由権を含めた憲法上の権利規定に抵触する際にその制約を容認する制度であるにもかかわらず，そのパラドックス上では自由権が私的な事柄に対する社会的決定において個人選好が決定力をもつことと定義される。だが，司法審査を容認する多くのリベラリズムにおいて，私的な事柄に関する決定はそもそも社会的決定の選択肢ではない。言い換えれば，自由権とは私的な事柄を社会的決定から除外する権利である。

この第二の観点から，ロバート・ノージックは権利の原理は社会的意思決定に先立って，その決定における選択肢集合を制約するためにあるとしてセンを批判する（Nozick 1974, 166/280）。ノージックによれば，センは自由主義的権利を集合的選択ルールに課せられる条件の一つとみなすが，そのような定式化は自由主義の理念を表現しない。権利は社会的決定に先立って個々人に配分されるべきであり，その後，配分された権利の制約の下で社会的決定がなされるべきである。このことは，個人の諸権利に関する立憲的決定による政策決定の制約という司法審査を肯定する見方である。

社会的選択理論では，このようなノージックのセン批判から派生して，ゲーム理論による権利の初期配分と政策決定という考え方が発展した（鈴村 2009, Ch. 11）。ゲーム形式の権利論では，構成員とはゲームのプレーヤーであり，各プレーヤーの自由主義的権利とは，許容される戦略集合の範囲の中で自由に選択することができることを意味する。このとき権利体系は可能な戦略集合の範囲として定義され，ゲームの帰結に関してはナッシュ均衡解が用いられる。

ただしゲーム形式の権利論における権利体系の集合は，必ずしも自由主義的な権利を反映させるわけではないという問題点を有していた。すなわち，それが自由主義的権利として適格であるか否かはその戦略の定義に依存する（鈴村 2009, 285－286）。したがって権利の初期配分の議論では，権利体系 G のうちの部分集合である権利体系 G* があらかじめ規定され，それが配分対象となるとみなされる。

そのように権利体系を規定した上で，ゲーム形式の権利論は，社会的決定を二段階に分け，第一段階で諸個人に与えられるゲームの形式が採択され，第二段階でそのゲーム形式の下で自由なゲームがなされると想定する（Suzumura and Yoshihara 2008）。ここで言うゲーム形式とは，プレーヤーの数，戦略集合，帰結集合の組み合わせを意味する。この研究では，第一段階においては，ゲーム形式に対する個人選好の集計としての集団的意思決定が問題になる。この考え方は，ノージックの理念を表現しうるような，特定の権利体系によって制約された選択肢の下で個人が自由に社会的決定を行うというリベラル・デモクラシーの理論を提示する（Gaertner, Pattanaik and Suzumura 1992)。ノージックとの差異は，ノージックにおいては第二段階では民主的な集団的意思決定があると考えるが，ゲーム形式の権利論ではそれが自由なゲームであるとみなす点である（cf. 斉藤 2012, Ch. 2，Sec. 2）。

この定式化を応用して，立憲的決定を，そのルールに基づいて社会的な活動が営まれるルール制定プロセスとみなす研究もなされてきている。後藤玲子と鈴村興太郎によれば，立憲的デモクラシー（constitutional democracy）とは，諸個人に社会的な関わりにおける活動の自由を保障するとともに，その活動を制約するルールの制定過程に参加する自由をも保障することを意味する。その意味で，プレーヤー達がゲーム形式に対する選択を行うゲーム形式の権利論は，立憲的デモクラシーの理念を表している（Goto and Suzumura 2001, Ch. 4）。

このようなリベラル・デモクラシー体制の定式化は，リベラル・パラドックスに比べて，ライカーが考える「憲法的制約を含めたデモクラシー」というリベラル・デモクラシーの解釈に近い。そしてそれは，立憲的決定に基づく司法審査による政策決定の制約という考え方の定式化として応用可能であると考えられる。この観点からすれば，司法審査はゲームのルールに反する個人の選択の無効化として考察されるであろう。ただし，鈴村らの研究はルールの制約下での選択について論じるため，ルールを外れた選択に対する司法審査についての議論はなされていない。またルールの制約下では市場のような個人取引を想定しており，その下での社会的決定について論じていない。

次に，これらの研究が憲法学においてどの立場に親和的であるかを明らかにした上で，司法審査の定式化という観点からしたこれらの研究の疑問点を明らかにする。

2）ゲームのルールとしての立憲的決定

立憲的決定をゲームのルールを採択するための決定とみなし，政策決定をそのルールの下でのゲームであるとみなすという考え方は，憲法学の文脈においては，スティーブン・ホームズによる立憲的決定に対する見方に親和的である。

前述したように，立憲主義は，憲法ないしは憲法原理の擁護のために政策決定において多数決を制約することを容認する主義である。したがって立憲主義はしばしば反民主的であると批判されてきた。この批判に対してホームズは次のように答える。ホームズによれば，民主主義がたとえ多数決原理の肯定と現在の多数派の支配という側面を有しているとしても，それが機能しうるためには，多数決原理や参政権，表現の自由を含めた自由権などが保障されていなければならない。そして，それらの諸権利を保障するのが憲法の役割である。それゆえに，立憲主義があって初めて民主主義が可能になるのであり，民主主義と立憲主義は矛盾しない（Holmes 1995, 153; cf. 阪口 2001，222）。

ホームズは民主主義が人民主権の理念であることを認めつつ，立憲主義があってはじめて人民主権は可能になると考える。このことを明らかにするために，ホームズは消極的立憲主義と積極的立憲主義を区別する。消極的立憲主義によれば，立憲主義は主権や集権化と対立し国家権力を制約するためにある。つまり憲法は権力の抑止的な装置である。他方で積極的立憲主義は，憲法典を単に主権を不可能にする装置としてではなく，それを可能にする装置として捉える。つまり，主権の理念と憲法上の制約は相互に補強しあう関係にある（Holmes 1995, 7; cf. 阪口 2001，224）。ホームズは後者の立場を採用する。

彼によれば人民主権とは憲法決議というゲームのルールの下でなされるゲームである。より詳細には，立憲主義と民主主義の間には「構成的ルール」（constitutive rule）の関係がある。構成的ルールとはその対象を構成するためのルールのことを指す。あるゲームはそのようなルールによって構成されることで成り立っている。そのため，もしプレーヤーがルール違反をすれば，そのようなプレーは破棄されうる。言い換えれば，多数決原理によって自由権などに反する決定が下されたとしたら，司法審査によるその破棄が肯定される。このようにしてホームズは，人民主権を認めつつ司法審査の正統性を擁護する（Holmes 1995, 148-167; cf. 阪口 2001，246－249）。

ホームズと鈴村の研究の理念的な共通点は，憲法の決定をゲームのルールの採択であり，民主社会での自由な活動をそのルールの下でのゲームであると捉える点である。しかし，一方でホームズによれば，デモクラシーにおけるゲームのルールは表現の自由の保障や参政権の保障，あるいは多数決原理をはじめとした投票方式と司法審査の採択であり，それらは憲法典に規定されるべきである。つまり，立憲的決定におけるデモクラシーに必要な権利の採択は論理的に保証される[2]。

他方で，後藤と鈴村の研究においては，「立憲主義」はゲームのルールが諸個人によって公共善に従って吟味され，そのルールの下で人々が自由に社会的行為を営むことである。例えば独占禁止法は，自由な競争のために必要なルールであるし，その法案を採択する際に民主的手続きがなされることが望ましい。彼らの研究はそのような実際の制度を反映する（Goto and Suzumura 2001, 16）。そこではパレート原理に表されるような「参加の自由」という民主的要素が第一段階の決定でみたされ，行為の自由が第二段階でみたされる（Goto and Suzumura 2001, 7）。しかし，第一段階の社会決定で適格性のある自由主義的権利の体系が必ず採択されるように，第一段階に先立って選択肢を制約する，という少し複雑な構造をもつ。つまり，自由主義的権利は立憲的決定に先立って自明視される。

このように，鈴村らの研究とホームズの研究には立憲主義とデモクラシーの捉え方に差異があるものの，双方の研究に対しては共通の問題を提起しうる。それは，はたして立憲的決定に先立って特定の権利体系が正当化されるのか，それとも民主的な立憲的決定によってそれは正統性を付与されるのかという問題である。この問題に対して，ホームズはデモクラシーの成立条件として権利体系を擁護し，鈴村らは立憲的決定に先立って権利を尊重する。この問題提起に対する答えを比較することで，双方の研究とも前者の立場を採用するが，鈴村らの研究にはその立場の根拠が不明であることが分かる。

さらに，ホームズとの比較で明らかにされたのは，ゲーム形式の権利論が権利の具体的な内容に関して明らかにできないという不足点をもつことである。言い換えれば，自由主義的な適格性のある権利体系は抽象的なものに留まっており，その内容として何がふさわしいかは規範理論に委ねられている。

要するに，鈴村らによる研究は，リベラル・パラドックスと異なり複数段階の集団的意思決定方法を導入することで，立憲的決定が民主的決定に先立つという立憲主義的要素を社会的選択理論に取り入れることを可能にした。しかし，そこには権利の原理が前政治的に自明視されており，また立憲的決定の際もその内容が不透明であるという問題が残されていた。

他方で，近年の推論的ジレンマに関する研究の一部では，複数段階の集団的意思決定という方法を取り入れつつ，権利の内容を明らかにしようと選択肢を特定する研究がなされてきている。

3．推論的ジレンマと司法審査

社会的選択理論において選択対象の内容が捨象されることは，ゲーム形式の権利論に限定されることではなく，アローに端を発してその理論の多くの研究に共通する[3]。ただし，アローは選択肢集合の内容を問わないものの，それは命題の集合であるとは解釈されてきている（Riker 1982, 181-182/ 216-218）。この命題の意味内容を捨象して命題の間の関係性のみに焦点を当て選好関係を考察する立場は，命題の内容を考える述語論理に比して，命題間の関係のみを論じる命題論理の応用であると考えられる[4]。

他方で，命題論理を社会的選択理論に当てはめた研究もなされてきた（Murakami 1968）。さらに近年盛んな判断集計の理論において，アローの考える選好関係と命題論理の考える論理的関係の間に齟齬が生じることがフィリップ・ペティット（Petit 2001）によって指摘されている。その齟齬を示すために，ペティットは推論的ジレンマ（discursive dilemma）という問題を提示する。

推論的ジレンマは，論理的に相互に関連する命題を個別に単純多数決にかける場合，帰結である社会的選好において，命題間の相互の論理的整合性が崩れるというジレンマである[5]。具体的には，推論的ジレンマは，例えば次の三つの命題を選択肢とする際に生じる。

命題１：某国には大量破壊兵器がある（p）。
命題２：某国に大量破壊兵器があるならば，かつその時のみ自国はその国に軍事攻撃を行う（$p \Leftrightarrow q$）。
命題３：自国はその国に軍事攻撃を行う（q）[6]。

これに対して，三人の構成員が表１のような解答をすると仮定する。

表１

	p	$p \Leftrightarrow q$	q
個人１	yes	yes	yes
個人２	no	yes	no
個人３	no	no	yes
社会	no	yes	yes

この時，三者はそれぞれ論理的に正しい解答をしている。個人1は，某国に大量破壊兵器があることも，あるとすればその時のみ軍事攻撃を行うことも肯定するため，軍事攻撃に対しても肯定する。個人2は，もし大量破壊兵器があるとすれば，かつその時のみ軍事攻撃を行うことを肯定するが，そのような兵器はないと考えるため，軍事攻撃に反対する。個人3は，某国に大量破壊兵器があることにも，もし大量破壊兵器があるとすれば，かつその時のみ軍事攻撃を行うことにも反対する。だが，大量破壊兵器の存在以外の理由（例えば石油利権を得るためなど）から，軍事攻撃には賛成する。

しかしそれぞれの命題を単純多数決にかけると，社会は，もし某国に大量破壊兵器が存在するならば，かつその時のみ軍事攻撃をすること（$p \Leftrightarrow q$）に賛成し，大量破壊兵器が存在すること（q）に反対する。それにもかかわらず，社会は軍事攻撃（p）に賛成する。このような思考は論理的に矛盾している。

この問題にかんする研究は，一般可能性定理とは主に次の二点で異なる。第一に，推論的ジレンマでは，選択肢である社会状態の内容を命題で表現し，それらの命題間の論理関係および，後述する一部の解決方法では命題の意味内容をも考慮に入れる。第二に，この研究において個人的選好順序は，アローの想定するような動機づけられた選好とは区別された，表現としての選好である。前者は真であってほしいという欲求によって動機づけられた選好を意味し，後者は真であるという信念の表現としての選好を意味する。

第二の点で，この研究はコンドルセ陪審定理と同様の考え方をする。コンドルセ陪審定理は次のような定理である。まず普遍的な真理があると想定し，個々人が二分の一以上の確率で「正しい」解答をすると想定する。その時，構成員が二つの選択肢に対してなした真偽の表明を単純多数決にかけるとしたら，その結果が真理と一致する確率は常に二分の一以上であり，その確率は構成員の数が増えれば増えるほど増す。つまりコンドルセ陪審定理では，構成員は選択対象である命題に対して望ましいか否かではなく，真か偽かを答えると想定される（List 2011, 262-266）。

このジレンマの解決方法の一つが，司法審査を容認する主張である。それは，選択対象である諸命題を「前提条件」（premise）と「結論」（conclusion）

に分類し，それぞれを別々に投票にかける二段階方式を採用した上で，推論的ジレンマが生じる命題の選択に際しては，いずれかの投票結果を優先することでパラドックスを解消させるという方法である（List 2006）[7]。第一の方法は，「前提条件」に対する投票結果を優先する「前提条件に基づく決定手続き」（premise-based procedure）である。この手続きでは，前提条件に対して行った投票の結果が結論に対するそれを制約すると考える[8]。つまり，「結論」としての選択肢を選択する際にパレート原理に対する制約が課される。第二の方法は，「結論」に対する投票結果を優先する「結論に基づく決定手続き」（conclusion-based procedure）である。この手続きでは，「結論」に対する投票結果のみが重視され，「結論」と矛盾をする「前提条件」に対する投票結果が破棄される。

この二つの手続きのうちのどちらを採用するかは，どのような民主的理念を受け入れるかに依存する。もし「前提条件に基づく決定手続き」を採用するならば，集合的意思決定においては，その選択の理由が一致することが重要であるという包括的な熟議的説明が受け入れられることになる。他方で，もし「結論に基づく決定手続き」を採用するならば，集合的な決定においては，その選択の理由は個々人のプライベートなものであってその一致は不要であり，結論のみが一致していることを重視する最小限のリベラルな説明が受け入れられる。

このような分類によれば，集合的意思決定の結論に対して倫理的な意味づけを不要とみなすライカーの立場は，後者の「最小限のリベラルな説明」に属する（List 2006, 366）。そうであるとすれば，ライカーが推奨する独立した司法部による司法審査もまた後者の手続きに関わる問題とみなされるかもしれない。

しかし，リストによればこの二つの分類には中間項があり，それがロールズにおける政治的リベラリズムによる集合的決定に対する説明である。リストが解釈するロールズによれば，集合的意思決定のために必要とされる公共的理由には，政治的理由と形而上学的理由がある。前者は様々な包括的教説の間で「重なり合う合意」がなされうる理由であり，後者はそれぞれの包括的教説に基づいた理由である。政治的決定においては，前者の政治的理由に対する一致は必要であるが，それ以上の包括的理由の一致は不要である。つまりロールズにおいては，特定の選択肢および理由に対しては「前提条件に基づく決定手続き」が正当化されうるが，それ以外のケースでは「結論に基づく決定手続き」が望ましい（List 2006, 373）。

より詳細に言えば，ロールズの社会契約論においては，抽象的な権利の原理が先に採択され，その権利の原理が保障されることを前提条件にして，より具体的な政策提言に対する採択が行われる。ロールズは『正義論』において，集合的決定を四つの段階に分類する。第一段階では，当事者たちは原初状態で正義の原理を選択する。これは無知のヴェール下での選択である。次に第二段階では，当事者たちは仮想上の憲法制定会議に移る。ここでは，すでに選択された正義の原理の制約を受けつつ，政府がもつ憲法上の権力と市民がもつ基本的権利のシステムを設計する。この段階では，正義の原理の第一原理である基本的諸自由が保護されるべきであることを憲法の要求事項とみなす。また，無知のヴェールが部分的に引き上げられる。第三段階は立法段階である。ここで定められる法律は正義の諸原理のみならず，憲法が設ける制限にも応じる。この段階では，特に経済・社会政策が，（第一原理の制約下で）正義の原理の第二原理である公平な機会の均等・格差原理にかなうか否かを判断する。最後の第四段階では，裁判官と行政官が個々の事例にルールを適用し，市民がルールを遵守する。ここでは，あらゆる人々がすべての事実を完璧に知りうる立場にある（Rawls 1971, Ch. 4, Sec. 31）。

四段階シークエンスが示すとおりに，上記の第一段階の決定をロールズの言う第一段階における決定とみなし，第二段階のそれをロールズにおいては第三段階におけるより具体的な政策決定であるとみなすことで，上記の解決方法は，司法審査による制約を含めたリベラル・デモクラシーの意思決定を定式化するものと解釈可能である。リストが論じるように，「もしかなり末梢の事柄に対する多数派の意見が，より根本的な，おそらく憲法上の事柄に対する多数派のコミットメントと衝突するならば，派生的事柄に対する多数派の意見は，より根本的なコミットメントとの一貫性を達成するために棄却されるであろう。だが，逆は成り立たないであろう。このアイデアは『不可侵な権利』についての命題のような，いくつかの優先的な命題に対する態度を完全に修正されえなくすることに応用されるであろう」（List 2011, 284）。

要するに，リストは選択対象を権利の原理のような正義に関する事柄とそれ以外との事柄とに分類し，前者の選択においては「前提条件に基づく手続き」を肯定し，後者の選択においてはリベラリズムの伝統に即して「結論に基づく手続き」を肯定する。こうすることで彼は権利の原理のような特定の選択肢に対する司法審査の正当化が可能であると考えた。このように選択対象の内容に踏み込んで手続きを区別するという点は，これまでの社会的選択理論の研究の不足点を補いうる点である。

4. リストの方法に対する批判的検討

次に，リストによって示唆された，推論的ジレンマの解消方法としての司法審査の定式化という方法の限界点とその応用可能性を明らかにする。

限界点としては，第一に，このような方法においても，第一の段階で権利の原理が必ずしも採択されるとは限らない。この点を踏まえた上で，コンドルセ陪審定理の考え方を用いて権利の原理が必ず採択されると論じるためには，権利の原理を表す抽象的な命題が真であり，構成員が真である命題を二分の一以上の確率で真とみなすと想定しなければならない。そのような想定があれば，コンドルセ陪審定理より，構成員の人数が増えれば増えるほど，権利の原理が採択される確率は1に近づくであろう。

しかし同時に，そうであるとすれば政策決定の段階においても構成員の規模さえ大きければ，権利の原理に関する決定は必ず採択されるはずである。したがって，さらに権利の原理に関する決定は理想的な状態でなされ，その状態において，個々人は日常的な状態よりも真である命題を採択する確率が高まると論じなければならない[9]。実際に，ロールズが原初状態論を導入した理由の一つは，無知のヴェール下における意思決定が日常生活におけるそれに比べて，公共善にふさわしい決定を個人がしうると考えられるからである。

コンドルセ陪審定理の定式化に関する研究では，個人が真である命題を真とみなす確率は$0 < p < 1$で与えられている。この確率は個人間で差異を考える場合と，個人間で同一であるとみなす場合がある（Shapley and Grofman 1984）。しかし管見の限りでは，異なる社会的決定の間で異なる確率を設ける研究はなされていない。リストの研究では，「重なり合う合意」という後期ロールズの議論が用いられており，『正義論』におけるような，権利の原理に関する選択は無知のヴェール下での選択という理想状態

でなされ，政策決定は日常でなされるという区別はない。

コンドルセ陪審定理がルソーの社会契約説と親和的であることを考えれば，このような研究はコンドルセ陪審定理の思想的潮流にかなうと考えられる。他方で，コンドルセ陪審定理と例えばロールズの社会契約説を関連付けて論じる研究はまだなされていない[10]。ただしこの場合，一方で一般意思を肯定するルソーとそのような想定を否定するロールズの間にある思想的乖離が問題になる[11]。

第二に，そもそも司法審査を推論的ジレンマの解決のための手段として捉えることに問題がある。言い換えれば，ここでは集団的な推論能力の限界を解消するためにのみ司法審査が用いられている。しかし，司法審査は多数派の選好に対して個々人の権利を擁護するための制度である。したがってたとえ推論的ジレンマのような状況が起きないとしても，もし多数派が権利に反する決定を下せばそれに対して制約を与えなければならない。したがって，推論的ジレンマが起こる状況でのみ司法審査が肯定されるという方法では，司法審査の本来の目的と役割を十分に果たさない。

これら二つの限界点を考慮に入れると，司法審査の本来の役割を考慮に入れたその定式化のためには，推論的ジレンマから派生した司法審査についての研究を応用した研究が必要である。例えば，権利の原理は真の命題であり，さらに理想的な状況下では個々人は真である命題を投票しやすいため，その状況下ではその原理が採択される可能性が高い。そうであるからこそ，日常的な選択に対する司法審査は容認されるという議論が必要である。言い換えれば，司法審査の正当化のためには，理想状態での意思決定が日常のそれに比べて質的に優れた決定であるが故に，後者に対する制約が容認されるという議論が必要である。

このようにリストの示唆を応用する研究を行うとしても，それには立憲的決定におけるルールの規定という側面が抜けているという批判が可能である。この問題に答えるために，最後に，ゲーム形式の権利論と推論的ジレンマから派生した司法審査の議論の関連性を，前述したロールズの四段階シークエンスを用いて明らかにする。

リストが考えるロールズの意思決定は，ロールズの四段階シークエンスのうち，第一段階と第三段階を表す。ただし，推論的ジレンマの解消のための研究では，ロールズの重なり合う合意が，第二段階で具体化される社会の基本構造に対する意思形成という側面を有すること，そうであるが故にそれが他の選択とは異なることに対する考察が抜けている（List 2006, 373n15）。他方において，第二節で論じたゲーム形式の権利論は，四段階シークエンスのうちの第二段階と第三段階を表すと考えられる。この場合，社会の基本構造を含む立憲的決定に関する考察はなされているものの，第一段階の考察がないため，第二段階でリベラルな権利が必ずしも採択されるとは限らないという問題が残されている。

要するに，一方でゲーム形式の権利論においては，政策決定を構成するルールを構築するという点で社会の基本構造を含む立憲的決定に関する研究がなされているが，権利の原理が必ずしも採択されるとは限らず，したがって権利擁護の切り札としての司法審査が正当化されないという問題が残されていた。他方で，推論的ジレンマの解消から派生した司法審査の擁護論は，第一段階の合意には言及するものの，その合意が本来ならば有するはずの社会の基本構造の構築という側面が抜けており，そのために第二段階の立憲的決定に関する考察が抜けている。言い換えれば，その研究を応用することで明らかになることは，立憲的決定の定式化ではなく，その決定に先行してなされるロールズにおける第一段階での権利の原理の採択のための議論であり，それを用いた司法審査を正当化するための議論である。

おわりに

本稿は，社会的選択理論およびそのデモクラシー論における含意を問う研究において，これまで司法審査がどのように論じられてきたのかを明らかにし，その定式化の可能性について示唆を与えることを目的とした。その結果，以下のことが明らかにされた。

ライカーは社会的選択理論の研究成果が司法審査を肯定すると論じるものの，その議論は直接的に司法審査を擁護するものではなかった。他方で社会的選択理論では，司法審査の定式化に関してそれほど研究がなされてこなかった。その理由は，パレート原理の制約という司法審査の役割に対して，パレート原理をパレート最適性の応用と考える理論家が賛同的ではないからであると考えられる。しかしリベラル・パラドクス以降，非厚生主義的な権利の原理を取り入れた研究がなされてきた。その中で，司法審査の定式化として考えられる研究は，リベラル・パラドックスから派生したゲーム形式の権利論と推論的ジレンマから派生した研究である。前者の研究は，立憲的決定の定式化が可能であるものの，司法審査について論じられておらず，またリベラルな権利が必ず採択されるとは限らないという問題が残されていた。他方で後者の研究は，社会の基本構造を含む立憲的決定の問題が扱われていないが，司法審査がなぜ肯定されるのかを明らかにするための応用可能性は残されている。言い換えれば，その議論を応用すれば，司法審査の定式化ではなくとも，その正当化のための議論は可能であると言える。

したがって今後の研究方向として，推論的ジレンマを端緒とした段階的意思決定の問題を応用して，前述した問題を解きつつ，権利の原理の採択を定式化することで司法審査の正当性を明らかにする研究を進めることができるであろう。これらの研究については，別稿に譲ることにする。

〔謝辞〕 本論文は，2012年10月に行われた日本政治学会における発表原稿を修正したものである。学会の参加者および本誌の匿名の査読者に感謝を申し上げる。

（1） また，過去世代が制定した憲法の規定に対してなぜ現在世代が従わなければならないのかという「死者による支配」の問題をも生み出す。

（2） ただし，デモクラシーに必要な権利と自由主義に必要な権利が必ずしも一致しないという問題が残る（阪口 2001，250－255）。

（3） ただし，その対象を私的事項と公的事項に分離する研究などはなされている。

（4） アローは選好関係をタルスキの記号論理学からの応用であると述べて，論理記号を応用して，P, R, I という選好関係を作る（Arrow 1951/1963, 13-14/21-23n6-8）。

（5） 推論的ジレンマは，複数の裁判官がある事例（case）に対して判決を下す場合，その事例の各論点（issue）に対する彼らの判断を集計するのか事例全体に対するそれを集計するのかで判決内容が異なるという法理的パラドックス（doctoral paradox）の一般化である（Kornhauser 1992, 453-457; Petit 2001, 4-5）。

（6） この例は List 2011, 275-277 に基づく。

（7） 前述の例では，命題１と命題２は前提条件，命題３は結論である。

（8） 上記の例で言えば，個々人は第一段階の投票で p と p⇔q に対して投票する。この二つに対する答えが no と yes ならば，q の答えは論理関係から no である。

（9） もし理想状態における p の値が 1 に近いならば，多数決原理でも人数が多ければ真の選択をする確率が高い。さらにもし p の値を 1 であるとみなすならば，全員一致の原則で真の選択がなされうる。

（10） 格差原理の採択を社会的選択理論の手法で定式化した研究は，Harsanyi 1975 など。しかし，これらの研究では基本的諸自由の採択については問われていない。ロールズによれば，基本的諸自由はどのような善の構想をもつ個人にも必要な基本善であるが故に，すべての個人によって採択される。

（11） 推論的ジレンマ問題において真理を想定しない方法による研究も存在する。

参考文献

Arrow, Kenneth, 1951/1963, *Social Choice and Individual Values: 2 editions*, Yale University Press.［長名寛明訳『社会的選択と個人的評価』日本経済出版社，1977年。］

——. 1967, "Values and Collective Decision-Making," in *Philosophy, Politics and Society, third series*, edited by Peter Laslett and W. G. Runciman, pp. 215-32, Blackwell.

Coleman, Jules and John Ferejohn, 1986, "Democracy and Social Choice," *Ethics*, Vol. 97, No. 1, pp. 6-25.

Gaertner, Wulf, Prasanta K. Pattanaik and Kotaro Suzumura, 1992, "Individual Rights Revisited," *Economica*, Vol. 59, pp. 61-177.

Goto, Reiko and Kotaro Suzumura, 2001, "Constitutional Democracy and Public Judgments," Hitotsubashi University, Discussion Paper Series A, No. 416, pp. 1-26.

Harsanyi, John C., 1975, "Can the Maximin Principle Serve as a Basis for Morality? A Critique of John Rawls's Theory," *The American Political Science Review*, Vol. 69, No. 2, pp. 594-606.

Holmes, Stephan, 1995, *Passion & Constraint: On the Theory of Liberal Democracy*, University of Chicago Press.

Kornhauser, Lewis A., 1992, "Modelling Collegial Courts II. Legal Doctrine," *Journal of Law, Economics and Organization*, Vol. 8, No. 3, pp. 441-470.

List, Christian, 2006, "The Discursive Dilemma and Public Reasons," *Ethics*, Vol. 116, No. 2, pp. 362-402.

——. 2011, "The Logical Space of Democracy," *Philosophy and Public Affairs*,

Vol. 39, No. 3, pp. 262-297.
Murakami, Yasusuke, 1968, *Logic and Social Choice*, Routledge & Kegan Paul PLC.［鈴村興太郎訳「論理と社会的選択」『村上泰亮著作集　第１巻』中央公論新社，1997年。］
Nozick, Robert, 1974, *Anarchy, State, and Utopia*, Basic Books.［嶋津格訳『アナーキー・国家・ユートピア：国家の正当性とその限界』木鐸社，1992年。］
Petit, Philip, 2001, “Deliberative Democracy and the Discursive Dilemma,” *Philosophical Issue*, Vol. 11, Issue 1, pp. 268-299.
Pildes, Richard and Elizabeth Anderson, 1990, “Slinging Arrows at Democracy: Social Choice Theory, Value Pluralism, and Democratic Politics,” *Columbia Law Review*, Vol. 90, pp. 2121-2214.
Rawls, John, 1971, *A Theory of Justice*, The Belknap Press of Harvard University Press.［川本隆史・福間聡・神島裕子訳『正義論』紀伊國屋書店，2010年。］
Riker, William, 1982, *Liberalism against Populism: A Confrontation between the Theory of Democracy and the Theory of Social Choice*, W. H. Freeman.［森脇俊雅訳『民主的決定の政治学：リベラリズムとポピュリズム』芦書房，1991年。］
Riker, William and Barry R. Weingast, 1988, “Constitutional Regulation of Legislative Choice: The Political Consequences of Judicial Deference to Legislatures,” *Virginia Law Review*, Vol. 74, No. 2, pp. 373-401.
Sen, Amartya K., 1970, “The Impossibility of a Paretian Liberal,” *Journal of Political Economy*, Vol. 78, Issue 1, pp. 152-157.
Shapley, Lloyd and Bernard Grofman, 1984, “Optimizing Group Judgmental Accuracy in the Presence of Interdependencies,” *Public Choice*, Vol. 43, Issue 3, pp. 329-343.
Suzumura, Kotaro, 2010, “Welfarism, Individual Rights, and Procedural Fairness,” in *Handbook of Social Choice and Welfare*, Vol. II, Ch. 23.
Suzumura, Kotaro and Naoki Yoshihara, 2008, “On Initial Conferment of Individual Rights,” Working Paper, Institute of Economic Research, Hitotsubashi University.
宇佐美誠 1994－1995,「司法審査と公共選択――立法裁量論の予備的検討（一）―（二）・完」『中京法学』（28巻３・４号，29巻２・３・４号）。
――. 2000,『決定』東京大学出版。
斉藤尚 2012,「リベラル・デモクラシー論における『アローの一般可能性定理』の批判的含意」『年報政治学（2012－Ⅱ）』。
阪口正二郎 2001,『立憲主義と民主主義』日本評論社。
鈴村興太郎 2009,『厚生経済学の基礎』岩波書店。

伊藤博文の「立法」観

――「協賛」をめぐる一考察――

久保田哲 *

1. はじめに

大日本帝国憲法（以下，明治憲法）第５条には，「天皇ハ帝国議会ノ協賛ヲ以テ立法権ヲ行フ」とあり，帝国議会は「協賛」機関と定められた。それでは，「協賛」とは何か。管見の限り，憲法起草時期の辞書を繰っても，「協賛」なる語は見当たらない[1]。明治憲法起草の中心人物である伊藤博文は，帝国議会を「協賛」機関と定めることに，いかなる意図を込めたのであろうか。

伊藤の政治思想や明治憲法の起草については，既に多数の研究が存在する。伊藤に関しては，その生涯を精緻に追った伊藤之雄氏や瀧井一博氏の研究が代表的なものとして挙げられよう[2]。それらの多くは，伊藤が「行政」を重視していたことを強調するものの，その「立法」観に対して，十分な検討を行っているとは言い難い。また，稲田正次氏の大著に代表される明治憲法の起草に関する研究は，様々な憲法草案や枢密院の議事録を丹念に分析する[3]。しかし，「立法」をめぐる伊藤の思想的変遷を明瞭にしているわけではない。

伊藤が「行政」を重視した点に疑いは無いが，同時に伊藤は，権限の「微弱」な議会開設を推奨するグナイストに対し，専制的であると否定的印象を持っていた[4]。また，日本の「国会の開かるゝを賀せず」というビスマクルの発言を，「意外の言」と受け止めた[5]。少なくとも渡欧時の伊藤からは，議会開設に消極的な姿勢を看取できず，むしろ強い権限を持つ議会開設に前向きな姿勢さえ読み取れることから，彼の「立法」観の考察は意

*　武蔵野学院大学国際コミュニケーション学部准教授　日本政治史専攻

義があると言えよう[6]。

日本政治の研究を顧みると,「行政」を対象とする研究が豊富である一方,「立法」については十分な検討が尽くされてこなかった[7]。戦前の議会政治に関する研究に目を移せば，法案ではなく予算紛議に関心が向けられてきた[8]。しかし明治憲法は，冒頭の第５条に加え，第３章「帝国議会」でもっぱら立法協賛について定める一方で，予算については第６章「会計」の一部に定めるに過ぎない。予算と比べ法案審議で大きな混乱を見なかった背景には，明治憲法における「協賛」機関の位置づけが寄与したとも考えられる。かかる点からも,「協賛」の解明の重要性が浮かび上がる。

本稿は，如上の問題意識に鑑み，1882（明治15）年の憲法調査を目的とする渡欧から1889年の明治憲法公布までの期間を対象に，伊藤の「立法」観を詳らかにすることを目的とする。より具体的に言えば，伊藤が欧州で得た「立法」に関する知見，立法過程における議会の位置づけ，帝国議会を「協賛」機関と定めた意図を解明したい。

2．伊藤博文の欧州体験

1882年３月14日，伊藤博文は憲法調査のため欧州に出発した。周知のとおり伊藤は，グナイストやモッセ，シュタインらと知己を得，見聞を広めることとなる。伊藤がいかなる「立法」観を持ったかを探る前に,「立法」に関する当時の状況を整理したい。

1880年には伊藤による立憲政体の意見書があり，翌年には井上毅が「岩倉具視憲法意見書」を起草した[9]。伊藤之雄氏は前者について,「伊藤は，天皇と国会の関係など，憲法（国家）の中で天皇の政治的役割について十分な確信がなかった」と指摘する[10]。後者は，議会の早期開設を謳う大隈重信の意見書やイギリス流の政党政治に対抗するものであった。両意見書の議会像には不明瞭な点も多く,「協賛」の起源は辿れない。

当時の法令に目を向けると，太政官布告や太政官達，各省の布達や達などの種別があった。1881年の太政官第101号達において，全国一般に布告される法令の内，制度条例・勅旨特例に関する法令である太政官布告が「法律規則」であると明示された[11]。しかし,「立法」に携わる機関であった元老院が，太政官布告の全てを審議していたわけではない。各省から太政官に提出された伺は，議定議案，検視議案として元老院に付されたものの，元老院が可決した議案がそのまま公布，施行されたわけではなく，再度太政官で審議された上で発令された。さらに，時期によっては，元老院の前後に法制局や参事院で議案が取り扱われた。太政官布告には現在の行政命令として理解されるような法令もあり，これらは太政官限りで発令された[12]。つまり，伊藤の渡欧当時の「立法」は，「法律」という概念が不明瞭であり，「法律」の成立に「立法府」の審議が必須であったわけではなく，一定の立法過程があるとは言えない状況であった。

こうした状況のもと，伊藤は欧州に赴き，モッセやシュタインから「立法」に関しても様々な知識を会得した。モッセやシュタインの講義筆記を繙くことで，それを解明したい。

1882年5月27日，モッセはプロイセン憲法に定める立法権について，「唯タ国会ノ参預ヲ受ケ，即チ其意見ヲ諮フテ後之ヲ施行スルモノ」であり，法案の「取捨採択ニ至テハ国王ノ親裁スル所ニ因ルヘシ」と説明した。その上で，「国王ハ復タ発議ノ権ヲ保有ス。即チ議ヲ国会ニ下附シテ其意見ヲ諮フ」ことを申し述べた。法案の提出や公布，生殺与奪を握るのは君主であり，議会は君主の命により法案審議に携わる，というのである[13]。

しかし，モッセは議会を不要と述べたわけではない。11月5日，法律の定義に関する講義において，「法律ハ其国体ノ君主専制タルト否トニ拘ラス，一定ノ式目ニ依リテ制定シタルモノナラサルヘカラス」と，「立憲政体ノ国ニ於」ける立法過程の必要性を説く。「君主独裁ノ国ト雖トモ国王ノ一私言ハ以テ法律ト認」められないのである。モッセは法律について，「規矩準縄ヲ指明スルモノナラサルヘカラス」こと，「厳粛ヲ旨トシ，強迫励行セサルヘカラス」こと，「公告セサルヘカラサルモノトス」ることを教示した。その上で，立憲政体と見做される国家では，「法律ハ議院ノ承認ヲ経サルヘカラス」という点を指摘した[14]。モッセは，立法過程における議会の必要性を説いたのであった。

続いて，勅令に関する講義が行われた。モッセは，「国王，上下両院ノ協議ヲ経タル」法律と「国王一個ニテ発スル」勅令の区別について，「孰レノ国ニ於テモ頗ル錯雑ヲ極メ」ると説明する。その上で，国家に急変があれば，法律に拘束されない臨機応変な対応が求められることから，緊急勅令の必要性に言及した。ただし，議会による追認を必須とした[15]。

モッセは12月20日，弾劾権についても言及した。立法過程において，法案提出権や公布権，法案の生殺与奪を握るのは君主であり，議会は議案の審議を担うことから，「国会ハ立法上ノ事ニ関シテ国王ノ羽翼ニシテ，純然タル立法ノ権ハ国王ノ掌中ニ存スル」と述べる。「国会ハ唯タ国王ノ羽翼ニシテ立法府ノ首領ニ非ル」のである。従って，「国会ニ於テ仮令如何程宰臣ノ更迭ヲ迫ルモ，国王ノ意ニ適セサレハ必ス其前任者ヲ廃スルヲ要セス」ということになる[16]。議院内閣制でなくプロシア流の立憲君主制を採用するならば，内閣は議会に対して責任を有する関係にならない。従って，議会ではなく君主が弾劾権を有することを，モッセは教示したのであった。

伊藤はまた，９月18日から10月31日にかけてシュタインの薫陶を受けた。次に，シュタイン講義から伊藤が「立法」に関して知り得た内容を探りたい。

シュタインは，「立法権ハ邦国ノ意思ニ依リ其意思ヲ塑成シテ物トナスヘキ部局ヲ設有スルニ及ンテ始メテ生スル」と説明した。ただし，「立法部ノ意思ニシテ唯タ其意思ニ止マルトキハ一条ノ決議ニ過キス其国主ノ批准ヲ得ルニ及ンテ方サニ法律トナル」という[17]。シュタインの考えは，モッセと同様，議会が法案の審議を担い，その決定権は君主にあるというものであった。そして，君主に法案の決定権があるのが「君治国」であり，無いのが「共和国」であるという解釈を示した[18]。

また，シュタインも議会の必要性に言及した。「一切ノ法律必ス両院ノ協意ヲ待テ方サニ成ルコトヲ得」，「法制必ス両院ノ協意ヲ要スルノ事実」が「憲法ノ原則ナリ」と説く。さらに，政府だけでなく議会にも法案提出権を認めた[19]。

シュタインは，政府が政府を選出する君主に対して，責任を負うことも教示した。従って，君主は大臣の罷免権を有する。この点はモッセと同様であり，異なる点は，シュタインが議会に対する政府の責任にも言及していることである。「法律ナケレハ国ヲ治ムルコト能ハス多数ヲ得サレハ法律ヲ制スルコト能ハス」ことから，行政府である政府には，立法府である議会の多数を得るよう努力する義務があるという。シュタインは，そのためには議論だけでなく，「百般ノ方計ヲ用」いる「国会政略」の必要性を訴えた。政府が議会で多数を得られなければ，「大臣必ス邦国ノ人体質ヨリ生スル憲法上ノ原理ニ拠テ其職ヲ辞スヘク政府亦タ其立法部ノ多数ヲ失スルヲ視テ之ヲ黜免スルヲ要ス」と自説を展開した[20]。

議会の多数を得られない大臣が，なおもその職に留まり続けた場合，議会は何らかの対抗手段を有するのであろうか。シュタインによれば，まず「国会ニ於テ現在ノ政府ヲ信任セサル旨ヲ宣言」し，それでも大臣の交替が無ければ「歳計予算ノ議案ヲ拒否シテ之ヲ可決セサル」手段が，議会にはあるという。予算案を承認しなければ，「政府必ス其現在閣部ヲ黜免セサルヲ得サルモノトス」と，シュタインは述べた。ただし，議会で多数を得ることは，議会に対する政府の責任であり，議会に弾劾権が認められる理由にはならない。議会が大臣を弾劾できるのは，「法律ニ背戻スル」行為のあった場合に限られ，裁きは司法に委ねられる[21]。シュタインは，行政府の優位を示しつつ，議会の重要性も説いたのであった。

一連の講義を経て，「独逸学者の説く所の民権の各種，其幅員広狭の度合等，英仏学者の主眼とする所と異なる者あるを発見」した伊藤は，議会への造詣を深めた。すなわち，「英仏にて政党の国会に於て多数を占めたる者の領袖政権を掌握す。之を称してパーリアメンタルガブルメントと云。独逸は決して如斯者にては無之，純然たる立君国なり。国会の衆寡に依り，政府の根軸を動揺することなし」と，政党政治が日本に時期尚早であることを認識した。その上で，日本もドイツに倣い，「憲法を立て国会を開くも，君権を分割するに非ず，君主は憲法の上に在」るようにすべきという考案を持ったのである[22]。

かくして1883年６月26日，伊藤は帰国の途についた。伊藤が得た「立法」に関する知識とは，議会専横への警戒ばかりではなかった，ということは注目されよう。それは，モッセやシュタインが立憲政体の国における立法過程や議会の必要性を講義したことから明らかである。シュタインはまた，講義後も議会への期待を伊藤に伝えた。シュタインは，他国の法律制度を自国に取り入れようとするのであれば，「何等の縁故ありて其法律制度を施行するに至りたる歟，最も其淵源を尋ね，其沿革を考へ」ることが肝要であるとした。そうでなければ，「本末混同し逆施倒行の弊」が生じると警鐘を鳴らす。その上で，欧州各国の議会が，「其原由沿革を考究したる後に非ざれば，之を自国に適用する事なし」という点に言及した。議会に対して，その審議により法案が自国の国体に適合したものとなり，秩序の維持につながることを期待したのである[23]。欧州体験を経た伊藤が新たに得た知見の１つは，議会が法案審議を担う立法過程の必要性であった。

帰国後の伊藤は，様々な改革を実施した。とりわけ，内閣制度の創設や大学の設立は，シュタインの影響を受けた伊藤が「行政」を重視した帰結であるとされる[24]。一方，「立法」の面は看過されてきた。「立法」の変化としては，1886年２月の公文式が挙げられよう。公文式の第２条に「法律勅令ハ内閣ニ於テ起草シ又ハ各省大臣案ヲ具ヘテ内閣ニ提出シ総テ内閣総理大臣ヨリ上奏裁可ヲ請フ」とあり，内閣起草の議案もしくは内閣に提出された各省大臣案が，法制局での審議や閣議を経て元老院に回された[25]。元老院の審議結果の採否は内閣にあった。内閣総理大臣が上奏裁可の申請主体となったのであり，元老院の権限に大きな変化はない[26]。

しかし，法令の種別は全く異なった。公文式により，国家制定法は法律と命令に大別された。これまで，「法律」と見做される太政官布告の全てが元老院を経て公布されたわけではなかったが，公文式以降，法律は全て元老院に付された上で公布された。勿論，なかには元老院に実質的な審議が認められない検視議案として扱われるものもあった。しかし，少なくとも法律と銘打つ以上，「行政」内の審議のみで公布することは憚れ，「立法」に携わる元老院で扱われたのである[27]。こうした変化を，議会が法案審議を担う立法過程の必要性を学んだ伊藤による，ある種の実験と見做すことも可能であろう。伊藤は，如上の立法過程を横目で見つつ，憲法の起草作業に取り組むこととなった。

3. 伊藤博文の「協賛」

諸改革を終えた伊藤博文は，いよいよ憲法の起草へと歩を進めることとなる。稲田正次氏は憲法起草の推移を，①井上毅が「甲案」･「乙案」を起草した1887年５月まで，②伊藤が主導して夏島草案を起草した同年８月まで，③夏島草案の再検討を経て再修正案を作成した同年10月まで，④最後の仕上げを行った翌1888年４月まで，という４段階に分けた[28]。

議会の位置づけに着目し，枢密院会議を経て憲法が成立するまでを射程に入れた場合，稲田氏とは若干異なり，次の５段階に分けられる。①「補翼」機関，「承認」機関と位置づけた井上やロエスレルによる草案段階（1887年５月まで），②「賛襄」機関と位置づけた夏島草案段階（1887年８月まで），③「承認」機関と位置づけた十月草案，二月草案段階（1888年２月まで），④「承認」機関，「翼賛」機関と位置づけた枢密院第一審会議段階

(1888年7月まで)，⑤「協賛」機関と位置づけた憲法最終決定段階（1889年2月まで）である。以下，各段階における議会の位置づけとその変遷について考察し，伊藤の「立法」観を検討したい。

(1)「補翼」・「承諾」―井上毅草案・ロエスレル草案

井上毅は，1886年よりロエスレルやモッセに質疑を投げつつ憲法草案を検討した。モッセは，君主の立法権を参与する議会像を提示した。他方で，議会の「承諾ヲ経テ発布シタル法律ハ其承諾ヲ経ルニ非ザレハ変更又ハ廃止スルヲ得サルコト」が「立憲制国法ノ重要ナル原則」であると述べ，立法過程における議会の役割についても言及した[29]。ロエスレルの主張も，モッセ同様であった。

一連のやりとりを経た井上は，1887年3月頃に「初稿」を書き上げ，伊藤博文に提出した。「初稿」は，第13条に「天皇ハ元老院及議院ノ補翼ニ依リ立法ノ事ヲ行フ」とあり，「補翼」機関として議会を位置づけた。井上は議会について，「立法ノ事ハ必公議ニ詢謀シ全国ノ人民ヲシテ其代議機関ニ依リ以テ其心ヲ伸ヘ其言ヲ尽スコト」が重要であり，「立法ノ大権ハ天皇ノ総フル所ニシテ両院ハ乃参賛補翼ノ任ニ居」ると解説した。法律の公布権は天皇にあるものの，法の成立には議会の可決が必須とされた[30]。

井上はまた，1887年4月から5月にかけて，「甲案」と「乙案」という2つの憲法草案を作成した。「初稿」と同様，「補翼」機関として議会を位置づけた（甲案第17条，乙案第20条）。法案の提出や生殺与奪は天皇の掌中にあるが，上奏権，請願受理権，質問権などを議会に認めた（甲案第41・42条，乙案第44・45条）。他方，弾劾権は天皇に属した[31]。

1887年4月には，ロエスレルも憲法草案を作成した。ロエスレル草案には，第1章「天皇」中の第4条に「立法権ハ国会ノ承諾ヲ以テ天皇之ヲ施行ス」とあり，ドイツ語原文にある“zustimmung”が「承認」と訳された[32]。第40条では，政府による法案提出が原則とされたが，但書に「各院ハ法律案ノ提出セラレンコトヲ建議シ又ハ自ラ法律案ヲ提出スルノ権ヲ有ス但憲法ニ関スル法律案ハ独リ政府之ヲ提出スルコトヲ得」とあり，憲法関連以外の案件であれば，議会にも法案提出権を認めた。さらに，上奏権，請願受理権，質問権なども井上草案同様に議会の権限とされた。井上草案との相違点は，「補翼」ではなく「承諾」という語を用いたこと，議会の章のみではなく天皇の章にも立法権を明記したこと，法案提出権を議会にも認めたことである[33]。

伊藤は「補翼」機関，「承諾」機関としての議会をどのように捉え，夏島草案に反映させたのか。次節で検証を試みたい。

⑵「賛襄」―夏島草案

1887年５月以降，伊藤博文は前述の井上毅やロエスレルの草案を参照し，憲法起草に本格的に着手した。憲法討議は，夏島にある伊藤の別荘で主に行われ，井上，伊東巳代治，金子堅太郎が参加した。伊藤は，井上の「甲案」について，ロエスレルの草案を元に加筆修正したとされる[34]。第１章「根本条則」に立法権に関する内容が加筆されたことは，その証左であろう。ただし，ロエスレル草案がそのまま反映されたわけではない。「天皇ハ上下両議院ノ賛襄ヲ以立法権ヲ施行ス」とあり，「補翼」が「賛襄」に置換された[35]。

「賛襄」機関とされた議会の権限については，天皇への上奏権，請願受理権，質問権などが「不用」とされた。さらに，伊藤による「乙案」への修正内容を見ると，「法律起案権ハ専ラ王権ニ属スルヲ以テ至当トス」とされ，法案提出権が議会ではなく天皇にあることが確認された[36]。伊藤が考案した「賛襄」機関としての議会は，「補翼」機関や「承諾」機関と比べ，権限が縮小されたのである。

しかし，８月に作成された夏島草案では，議会の権限が拡大された。「賛襄」機関という議会の位置づけに変更はなく（第７条），「凡テ法律起案ノ権ハ政府ニ属ス」（第32条）として，法案提出権は政府に付与された。一方で，「新法ノ制定又ハ現行法律ノ改正廃止ニ関スル意見」の建議権を議会に認めた（第33条）。これは，ロエスレル案の影響もあろうが，当時の「立法」に携わっていた元老院に意見書提出権が認められていたことに倣った措置であるとも言えよう。また，「凡テ法律ハ帝国議会ノ議決ヲ経ルヲ要ス」（第31条）という条文などからは，立法過程が明瞭となる[37]。法案提出を政府，法案審議を議会，法案裁可及び公布を天皇がそれぞれ担う立法過程が想定されたのである。伊藤は，天皇の立法権行使を助ける存在，立法過程を慎重にする存在という意味において，議会を「賛襄」機関として位置づけたのであった。

なお，第９条には「国家危急ノ場合及公共ノ危難ヲ避クル為メ」の勅令が定められた。ただし，議会の事後承認に関する言及はなかった。

⑶「承認」―十月草案，二月草案

夏島草案に対しては，井上毅やロエスレルが意見を申し述べた。1887年10月末，井上はそれを「逐条意見」として伊東巳代治に提出した。井上は，法案提出権を政府に認める第32条を「憲法中ノ最大問題ナルヘシ」とした。政府とは何を指すのか疑問であり，法案提出権は天皇が持つべきである，と主張したのである。政府が法案提出権を持てば，「必然ノ結果トシテ何故ニ之ヲ議院ニ分予セサル乎ノ疑問ヲ来スヘシ而シテ其論拠ハ尤勢力アルヘシ」として，警鐘を鳴らしたのであった[38]。

井上の言及はさらに続く。議会の権限には，「大臣弾劾ノ権」，「行政審査ノ権」，「政府ニ質問シ弁明ヲ求ムルノ権」，「請願ヲ受ルノ権」，「建議上奏ノ権」がある。欧州諸国を見ると，弾劾権や行政審査権を議会に認めない国もあるが，ほとんどの国が質問権，請願受理権，上奏権を認めている。これこそが「憲法ノ美徳，国民幸福ノ淵源」であって，これらの権限を「予ヘズトナラバ憲法ハ何ノ為ニシテ設クルコトヲ知ラズ議院ハ何ノ為ニシテ開クコトヲ知ラズ実ニ我カ憲法ノ性質ハ距今七八十年前千八百年代ノ初メニ於ケル独乙各小邦ノ憲法ニモ比較シテ遙カニ劣等ニ居ル者タルコトヲ免レザル」と，強硬な論を展開した。

ロエスレルによる夏島草案への意見がまとめられた「日本帝国憲法修正案ニ関スル意見書」は，９月上旬に伊藤の手元に渡った[39]。ロエスレルは「賛襄」機関という表現に「異論ナシ」としつつも，議会の権限については井上と同様の考えを持った。「帝国議会ノ権限ハ単ニ法律議決ノ権ヲ与ヘラレタルノミ」であることを問題視したのである。かねてからのロエスレル案のように，「法律起案ノ権」，「天皇ニ請願又ハ上奏スルノ権」，「一個人ノ請願ヲ受領シ及議決スルノ権」，「国事ニ関シ政府ヘ質問スルノ権」，「説明ヲ求ムルノ権」を議会に与えることを訴える。議会がこれらを持たない場合は，「此憲法ハ甚タ不満足ナルモノナリ」とした。そして，「素ヨリ立憲政体ニ於テ是等ノ諸権ハ関要最モ重キモノトセラル、ガ故ニ，余ハ憲法ノ明条ニ於テ，此重大ナル諸点ヲ載スルコトニ付尚ホ充分再考ヲ費サレンコトヲ切望ス」るとして，伊藤らに再考を促した。ただし，法案提出権については，議会の意見書提出権が認められていることから，これを「以テ当分ノ内充分ノ権利ト認ムルノ意ニ出シナランニハ，余ハ之ニ同意」するとした[40]。

伊藤らは，これらを受けて夏島草案の再検討に入った。この頃，伊東巳代治はロエスレルに向けて，「承認」（“consent”）機関，「賛同」（“concurrence”）機関という帝国議会の位置づけの違いについて質問したと思われる。その回答が，「承認ト賛同ノ件ロエスレル答議」として「伊東巳代治関係文書」に収められている。以下，本史料に基づいて，議会の位置づけを検討したい。

ロエスレルはまず，「普通慣用ノ字」であれば誤解が生じないため，「承認」を用いたと述べた。その上で，立法権の解説を加えていく。ロエスレルによれば，立法権は起案権，考定権，裁可権，公布権に分けられる。このうち，裁可権と公布権は君主に属する。起案権については，君主が独占する場合，議会が関与する場合がある。議会が担うべき考定権は，「法律ニ制定スヘキ事項ヲ考定スルノ権ヲ云ヒ取捨修補ノ権モ亦包含」するものである。議会を「承認」機関としたのは，天皇が立法権を行使する上で，考定権を担う議会の承認が必要であるからである。

「承認」という言葉は，「上ヨリ下ニ対シテ許可ヲ与ヘ又ハ権利ヲ授クルノ意義ヲ含」まない。ロエスレルは，「許可ハ上ヨリ下ニ対スル言辞ナレトモ承認ハ地位ノ高卑ニ拘ラス互ニ之ヲ表スルコトヲ得ヘキ」言葉という解釈を示す。議会を「承認」機関と位置づけることにより，臣民は「自由ニ臣民ノ身体及財産ヲ処分」されず，他方で天皇も「主権ノ施行ヲ侵」されない状況が生まれる。これこそ「憲法上承認ノ本義」である。“concurrence”を表す「賛同」も，“consent”を表す「承認」と同様，通常用いられる言葉である。しかし「賛同」には，「干与ノ義」があり，議会が主権の一部を持つと誤解されかねない。従って，「賛同」の使用は望ましくない，という結論になっている[41]。

先述のように，ロエスレル案における議会の位置づけは“zustimmung”であった。ロエスレルの用いる“zustimmung”は英語の“consent”であり，当初「承諾」と訳されていた。これが「承認」という語に訳し直されたと考えられる。

かくして10月，十月草案が作成された。第６条に「天皇ハ帝国議会ノ承認ヲ経テ立法権ヲ施行ス」とあり，議会の位置づけは「承認」機関へと変化した。これを受けて，立法過程における議会の位置づけを定める第41条も「凡テ法律ハ帝国議会ノ承認ヲ経ルヲ要ス」と改められた。法案提出権については，「帝国議会ハ政府ノ提出スル議案ヲ議決ス」（第42条）とされ，政府でなく天皇が持つべきという井上案を退けた[42]。これは，伊藤が「皇帝陛下ノ草案ト謂ヘルハ正当ナラス何トナレハ皇帝ハ法律ノ起案ノ権ヲ有スルモ自ラ之ヲ製シ之ヲ提出スルニアラス唯々之ヲ調製セシメ之ヲ提出セシムルニ過キス皇帝ハ儀式ノ場合（開会式閉会式勅語ヲ下スノ時）ヲ除クノ外ハ議院ト事務ノ交通ヲ為サス総テ事務ノ細節ハ政府ニ委任ス」というロエスレルの考えを採用したことによる[43]。なお，夏島草案同様，議会には「新法ノ制定又ハ現行法律ノ改正廃止ニ関スル意見」の建議権が付与された（第33条）。また，夏島草案では認められていなかった上奏権，請願受理権，質問権も加えられた（第54・55・56条）[44]。

清水伸氏は，「『承認』の二字こそ，明治憲法の政治的性格を決するものといわねばならない。起草者がこの字句に，真剣な『論究』を続けたことはきわめて当然である」と指摘した。その上で，ロエスレルの考えに対し，「伊藤らもこれをそのまま承服するほかなかった」と推察した[45]。確かに，十月草案にはロエスレルの考えが多く採用されたが，伊藤の欧州体験も考慮する必要があろう。議会に新たに付与された権限は，立法過程における位置づけから逸脱するものではなかった。また，国体に適合する法の成立という，シュタインによる議会への期待に合致するものでもあった。これらに符合しない弾劾権は，議会に認められていない。伊藤は，ロエスレルの考えを受容する思想的背景を持ち合わせていたのである。なお，勅令を謳う第８条には，勅令の発令を議会閉会中に限り，議会の事後承認が必要であることが追加された。この対応も，モッセの講義やロエスレルの意見を反映したものである。

伊藤らは，十月草案を元にさらに議論を続けた。1888年２月，その結果は二月草案としてまとめられた。「立法」関連については，「承認」機関という議会の位置づけが維持されるなど，大きな変更はなかった[46]。

⑷「承認」・「翼賛」―枢密院会議

伊藤博文らは試行錯誤を続け，４月末には憲法草案の一応の完成に至ったものの[47]，起草者たちのやりとりは続いた。伊藤は，「承認」という言葉に首肯していなかった井上毅に，次のような書簡を送った[48]。

> 議会ノ承認云々ハ小子，曾テ之ヲ論候事有之，愚説ニテハ賛同ノ文字適当ナランカト存候処，ロイセレル氏ノ説ニテコンキユレンス，ト，コンセントノ二語ハ大ニ其原意ヲ異ニスルトノコトニテ，即コンキユレンスハ権義相対スル者ノ間ニ之ヲ用ユル得，コンセントハ君主々権ノ施行ヲ承認スルノ意ニシテ，対等ヨリ起ルノ意ニアラストノコトヲ以テ，終ニ其論ニ左袒セリ，然ルニ貴説ニ依レハ，翼賛ノ字ニ改メタル方当ヲ得ルナラントノコトニ候得共，原語ニテハ何等ノ文字ヲ用ユベキカ，尚御再考是祈ル

この書簡からは，伊藤が当初「賛同」を考えていたこと，ロエスレルが君主と議会が並び立つことを含意する“concurrence”よりも，君主による立法権施行の承認を包摂する“consent”が妥当であるとの考えを持っていたこと，最終的にロエスレル案を採用したこと，井上が推奨する「翼賛」の原語を尋ねていることが分かる。夏島草案で「賛襄」が用いられたことから，「賛同」と「賛襄」は同義であろう。立法権を握るのは天皇であり，議会は立法過程で法案審議を担うことから，“consent”を訳した「承認」機関とされたのであった。

かくして憲法草案は，枢密院で審議される運びとなった。6月18日以降の枢密院会議第一読会及び第二読会において，「承認」が争点となった。森有礼は，憲法草案の第5条「天皇ハ帝国議会ノ承認ヲ経テ立法権ヲ行フ」の「承認」に対して，「下ヨリ上ニ向ツテ用ユルコトアリ，又同等ノ間ニ用ユルコトアリ。英語ニテハ何ノ字ニ適当スル乎」と伊藤に尋ねた。伊藤は，“concurrence”に当たる「賛同」も検討したが，「君権ヲ確実ナラシムルコトヲ発見」したために“consent”に当たる「承認」を採用したと回答した。イギリスで用いられる“with the advice and consent of the both Houses assembled”を紹介し，第二読会にて議論を尽くすことを約束したのである[49]。

第二読会冒頭では，森が「賛襄」への修正意見を再び述べた。伊藤の返答は，次の通りである。「賛襄」は「協同」を意味し，「主権ハ全ク上ニアルコトヲ示」す。他方で「承認」は，「主権ハ上ニアルモ之ヲ施行スルトキ

ニハ下人民ノ承諾ヲ経ルヲ示スモノ」となる。伊藤は，イギリスでは「勧告及承認」（“advice and consent”）が，「欧州大陸ノ各国」では「協同」（“concurrence”）が用いられるなど，各国の事例を調査した上で「承認」を採用したという経緯を説明した。

「承認」への懸念がなおも続いたため，伊藤は「本日ハ未決トシテ預リ置カン」としつつ，「立憲政体ヲ創定シテ国政ヲ施行セント欲セハ立憲政体ノ本意ヲ熟知スル事必要ナリ」と述べた。伊藤の考える「立憲政体ノ本意」とは，「天皇ハ行政部ニ於テハ責任宰相ヲ置テ君主行政ノ権ヲモ幾分カ制限サレ立法部ニ於テハ議会ノ承認ヲ経サレハ法律ヲ制定スルコト能ハス此二ツノ制限ヲ設クルコト」であり，「此二点ヲ憲法ノ上ニ於テ巧ニ仮装スルモ亦均シク立憲政体ノ本義」であるという。従って，「承認」の反対者が「議会ニ承認ノ権ヲ与ユル事ヲ厭忌」しても，法の成立や予算の決定など「議会ノ承認ヲ経スシテ国政ヲ施行スルコト能ハサルモノ」である。立憲政体には，ドイツ流やイギリス流などあるが，「其権限ノ解釈或ハ其組織ノ構成ニ至テハ多少差異アルモ其大体要領ニ至テハ」変わらない。伊藤は，立憲政体には立法過程における考定権を有する議会が存在するとの認識を示したのである[50]。

「賛襄」機関を主張する枢密顧問官たちが議会への警戒を示したのに対し，「承認」機関とする伊藤の方が議会に配慮する形となった。それは，伊藤が立法過程における議会の必要性を認識していたからに他ならない。伊藤も夏島草案では「賛襄」を採用していたものの，ロエスレル案に納得して「承認」に修正したことは既に述べた。多くの枢密顧問官が「承認」に納得しないということは，伊藤の欧州体験がロエスレル案採用の思想的背景となっていたことを示唆しているのではないか。

６月20日，２日目の第二読会が開かれた。森有礼が「承認」から「議ヲ経テ」への修正説を，佐野常民が「翼賛」への修正説を，寺島宗則が「承諾」への修正説を，山田顕義が「表決ヲ経テ」への修正説を，それぞれ展開した。伊藤は一連の議論を踏まえて，第５条が法案提出権の所在を示しつつ，議会の承認の必要性も謳うものであると，その重要性に言及した。その上で，継続審議とすることで議論を終結させたのであった[51]。

枢密院会議における「承認」をめぐる議論が一段落した一方で，伊藤や井上は調査を続けた。６月26日，井上は伊藤に対して，次のような調査報告を行った。「承認」に違和感を抱いた井上は，ドイツの憲法学者ラバントの著作などを通じて，“concurrence”より“consent”が適切であることに首肯するようになった。議会が「両心和同之意」である“consent”を表し，君主が「主より従に許可を与ふる之意」である“assent”を与えるという立法過程を理解したのである。しかし，「認」という字は，“consent”より“assent”に近いと井上は考えた。イギリスで用いられる“advice and consent”の“consent”に着目すると，「此れより発言して彼れより認むる之意にはあらずして，単純に同意一致といへる意なるが如し」。よって，「立法之最終権は君主に在て議会にあらず，然るに認の字は議会に於いて最終権を有するに疑はし」となる。「コンセントには病なくして，認之字には病あり」と考えた井上は，以下の修正案を提示するに至った。第５条「天皇ハ帝国議会ノ承認ヲ経テ立法権ヲ施行ス」の「承認」を，“advice and consent”を意味する「翼賛」に，第37条「凡テ法律ハ帝国議会ノ承認ヲ経ルヲ要ス」の「承認」を，“consent”を意味する「賛同」に，改めようとするものである[52]。

このような井上の報告に対して，伊藤は同日返答した。イギリスの“advice and consent”という二語を意味する言葉を模索したいが，「賛同ノ熟字ニテハ不都合」であるため，「賛同及承諾」とする案もある。しかし，「従来一熟語ヲ以テ二語ニ訳スル例ノナキノミナラス，却テ世人ノ誤解ヲ来タシ候様ニテハ不宜ト存候」として，検討を続けることとなった[53]。

７月２日の枢密院会議第二読会において，再び「承認」が俎上に載った。それは，第37条「凡テ法律ハ帝国議会ノ承認ヲ経ルヲ要ス」をめぐる議論である。佐野常民が第５条同様に第37条も継続審議とすることを，寺島宗則が憲法上の「承認」を全て「承諾」に改めることを，森有礼が第47条「両議院ノ議事ハ過半数ヲ以テ決ス可否同数ナルトキハ議長ノ決スル所ニ依ル」と併せて議論することを，それぞれ提案した。これらに対する伊藤の主張は以下の通りである。第５条は天皇の統御権に関する章であり，「承認」の代わりに「協賛」，「参賛」，「賛同」などの使用も可能であろう。しかし，第37条は議会に関する章であり，「判然タル文字ヲ用」いることが肝要である。第５条と第37条は別の語を用いても差し支えなく，後者には「承諾」が代替案として提示された。最終的には，賛成多数で原案が可決された[54]。

7月13日には，第5条をめぐる枢密院会議第三読会が開催された。そこで提示された第5条は「天皇ハ帝国議会ノ翼賛ヲ以テ立法権ヲ施行ス」とあり，井上の提案どおり，「承認」が「翼賛」に変更された。また，「経テ」から「以テ」への修正も施されている。第三読会では特に質疑が無く，第5条は可決された。また，「承認」が「承諾」と改められた第37条も，可決される運びとなった[55]。

もっとも，伊藤は無制限に議会の権限を拡充しようとしたわけではない。法案提出権は原則として内閣にあり（第38条），議会にできることは意見書の提出に留まった（第39条）。また，議会の上奏権（第49条）に弾劾権が含まれる見解を幾人かの枢密顧問官が示した際，伊藤は強硬に反論した。伊藤はまず，「此憲法ニ於テハ大臣弾劾ノ権ヲ国会ニ与フルノ精神ニアラサルナリ」と断言した。その上で，「大臣若シ国会ニ対シ信用ヲ失シタル時ハ国会ハ其ノ意見ヲ国君ニ上奏シ而シテ其意見ヲ採納スルヤ否ハ国君ノ権内ニ在」る旨を明瞭に述べた[56]。かかる伊藤の考えは，前章で紹介したシュタインと一致するところが大きい。伊藤にとっての議会は，あくまで立法過程に必要な機関であった。

本節の最後に，勅令に関して言及しておきたい。勅令を謳う第8条については，議会の事後承認が必要である点に，反対意見が寄せられた。伊藤は，議会が立法過程に関わることを重視し，それを退けた。ただし，「此条ハ大ニ議会ニ権利ヲ与フル」一方で，「議会ノ権力ヲ束縛シタルモノ」という興味深い発言も残している[57]。伊藤は，議会を尊重するとともに，不透明な議会運営のためのセーフティネットとして議会開設後の勅令を捉えていたのであろう。以後，第8条は文言に修正が施されるものの，基本的内容は変更されずに公布された。

⑸「協賛」—大日本帝国憲法

枢密院第一審会議終了後も，憲法の修正は継続された。1889年1月16日，枢密院の再審会議が開催されたが，「翼賛」機関に関しては付議されなかった。議会の権限に着目すると，先の枢密院会議において枢密顧問官に弾劾権を想起させた上奏権は削除されたものの，法案提出権が新たに認められた（第38条）。この修正案へは，権限が拡大した議会による朝令暮改などへの警戒の声が多く聞かれた。伊藤博文はこれに対して，「法律ノ成立スルニハ自ラ其順序アリ先ツ其案ヲ起草シ次ニ之ヲ議シ次ニ裁可ヲ得而シテ此三件ノ最後ノ結果カ公布トナルモノナリ故ニ朝ニ一法ヲ定メタニ一法ヲ改メ三日ニアゲズ法律ヲ変更スルノ憂ハ決シテ之アラサルナリ」と述べ，立法過程を説明する形で説得したのであった[58]。

なお，再審会議に先立ち，12月27日までにまとめられた議院法についても，憲法案の修正に伴い改められた。議会に法案提出権を認め，上奏権を削除したのである[59]。一連の修正は，議会への弾劾権付与を避け，その役割を立法過程の内に留めることを伊藤が企図した結果であると考えられる。

憲法草案にはさらに加筆修正が施された。1月27日に井上毅，伊東巳代治，金子堅太郎と行った高輪での会議の直前，伊藤が作成したと思われる試案では，第5条が「天皇ハ帝国議会ノ補翼及協賛ヲ以テ立法権ヲ施行ス」となった。「補翼及協賛」という表現は，ドイツ語の“beirath und zustimmung”，英語の“advice and consent”の和訳とみていいだろう。また，「承諾」,「啓沃及協賛」,「協翼及賛同」がそれぞれ一度書かれた上で抹消されていることは注目に値する。伊藤自身，試行錯誤の上で「補翼及協賛」を採用したものの，それとて完全に納得していなかったことが看取される。ただし，第37条が「凡テ法律ハ帝国議会ノ協賛ヲ経ルヲ要ス」，第64条が「国家ノ歳出歳入ハ毎年予算ヲ以テ帝国議会ノ協賛ヲ経ヘシ」となり，議会の権限は「協賛」で統一された[60]。

高輪会議では，如上の条文に変更が加えられなかった。しかし，1月29日の枢密院会議第三審議会に提出された憲法案は，これと異なるものであった。第5条の「補翼及協賛」が「協賛」に改められたのである。“advice and consent”の“consent”のみを憲法に取り入れようとの考案から，「協賛」に落ち着いたのであろう。

かくして，1月29日の午後に開催された枢密院第三審会議において，第5条が扱われた。伊藤は，当初「翼賛」を用いたがそれでは勧告の意味に留まってしまう。その上で，本条に“advice and consent”を包含させるため「補翼及協賛」と改めたが,「補翼」には補佐の意味があり議会には適さないと議論を展開した。欧州の憲法においても“advice”は「虚飾ニ属」すことから，“consent”を訳した「協賛」の採用に至ったと説明した。枢密顧問官はほとんど発言せず，修正案は可決された。議会の権限では，上奏権が復活した。伊藤はこの理由を，「議院ニ上奏権ナキハ憲法上ノ欠点ナリトスルノ説多」かったことを考慮した結果であると述べた。また，質問権は削除された[61]。ここに，「協賛」機関としての議会の位置づけが定まったのである。

1889年４月24日に刊行された『憲法義解』において，第５条は次のように解説された。「天皇は内閣をして起草せしめ或は議会の提案に由り両院の同意を経るの後之を裁可して始めて法律を成す」[62]。天皇の「立法」に関する統御権を謳う第５条は，明治憲法下の立法過程を示すものでもあった。

4．おわりに

以上，伊藤博文の「立法」観について，欧州での憲法調査，明治憲法の成立過程を中心に辿ってきた。伊藤は，モッセやシュタインから，議会専横への警戒ばかりでなく，議会が法案審議を担う立法過程が立憲政体に必要であることを学んだ。かかる点は，未だ一定の立法過程が存在しなかった当時の日本において，先駆的であったと言えよう。また，日本に政党政治が時期尚早であると考えた一方，将来的に議会が国体に適合した法の成立に寄与することを期待したのであった。

確かに伊藤は，内閣職権により大宰相主義を謳い，議会に弾劾権を認めないなど，議会への警戒感を持っていた。しかし，議会が法案審議に携わることに否定的であった枢密顧問官に対して，伊藤は反発した。法の成立には議会の審議が必須であり，それが立憲政体の本質であることを説き続けたのである。伊藤にとっての議会は，立法過程において法案審議を担う，欠かせない機関であった。従って議会には，その役割の範囲内と見做された，法案提出権や上奏権などが認められた。伊藤は，議会開設後の勅令についても，不透明な議会運営に対するセーフティネットという面を考慮しつつ，議会の事後承認に拘った[63]。

伊藤はこのような議会を，“consent”を邦訳した「協賛」機関として明治憲法に位置づけた。法案提出を主に内閣が，法案審議を議会が，法案の裁可，公布を天皇が担う立法過程が定められたのである。ロエスレルが教示したように，“consent”の採用にはまた，臣民は自らの「身体及財産」を権力から守ることができ，他方で天皇の大権が侵されない状況を生み出す，という意図もあった。欧州体験を経た伊藤であったからこそ，これを採用したのである。しかし，伊藤はロエスレルに反して，“consent”の邦訳に「普通慣用ノ字」とは言い難い「協賛」を当てた。議会専横という警戒，国体に適合した法案審議という将来の議会への期待――二律背反的な「立法」観を有する伊藤にとって，憲法上の議会の位置づけには柔軟性が求められた。「協賛」は，伊藤の「立法」観を包摂する絶妙な表現であったと言えよう。

如上の「立法」観を抱いた伊藤は，両院制のあり方，議会と予算，議院法との関係などをどのように考えたのか。また，貴族院議長となった伊藤は，現実の議会といかに対峙したのであろうか。これらについては，別稿にて論じたい。

（1）『言海』(1889－91年)，『大日本兵語辞典』(1918年)，『日本大辞書』(1892－93年)，『日本新辞林』(1897年)，『帝国大辞典』(1896年) において，「協賛」は掲載されていない。なお，『日本国語大辞典』第2版第4巻（小学館，2001年）によると，三国志の一部である『蜀志』に「協賛」という語が登場する。

（2） 伊藤之雄『伊藤博文―近代日本を創った男』（講談社，2009年），瀧井一博『伊藤博文』（中央公論新社，2010年）。その他にも，坂本一登『伊藤博文と明治国家形成―『宮中』の制度化と立憲制の導入―』（吉川弘文館，1991年），伊藤之雄『立憲国家の確立と伊藤博文』（吉川弘文館，1999年），瀧井一博『ドイツ国家学と明治国制度―シュタイン国家学の軌跡』（ミネルヴァ書房，1999年），同「文明・立憲制・国民政治―伊藤博文の政治思想」（『明治聖徳記念学会紀要』復刊第46号，2009年）などがある。

（3） 稲田正次『明治憲法成立史』上下（有斐閣，1960･2年）。清水伸『明治憲法制定史』上中下（原書房，1971－3年），川口暁弘『明治憲法欽定史』（北海道大学出版会，2007年）の他，貴族院研究として小林和幸『明治立憲政治と貴族院』（吉川弘文館，2002年），内藤一成『貴族院と立憲政治』（思文閣出版，2005年）などが，議院法研究として大石眞『議院法制定史の研究―日本議会法伝統の形成―』（成文堂，1990年），赤坂幸一「統治システムの運用の記憶―議会先例の形成」(『レヴァイアサン』48号，2011年4月）などがある。

（4） 1882年5月24日付松方正義宛伊藤博文書簡（春畝公追頌会編『伊藤博文伝』中巻，原書房，1970年復刻）。

（5） 1882年9月6日付松方正義宛伊藤博文書簡（前掲『伊藤博文伝』中巻）。

（6） 瀧井氏も「彼のなかに議会制導入へのためらいが萌した形跡は認められない」と述べている（前掲『伊藤博文』，65頁）。

（7） 近代を対象とした近年の研究にしぼっても，小川原正道「『行政』から再考する近代日本政治外交史」（『レヴァイアサン』52号，2013年4月）や清水唯一朗『近代日本の官僚―維新官僚から学歴エリートへ』（中央公論新社，2013年），柏原宏紀「明治初年太政官制下の卿輔関係についての一考察―参議省卿兼任制導入後の工部省を中心に―」（『年報政治学2013－Ⅱ』，2014年1月）など，充実ぶりが窺える。

（8） 伏見岳人『近代日本の予算政治1900－1914』（東京大学出版会，2013年）など。また国会研究は，増山幹高『議会制度と日本政治―議事運営の計量政治学』（木鐸社，2003年），川人貞史『日本の国会制度と政党政治』（東京大学出版会，2005年），福元健太郎『立法の制度と過程』（木鐸社，2007年）など，急速に進展している。

（9） 「建言参議伊藤博文」（「岩倉具視関係文書」，岩倉公旧蹟保存会対岳文庫所蔵），多田好問編『岩倉公実記』下巻（原書房，1968年復刻），715－29頁。

（10） 前掲『伊藤博文―近代日本を創った男』，154頁。

（11） 岩谷十郎『明治日本の法解釈と法律家』（慶應義塾大学法学研究会，2012年），31頁。

（12） 久保田哲『元老院の研究』（慶應義塾大学出版会，2014年），73－81頁。

（13） 「莫設氏講義筆記」（清水伸『独墺に於ける伊藤博文の憲法取調と日本憲法』，岩波書店，1934年），351－2頁。

（14） 同上，404－6頁。ただし，議会の承認について，「其体制ニ止ルモノニシテ，現実ノ点ヨリ云フトキハ，前四項ノミヲ以テ法律ノ完全ヲ得ヘシ」と付言している。

（15） 同上，409－13頁。

（16） 同上，422頁。

（17） 「純理釈話」（「伊東巳代治関係文書」，国立国会図書館憲政資料室所蔵）。

（18） 「大博士斯丁氏講義筆記」（前掲『独墺に於ける伊藤博文の憲法取調と日本憲法』），252頁。

（19） 前掲「純理釈話」。

（20） 同上。

（21） 同上。

（22） 1882年8月27日付山田顕義宛伊藤博文書簡（前掲『伊藤博文伝』中巻）。

（23） 1882年11月15日付伊藤博文宛シュタイン書簡（前掲『伊藤博文伝』中巻）。

（24） 瀧井氏は，「憲政の前提となる行政上の制度改革が不可欠であること，特に新しい政体を支えるための知識人のリクルート・システムが確立されねばならないこと，ここに伊藤滞欧憲法調査の最大の成果があった」と述べている（前掲『ドイツ国家学と明治国制度―シュタイン国家学の軌跡』，209頁）。

(25)　『法令全書』第２号（内閣官報局，1886年）。

(26)　前掲『明治日本の法解釈と法律家』，11頁。

(27)　前掲『元老院の研究』，126頁。ただし，当時の法律と実質的差異がなかったとされる勅令については，元老院に付されないものもあった。

(28)　前掲『明治憲法成立史』下，1頁。

(29)　「甲案試草附ロエスレル，モツスセ両氏答議」(伊藤博文文書研究会監修『伊藤博文文書第75巻秘書類纂憲法４』，ゆまに書房，2012年)。

(30)　「初稿」(伊藤博文文書研究会監修『伊藤博文文書第77巻秘書類纂憲法６』，ゆまに書房，2012年)。

(31)　前掲「甲案試草附ロエスレル，モツスセ両氏答議」，「乙案試草」(伊藤博文文書研究会監修『伊藤博文文書第76巻秘書類纂憲法５』，ゆまに書房，2012年)。

(32)　ドイツ語原文は，小嶋和司「ロエスレル『日本帝国憲法草案』について」(『法学』第33巻１号，1969年２月）に収録されている。

(33)　「ロエスレル氏起稿日本帝国憲法草案」(伊藤博文文書研究会監修『伊藤博文文書第79巻秘書類纂憲法８』，ゆまに書房，2013年)。

(34)　前掲『明治憲法成立史』下，129－32頁。

(35)　「甲案試草正文」(前掲『伊藤博文文書第77巻秘書類纂憲法６』)。

(36)　同上。

(37)　「欠題（夏島憲法草案)」(「伊東巳代治関係文書」，国立国会図書館憲政資料室所蔵)。

(38)　「逐条意見」(「伊東巳代治関係文書」，国立国会図書館憲政資料室所蔵)。

(39)　前掲『議院法制定史の研究―日本議会法伝統の形成―』，93頁。

(40)　「日本帝国憲法修正案に関する意見」(伊藤博文文書研究会監修『伊藤博文文書第82巻秘書類纂憲法11』，ゆまに書房，2013年)。

(41)　「承認ト賛同ノ件ロエスレル答議」(「伊東巳代治関係文書」，国立国会図書館憲政資料室所蔵)。

(42)　前掲「欠題（夏島憲法草案)」。

(43)　前掲『明治憲法制定史』下，281頁。

(44)　前掲「欠題（夏島憲法草案)」。

(45)　前掲『明治憲法制定史』下，112頁。

(46)　「欠題（二月草案)」(「伊東巳代治関係文書」，国立国会図書館憲政資料室所蔵)。

(47)　前掲『明治憲法成立史』下，413頁。

(48)　1888年５月14日付井上毅宛伊藤博文書簡（井上毅伝記編纂委員会編『井

上毅伝』史料篇第5，國學院大學図書館，1975年)。

(49) 『枢密院会議議事録』1（東京大学出版会，1984年)，161頁。

(50) 同上，174－6頁。

(51) 同上，178－88頁。

(52) 1888年6月26日付伊藤博文宛井上毅書簡（伊藤博文関係文書研究会編『伊藤博文関係文書』1，塙書房，1973年)。

(53) 1888年6月26日付井上毅宛伊藤博文書簡（前掲『井上毅伝』史料篇第5)。

(54) 前掲『枢密院会議議事録』1，258－64頁。

(55) 同上，350－4頁。

(56) 同上，354－6頁。

(57) 同上，193頁。

(58) 『枢密院会議議事録』2（東京大学出版会，1984年)，2－6頁。

(59) 前掲『議院法制定史の研究―日本議会法伝統の形成―』，257頁。

(60) 「憲法明条」(「伊東巳代治関係文書」，国立国会図書館憲政資料室所蔵)。

(61) 前掲『枢密院会議議事録』2，39－44頁。

(62) 伊藤博文著・宮澤俊義校註『憲法義解』(岩波書店，1940年)，28頁。

(63) 伊藤が勅令をどのように捉えたかについては，稿を改めてさらなる分析を試みたい。

十分性説における閾値

——分配的正義論における平等主義への疑念——

保田幸子 *

1　問題の所在

政治哲学において，平等は中心概念である。R・ドゥオーキンに従うならば，今日の政治理論はみな，平等という価値を支持しているという意味で，「平等主義の台座（egalitarian plateau）」の上にいる[1]。ここでいう平等主義とは，各人に対して平等な配慮と尊重をもって取り扱うということに同意しているという意味である。この見解を受け入れるならば，リバタリアンは，平等主義的な分配に否定的であるが，平等という価値を否定しているわけではない。彼らは，再分配をおこなうことによりある人を別の人の目的のための手段として利用しているので皆を平等な者として取り扱っていない点を問題視している。したがって，平等な分配には反対する政治理論であっても平等を支持しており，「平等主義の台座」の上にあると言える。

政治的空間において，分配・再分配は最重要論点の一つであると考えられる。この論点に関しても，平等概念を中心として議論が進んできた。分配的正義論では平等な分配のあり方について，主に三つの論点をめぐり議論が展開されている。第一に，分配尺度に関する論争が挙げられる[2]。センの先駆的論文「何の平等か」が提出されて以降，英語圏の政治哲学において，いかなるものについて平等を追求するべきかという問いが大きな論点となり，厚生・資源・潜在能力等のうち，いずれに関する平等を追求するべきかという問題に関して，多くの見解が提出されてきた。

第二に，運の平等主義をめぐる論争が挙げられる。運の平等主義とは，

---

*　東京工業大学社会理工学研究科社会工学専攻博士課程　社会工学専攻

各人の選択と責任を基準とした再分配こそが望ましいと考える。すなわち，各人が，自らの選択の結果により当該状態にある場合については，各人の責任の範囲内であるとし，たとえ当人が不利な状態であったとしても，社会的補償の対象外とすべきである。それに対して，各人が自らの選択によらず当該状態にある場合は，各人の責任の範囲外であるので，社会的補償の対象とすべきと考える。この見解をめぐり，責任を問う範囲や分配的正義論の基準を責任とすることの是非について多くの論者が考察をしている。

第三の論点としては，分配理念の如何が挙げられる。先の二つの論争においては，平等主義が前提とされている。しかし，D・パーフィットの論文「平等か優先性か」以降[3]，分配的正義における平等主義の前提が疑念に晒されることとなった。この論文において，パーフィットは，平等主義の真の目的は劣位者に優先的に利益を与えることであると思われるが，実際には格差縮小を目指すことで各人の状態の改悪すら望ましいと判断を下していると指摘した。この指摘に従うならば，従来平等主義者と呼ばれていた論者は，分配理念として一見平等を支持しながらも，優先性を支持していたことになる[4]。以来，分配理念は論争的概念となった。

本稿で扱う十分性説（sufficientarianism）とは，分配理念に関する論争における一つの立場である[5]。十分性説は，閾値を設定した上で，各人が閾値以上の状態となることこそが望ましいと考える。平等以外の分配理念への関心の高まりに伴い，H・フランクファートにより提唱された十分性説は，優先性説と並び，非平等主義的分配理論として注目されつつある。

十分性説と優先性説の違いは次の点にある。P・ケイサルによれば，十分性説は，全員が十分に持っていることの保障というポジティブ・テーゼと，付加的な再分配の否定というネガティブ・テーゼにより構成される[6]。そのため，十分性説は，各人が閾値以上の状態であることを重要視し，閾値以上での各人間の不平等には関心を払わない。それに対して，優先性説は，こうした閾値を設けることなく，劣位にいる人に対して常に優先的に利益を与えるべきだと考える[7]。

十分性説に対しては，主に閾値に関する批判が出されている。この批判は大きく三つに分けられる。第一に，閾値の水準に関しての批判がある。この批判では，閾値が低水準に設定された場合，こうした閾値を辛うじて超えるが依然として状態の悪い人々を放置する恐れがあると指摘される。

第二に，閾値の個数に関する批判が挙げられる。それによれば，十分性説の主要な論者は単一閾値を想定しているが，なぜポジティブ・テーゼとネガティブ・テーゼが要求する閾値の水準が一致するのかに関して，説得的な理由が述べられていない。第三に，閾値の設定方法に関する批判では，個人的閾値と非個人的閾値のどちらの設定方法にも難点があることが指摘される。十分性説はポジティブ・テーゼを満たすことを道徳的に重視しているが，各人が閾値以上の状態であるかを当人の判断に委ねるか否かについては見解が分かれている。閾値決定者を当人と想定する個人的閾値は，各人により水準が異なるという問題が生じる。こうした問題を回避するために閾値決定者を第三者とする非個人的閾値の場合は，閾値設定の根拠が不十分であるという意味で恣意的になるから，閾値を設定すること自体が誤りであるというのである。

閾値に関する三つの批判に対して，現在まで十分性説からの本格的な応答はなされていない。こうした状況を踏まえて，本稿は，これらの批判を回避可能な十分性説の提示を試みたい。後に詳述する通り，次のような応答を試みる。第一に，閾値の水準に関しては，先の批判は一見したところよりも説得力に乏しい。第二に，閾値の個数に関しては，二つの閾値による十分性説を採用すれば，件の批判を回避できる。第三に，閾値設定方法に関して，分配状況依存的方法と分配状況非依存的方法に区分するならば，非個人的閾値は必ずしも恣意的でなくなると論じるつもりである。このように批判に応答可能な頑健な十分性説を明らかにすることで，十分性説は優先性説と比較して統一的な見解による分配が実現できるという点で優れていることを示したい。

さらに，〈何の十分性か〉という論点があり，これが三つの批判に応答する上で重要であると論じる[8]。分配的正義論を構想する際，分配尺度を特定する必要がある。しかし，分配尺度に関する論争は，平等な分配を前提として議論されてきた。厚生の平等は，各人の効用の均一化を目指すのに対して，資源の平等は，効用充足のための手段である資源を尺度として平等を考える。潜在能力とは，各人の資源を行使する能力や資源により達成可能な事柄の組み合わせを指し，基本的潜在能力の平等とはこの指標を平等化することである。このように，〈何の平等か〉についてのみ議論され，〈何の優先性か〉や〈何の十分性か〉といった問い自体はさほど俎上に載せられず，非平等主義的分配理論に関しては，優先性・十分性のいずれが優れた分配理論かという論点のみに関心が向けられてきた。すなわち，分配尺度と分配理念は，従来は別々に語られてきた

しかし,〈何の十分性か〉という問いは十分に成り立ちうる。実際に，明示的に論じられていないものの，多くの論者は特定の分配尺度の立場をとっている。例えば，R・クリスプは，公正な観察者による効用計算に基づく功利主義の問題点を指摘した上で，そうした問題を乗り越える分配理論として十分性説を位置付けているため，分配尺度として厚生を支持していると推測できる[9]。他方，十分性説の主要な論者の中には，潜在能力を支持する論者もいる。この立場の代表としてはE・アンダーソンが挙げられる[10]。本稿は，分配尺度に関する学術的蓄積を踏まえたうえで，十分性説への批判に応答していく。

十分性説に関する日本における研究としては，森村進が非平等主義的分配理論として優先性説とともに十分性説を取り上げ，フランクファートと十分性説を世代間衡平の文脈で論じたJ・シルヴェスターを検討している[11]。また，橋本祐子は，ソーシャル・ミニマムを保障する福祉国家への有力な基礎付け理論としてフランクファートの十分性説を取り上げている[12]。また，井上彰は，分析的平等論の復権として優先性説と十分性説を取り上げている[13]。しかし，十分性説は極めて多様な一群の見解である上に，十分性という分配理念への批判も多くなされている。にもかかわらず，フランクファート以外の十分性説の主要な論者に関する研究は，わが国ではいまだ緒についてさえいない。このような研究状況の間隙を埋めるべく，本稿は主要論者の十分性説は一様ではないことを踏まえたうえで，批判に応答しうる頑健な十分性説を提示したい。

本稿の構成は以下の通りである。まず，頑健な形態の十分性説を構成するために，閾値に関する三つの批判に応答していく。閾値の水準（二）・個数（三）・設定方法（四）の三点について，それぞれに対する批判を検討した上で[14]，分配状況非依存的な非個人的な二つの閾値を主張したい。最後に，分配理念としての十分性の特色を優先性説との対比により明らかにすることを試みる（五）。

2　閾値の水準

十分性説は，各人が閾値以上の状態となることを目指し，閾値以上ではいかなる格差が生じていても再分配を認めない。十分性説の特徴は閾値により分配の可否が決まる点にある。そのため，十分性説への主たる批判は閾値に対するものである。閾値に関して提起が予想される批判は，閾値設定段階と閾値実施段階に対するものに分けることができるだろう。前者は，設定されている閾値の道徳的根拠に関して，理論上説得的か否かが問われているのに対して，後者は，予算などの現実的制約下において，こうした閾値が適切であるかが問われている。このうち，本稿が応答する批判は，閾値設定段階における批判である。

閾値に関する批判の一つとして挙げられるのが，閾値の水準への批判である。例えば，低水準の閾値に関して，本来であるなら是正すべき不平等を放置するという批判が少なくない[15]。こうした批判が当てはまるのは，非常に低水準の閾値が設定される場合である。ケイサルは，「低水準の閾値は皆が十分に持っているというポジティブ・テーゼに説得力を持たせるが，閾値を辛うじて上回る人と非常に優位にある人との再分配問題の解決を目指す平等主義や優先性説の考察を放棄するので，ネガティブ・テーゼを認めがたいものとする」と述べる[16]。具体的には，現在の先進国と同水準の社会について，各人が一日に必要な最低摂取カロリーなどの指標もとに閾値を設定した場合が考えられる。この場合，閾値を辛うじて上回る状態の人々は社会に対して再分配を要求できない。また，分配尺度を厚生とした場合，低水準の閾値は適応的選好形成の問題を回避できない恐れもある[17]。適応的選好形成とは，長期間抑圧された状況に置かれ，そうした状況に適応するために安価な選好しかもてなくなるという状態を指す。厚生の立場では，適応的選好形成という不適切な選好であっても，当人の選好に基づく閾値であるという理由で，劣悪な状態にある人を放置することとなる。

以上の例から，低水準の閾値は望ましくないと言えそうである。では，次のような例を考えてみよう。いま，非常に安価な選好の持ち主で構成される社会で，低水準の閾値を設定した場合を考えてみる。例えばアーミッシュのような，各人の選好に歪みがなく，安価な選好が形成されているならば，件の批判は当たらない。また，閾値が低水準であること自体を問題視するならば，例えば，現在に比べて人々の生活水準が低かった18世紀に，現在と同水準の閾値を設定し再分配を要求することとなりかねない。しかし，この要求を受け入れることはできない。

低水準の閾値に対する批判は，一見すると，水準に対する批判だと思われるが，実は単に低水準であることそれ自体が批判の対象ではない。むしろ，これらが真に批判しているのは，不適切な設定方法による十分性説は問題であるということである。最低摂取カロリーなどの指標に基づいた閾値は，当該社会がいかに豊かであっても，辛うじて生きていける程度の保障しか各人に提供できない。また，各人の満足度に基づいた閾値の場合，分配尺度は厚生となるため，不適切な選好を容認してしまう。どのような閾値設定方法を採用すべきかに関しては，第四節で詳しく検討する。

閾値が十分に高く設定されている場合，そもそも閾値以上で劣位者に優先的に利益を与えることがどれほど道徳的に重要であるのかが疑わしくなるので，閾値を辛うじて超える状態の人々を放置することへの批判は説得力を欠く。その代わりに，皆に対して高水準の状態であることを保障することに対する批判が出されうる。すなわち，ポジティブ・テーゼが説得的でなくなると言える。R・アーネソンは，十分性説における責任概念の欠如を批判する[18]。すなわち，彼は，アンダーソンの十分性説の構想である民主的平等に対して「社会的保証や個人の責任の違いを分けるので，平等主義的分配の規範における各人の責任という問題を見極めていない」と指摘する[19]。責任概念の不在は，閾値が高水準であるほど十分性説に大きな打撃となるだろう。

十分性説は，皆が十分にもつことを保障するポジティブ・テーゼを要求する以上，責任基底的分配原理を採用することはできない。そのため，アーネソンの批判に対しては，不注意な選択の結果であっても各人に一定水準以上の状態を保障することの利点を示す必要がある。その際，水準の高低に議論の焦点を絞ると，より重要な論点である閾値設定方法を見逃してしまう。例えば，閾値の水準を600万円とした場合を考えてみよう。サイコロを振り，出た目に従い，水準が決定されたのであれば，批判への応答は難しくなる。それに対して，各人のベーシック・ニーズなどを満たすのに必要な水準であることを説得的に示すことができれば，責任概念の欠如という批判への応答が可能となる。したがって，真に検討すべき論点は，こうした高水準の閾値の閾値設定方法である。

閾値の水準について，低水準であることに対しても高水準であることに対しても批判がなされている。こうした批判では，低水準である場合には，是正すべき不平等を放置する可能性が，高水準である場合には，各人に閾値以上の状態を保障することの道徳的根拠が薄弱である点が指摘される。しかし，低水準（もしくは高水準）であることが批判対象となっているものの，より重要な論点として閾値設定方法があることが明らかとなった。

3　閾値の個数

十分性説をめぐる多くの議論では，単一閾値を当然視しているが，閾値は複数でありうる。単一閾値の主張は，ポジティブ・テーゼとネガティブ・テーゼが要求する水準は一致すると考える。それに対して，複数閾値の主張は，二つのテーゼが要求する閾値はそれぞれ別個であるとの見解を示す。

単一閾値と複数閾値のどちらが望ましいかという問いに対して，ケイサルは後者の立場の方が説得的であると述べる。彼女はその理由を二点指摘している。第一に，高水準・低水準いずれの立場も擁護不可能であることが挙げられる[20]。高水準の閾値はポジティブ・テーゼの，低水準の閾値はネガティブ・テーゼの説得力を減ずるが，高水準と低水準の二つの閾値による十分性説は単一閾値に伴う難点を解決することが可能となる。また，閾値を二つ設けることで「各人が絶対的な優先権を持つ状態から突然何の優先権もない状態になる（単一閾値の十分性説）より説得的である[21]」。第二に，単一閾値の十分性説は両テーゼが要求する閾値が一致することを自明とし，十分な正当化論を示していないとされる。ケイサルは，単一閾値としてクリスプを例に挙げ，彼の十分性説は，「正当化なしに，（二つのテーゼが示す）二つ閾値が一致すると想定している」と述べる[22]。前節で明らかにしたように，第一の理由については，閾値の水準それ自体を根拠に擁護不可能との結論は説得的ではない。第二の理由については，二つの閾値による十分性説の立場をとるＲ・ヒューズビーの見解を通じて検討したい。

ヒューズビーの十分性説は，図１のように示すことができる[23]。この立

図１　ヒューズビーの十分性説

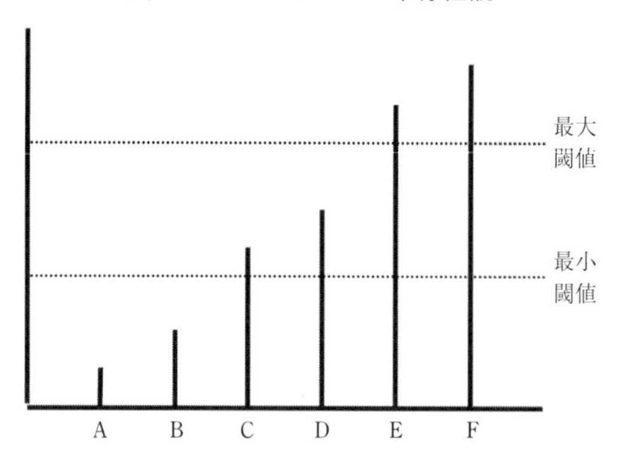

場の十分性説において，最小閾値は，食べ物・衣服・住居など人間の基本的なニーズを満たす基準により設定される。この閾値は，各人の選好に依存せず，生存条件を満たす水準であることが求められているため，非個人的に定義されると考えられる。他方，最大閾値は，各人が満足する程度と同水準に設定されるから最大閾値は個人的に定義されている。二つの閾値により生じる三つの領域では，次のように分配される[24]。最小閾値未満の個人については，その個人が当該の閾値をどれほど下回っているかに関わらず，閾値以上となるために利益が与えられる。したがって，個人Ａと個人Ｂが最小閾値以上となることは道徳的に等しく重要である。加えて，最小閾値未満の状態であるＡやＢに利益を与えることは，最小閾値以上の状態にある個人Ｃに利益を与えることよりも道徳的に重要である。二つの閾値の間では，劣位者に利益を与えることがより道徳的に重要となる。すなわち，個人Ｃは個人Ｄよりも優先的に利益を得る。最大限の閾値以上ではいかなる付加的な再分配も行われない。そのため，個人Ｅと個人Ｆにはいかなる利益も与えられない上に，両者の格差は不問となる。

十分性説の二つのテーゼを踏まえてヒューズビーの二つの閾値による十分性説を理解すると，以下のように言える。ヒューズビーの最小限の閾値は皆が最低限超えるべき基準として設定されているので，ポジティブ・テーゼにより要求される閾値であるのに対して，最大限の閾値はネガティブ・テーゼにより要求される閾値である。このように，ネガティブ・テーゼが設定する閾値とポジティブ・テーゼが設定する閾値とを別個に設定することもできる。単一の閾値の十分性説を主張しているフランクファートやクリスプらが十分性説の代表的な論者と目されているため，十分性説の二つのテーゼが示す閾値も同一であると解釈される傾向にある。しかし，二つのテーゼが要求する水準は，別個である方が望ましい。

では，ヒューズビーの十分性説を支持するべきだろうか。答えは否だと考える。彼の十分性説は，非個人的な低水準の閾値と個人的な高水準の閾値の二つの閾値を設定することにより，閾値の水準に対する批判を回避しているように思える。しかし，〈何の十分性か〉という分配尺度に関する議論を考慮すると，非一貫性問題が生じるため支持しがたい。ヒューズビーは，分配尺度に関して，厚生の十分性説を採用するとしている。だが，各人に判断をゆだねる厚生主義と最少閾値の非個人的な設定方法は背反する。もっとも，閾値の設定方法に関して非個人的な見解をとりうる立場として，功利主義のうち客観的リスト説があると言われるかもしれない。しかし，そもそも客観的リスト説を厚生に関する一見解とすべきかには疑問がある。

ヒューズビーの非一貫性の問題を回避するのには二つの方法が考えられる。まず，二つの閾値の分配尺度をそれぞれ別個とする方法が挙げられる。これによると，最小閾値の分配尺度を，非個人的な閾値設定方法に背反しない資源に変更する可能性が模索される。しかし，この方法は支持できない。なぜなら，分配状態の評価尺度として厚生と資源を想定する場合，一方の尺度が他方の尺度と対応関係にあると想定しなければならないが，それは困難であるように思われるからである。そのため，複数尺度を採用すると，二つの閾値により高水準と低水準それぞれの難点を回避するというヒューズビーの戦略は頓挫してしまう。すなわち，当該個人において，厚生を分配尺度とする最大閾値と資源を尺度とする最小閾値の単位は比較可能と想定することは困難かつ恣意的であるように思われるので，どちらが最大閾値でどちらが最小閾値の関係にあるのかが確定しない。仮に比較可能だとしても低水準の閾値に関する批判を回避できない。なぜなら，ヒューズビーは個人的閾値を最大閾値と想定しているが，最小閾値を下回る可能性も否定できないからだ。そこで，もう一つの回避方法として，二つの閾値を同一の方法により設定するという道が考えられる。閾値設定方法として個人的閾値と非個人的閾値のどちらを採用すべきかを次節で検討していきたい。

4　閾値の設定方法

前二節での議論から次の論点が明らかとなった。閾値の水準に関する批判は説得力に乏しく，閾値設定方法の検討が必要である。また，閾値の個数に関する批判については，多くの十分性説では単一閾値の立場をとっているが，十分性説の二つのテーゼが要求する閾値はそれぞれ別個であるため，二つの閾値の立場の方が望ましい。二つの閾値による十分性説を主張する論者としてはヒューズビーが挙げられるが，彼の見解は，閾値設定方法と分配尺度が一貫していないため受け入れがたい。以上，閾値に関する二つの批判は，閾値設定方法への応答が鍵となっていることが明らかとなった。そこで，本節ではこの論点に関する批判を検討したい。

閾値の設定方法に関しては，個人的閾値と非個人的閾値の二つを区別できる。個人的閾値は，各人の選好などに基づき，利益を得る当人により閾値の水準が決定される。そのため，各人により閾値の程度が異なる。それに対して，非個人的閾値は，利益を得る当人以外の第三者により閾値の水準が決められる。

個人的閾値による十分性説の主要な論者としては，フランクファートが挙げられる[25]。だが，ケイサルは，フランクファートの個人的閾値は多義的であり，非常に高水準にも低水準にも解釈可能であると批判する[26]。また，個人的閾値は，分配尺度に関して厚生を支持していると考えられる。本稿は，各人により水準が異なることの問題点を，R・ドゥオーキンが挙げる高価な嗜好の例にそくして考えてみたい[27]。高価な嗜好を持った者と安価な選好を持った者を想定しよう。両者が共に満足するためには前者は後者より多くの資源を必要とするが，高価な嗜好を理由に前者により多くの資源を分配すべきではないと思われる。

このように，個人的閾値は，外的視点からは容認しがたい不適切な選好に基づいた閾値であっても，当人か決定した閾値であることを理由に容認し，不公正な分配状況を放置する可能性がある。なぜなら，個人的閾値は，利益を得る当人が自身の十分性の水準を決定しているため，各人の選好それ自体に歪みが生じている場合，修正する術を持たないからだ。したがって，個人的閾値は説得的ではない。

ただし，厚生を尺度とした閾値に対する不適切な選好を用いた批判を回避するために，選好をより熟慮されたものと仮定する方法が考えられる[28]。しかし，この方法は次の二点により確実に批判を回避できるとは言えない。第一に，熟慮された選好は不適切な選好を含まないものと定義した場合，循環論法に陥ってしまう。第二に，熟慮された選好の条件を満たせば，不適切な選好にはならないだろうと捉える場合が考えられる。熟慮された選好の定義に不適切な選好が含まれていない場合は循環論法に陥ることはないが，定義的には熟慮された選好により批判を回避することはできない。本稿は，適切に定義された熟慮された選好であれば，不適切な選好による批判は回避する可能性があると考えるものの，以上の理由により厚生の十分性説の支持には慎重になりたい。

では，各人により水準が異なるという批判を免れようと，非個人的な閾値により閾値を設定する場合はどうであろうか。そこで，非個人的閾値を分配状況に依存するか否かという場合分けを行った上で，この批判がどの程度説得的であるかを検討していきたい。

まず，分配状況非依存的な非個人的閾値について，検討する。例えば，任意に選ばれた人がクジで引いた数字（例えば100万円）以上の給付金を各人に保障するといった，各人の状態や選好などと全く無関係な水準を閾値として設定した場合，恣意的であるとの批判は免れない。その他の分配状況非依存的な非個人的閾値の設定方法としては，人々の最小限の必要カロリーなど，生理学的根拠により，各人の状態に依存せず決定される指標に基づく方法が考えられる。この立場は，各人の生存を閾値の重要性の規範的根拠としている。この場合の問題点は，恣意性ではなく閾値の水準にある。生理学的根拠に基づいた閾値は，非常に低い水準だろうと想像できる。そのため，辛うじて閾値を超えているが非常に状態の悪い人々を放置してしまう。

最低摂取カロリーを数倍にするなどの方法により，閾値の水準を上昇させることで，分配状況非依存的な非個人的閾値の水準の問題は回避可能かもしれない。各人の状態に非依存的なこうした数値を数倍にすることで，ディーセント・ミニマムは保障されるだろう。すなわち，各人が辛うじて生きていける程度以上の，人としての尊厳が保てる程度の状態が保障される。しかし，この場合，分配状況非依存的閾値はすでに分配状況依存的閾値に変容している。なぜなら，この閾値は，当該社会での望ましいとされる各人の栄養摂取状況等はどの程度かを参照した上で，最低摂取カロリーの何倍を閾値とするのかが判断されるからである。つまり，ディーセント・ミニマムは現実的制約下に置かれることとなる。すると，非常に貧しい社会であった場合，各人の生存を脅かす水準であっても，あたかもそれがディーセント・ミニマムであるとして望ましいと容認されてしまう。当該社会がいかなる財の分配状況にあるかは閾値実行段階で考慮すべき問題である。

分配状況依存的閾値とは，ポジティブ・テーゼは各人の状態がどの程度であるのかという情報を考慮すべきとする立場である。十分性説は，ポジティブ・テーゼの道徳的重要性は社会状況に依存しないと考えるが，ポジティブ・テーゼが働く領域は社会状況に影響されると考えることは可能である。クリスプの十分性説は，この立場である。彼の十分性説においては，公平な観察者の観念により客観性が保たれているものと考えられている。公平な観察者とは，具体的な観察者でなく，自分自身から一定の距離を置いた視点を持つ公平な判断を下す存在として仮定されている個人である。クリスプは分配尺度として厚生を支持しているものの，各人が閾値以上の状態であるか否かを当人の判断に委ねない立場を非個人的閾値としているため，彼は非個人的閾値に立っていると言える。しかし，公平な観察者の共感による閾値は，なぜ特定の水準までは共感が働き，それ以上ではそうではないのかが不明瞭な点において恣意的であると言わざるをえない[29]。

また，分配状況依存的な非個人的閾値により閾値を設定する他の方法としては，財の普及率や平均値などの社会全体の数値から決定する方法なども考えられる[30]。この場合は，恣意性批判を免れる。しかし，当該社会が極度に貧しい社会である場合，十分性説はたとえ各人の生存を脅かすほどの非常に低水準であっても支持することとなり，支持できない。社会全体の数値による閾値設定方法は，閾値実行段階においては有用であっても，各人に閾値以上の状態を保障することの道徳的根拠にはなりえない。したがって，高水準の閾値も，各人のディーセント・ミニマムを保障する分配状況非依存的な非個人的閾値が望ましいと考えられる。

以上により，十分性説の閾値は，分配状況非依存的な非個人的方法により設定されるべきであることがわかった。また，十分性説の主要な論者のうちの多くは，分配尺度に関して厚生を支持している。厚生の十分性説の立場が説得的だと判断されるならば，ヒューズビーの構想に近い十分性説が支持されることとなる。しかし，本稿は，閾値設定方法の観点から厚生の十分性説への支持には慎重な検討が必要であると考える。

5　十分性と優先性

前節までの考察から，批判に対して頑健な十分性説は，分配状況非依存的な二つの非個人的閾値による十分性説であるということが明らかとなった。この見解では，閾値以下の特定の領域では優先性の理念に基づいた分配が行われている。これに関して，ケイサルは，十分性説への支持は優先性説の否定を必ずしも意味しないと指摘する[31]。そこで，最後に，優先性説との対比を通じて，十分性説の閾値の含意を考えたい。

従来，分配的正義論は，平等主義を前提として論争がなされてきた。例えば，分配尺度に関する論争は，いずれの分配尺度に基づいて平等を達成するのが公正な社会であるかをめぐる見解の対立であると理解することが可能である。こうした状況に疑念を呈したのがパーフィットの水準低下の異議（levelling down objection）である。すなわち，平等主義は個人間比較を通じて公正な分配を目指す理論である。しかし，平等を理念とした分配は，個人間比較が理論的弱点となる。平等主義では，個人間比較により不平等が生じているかが特定された上で，平等化が図られる。そのため，水準低下の異議を免れない[32]。水準低下の異議とは，不平等を解消するという目的のために，優位にある人の状態を改悪することで劣位にある人との格差を解消することで平等を達成するという帰結を招く可能性を指摘するものである。

優先性説は，各人の状態の改善を目的としながらも非個人的規準に基づき劣位者に利益を与えるため，個人間比較を行なわない分配理論である。こうした特徴により，優先性説は水準低下の異議を免れている。しかし，優先性説は，劣位にいる人に対して優先的に利益を与えるという分配理論であるため，各人の状態についてのみ関心を払い，社会が各人に対してどの程度保障すべきかについて特定の見解を持たない。そのため，劣位にいる人が存在する限り際限のない再分配を行なうこととなる。しかし，劣位にいる人と優位にいる人が共に十分に高水準の生活を送っている場合には，前者に優先的に利益を与えることにどれほど道徳的重要性があるのかは疑問である。

十分性説の閾値がもつ意義はこの点にある。優先性説は，優位者より劣位者へ利益を与えることが道徳的に重要であると考える。この考えによれば，各人の状態がより改善されれば，付加的分配の道徳的重要性はより低くなる。こうした追加的な分配が道徳的重要性を持たなくなる水準があるはずである。したがって，ネガティブ・テーゼの働く領域があると考えられる。しかし，優先性説は，劣位者に対して際限なく優先的に利益を与えるべきとの見解を示す。

十分性説の分配理論としての特徴は，閾値を設定することで再分配の可否が決まる点にある。こうした閾値は正当化要求に応えうるものでなければならない。十分性の理念の具体的な内容である閾値の程度を決める際には，公正な社会は各人にどの程度保障をすべきかを考察する必要がある。この点に関して，本稿は，分配状況非依存的な非個人的閾値が最も説得的だと考える。しかし，分配状況非依存的な非個人的閾値に限らず，十分性説は，ポジティブ・テーゼとネガティブ・テーゼにより平等主義や優先性説に伴う難点を回避できる。以上により，統一的な見解による分配を実現できるという点において，十分性は分配理念として平等や優先性よりも優っていると言える。

6　結語

本稿の目的は，批判に応答可能な頑健な十分性説を明らかにすることであった。まず，閾値の水準に関する批判は，一見水準に関する批判であるように見えるが，その実は閾値設定方法に関する批判であることを示した。

次に，閾値の個数に関しては，ポジティブ・テーゼとネガティブ・テーゼの要求する閾値が一致する説得的な理由付けができないため，本稿は二つの閾値による十分性説を支持したい。ただし，ヒューズビーの十分性説は閾値と閾値の分配尺度に関して整合していないという難点があることを指摘した。したがって，閾値の水準に関する批判と同様に，閾値設定方法を検討する必要があることが明らかとなった。

最後に，閾値設定方法に関しては，ケイサルは，個人的閾値と非個人的閾値にはそれぞれ問題があると指摘するが，この批判に対しては，非個人的閾値は分配状況依存的閾値と分配状況非依存的閾値に区別した上で，後者の見解をとることで批判に応答可能であると論じた。生理学的根拠などの各人の生存に基づいた閾値の場合は，水準に関する批判に晒されるが，二つの閾値による十分性説の立場をとることで回避可能である。以上により，分配状況非依存的な二つの非個人的閾値を設定するのが望ましいことが分かった。このように，批判に頑健な十分性説を構想することが可能であることを明らかにした。さらに，閾値設定方法に関する考察を踏まえると，厚生の十分性説には難点が伴うと本稿は考える。

十分性説批判の要点は，閾値の恣意性にあった。十分性説の主要な論者は，分配尺度について厚生か潜在能力の立場を取ってきた。このうち，分配尺度として厚生を支持するクリスプは，恣意的であるとの批判を回避するのは困難であると考えられる。また，厚生を支持し，二つの閾値による十分性説を主張するヒューズビーは，恣意性批判は免れるものの，一貫性に乏しい。従来，分配尺度と分配理念は別個に論じられてきたが，今後は，〈何の十分性か〉と連携しつつ，資源の十分性説や潜在能力の十分性説はこの批判を免れているかを検討する必要がある。

冒頭で述べたように政治哲学における様々な立場の多くは平等主義の台座にある。十分性説は，分配理念としては平等を退けるが，広義にはこの台座の上にある。当然ながら，平等主義の台座という見解はあまりに平等中心主義的であると異論が出るだろう[33]。しかし十分性説は，各人に一定の保障を提供しながらも，それ以上の再分配を望ましくないと考えるため，反平等主義的政治理論にも親和的であると言える。すなわち，皆が十分に持っていることを保障することをセーフティ・ネットと読み替えた場合，十分性説への理解を深めることは自由を支持する立場であっても有意義となる。自由を支持する立場をとるＦ・ハイエクは，平等を主張することなしにセーフティ・ネットとしての再分配の必要性を認めている。また，Ｒ・ノージックの最小国家論においては，最小国家成立後のコミュニティのあり方をセーフティ・ネットありで構想した場合，十分性説に基づく分配政策が採用されることとなる[34]。このように，十分性説の意義は分配理念に関する論争内にとどまらず，多くの政治理論に洞察を与えていくものと思われる。

（1） Ronald Dworkin, *Taking Rights Seriously*, Harvard University Press, 1977. また，「平等主義の台座」に関しては，Will Kymlicka, *Contemporary Political Philosophy: An Introduction*, Second Edition, Harvard. University Press, 2002, p. 4（千葉眞・岡崎晴輝訳，『新版現代政治理論』，日本経済評論社，2005

年，5－6頁)。

（2） Cohen, Gerald A., "On the currency of egalitarian justice." *Ethics*, Vol. 99 (1989), pp. 906-944.

（3） Derek Parfit, "Equality or Priority," in Andrew Williams and Matthew Clayton (eds.), *The Ideal of Equality*, Palgrave Macmillan, 2000, pp. 81-125.

（4） 例えばアーネソンはパーフィットの指摘を受け入れ，自らの立場を優先性説に変更している。Richard Arneson, "Luck Egalitarianism and Prioritarianism," *Ethics*, Vol. 110 (2000), pp. 339-349.

（5） 十分性説に関する主な論文として，以下が挙げられる。十分性説を主張するものとしては，Harry Frankfurt, "Equality as a Moral Ideal," in *The Importance of What We Care About*, Cambridge University Press, 1988, pp. 134-158; Harry Frankfurt, "Equality and Respect," *Social Research*, Vol. 64 (1997), pp. 3-15; Roger Crisp, "Equality, Priority, and Compassion," *Ethics*, Vol. 113 (2003) pp. 745-763; Yitzhak Benbaji, "The Doctrine of Sufficiency: a Defence," *Utilitas*, Vol. 17 (2005), pp. 310-332; Yitzhak Benbaji, "Sufficiency or Priority?," *European Journal of Philosophy*, Vol. 14 (2006), pp. 327-348; Robert Huseby, "Sufficiency: Restated and Defended," *Journal of Political Philosophy*, Vol. 18 (2010), pp. 178-197. また，フランクファート以前に十分性説と同様の主張をした文献として，Joseph Raz, *The Morality of Freedom*, Clarendon Press, 1986, pp. 217-244. 十分性説を主張しながらも内在的批判をおこなっている論文としては，Shields, Liam. "The Prospects for Sufficientarianism." *Utilitas*, Vol. 24. Iss. 01 (2012), pp. 101-117. 十分性説への批判論文としては，Paula Casal, "Why Sufficiency Is Not Enough," *Ethics*, Vol. 117 (2007), pp. 296-326.

（6） Casal, "Why Sufficiency Is Not Enough," pp. 279-303.

（7） I・ペアションは，優先性説を個人間比較を行う相対的優先性説と個人間比較を行なわない絶対的優先性説に区別している。Ingmar Persson, "Equality, Priority and Person-Affecting Value," *Ethical Theory and Moral Practice*, Vol. 4, No. 1 (2001), pp. 23-39. 本稿は，後者に限定して議論を進める。

（8） E.g., Amartya Sen, "Equality of What?" in Amartya Sen, *Choice, Welfare and Measurement*, Blackwell, 1982（大庭健・川本隆史訳，「何の平等か？」『合理的な愚か者』，勁草書房，1989年，225－262頁）; G. A. Cohen, "The Currency of Egalitarian Justice," *Ethics*, Vol. 99 (1989), pp. 904-944; Richard Arneson, "Welfare Should Be the Currency of Justice," *Canadian Journal of Philosophy*, Vol. 30, No. 4 (2000), pp. 497-524.

（9） Crisp, "Equality, Priority, and Compassion," pp. 756-758.

（10） Elizabeth Anderson, " Justifying the Capabilities Approach to Justice," in

Harry Brighouse and Ingrid Robeyns (eds.), *Measuring justice: Primary goods and capabilities*, Cambridge University Press, 2010, pp. 81-100.

(11)　森村進「分配的平等主義の批判」『一橋法学』第6巻第2号，2007年，605－632頁。

(12)　橋本祐子「平等主義を問い直す」，同著『リバタリアニズムと最小福祉国家』，勁草書房，2008年，129－175頁。

(13)　井上彰「〈分析的平等論〉とロールズ－平等論の歴史・再考－」『社会思想史研究』第34号，2010年，236－253頁。

(14)　ケイサルは，分配理念としての十分性には四つのジレンマがあるとまとめている。本稿は十分性説の閾値問題に焦点を絞っているため詳細は論じないが，ケイサルは，閾値以外のジレンマとして可能な配慮の単位をいかに設定するかという論点を出している。Casal, "Why Sufficiency Is Not Enough," pp. 314-315.

(15)　Richard Arneson, "Distributive Justice and Basic Capability Equality: 'Good Enough' is Not Good Enough," in Alexander Kaufman (ed.), *Capabilities Equality: Basic Issues and Problems*, Routledge, pp. 26-33; Casal, "Why Sufficiency Is Not Enough," pp. 315-316; Holtug, "Prioritarianism," in Nils Holtug & Kasper Lippert-Rasmussen (eds.), *Egalitarianism: New Essays on the Nature and Value of Equality*, Clarendon Press., 2007, pp. 152-154.

(16)　Casal, "Why Sufficiency Is Not Enough," p. 315.

(17)　適応的選好形成については，Jon Elster, *Sour Grapes: Studies in the Subersion of Rationality*, Cambridge University Press, 1983.

(18)　Arneson, "Luck Egalitarianism and Prioritarianism," pp. 348-349.

(19)　*Ibid*., p. 348.

(20)　Casal, "Why Sufficiency Is Not Enough," pp. 315-316.

(21)　*Ibid*., p. 317.

(22)　*Ibid*., p. 317.

(23)　Huseby, "Sufficiency," pp. 180-182.

(24)　*Ibid*., pp. 184-185.

(25)　フランクファートは，十分とは各人が辛うじて生活できる程度を意味するのではないと述べているので，彼の十分性説においても，各人の主観のみに依拠して閾値が設定されているわけではない。Frankfurt, "Equality as a Moral Ideal," p. 152.

(26)　Casal, "Why Sufficiency Is Not Enough," p. 313.

(27)　Ronald Dworkin, *Sovereign Virtue: The Theory and Practice of Equality*, Harvard University Press, 2000, pp. 48-59（小林公・大江洋・高橋秀治・高橋文彦訳『平等とは何か』木鐸社，2002年，70－85頁）。

(28) Robert E. Goodin, "Laundering Preferences," in *Utilitarianism as a Public Philosophy,* Cambridge University Press, 1995, pp. 132-148; 井上彰「厚生の平等——「何の平等か」をめぐって——」『思想』第1012号，2008年，103－130頁。

(29) Casal, "Why Sufficiency Is Not Enough," pp. 313-314.

(30) Joachim Silerstre, "Intergenerational Equity and Human," in John Roemer and Kotaro Suzumura (eds.), *Intergenerational Equity and Sustainability,* Palgrave Macmillan, 2007, pp. 252-287.

(31) Casal, "Why Sufficiency Is Not Enough," p. 317.

(32) Parfit, "Equality or Priority," pp. 97-99.

(33) 例えば，森村進「分配的平等主義の批判」。

(34) Ｊ・ラズは，自由を重視しながらも，一定水準以上の分配を維持すべきとの見解を示している。Raz, *The Morality of Freedom*, pp. 217-244.

植民地統治における開発への思想的転換

――貧困の発見と革新主義――

五十嵐元道 *

はじめに

本稿は，イギリス帝国の植民地統治のなかで，どのように開発への思想的転換が生じたのかを分析する。具体的には，19世紀末にイギリスで発展した革新主義の思想が，1930年代，植民地の貧困と社会政策という新しい言説を構成し，植民地政策の転換に大きな影響を与えたことを明らかにする。そして，そこで構成された思想が今日の開発援助のパラダイムにつながるものであったことを示唆する。

近年，開発援助の領域では，途上国の「貧困」が先進国および国際組織が蓄積した開発の専門知によってのみ解決可能な問題として構成され，それによって，対象地域の社会の政治的エージェンシーが剥奪される現象が指摘されてきた[1]。こうした現象は，貧困あるいは開発の「脱政治化」(de-politicization）と呼ばれる。1960年代，長年の闘争の末，脱植民地化により主権を獲得したはずの旧植民地の市民が，開発援助によって政治的エージェンシーを喪失しているとすれば，脱植民地化の意味は今一度，再検討されるべきであろう。そして，植民地統治の終焉，ならびに開発援助の開始が一体どのようなものだったのか，改めて分析する必要があるだろう。一体，いつ途上国の病理としての「貧困」は出現したのだろうか。一体，いつ貧困に対する「開発政策」は登場したのだろうか。そして，それらはどのようなものだったのか。少なくとも一世紀前には，植民地には資本主義の発展に伴う近代的な貧困がほとんど存在しないと考えられていた。後に

---

* 北海道大学大学院法学研究科助教　国際関係論，国際関係思想史，グローバルガバナンス論専攻

開発援助が問題にするような「貧困」もなければ，それに対する「開発政策」も「専門家」も存在しなかった。

本稿がこれから明らかにするように，植民地で貧困が発見されたのは1930年代である。そして，それに対する開発政策が構成されたのも1930年代であった。イギリス帝国の植民地政策の転換点をたどっていけば，1940年の植民地開発福祉法の成立のプロセスに注目することになる。実際，幾つかの先行研究が脱植民地化後の開発援助や経済構造を念頭に置きながら，1940年法の成立過程や成立後の資金の流れを分析している[2]。これらの研究はいずれも，1940年法が植民地の発展に与えた影響（特に資金がどれほど植民地に投下されたのか）や，その立法意図（イギリスの自己利益だったのか，それとも人道主義だったのか）などについて検討している。

これに対して，本稿が問題にするのは，1940年法の実効性でも，帝国の政策意図でもない。本稿は，1930年代に貧困の言説と，それに対する処方箋としての開発政策が構成された過程に注目し，その文脈のなかに1940年法を位置づける。それによって，従来あまり論じられてこなかった開発援助のパラダイム生成の一局面としての性質を明らかにする。次節以降で論じるように，19世紀から20世紀初頭のイギリスの植民地統治では，しばしば伝統的共同体および制度が自足的で安定したものと見なされ，利用されてきた。また，現場で植民地統治を支えたのは，長年にわたって実践的経験を積んだ植民地官僚で，彼らは現地での権威の構築をそれぞれの手法で追求した。これに対して，1930年代以降の植民地統治では，専門家が開発対象の地域を調査・分析し，社会改良政策を立案・実施する，という構造へと徐々に変化していった。その時，それまで存在していなかった貧困が植民地において「発見」されたのである。貧困は農業の単なる生産性の低さを意味するのではなく，労働環境，栄養状態，衛生状態などの指標によって計測された。そして，社会福祉的な政策がその処方箋として構成されたのである。そこには，すでに脱政治化の契機が含まれていた。

なぜ1930年代以降，本格的に植民地の労働環境や栄養状態などの生活水準の向上が目指されたのか。なぜ伝統的共同体の再利用ではなく，積極的な社会改良政策でなければならなかったのか。なぜ農業や産業の振興策に特化した経済開発政策ではなく，福祉政策を展開したのか。これらの疑問に対して，政治過程の分析のみで回答することは困難である。むしろ，

1940年法とそれに関係する一群の言説を規定した思想の文脈を分析する必要がある。

そこで本稿は，第一節で植民地統治が開発へ転換する以前の統治思想を明らかにし，第二節で1929年の植民地開発法から1940年の植民地開発福祉法への転換を概観する。そして第三節で，植民地の思想的転換の基礎となる革新主義の思想の文脈と，革新主義が植民地統治へと浸透し，貧困と社会政策を構成する過程を分析する。そして，最後に思想的転換が開発援助のパラダイム生成の一局面であったことを指摘する。

1　植民地開発以前の統治原理：トラスティーシップと間接統治

本節では，1930年代以前のイギリス帝国による植民地統治がいかなる原理に則って実施されてきたのかについて検討する。そもそもイギリスの植民地統治に一貫した原理が存在したとは言い難い。けれども，第一世界大戦以降，イギリスはその植民地統治の目的および原理を明確化する必要に迫られた。その原因は幾つかある。第一に，第一次大戦中からロシアやアメリカ，さらにイギリス国内でも左派からの植民地統治への批判が強まり，それに対抗するための理念を打ち出す必要が出てきた[3]。第二に，東アフリカなど，白人入植者が多く住んでいる植民地において，白人入植者の自治権やネイティブの扱いをはじめとする統治体制および統治原理が問題となったため，その論争に決着をつける必要が出てきた[4]。こうした理由から，第一次大戦から1920年代にかけて，イギリスでは植民地統治の原理に関する理論化が進んだ。

1920年代，植民地統治の思想において最も影響力があったのが，フレデリック・ルガード（Frederick Lugard）の『英領熱帯アフリカにおける二重の委任』である。彼はこの著書の冒頭で，宗主国の使命が植民地の文明化であると宣言する[5]。文明化の使命は，具体的に言えば，現地で起きている奴隷獲得のための襲撃や奴隷売買の取り締まり，法制度の構築・監視，小作農の現地有力者からの保護，武器や酒類の規制，使われていない土地や資源の開発など，多岐にわたる[6]。この文明化の使命の内容は，ルガードの著作にあるように，19世紀にイギリス帝国のなかで宣教師や植民地官僚，政治家などが英領植民地で行った活動が徐々に規範化されたものであった。文明化の使命は，第一次大戦後，旧ドイツ植民地などを対象とした委任統治制度に関する国際連盟規約に明文化され，国際的な規範となった[7]。そして，文明化の使命を内容とする統治原理は，イギリス帝国のなかで「トラスティーシップ」（trusteeship）と呼ばれた[8]。トラスティーシップとは，すなわち，イギリス帝国をはじめとする文明国が受託者（trustee）として，公正に従属地域を管理し導くという考え方である。

この統治原理とは別にルガードが理論化したのが，「間接統治」である。トラスティーシップが植民地の正統化の原理だとすれば，間接統治は植民地統治の目的を達成するための手法に関わる原理と言えよう。ルガードは，アフリカにおいては現地の首長を通じた統治が有効であるとした[9]。ロナルド・ロビンソン（Ronald Robinson）がかつて指摘したように，ルガードの間接統治は民主的な地方自治への前段階ではなく，アフリカの近代化（西洋化）の影響を出来る限り抑え込もうという意図があった[10]。この間接統治は，その後，植民地官僚ドナルド・キャメロン（Donald Cameron）によって修正されつつ継承された。キャメロンはルガードとは異なり，アフリカの近代化を受け入れながら，民主的な地方自治への前段階として，そして，あくまでリベラリズムの規範に則って，現地の伝統的制度を利用することを提唱した[11]。

トラスティーシップという統治原理は，イギリス政府が作成した文書のなかでも明確に認められている。そのきっかけは，1920年代に入って東アフリカで白人入植者が自治を要求し始めたことにあった[12]。この問題は1930年代以降も継続していくが，イギリス政府は1923年の時点で『ケニアのインド人』（通称，デヴォンシャー白書）において次のように宣言した。

> 保護領のウガンダのように，ケニア植民地でも，また委任統治領のタンガニーカにおいても，原住民のためのトラスティーシップという原理は確固たるものである。このトラスティーシップという最重要の義務は，これまで同様，植民地相の下で，帝国政府の代理人によって，そして彼らのみによって履行されていくであろう[13]。

このように第一次大戦後，曖昧ながら，トラスティーシップというイギリスの統治原理が明示された。

ここでふたつの点を指摘しておく。第一に，ルガードもキャメロンも植民地の生活水準や労働環境，大きく言えば，貧困をほとんど問題にしなかった。とりわけルガードは，奴隷問題や現地の小作農と地主の関係，武器や酒類といったヴィクトリア朝以来の問題群のみに関心があった。植民地（とりわけアフリカ）の共同体はそのほとんどが原初的で，まだ資本主義など西洋文明の（悪）影響はそれほど浸透していないと前提された。この前提は植民地省をはじめ，イギリス政府のなかでも共有されており，資本主義の拡大に起因する近代的な貧困が植民地全体に存在していると徐々に認識されはじめたのは，1930年代後半からであった。第二に，それと関連するが，この当時の植民地統治はあくまでも独立採算が基本で，本国から大規模な資本を投下し，社会改良するというチェンバレン的な政策は，提案されることはあっても本格的に実施されることはほとんどなかった[14]。

これらの点は，イギリスの左派の植民地思想にも共通していた。イギリス国内の貧困を問題にし，自由市場に対して一定の国家の管理が必要であると主張した「新しい自由主義」（new liberalism）の論者Ｊ・Ａ・ホブソン（J. A. Hobson）でさえ[15]，アフリカをはじめとする英領植民地の近代的な貧困の問題にはまだ注目していなかったし，大規模な資本の投下による社会改良も提案していなかった。むしろ，彼は『帝国主義論』のなかで，イギリスから植民地への余剰資本の移動を問題にした[16]。しかし他方で，植民地統治の必要性そのものは認めており，植民地の住民の善になるように文明国の責務を果たすことが必要であると論じた[17]。結局のところ，Ｎ・エザリントン（N. Etherington）が指摘するように，「ホブソンとルガードの差異は，実際には紙一枚以上もなかった[18]」。また，アフリカの専門家で知られたＥ・Ｄ・モレル（E. D. Morel）は，アフリカ的なるものを尊重する一方，本質主義的な認識を構成し，アフリカの人々をアフリカ人らしく固定（創造）する間接統治の理論の正統化に寄与した[19]。

2　1929年の植民地開発法から1940年法へ：植民地政策の転換

イギリス帝国が植民地統治において貧困を発見し，経済開発と福祉政策を開始した時期をはっきりと特定することは難しい。実際には，政策の転換は漸進的に生じた。転換の要因については先行研究のなかでも諸説あるが，大きく分ければ２つ挙げられる。第一に，ロシア（ソ連）やアメリカをはじめ，国際世論からの植民地主義批判の圧力，第二に，植民地での大規模な反乱とストライキである。植民地統治の思想上の転換を分析する前に，本節では1920年代から40年代にどのような制度上の変化があったのかを概観する。

1929年の植民地開発法と，その限界

イギリス帝国における植民地政策転換の最初の段階は，1929年の植民地開発法（Colonial Development Act）であった。これを立法したのは労働党政権で，当時の植民地相はフェビアン協会の中心人物，シドニー・ウェッブ（Sidney Webb）だった。しかし，植民地開発法は労働党政権が独自に作り上げたものではなかった。すでに前任の植民地相で保守党のＬ・Ｓ・エイマリ（L. S. Amery）が1929年４月に「失業問題との関係での植民地開発」と題した覚書を作成し，植民地開発基金の設置を提案していた[20]。ここからも明らかなように，植民地の経済開発は，この当時，右派も左派も一定程度，その必要性について合意していた。

エイマリの覚書にあるとおり，この1929年法の主要な狙いは，イギリス国内の商業および産業の促進だった[21]。イギリスでは1920年代，失業率が急上昇し，いわば「空腹の30年代[22]」に突入するところだった。不況は深刻な状態で，何らかの政策が必要なことは明らかであった。そこで登場したのが植民地開発法だった。

しかし，その機能はイギリスの経済対策だけでは必ずしもなかった。1929年当時，砂糖を生産していた西インド諸島などの植民地は，砂糖価格の暴落によって深刻な経済危機を迎えていた。植民地相ウェッブはこのことに深い懸念を示し，文書のなかで「〔西インド諸島では〕実質的に歳入が消滅することになるだろう。英国政府は人民が餓死するままに放置することなどできないのであって，彼らの救援と政府の維持は英国大蔵省の責任であろう[23]」と述べ，植民地開発基金の利用を主張した。また，一部の労働党員は，1929年法が強制労働や児童労働を否定していることから，植民地の労働環境の改善につながるのではないかと期待した[24]。しかし，1929年法は制度上，予算の使途が経済開発に限定されており，植民地の社会福祉政策の促進にはつながらなかった。

1940年の植民地開発福祉法の成立

そして，1930年代には各地でストライキや反乱が勃発した。1935年の北ローデシアと西インド諸島でストライキと反乱が生じ，1937年，1938年と続けて再び西インド諸島で暴動が起きた。また同じ年，モーリシャスの砂糖農園でストライキ，さらに1939年，ゴールド・コーストにおいてもストライキが発生し，モンバサでもジェネラル・ストライキが勃発した。砂糖価格暴落による経済危機は，1929年法ではどうすることもできず，そのまま治安の悪化につながった。

こうした一連のストライキと反乱の原因を調査し対策を講じるために，イギリス政府は西インド諸島王立委員会を設置した。この委員会は，植民地での一連の反乱とストライキについて報告書を提出した。同報告書は，植民地が栄養の失調，原初的な農業技術，不十分な教育，医療，不衛生などによって引き起こされる貧困に苦しんでいると認めている[25]。F・クーパー（F. Cooper）が指摘するように，「この報告書は，秩序の崩壊は解消されていない真っ当な不満の結果であるとし，生産と雇用の増加，社会サービスの悲惨な状況の改善の努力をするよう本国に訴えた[26]」。ストライキと反乱から植民地の貧困が発見されたのである。

そこで同報告書は，そうした社会・経済問題に対処するため，福祉基金の創設や行政監査の設置にはじまる広範な政策提言を行った[27]。注目すべきなのは，この報告書が単に経済発展だけではなく，社会政策も重要であるとした点である。しかし，この報告書の内容は戦争のなかで敵国のプロパガンダに利用されかねないとして，第二次大戦が終わるまで非公開になった[28]。

一部の研究者は，1940年の植民地開発福祉法（Colonial Development and Welfare Act）の成立における最大の要因がこの大反乱にあったとする[29]。実際，植民地相マクドナルドは，1940年法に関する覚書の冒頭で，イギリスの植民地統治への批判が急増しているが，それは度重なる植民地での反乱によるものであるとし，貧困の問題は西インド諸島だけでなく，植民地全体に当てはまると指摘している[30]。

他方，第一次大戦以降高まっていた植民地主義への批判も，植民地での経済開発と社会福祉政策を進めるうえで，政府関係者の念頭にあったことは間違いない[31]。例えば，1938年の時点で，植民地相マクドナルドは

> 将来，イギリスへの批判がより一層，植民地帝国の経営に向けられることになるだろう。そのような批判に出来る限り根拠を与えないようにすることが肝要である。植民地宗主国としてのイギリスの評判を確固たるものにすることが，重要な防衛政策のひとつであった[32]。

と主張している。植民地主義への批判，特にこの問題をめぐるアメリカとの緊張関係は，1940年以後，ますます強まっていった。第二次大戦のなかで，イギリスはアメリカの協力を強く欲しており，植民地の福祉や開発に積極的に取り組む姿勢を見せる必要があったのである[33]。

ここで明確にしておきたいのは，S・コンスタンティン（S. Constantine）が指摘するように，「〔1940年法の〕系譜は明らかに1929年法につながっているものの，強調されるべきなのは，〔1940年法との〕連続性よりも，その新しさである」[34]。植民地における貧困の問題を社会福祉政策によって改善することが明確な目的とされたのは，1929年法ではなく，1940年法からだった。実際，1940年法のもとで執行された1940年から46年の予算の配分を見てみると，水の供給，住宅政策，医療，公共衛生，教育などの「福祉」に分類される領域の予算は，全体の58パーセントにのぼった[35]。これに対して，1929－39年の間では，この福祉予算の割合は25パーセントにも満たなかった[36]。また，教育は1940年法のもとで初めて登場した予算領域であった。政府関係者のひとりは，1940年当時，「法律名に『福祉』が含まれていることが全くもって最も重要なことなのである[37]」と述べている。

このように1940年法はイギリスの植民地統治の転換点だった。そして，それは先行研究が明らかにした通り，植民地での度重なる反乱と国際的な植民地主義への批判（とりわけ，第二次大戦でのアメリカに対する植民地主義の正統化の必要性）が要因だった。

では，なぜ西インド諸島での反乱やストライキが植民地全体の貧困と結びつけて考えられ，それに対して，間接統治や経済中心主義のアプローチではなく，社会福祉政策によって対応することが考えられたのだろうか。反乱やストライキを生活環境や貧困の問題と結びつけ，社会改良政策をその処方箋とする考え方そのものは，決して自明なものではない。ストライキや反乱といった出来事の「解釈」を支配した規範は一体いかなるものだったのか。また，国際的な批判に応え，植民地に対する責務を果たそうとするとき，なぜ福祉政策でなければならなかったのか。

次節で論じるように，植民地統治での政策転換を基礎づけたのが，社会政策によって貧困に対処しようとする「革新主義」の思想であった。この思想の発展がなければ，1940年以降の植民地開発は近代的貧困を問題にしなかったもしれない。仮に問題にしたとしても，1940年法とは異なったアプローチ（例えば，農業や産業の振興策に特化した経済開発のアプローチ）で対応していた可能性がある（事実，大蔵省はそのアプローチに固執していた）。ここからは革新主義がイギリスで出現し，植民地統治に浸透し，開発のパラダイムを形成していく過程と構造を分析する。

3　革新主義の思想と植民地統治

革新主義の出現

植民地において貧困が問題になったのは1930年代だったが，イギリス本国で貧困が問題になったのは，それよりおよそ100年近く前の19世紀半ばであった[38]。ヘンリー・メイヒュー（Henry Mayhew）やチャールズ・ブース（Charles Booth）などの社会問題の研究家による貧困調査が私的な事業として実施され，貧困が徐々に社会問題として構成されていった。当初，貧困は怠惰や無精といった個人の問題とされたが，様々な社会調査を経て，徐々に社会・経済構造によって生じる，必ずしも個人の意志とは直接関係のないものという認識が出来上がっていった。

なかでも早くから社会調査による客観的データの収集や新たな社会政策の必要性を訴えたのが，Ｊ・Ａ・ホブソンなどの新しい自由主義者であった。ホブソンは1891年に発表した『貧困問題』によって，貧困に関する研究を「科学的基礎の上に打ち立て[39]」ようとした。そして，貧困の物質的側面（収入，食料，衣服，住居，雇用など）に注目し，統計に基づいて議論を展開した[40]。そこで貧困の原因についてつぶさに分析し，貧困が構造的な問題であって個人の道徳の問題ではないことを明らかにした[41]。そして，共同体の善を根拠に国家による労働市場への介入が必要であると主張した[42]。Ｌ・Ｔ・ホブハウス（L. T. Hobhouse）も1893年，産業における競争や個人の自己利益の追求に代えて，社会全体の利益の最大化のために労働力と商業を計画的に，そして組織的に調整する仕組みを構築することを主張した[43]。

新しい自由主義者とともに，同じく貧困問題について科学的調査を試みたのが，ウェッブ夫妻（Sidney and Beatrice Webb）などのフェビアン主義者であった。フェビアン協会の信条は，マーガレット・コール（Margaret Cole）の次の一文に集約されている。

> 道理の分かる人が事実を知れば，社会主義者になるか，少なくとも目下論じられている問題や主題については，社会主義的政策へと転じざるをえない。資本主義の擁護者たちは，資本主義が非効率で，野蛮で，ばかげていることを，自らの口からか，あるいはむしろ彼らが書いて公表する資料から証明させられることになる[44]。

とりわけ，ウェッブ夫妻は徹底した社会調査を行い，膨大なデータを収集し，それに基づいて社会主義的な政策を提案し続けた。例えば，ベアトリス・ウェッブは1905年から救貧法調査王立委員会に参加し，そこでの調査結果を最終的に夫のシドニーと共著のかたちで『救貧法の廃止』と『労働市場の公的組織化』として公刊した。そこで彼らは，現行の制度の陥穽を指摘するとともに[45]，貧困の原因である失業は慢性的な社会問題であり，そこから生じる欠乏がいかなる人間の心身にも深刻な影響を与えるという認識を示した。そして，こうした現状分析を踏まえ，労働市場を公的に組織し，失業を最小限に抑制する政策を訴えた[46]。このように，19世紀末から20世紀初頭にかけて，新しい自由主義者やフェビアン主義者などにより，貧困と社会政策の言説がイギリス国内で構成されたのであった。

このように，彼らの言説における「貧困」は収入によって測られるとともに，食料，衣服，住居，雇用などの物質的側面を指標とした。貧困はあくまで統計的データによって分析され，それによって貧困の原因が貧困者の性質にではなく，社会構造にあることを明らかにしようとした。そして，貧困という病理に対する処方箋として，労働市場の組織化などの社会政策および経済計画を提案した。

こうした革新主義的な理念は，第一次大戦後，徐々にイギリス社会に受容された。第一次大戦によってヒト，モノ，カネが国家によって大量に動員され，それ以前には考えられなかった中央集権的な動員を可能にした経験が人々の意識を大きく変えたのである[47]。ウェッブ夫妻は「長いこと社会主義者が指摘してきたことを世間が戦争の間にようやく理解した[48]」と述べている。それに加えて，ソ連の五カ年計画とアメリカのニューディール政策も大規模な社会政策や経済計画といった理念をイギリスの社会が受容する契機となった。特にソ連の五カ年計画はフェビアン主義の理論家に大きな影響を与えた[49]。

以上のように，革新主義の思想の浸透によって，貧困が計画主義的な経済政策，そして様々な社会政策によって対処されるべき構造的問題であるとの認識が19世紀末から20世紀初頭にかけて，社会的に構成されたのである。

植民地の貧困の構成

こうした革新主義的思想の発展にもかかわらず，第2節で論じたように，同時期の英領植民地では，まだ貧困は問題となっておらず，近代化を抑止する，あるいは漸進的に受容する間接統治が支配的だった。西インド諸島では資本主義が浸透し，労働者の数もきわめて多かったため，比較的早い段階で近代的な貧困が問題になった。しかし，アフリカの各植民地では，間接統治の原理が根強く，貧困の言説が構成されるまで時間がかかった。それを示すのが1930年の「パスフィールド通達」をめぐる論争である。「パスフィールド通達」とは，1930年9月，当時，植民地相だったシドニー・ウェッブが全植民地に対して，労働組合の合法化を奨励した通達を指す[50]。この時，ナイジェリアなどのアフリカの各植民地政府は，間接統治の原理に則り，労組の合法化が自生の社会システムを弱体化させたり，他の目的に悪用されたりする可能性があるとして，頑強に抵抗した[51]。結局，間接統治と革新主義の思想が衝突し，前者が勝ったのであった。

では，一体いつ植民地における貧困は発見され，革新主義の思想が植民地統治に浸透したのか。ここで重要な役割を果たしたのが，幾つかの社会調査だった。19世紀にイギリスで貧困が個人の責任から構造的責任へと変化した際，革新主義者たちは社会調査と統計データに依拠した。それと同じように，植民地での革新主義の浸透においても，社会調査と統計データが不可欠だったのである。

植民地の貧困の言説を構成した調査は大よそふたつに分類できる。ひとつは西インド諸島に関する調査で，もうひとつはアフリカに関する調査である。西インド諸島に関する調査の先駆けが，1936年に出版されたジャーナリストのW・M・マクミラン（W. M. Macmillan）による『西インド諸島からの警告：アフリカと帝国への教訓』である。本書は西インド諸島の農業，教育，保健などの社会・経済領域に重大な問題があることを指摘し，それがケニアや南部アフリカなどの植民地でも類似の状況にあることを示唆した[52]。そして，本書の出版の数カ月後に西インド諸島での反乱が深刻化したため，本書は植民地省でも注目を集めることになった[53]。その2年後に実施された，元植民地官僚で労働問題の専門家のG・オードブラウン（G. Orde-Browne）による西インド諸島での労働環境調査でも，やはり貧困の存在が明らかになった。とりわけ，大恐慌以降の深刻な失業問題が未だ継続しており，報告書では，賃金水準があまりにも低く，労働に関する法制度が発展途上であるとされた[54]。また労働組合については，近代的で健全な組織化を促す方向に転換したばかりだが，まだ未整備の状態であると指摘した[55]。そして，医療体制を含む衛生環境，住環境にも問題があるとした。こうした一連の社会調査に加え，前節で明らかにしたように，1936年から深刻化した西インド諸島での反乱に関する報告書でも貧困の存在が指摘された。

西インド諸島と同様に，アフリカの各植民地でも，幾つかの本格的な社会調査が実施され，それが近代的な貧困の言説を構成した。そうした調査のひとつが植民地の栄養状態に関する調査である。例えば，社会人類学者のオードリー・リチャーズ（Audrey Richards）は，ロックフェラー財団などから資金を得て，北ローデシアを調査し，1939年，アフリカの栄養状態に関する研究を発表した[56]。また，それと並行して，植民地関係者，社会人類学者，生態学者，さらに医学関係者によって構成された植民地帝国栄養問題委員会が1936年に設置され，やはり1939年に植民地の栄養状態に関する報告書を発表した[57]。これらの研究はともに，アフリカをはじめとした植民地にすでに資本主義が浸透しつつあり，その結果，近代的な貧困が発生しており，それが住民の栄養状態を悪化させていることを指摘した。植民地の人々が「われわれ〔西洋人〕よりも，自然で健康的な食べ物を摂取して生活している[58]」という思い込みが否定され，間接統治が前提とする「自足した伝統的共同体」のイメージが強く批判されたのである[59]。

アフリカの貧困の言説を構成するうえで最も影響力があったのが，1936年から実施された，元インド植民地官僚のマルコム・ヘイリー（Malcolm Hailey）による「アフリカ調査」である。この調査は，国際アフリカ言語文化研究所やラウンドテーブル，LSEの一群の研究者などを中心に組織され，カーネギー財団の資金をもとに実施された[60]。ヘイリー自身によれば，この調査は「物質面での福祉と保健上の福祉に関する問題に対して，より科学的なアプローチ[61]」を目指すものだった。実際，この調査には動物学者や人口学者なども参加し，調査対象はアフリカの自然環境から社会的構成物に至るまで，ありとあらゆるものにおよび，これまでにない大規模なものとなった。その結果，報告書は簡単に解釈することが難しい，きわめて膨大なデータの集積となったが，そこからアフリカにおいても近代的な貧困の問題が生じていることが明らかになった[62]。この報告書は大きな反響を呼び，遂にはルガードの『二重の委任』に代わる新たな植民地省のドクトリンとなった[63]。

このように，1930年代後半，西インド諸島やアフリカなどの植民地に関する労働環境や栄養状態，さらに自然環境から社会的構成物に至るまでの包括的な調査が，植民地の貧困の言説を構成した。

植民地統治と革新主義

ヘイリーのアフリカ調査の示唆は，近代的貧困の指摘だけにとどまらず，あるべき政策の提案にもつながった。彼は1938年12月，チャタムハウスにおいて「アフリカでは，栄養，保健，社会生活の適正で満足のいく水準に住民が達するために，多額の資金の支出が必要です。多くの場合，開発資金は帝国からの補助金によってのみ賄われ得るのは明らかです[64]」と述べた。このようにヘイリーは，自らの社会調査の結果に基づき，積極的に革新主義的な福祉政策の必要性を主張した。同様に，W・M・マクミランもまた1936年の著書のなかで間接統治を批判し，植民地での福祉政策を訴えた[65]。

さらに，1930年代後半から植民地統治における革新主義を積極的に推進したのがフェビアン協会である。労働党員でフェビアン協会員であったアーサー・クリーチ・ジョーンズ（Arthur Creech Jones）は1937年６月，議会において，「アフリカの素早い産業化に対応するべき時期が来たと思う」と述べ，アフリカでの労働者の急増を指摘するとともに，労働環境改善のための制度の拡充を提案した[66]。クリーチ・ジョーンズはその後，フェビアン協会内部にフェビアン植民地局を創設し，組織的に革新主義的植民地政策を打ち出した。

そのフェビアン植民地局の中心的論客がリータ・ヒンデン（Rita Hinden）だった。彼女はアフリカに近代的な貧困が発生していることを認識するとともに，その原因が資本の不足に由来すると論じた[67]。それゆえヒンデンは，植民地に巨額の資本を注入し，イギリスの技術や知識を利用して開発の計画を策定，実施することを主張した。具体的には，この資本を基に道路，水道，電気などのインフラの整備を行い，さらに学校や病院といった社会サービスの制度を構築することを提案した。必要な額の資本は民間企業には提供困難か，さもなければ高い金利が設定されてしまうため，あくまでも国家が支出する必要があると論じた[68]。

このように，1930年代末から植民地の貧困の言説が構成され，間接統治の思想が正統性を失いはじめ，革新主義的な植民地での社会政策が提案された。ホブソンが問題にした資本の植民地への移動は，国際秩序を不安定化させ，貧困を悪化させるものではなく，むしろ，植民地の貧困を解決し，帝国秩序を安定させるための方途とされた。そして今や，イギリス本国同様，植民地統治においても，政府は社会政策，そして計画主義的な経済政策を展開しようとしていた。

1940年法は，こうした革新主義の植民地統治への浸透の一事例であった。植民地相マクドナルドは1940年法に関する覚書のなかで，次のように述べている。

> 従属地域での反乱や争乱の発生，それが広く知れ渡ったこと，さらに植民地での栄養状態などに関する一連の報告書が，〔イギリスの植民地統治への批判が高まった〕大よその原因である。これらの報告書は，貧困や不健全な状態が遍く広まっている植民地での低い生活水準を明らかにしたのである。……植民地帝国がうまくいっていないという感情が広まってしまっている。……戦争勃発の何カ月も前から，私はこの状況に多くの関心を寄せてきた。そして，英国政府が植民地帝国に

おける広い意味での開発により一層多額の資金を支出する準備をすべき時期であると確信したのである[69]。

そして1940年法では，植民地での労働環境の改善をはじめ，様々な福祉分野に多額の予算が配分された。確かに第二次大戦の影響もあり，この法律によって大規模な資本の投下が実施され，植民地での開発が一挙に進んだというわけではなかった[70]。しかし，この法律は，この時期，間接統治の共同体モデルが正統性を失い，経済振興策に特化した開発政策が否定され，植民地での革新主義的な社会政策がイギリス帝国の新たな統治原理となったことを示している。

注目すべきなのは，1940年法そのものというよりも，その背後にある構造である。すなわち，従属地域の貧困が社会人類学者や生態学者などの一群の専門家により，科学的な技術や知識に基づいて構成され，それに対する社会政策が処方箋として形成されたということである。このように，初めから貧困と開発は一定程度，科学的知識を備えた専門家の排他的な領域として出現したのである。

おわりに

本稿では，1930年代，それまで支配的だった間接統治の思想が19世紀に登場した革新主義の思想に徐々に取って代わられ，開発への思想的転換が生じた過程を明らかにした。革新主義が植民地統治に浸透する際，重要な役割を果たしたのが，ジャーナリストや研究者，植民地官僚に至るまで様々な人々が実施した社会調査だった。それらが植民地での貧困の言説を構成し，すでに発展していた革新主義の思想と結びつき，植民地統治の政策言説を規定した。1940年法は，こうした思想的転換を示す一事例として位置づけることができる。同法が成立した直接的な要因は，多くの先行研究が指摘するように，植民地での反乱や国際的な植民地主義への批判であるだろうが，反乱の解釈や植民地統治の代替的政策の言説を規定したのは，革新主義の思想だった。

この思想的転換は，単なる植民地政策の修正を意味するものではない。植民地の貧困が構成され，それに対する社会政策という処方箋が形成されたことで，脱植民地化以後の開発援助のパラダイムがそこに出現したのである。貧困と社会政策の言説を構成する主体は，もはや伝統的な植民地官僚ではなく，社会人類学や生態学，医学などの専門家になりつつあった。専門家による開発の専門知の蓄積という現在の開発援助の構造が，1930年代に徐々に姿を現しはじめたのである。新たに出現した貧困と社会政策の言説は人道主義的ではあったが，そこには当事者であるはずの現地社会の政治的エージェンシーはやはり存在しなかった。このように貧困と開発は生成の瞬間から（当事者が政治的アリーナから排除されるという意味で）脱政治化に向かったのである。

（1） James Ferguson, *The Anti-Politics Machine: 'Development,' Depoliticization, and Bureaucratic Power in Lesotho* (Minneapolis: University of Minnesota Press, 1990); D. Mosse, *Cultivating Development* (London: Pluto Press, 2005); T. M. Li, *The Will to Improve* (Durham, N. C.: Duke University Press, 2007); V. Chhotray, 'The "Anti-politics Machine" in India,' *Journal of Development Studies*, Vol. 43(6), 2007; S. Hickey, 'The Politics of Protecting the Poorest,' *Political Geography*, 28, 2009.

（2） S. Constantine, *The Making of British Colonial Development Policy, 1914-1940* (London: Cass, 1984); M. A. Havinden and D. Meredith, *Colonialism and Development: Britain and Its Tropical Colonies, 1850-1960* (London: Routledge, 1993); L. Butler, *Industrialisation and the British Colonial State: West Africa 1939-1951* (London: Routledge, 1997).

（3） A. J. Mayer, *Wilson vs. Lenin: Political Origins of the New Diplomacy, 1917-1918* (New York: Meridian Books, 1964); W. R. Louis, *Great Britain and Germany's Lost Colonies, 1914-1919* (Oxford: Clarendon Press, 1967).

（4） Ronald Hyam, 'Bureaucracy and "Trusteeship" in the Colonial Empire,' in J. M. Brown and W. R. Louis (eds.), *The Oxford History of the British Empire, vol. IV*, 1999.

（5） F. D. Lugard, *The Dual Mandate in British Tropical Africa* (Edinburgh and London: William Blackwood and Sons, 1922), p. 5.

（6） *ibid.*, pp. 17-18.

（7） *ibid.*, p. 18.

（8） *ibid.*, pp. 55, 62, 228, 273, 298. トラスティーシップは日本語では「信託統治」としばしば翻訳されるが，ルガードの「二重の委任」論からも分かるように，統治それ自体だけではなく，統治者の責務のような規範的な含意がある。それゆえ，ここではそのままトラスティーシップと片仮名で表記する。

（9） *ibid*., Ch. 10, 11.

（10） Appendix: Notes by R. E. Robinson, 'Some recent trends in native administration policy in the British African territories,' 14 February 1923, CO 847/35/9, nos3 & 3A in R. Hyam (ed.), *The Labour Government and the End of Empire, 1945-1951*, ser. A, v. 2, pt. 1 (London: HMSO, 1992).

（11） Donald Cameron, 'Native Administration in Tanganyika and Nigeria,' *African Affairs*, 36 (Supplement 165), 1937.

（12） Margery Perham, *Lugard: The Years of Authority 1898-1945* (London: Collins, 1960), Ch. 32; Hyam, 'Bureaucracy and "Trusteeship".'

（13） The Memorandum by the Secretary of State for the Colonies, 'Indians in Kenya,' CAB/24/158 CP 334 (23), The National Archives of the United Kingdom, Kew［以下 TNA と略記］.

（14） Constantine, *The Making of British Colonial Development Policy*; Havinden and Meredith, *Colonialism and Development*.

（15） ホブソンの新しい自由主義の思想については本稿第２節で論じる。

（16） J. A. Hobson, *Imperialism: A Study* (London: James Nisbet, 1902), Part 1.

（17） *ibid*., Ch. 4.

（18） N. Etherington, *Theories of Imperialism* (London: Croom Hell, 1984), p. 75.

（19） P. B. Rich, *Race and Empire in British Politics* (Cambridge: Cambridge University Press, 1986), Ch. 2.

（20） Memorandum by the Secretary of States for the Colonies, 'Colonial Development in Relation to the Problem of Unemployment,' 10 April 1929, CAB/24/203 CP 110 (29), TNA.

（21） Havinden and Meredith, *Colonialism and Development*, p. 147.

（22） Kathleen Jones, *The Making of Social Policy in Britain, 1830-1990* (London: Athlone Press, 1991), Ch. 9.

（23） Note by Secretary of State for the Colonies Covering Report of the West Indian Sugar Commission, 10 February 1930, CAB/24/209 CP 40 (30), TNA.

（24） N. R. Malmsten, 'The British Labour Party and the WestIndies, 1918-39,' The *Journal of Imperial and Commonwealth History*, 5: 2, 1977, p. 187.

（25） *West India Royal Commission Report* (Cmd. 6607) (London: HMSO, 1945)

（26） F. Cooper, 'Modernizing Bureaucrats, Backward Africans, and the Development Concept' in F. Cooper and R. Psackard (eds.), *International Development and the Social Sciences* (Berkeley: University of California Press, 1997), p. 67.

(27) *West India Royal Commission Report*, pp. 428-454.

(28) Memorandum by the Secretary of State for the Colonies, 'Statement of Policy on Colonial Development and Welfare and on Colonial Research,' 13 February 1940, CAB/67/4/44 WP (G) (40) 44, TNA［以下，本資料については整理番号のみを略記］.

(29) K. Robinson, *The Dilemmas of Trusteeship* (Oxford: O.U.P., 1965), p. 52; Cooper, 'Modernizing Bureaucrats,' pp. 66-68.

(30) CAB/67/4/44 WP (G) (40) 44.

(31) Havinden and Meredith, *Colonialism and Development*, pp. 200-205.

(32) CO note of a departmental meeting, 9 Dec. 1938, CO 852/190/10, no. 12, in S. R. Ashton and S. E. Stockwell (eds.), *British Documents on the End of Empire*, ser. A, v. 1, pt. 2 (HMSO, 1996).

(33) W. R. Louis, 'India, Africa, and the Second World War,' *Ethnic and Racial Studies*, 9: 3, 1986; S. Wolton, Lord Hailey, *the Colonial Office and the Politics of Race and Empire in the Second World War* (Oxford: St. Martin's Press, 2000).

(34) Constantine, *The Making of British Colonial Development Policy*, p. 258.

(35) Havinden and Meredith, *Colonialism and Development*, pp. 221-223.

(36) *ibid.*, p. 164.

(37) Minute by G. L. M. Caluson, Jan 1940, CO 859/19/18, no. 12, in Ashton and Stockwell (eds.), *British Documents on the End of Empire*, ser. A, v. 1, pt. 2.

(38) G. Himmerlfarb, *The Idea of Poverty* (New York: Alfred A. Knopf, 1984); パット・セイン（深澤和子・深澤敦（監訳））『イギリス福祉国家の社会史』（ミネルヴァ書房，2000年）；安保則夫（井野瀬久美恵，高田実（編））『イギリス労働者の貧困と救済』（明石書店，2005年）.

(39) J. A. Hobson, *Problems of Poverty*, 4th ed. (London: Methuen & co., 1899 [1891]), p. v.

(40) *ibid.*, p. 18.

(41) *ibid.*, Ch. 9.

(42) *ibid.*, Ch. 10.

(43) L. T. Hobhouse, *The Labour Movement*, 3rd ed. (New York: The Macmillan Company, 1912[1893]), p. 82.

(44) Margaret Cole, *The Story of Fabian Socialism* (Stanford: Stanford University Press, 1961), p. 18.

(45) Sidney Webb and Beatrice Webb, *Minority Report. Pt. 1, The Break-up of the Poor Law* (London: Longmans, 1909).

(46) Sidney Webb and Beatrice Webb, *Minority Report. Pt. 2, The Public Organisation of the Labour Market* (London: Longmans, 1909).

（47） D. Ritschel, *The Politics of Planning: The Debate on Economic Planning in Britain in the 1930s* (Oxford: Clarendon Press, 1997), p. 24.

（48） Sidney Webb and Beatrice Webb, *A Constitution for the Socialist Commonwealth of Great Britain* (London: Longmans, Green, and Co., 1920), p. 324.

（49） 例えば Sidney Webb and Beatrice Webb, *Soviet Communism: A New Civilization?* (New York: C. Scribner's Sons, 1936), p. 1138.

（50） Circular despatch from Lord Passfield to colonial governments on the question of trades union legislation in the colonies, 17 Sept. 1930, CO 323/1077/10, no. 3, in Ashton and Stockwell, *British Documents on the End of Empire*, ser. A, vol. 1, pt. 2.

（51） Despatch from Sir D. Cameron to Sir P. Cunliffe-Lister advising against trades union legislation in NigeriaEnclosure: memorandum by C. W. Alexander, lieutenant-governor, Northern Provinces of Nigeria (15 Aug 1931), 8 Jan 1932, CO 323/1077/12, no. 11 in Ashton and Stockwell, *British Documents on the End of Empire*, ser. A, vol. 1, pt. 2.

（52） W. M. Macmillan, *Warning from the West Indies: A Tract for Africa and the Empire* (Faber and Faber, 1936).

（53） Review by C. C. Skeete of Warning from the West Indies: a tract for Africa and the empire by W M Macmillan, July 1936, CO 318/422/9, no. 25, in Ashton and Stockwell, *British Documents on the End of Empire*, ser. A, vol. 1, pt. 2.

（54） G. St. J. Orde Browne, *Labour Conditions in the West Indies: Report* (cmd. 6070) (London: HMSO, 1939), pp. 28-29, 50.

（55） *ibid*., pp. 43, 50.

（56） Audrey I. Richards, *Land, Labour and Diet in Northern Rhodesia* (Oxford: O.U.P., 1969[1939]).

（57） Economic Advisory Council, *Nutrition in the Colonial Empire* (cmd. 6050) (London: HMSO, 1939).

（58） Richards, *Land, Labour and Diet*, p. 1.

（59） Economic Advisory Council, *Nutrition in the Colonial Empire*, p. 3.

（60） J. M. Hodge, *Triumph of the Expert* (Athens: Ohio University Press, 2007), Ch. 4.

（61） Lord Hailey, *An African Survey* (London: O.U.P., 1938), pp. xxiv-xxv.

（62） Lord Hailey, 'Some Problems Dealt with in the "African Survey",' *International Affairs*, vol. 18, no. 2, March 1939.

（63） Wolton, *Lord Hailey*, p. 14.

（64） Despatch from Sir B. Bourdillon to Mr. MacDonald, criticising colonial development policy and requesting more financial assistance for Nigerian development, 5 April 1939, CO 852/214/13, no. 1, in Ashton and Stockwell, British Documents on the End of Empire, ser. A, vol. 1, pt. 2.

(65) Macmillan, *Warning from the West Indies*, pp. 198-202.

(66) *Hansard* (Commons), ser. 5, 324, Deb 2 June 1937, col. 1061.

(67) Rita Hinden, *Plan for Africa: A Report Prepared for the Colonial Bureau of the Fabian Society* (Allen & Unwin, 1941), p. 187.

(68) *ibid.*, Ch. 19.

(69) CAB/67/4/44 WP (G) (40) 44.

(70) Havinden and Meredith, *Colonialism and Development*, Ch. 10; Constantine, *The Making of British Colonial Development Policy*, p. 257.

2013年 学 界 展 望

日本政治学会文献委員会

政治学・政治理論　本年の研究業績として目立ったのはデモクラシー論の隆盛である。日本，および世界の直面する諸課題に対する解決策として，デモクラシーの深化に期待が集まり，またその期待に応えうるようにデモクラシーの概念や理論の洗練および精緻化が求められていることの現れであろう。

デモクラシーの原理ならびに理論の検討を行った著作からみていく。「主権」,「主権者」,「ポピュリズム」などの概念を吟味しつつ，デモクラシーの原理を根源的に問い直す好著として**鵜飼健史『人民主権について』**（法政大学出版局）がある。**マックス・アドラー（小山博也訳・解説）『政治的デモクラシーか 社会的デモクラシーか』**（同時代社）は，前世紀初頭のウィーンに登場したアウストロ・マルクス主義のデモクラシー論に基づき，デモクラシーの二義性を指摘する。わが国においても学術的にだけではなく社会的にも注目度の高い熟議的デモクラシーに関しては，**ジョン・ギャスティル，ピーター・レヴィーン編（津富宏，井上弘貴，木村正人監訳）『熟議民主主義ハンドブック』**（現代人文社）が得られた。

新自由主義に基づくグローバル化の進展する現代において，国際金融資本の力によるデモクラシーの浸食を憂慮する理論家は多い。英国のC・クラウチはその代表的論者であるが，デモクラシーが経済権力に蹂躙され退潮に向かっているという認識に基づき，「ポスト・デモクラシー」論を展開する。**網谷龍介**「『ポスト・デモクラシー』論と『戦後デモクラシー』の間」（『生活経済政策』204号）は，「ポスト・デモクラシー」論がある特定タイプの民主主義像を前提としているのではないかと指摘し，デモクラシー論の一層の精緻化の必要性を論じる。**千葉眞**「社会保障の劣化と民主主義――ラディカル・デモクラシーの視点から」（**田中浩編『リベラル・デモクラシーとソーシャル・デモクラシー』**未来社）は，クラウチの問題意識を踏まえつつ，新自由主義の流れに抗し，デモクラシーの深化に根差した社会民主主義の再定位の方向性を探求する。

複雑化した現代世界におけるデモクラシーのあり方を考える際に常に問題となるのは，専門知と熟議とのバランスをいかにとるべきかという課題である。特に現代日本においては，震災復興や原発などの問題を考慮する上でこの課題を避けて通ることはできない。**福永英雄**「政治過程・政策過程における『専門家』・『専門知』の位置づけに関する考察」(『法政論叢』50巻1号)は，吉田民人やU・ベックなどの幅広い先行理論に言及しつつ，民主的政治過程における専門知の定位の問題に正面から取り組む。**犬塚元**「震災後の政治学的・政治理論的課題——『不確実・不均衡なリスク』のなかの意思決定・連帯・共存の技法」(**稲葉馨・高田敏文編『今を生きる——東日本大震災から明日へ！復興と再生の提言　第3巻　法と経済』**東北大学出版会）は，東日本大震災以後の諸課題に対して，専門知の位置づけを含む公共的意思決定手続きのあり方，公的支援の根拠とその制約などに関する考察を行い，政治理論と現実的課題との架橋を試みる。

デモクラシーの身近な実践の場としての地方自治あるいはコミュニティに関する論考としては次のものがある。**黒木誉之**「コミュニティとシティズン・ガバナンス」(『非営利法人研究学会誌』15号）は，アメリカの都市政策やコミュニティの現状などに言及しつつ，新しい市民自治の形態を探求する。**大西弘子**「現代民主政におけるポリティ観念の変容——第二次分権改革における『条例による法令の上書き』の議論を事例として」(『社会文化研究』16号）は，国と自治体のようなレベルを異にするポリティの意思を合理的に整序する仕方の変容から，ポリティ観念そのものの変容を指摘する。「シャッター通り」などの現代的問題に触れつつ，〈まち〉を起点としたデモクラシーの可能性を考察する意欲作として，**竹井隆人『デモクラシーを〈まちづくり〉から始めよう——シャッター通りから原発までを哲学する』**(平凡社）がある。

デモクラシーと同様，政治理論分野の大きな主題であるリベラリズム論（正義論）についても数は比較的少ないながらも充実した論考が得られた。20世紀以降のイギリス政治思想における主要な政治的自由論の特徴を明確化し，その含意を探るものとして**森達也**「政治的自由——概念の『イギリス的』文脈をめぐって」(**佐藤正志，P・ケリー編『多元主義と多文化主義の間——現代イギリス政治思想史研究』**早稲田大学出版部）が挙げられる。R・ローティ，J・カサノヴァ，南原繁など東西の思想家を比較検討し，宗教と政治の関係性を論じたものに**千葉眞**「『宗教と政治』の現在——政治理論の視点から」(『年報政治学』2013－Ⅰ号）がある。グローバルな正義をめぐる議論は，近年のリベラリズム論において最もホットな分野であるが，これに関しては**宇佐美誠**「グローバルな経済的正義」(『法哲学年報2012』)が得られた。宇佐美は，I・M・ヤングの責任概念を批判したうえで，分配的正義に関する十分主義に立ち，人権概念を基底に置く理論の発展を試みる。また**同**「気候の正義——政策の背後にある価値理論」(『公共政策研究』13号）は，二酸化炭素排出権の分配案の背後にある価値理論を考察することで規範理論と政策論との架橋を行う。

シティズンシップ論も，デモクラシー論やリベラリズム論と並んで近年活発に議論されている分野である。グローバル化の進展に伴い，政治共同体の観念が変容を迫られ，その構成員資格としてのシティズンシップ理念にも影響が及んでいることが一因であろう。シティズンシップ理念の歴史を簡潔に整理し，またそれが直面する課題を明瞭に描き出したものとして，**山崎望**「シティズンシップ」（**古賀敬太編『政治概念の歴史的展開　第6巻』**（晃洋書房）がある。シティズンシップ教育に関しては，「政治的中立性」の観念に疑義を投げかける**谷本純一**「学校教育における『政治的中立』はありうるか――政治学の視点およびアントニオ・グラムシの思想から」（『季論21』22号）が挙げられる。また**同**「社会科教育の接点としての政治学」（福岡教育大学教育総合研究所『教育実践研究』21号）は，政治学教育と社会科教育との接合の重要性を論じている。

福祉をめぐる議論もまた，新自由主義に根差した経済のグローバル化など諸環境の変化に伴い，近年，大きな変容を迫られている分野である。**宗前清貞**「補助線としての雇用――福祉レジーム論の批判的検討」（『レヴァイアサン』53号）は，比較政治学の観点から福祉国家を論じた近年の三作を批評する書評論文であるが，いわゆる福祉レジーム論の適用可能性を多角的に問うものである。福祉国家は，T・H・マーシャルらがかつて指摘したように，本来，階級間の連帯を作り出す機能が期待されていた。**堀江孝司**「世代間の対立／連帯と福祉国家」（**松尾秀哉，臼井陽一郎編『紛争と和解の政治学』**ナカニシヤ出版）は，現代では，階級間ではなく世代間の格差緩和に注目が集まっていることを指摘したうえで，福祉国家の孕む現代的課題を多様な角度から浮かび上がらせている。

比較政治の分野では，二つの大きな成果が得られた。一つは，実証研究に基づき，カナダやオーストラリアなど五カ国の上下両院の力関係や構造を精緻かつ明瞭に分析した**岩崎美紀子『二院制議会の比較政治学―上院の役割を中心に』**（岩波書店）である。もう一つは**猪口孝編『アジアの情報分析大辞典―幸福・信頼・医療・政治・国際関係・統計』**（西村書店）である。「生活の質」を基本概念としてアジアの29の社会を多角的かつ体系的に実証分析した成果である。477頁の大著であり，本書自体，アジア諸国の従来の比較分析の集大成といえようが，今後の研究の発展に寄与するところも大であろう。

上記の二作は比較実証分析の成果であったが，実証研究の方法論を扱った業績としては**福元健太郎**「自然実験」（**薩摩順吉・大石進一・杉原正顕編『応用数理ハンドブック』**朝倉書店）がある。　（文責　施　光恒）

日本政治・政治過程　日本政治の全体像に迫る研究として，**猪口孝／プルネンドラ・ジェイン編『現代の日本政治―カラオケ民主主義から歌舞伎民**

主主義へ』（原書房）は，過去半世紀にわたる日本政治の近年における変化を歴史的転換期ととらえ，カラオケ民主主義から歌舞伎民主主義への政治構造と過程の変動を首相，官僚制，議員，選挙，政党，利益団体，市民社会，福祉政策，地方自治，メディア等の検証を通じて分析する。また，**飯尾潤『現代日本の政策体系―政策の模倣から創造へ』**（ちくま新書）は，従来の政策のイメージを転換し，政策を総合的・体系的に捉える政策的構想力と，政党間の共通基盤の上での政党間競争の必要性が説かれる。そのうえで，日本が直面する人口変動や都市と農村の共存，科学技術や環境の変化，社会的紐帯の変化といった4つの政策課題の解決のための政策体系を提示し，それらを実現するために求められる政治制度や政党政治のあり方についての改革案を提起している。

2009年から2012年まで続いた民主党政権を総括する研究として，**日本再建イニシアティブ『民主党政権失敗の検証―日本政治は何を活かすか』**（中公新書）は，民主党政権の失敗の原因を政権関係者のヒアリングや現職代議士へのアンケートを土台に，マニフェスト，政治主導，経済財政政策，外交安全保障，子ども・子育て支援，政権党ガバナンス，選挙戦略の7項目の観点から検証し，民主党が改革政党として政権担当能力を磨くことを提案する。また，**飯尾潤**「政権交代と「与党」問題―「政権党」になれなかった民主党」（**飯尾潤編『政権交代と政党政治』**中央公論新社）は，民主党政権において与党の民主党が政権党としての機能を果たしえなかった過程を自民党政権における与党自民党との比較を通して考察し，二院制や国会運営などの制度的条件の影響と民主党自身のマニフェストの問題性や政府と与党を結ぶ意思決定プロセスの不在，組織性の欠如等が政権党としての団結を保てなかった構造的な要因であることを解明する。

政権交代をもたらした2009年総選挙とその後の2010年参議院選挙，さらには自民党が政権復帰することとなった2012年総選挙や2013年参議院選挙まで，有権者の投票行動はどのように変化したのか。**谷口将紀・梅田道生・孫斉庸・三輪洋文**「2012年衆院選・2013年参院選―民主党票はどこに消えたのか」（『世界』849号）は，世論調査データの分析によって，民主党政権に対する否定的評価が再度の政権交代をもたらし，安倍内閣に対する本格的な景気回復への期待が参院選での自民党圧勝をもたらしたことを示す一方で，両選挙において自民党が強固な支持基盤の構築に成功したわけでもなく，自民党政権の運営に対する批判が高まり，不満層の一元的な受け皿が形成されれば，2009年の再現もありうることを示唆する。**久保庭総一郎**「第46回衆院選民主党の歴史的敗北と2大政党制の行方」（『日本臨床政治学会ニューズレター』9号）は民主党の敗北を無党派層の離反，民主支持層の離反，寄り合い所帯の分裂の3つの要因から検証し，**同**「第23回参院選「1強多弱」の選挙構図

―「ねじれ」解消後の行方」（『日本臨床政治学会ニューズレター』10号）は，圧勝したものの組織に陰りが見える与党と競合によって敗れた野党を分析する。

谷口将紀「政権交代以降のマスメディア―新聞の信頼感に関する考察」（**飯尾編『政権交代と政党政治』**）は，政権交代や東日本大震災を機に高まった政治報道批判とは裏腹に新聞に対する信頼度の低下が見られない現状についてその規定要因を分析し，新聞発行部数の多さが新聞に対する信頼を保たせていることを明らかにする。そのうえで，調査報道の充実やメディアコングロマリットの形成といった処方箋では政治報道の将来における問題解決には至らないことを論じている。**福元健太郎・中川馨**「得票の継承に対する世襲の効果―政党投票・候補者投票との比較」（『選挙研究』29巻２号）は，世襲候補者が多い理由を解明するために世襲新人候補と非世襲新人候補を比較し，得票継承率において世襲新人候補が有利であることなどが明らかにされる。

一方，2013年参院選挙から選挙運動期間中のインターネットが解禁となった。**湯淺墾道**「インターネット選挙運動解禁の課題」（『月刊選挙』66巻４号）は，公職選挙法の改正によりインターネットを選挙運動に利用することが可能となった場合の問題点を論じる。**同**「インターネット選挙運動の解禁に関する諸問題」（『情報セキリュティ総合科学』５号）は，インターネット選挙運動の解禁によりホームページや電子メールを選挙運動に利用することが可能となったことの問題点や将来の改正の方向性について論じる。**同**「参議院議員選挙を振り返る―問題点と今後の課題」（『月刊選挙』66巻８号）は参議院選挙でのインターネット選挙運動と公選法違反事案の取り締まり，選挙管理・執行体制について論じる。インターネットの政治利用は有権者の政治参加にも影響を及ぼす。**岡本哲和** “Twitter and Local Political Candidates in Japan: An Analysis of the 2011 Osaka Prefectural Assembly Election” (Dominik Mierzejewski ed., *Dimensions of Development: East Asia in the Process of Changes*, Lodz University Press) は，大阪府議会議員選挙候補者の所属政党および選挙制度の違い（一人区か複数人区か）がツイッターの利用に影響を及ぼしたことを実証的に示している。**池田謙一他** “Browsing Alone: The Differential Impact of Internet Platforms on Political Participation” (*Japanese Journal of Political Science*, 14(3)) は，インターネットの社会的利用によるコミュニケーション領域において，ソーシャルネットワークの拡がりが大きいほど政治参加が促進されるという社会関係資本仮説を検証する。

政権交代を経ても，ねじれ国会は政権党の政治運営を困難にする要因であり続けた。議会研究の分野では，**小堀眞裕『国会改造論―憲法・選挙制度・ねじれ』**（文春新書）が，ねじれ国会の制度的憲法的問題を論じる。二院制を採用する国で両院の選挙が別々に実施されているのは日本だけであり，このことがねじれ国会を生じやすくし，さらに，英国型衆議院と米国型参議院の折衷や，衆議院の優越が中途半端であったことが政権の短命化につながっていることを解き明かす。もっとも，本書は適度なねじれ国会の必要性を認め，そのうえで，衆議院の優越を予算関連法案にも認めるなどの国会改造論を提示し，他方で，選挙にのみ依存する民主主義に警鐘を鳴らしている。**宮本剛志**「両院協議会の再検討―「ねじれ国会」における第三院的地位の可能性」（『法学研究論集』37号）は，ねじれ国会において機能していない両院協議会の役割を再考し，その活性化について検討する。**佐々木研一朗**「貴族院帝国学士院会員議員研究序説―その成立の経緯と隠れた活躍」（『政治学研究論集』37号）は，学士院会員議員が議会の審議機能の向上に資したことを論じている。

この間，政党論や首相のリーダーシップ論も大いに論じられた。**佐々田博教・藤村直史・待鳥聡史** “Alternative Paths to Party Polarization: External Impacts of Intraparty Organization in Japan” (*Journal of East Asian Studies*, 13) は，近年の日本の二大政党間の対立激化（分極化）が政党組織の集権化に加えて党執行部の戦略的な立場表明によってもたらされたことを議論する。**末次俊之『革新主義的保守安倍晋三宰相論』**（志學社）は，第一次安倍内閣を革新主義的保守の視点から分析する。**濱賀祐子編『日本の女性政治家と政治指導』**（志學社）は，日本の国政（国会議員），地方政治（知事）において活躍した主要な女性政治家12名を取り上げ，その政治指導の中身を臨床政治学の観点から検討している。地方政治における政党の動向に関して，**森本哲郎**「民主党大阪府連の形成過程と旧政党の遺産」（**建林正彦編『政党組織の政治学』**東洋経済新報社）は，旧社会党・民社党から民主党への移行の態様と支持基盤の継承度を分析し，民主党が旧政党の支持基盤を摩耗した状態で維持してきたに過ぎないことを提示する。また，**森本哲郎**「「保革対決」時代の大阪府知事選挙（1947－1975年）―知事選挙における政党の役割」（**地域主権研究班『地域主権時代の諸問題』**関西大学法学研究所）は，保革対決時代の大阪府知事選挙を軸とした地方政治過程の形成を政党の役割を中心に分析し，保革の対決構造の中で，保革とも政党が前面に出た選挙過程が展開されていたことを指摘している。

官僚制の動向に関して，**中野晃一『戦後日本の国家保守主義―内務・自治官僚の軌跡』**（岩波書店）は，内務・自治官僚のキャリアパスを分析し，中央・地方政治への影響や準国家機関への天下りを通じて，戦後日本の支配を担った官僚制による国家保守主義の変遷を明らかにする。

一方，政治過程を政策過程の視点から論じたものとして，**岩崎健久『消費税の政治力学』**（中央経済社）は，昭和40年代から平成25年に至る約40年間の消費税の政治過程を政府・与党，野党，利益集団，マスメディア等の動向をもとに分析し，税制改革の成否を分けた要因をメディア多元主義モデルから提示する。福祉政策の分野では，**宗前清貞**「専門性の政治過程―現代政治における医療政策の位相」（**新川敏光編『現代日本政治の争点』**法律文化社）は，日本の医療制度を歴史的に分析し，診療報酬の紛争と供給体制の構築からなる医療政治が福祉国家論の枠組みだけでは収まらない独自性を有する点を指摘する。**同**「行政改革は福祉政策に何をもたらしたか―自治体ガバナンスの現状と課題」（『政策科学・国際関係論集』15号）は，政策評価制度を批判的に回顧し，効率性や有効性を向上させるガバナンスツールとして期待されたものの，実際には情報公開制度との連関において透明性や体系性が得られる点を指摘している。**グレゴリー・カザ／堀江孝司**「福祉政策」（**猪口・ジェイン編『現代の日本政治』**）は，戦前期からの福祉政策の発展をたどったうえで，人口の少子高齢化と貧困・格差問題についての課題と取られてきた対応，それらがもつ政治的意味を考察している。（文責　武蔵勝宏）

行政学・地方自治　寄せられた業績をごく大括りに①歴史と思想に関わる基礎研究，②制度・政策および行政管理，③政治参加，④東日本大震災関連の４分野に分け，評者なりに評価と選定の作業を施したうえで紹介する。

①**黒澤良『内務省の政治史－集権国家の変容』**（藤原書店）は，戦前官治集権の要にあった内務省が1930年代に生じた政党政治の凋落と戦時体制への移行にともない，他省庁に対する優越的な地位を低下させ，集権体制にも変容が生じたと論じる。行政学にあっては，日本の集権体制に関する戦前・戦後連続論，断絶論，さらに戦間～占領期変容論のいずれについて見ても，明治中期に確立した官治集権体制がその後の政党政治の発展と衰退のなかで戦前期にどう変化したかを考察する視点が弱い。つまり，行政史と政治史とを架橋する研究蓄積が十分でない。その意味で同書は貴重な貢献をしている。

千草孝雄『アメリカの地方自治研究』（志學社）の白眉は，同書第一部のグッドナウ（F. J. Goodnow）研究にある。1989年に雑誌『自治研究』に連載された論文の再録であるが，今日，とりわけ自治体レベルの政治－行政関係，二元代表制の議会－長関係をあらためて根本から考えるうえで，古典そのものやこうした上質な古典研究に立ち返る必要があることを痛感する。

②**笠京子**「イギリスの大都市制度－ GLA（大ロンドン庁）とロンドン区－」（**日本都市センター編『欧米諸国にみる大都市制度』**日本都市センター）は関係者へのインタビュー調査等にもとづいて，2000年 Greater London Authority の創設以来，GLA －ロンドン区（boroughs）間に見られる協調関係の側面と，2011年地域主義法の制定やGLA 執行権限の拡大により生じた緊張関係の側面の両面を描く。地域主義法の制定でイギリスに固有な越権禁止の法理（ultra vires）が廃棄されたことの制度上の意義と実際上の効果について

も論及する。**岩崎美紀子**「大都市地域のガバナンス」(『地方財政』52巻5号)はカナダのトロント，モントリオール，バンクーバー地域における大都市制度の変遷の跡をたどり，大都市1層制と2層制のあり方や，1層制の場合の都市内分権のしくみ方をめぐる論点を提示する。第30次地方制度調査会答申と，それにもとづいて2014年地方自治法改正により実現した政令指定都市制度改革の特徴を読み解くうえでも参照されるべき文献である。

村上裕一「規制空間の構造変容と官僚制の裁量行使戦略（一）～（六・完)」(『國家学会雑誌』126巻1・2号～11・12号）は木造住宅，自動車，電気用品の分野での政府による産業技術規制を取り上げ，規制行政の事例研究を進める。それら3分野には規制対象となる産業技術そのものや産業構造の性格に顕著な違いがあるため，より立体的な考察が可能になるという理由からである。著者によれば，3分野に共通して技術基準の国際調和化，多様化・高度化する技術に関する情報の民間分散化，さらに規制空間におけるP-A関係と官−民関係の複雑化・多元化が進み，総じて近年，規制空間の構造が変容するなかで，行政機関は従前のように裁量を発揮しづらくなっているように見える。しかし，行政機関は規制プロセス全体を見渡し，規制システムを管理・制御し，評者なりに言い換えれば規制の規制いわばメタ規制をすることによって，その役割と裁量を以前と比べて形を変えながらではあるけれどもむしろ大きくしてさえいるとする。質・量ともに重厚な力作である。

伊藤修一郎「屋外広告物政策の実施：地方自治体への『権限移譲』は違いを生むか」(学習院大学『法学会雑誌』48巻2号)，**同**「屋外広告物規制に係る事業者意識と実施過程：屋外広告業アンケート結果から」(同49巻1号)の両論文は自治体レベルの屋外広告物規制行政を取り上げ，それぞれ規制者である自治体と，被規制者である広告業者に対して実施したアンケート調査をもとに，統計分析手法で得られた知見をまとめたひと組みの著作である。そのうち前者の論文では，自治体の規制権限の多寡が政策アウトカムに有意な影響を与えること，自前の条例で規制を行う市町村と府県条例により委任されて規制を行う市町村とではパフォーマンスに差が生じることをあきらかにする。また，そこから屋外広告物規制に関する市町村への権限移譲が必要であるとして，政策実務に直結する見解を導き出している点も注目される。

水谷利亮「高齢者支援システムと行政システム−高知県と京都府における新たな集落対策の事例から−」(**田中きよむ・水谷利亮・玉里恵美子・霜田博史『限界集落の生活と地域づくり』**晃洋書房）は，限界集落を抱える市町村に対する府県の支援策のあり方を論じる。綾部市「水源の里」事業と京都府「命の里」事業の例に見られるとおり，支援の受け手となる市町村に限界集落に対する強い問題関心がある場合に，支援の送り手となる府県との間に連携・協力関係をうまく築けると指摘する。

驛賢太郎「官僚の専門性とキャリアパス－大蔵省を事例として－」（『神戸法学雑誌』63巻２号）は大蔵省局長を事例としたキャリアパス分析から，省内で並立する政策ユニットとそれに付随する人事ユニットという概念を抽出し，キャリア官僚が省内ジェネラリストというよりも特定ユニットに属するスペシャリストに近い性格を持っていること，彼らにはユニット内で昇進するのに応じ，ユニットの内部調整を行う限定的なジェネラリストとしての役割が期待されるようになることを指摘する。

③**大西裕**「選挙管理へのアプローチ」（**同編『選挙管理の政治学－日本の選挙管理と「韓国モデル」の比較研究』**有斐閣）は，今日まで日本の政治学や行政学で選挙や選挙制度の研究は盛んに進められてきたのに，選挙管理や選挙管理制度の研究はほとんど行われていないこと，後者の研究は民主主義先進国においても重要で，選挙の際，選挙管理機関は有権者，政治家と並ぶ有力なアクターになることを指摘する。卓見である。そのうえで**同**「民主主義と選挙管理」（**同**）は選挙管理機関に関する政府モデル，混合モデル，独立モデルの類型論を提示し，混合モデルの日本と独立モデルの韓国等を比較しながら特徴を素描する。また，**磯崎典世・大西裕**「韓国における選挙管理機関の立法への影響力」（**同**）は，韓国の選挙管理委員会が立法に影響を与えた例（2004年政党法改正による地区党の廃止）と，これまでのところ与えていない例（電子投票法制化の遅延）の２つを取り上げて考察を進める。

有馬晋作「ポピュリズム論における劇場型首長研究の意義に関する一考察」（『地方自治研究』28巻２号）は劇場型政治とポピュリズムの概念上の異同を論じ，劇場型政治論の彫琢を試みる。**岡本三彦**「スイスの地方議員の地方自治に対する意識の変化－チューリヒ市議会議員意識調査から－」（『東海大学紀要政治経済学部』45号）は，チューリヒ市議会議員に対して同じ質問項目で実施した2001年と2010年意識調査の結果を時系列的に比較し，そこから議会政治と住民投票が平和共存する可能性があることを指摘する。**賀来健輔**「近時の条例の制定･改廃の直接請求に関する通時的考察－1999～2009－」（『地方自治研究』28巻２号）はかつて自治立法研究会が残した業績の跡を踏み，標記期間について条例制定・改廃の直接請求をめぐる動向をデータとして整理する。地道で有意義な成果である。**中谷美穂**「住民参加・行政参加改革に関する日韓比較」（明治学院大学『法学研究』95号）は，住民参加の新しいしかけとしての参加型予算制度に関心を寄せ，おおむね市レベルの首長，議長，政策担当職員に対して実施した意識調査をもとに日韓比較を進めるとともに，両国の制度事例をいくつか取り上げて検討する。

④**河村和徳**「被災地の選挙から考える情報技術活用の可能性－おわりにかえて」（**河村和徳・湯淺墾道・高選圭編著『被災地から考える日本の選挙－情報技術活用の可能性を中心に－』**東北大学出版会）は職員不足に苦しむ被

災地自治体の観察にもとづいて，マンパワー依存型の選挙管理のしくみを見直し，ICTの活用で事務局負担を減らす方策を考えてはどうかと提言する。また，それはもっとも政治を必要とする被災地有権者の参政権を十分保障することにもつながると指摘する。**幸田雅治**「市町村合併による震災対応力への影響－石巻市にみる大震災と大合併－」（**室崎益輝・幸田雅治編著『市町村合併による防災力空洞化－東日本大震災で露呈した弊害－』**ミネルヴァ書房）は，大震災からの復旧・復興事業に対して平成大合併がもたらした負の影響を論じる。合併の功罪に関して，しばしばメディアにより「宮古問題」と対比的に語られた「石巻問題」とはなんであったか／あるかを事実に即してあきらかにした労作である。（文責　小原隆治）

政治思想（日本・アジア）　丸山眞男（1914－1996）が生誕して100年を迎えると言われるが，この間，東京女子大学図書館丸山眞男文庫では，遺稿を中心に，地道な資料の発掘・検討作業が続けられている。2013年にはその成果の一部として，『丸山眞男記念比較思想研究センター報告』誌上にて，**宮村治雄・山辺春彦・金子元・川口雄一**「解題」を付した，**丸山眞男**「戦中「東洋政治思想史」講義原稿」が復刻され，さらに「1947年度·1945年度「東洋政治思想史」講義原稿」も活字化された。また，丸山眞男の著作などをとりあげ，近現代日本における学問の在り方を論じた，**三谷太一郎『学問は現実にいかに関わるか』**（東京大学出版会），横井小楠から丸山眞男に至る近世・近代日本の知識人達の秩序構想を分析した，**苅部直『秩序の夢—政治思想論集』**（筑摩書房），戦後政治文化史の一断面を描いた**同『物語岩波書店百年史3　「戦後」から離れて』**（岩波書店），**都築勉『丸山眞男への道案内』**（吉田書店）が著された。

続いて，若手研究者による四つの優れた著書を取り上げたい。**福岡万里子『プロイセン東アジア遠征と幕末外交』**（東京大学出版会）は，1860年代初頭のプロイセン東アジア遠征の派遣を巡る国際環境を解明し，日孛修好通商条約の成立過程や徳川政権の「ドイツ」認識を立体的に描き出した作品。今後，東アジアにおける開国・開港の政治思想史を考える上で必読文献となるだろう。**河野有理『田口卯吉の夢』**（慶應義塾大学出版会）は，明治初年の封建・郡県を巡る論争を軸に，「自愛」を中核とする田口卯吉の政治秩序像を明らかにする。**尾原宏之『軍事と公論—明治元老院の政治思想』**（慶應義塾大学出版会）は，明治政府の議法機関・元老院における，「国民皆兵」など政治と軍事を巡る論争を発掘している。**石田徹『近代移行期の日朝関係—国交刷新をめぐる日朝双方の論理』**（溪水社）は，19世紀後半，「西洋の衝撃」を契機とする日本と朝鮮の外交政策について，書契問題や儀礼問題を取り上げながら検討している。この四つの研究は，それぞれ独立した主題を扱っているが，膨大な一次史料の詳細な分析を通じて，近代日本の成り立ちを世界史的な広がりのもとに捉えようとしている点に共通点がある。

2013年はまた，複数の講座やシリーズが刊行され，古代から近現代に至るまで，多くの先端的な研究業績が広く世間の目に触れる機会を得た。それ自体，2013年の学界を象徴する出来事ともいえる。**苅部直ほか編『日本思想史講座』**（ぺりかん社）は通史的に構成され，本年出版された「4 近代」には，**松田宏一郎，梅森直之，與那覇潤，河野有理**らが論攷を寄せた。**苅部直ほか編『岩波講座　日本の思想』**（岩波書店）は主題別に編まれ，**キリ・パラモア，中島隆博，菅原光，片岡龍，小島毅，片山杜秀**をはじめとした研究者が執筆している。**井上寿一ほか編『日本の外交』**（岩波書店）の第3巻は外交思想を扱い，**酒井哲哉，川島真，中島岳志，道場親信，松田宏一郎，大久保健晴**らの作品を収めている。**趙景達ほか編『講座　東アジアの知識人』**（有志舎）も刊行された。残念ながら紙幅の都合上，一つ一つの論攷を紹介・吟味できないことを，ご容赦いただきたい。

以下，研究対象の時代順に回顧すれば，**相原耕作**「文字・文法・文明―江戸時代の言語をめぐる構想と闘争」（『政治思想研究』13号）は，江戸期の儒者，国学者，蘭学者から西周ら明治初期知識人に至るまでの言語と文明を巡る論争史を描き出している。**徳盛誠『海保青陵―江戸の自由を生きた儒者』**（朝日新聞出版）は，「天下泰平」の徳川日本を生きた海保青陵の思想を，徂徠学との関係など，時代状況を視野に入れながら内在的に解き明かすとともに，マンデヴィルら18世紀西洋の思想家との比較を試みている。小楠研究の第一人者による待望の書，**源了圓『横井小楠研究』**（藤原書店）も出版された。明治期の研究も多彩である。福沢諭吉については，その道徳哲学を講究した，**安西敏三**「福沢諭吉に於ける理想的人間類型に関する一考察―「万物之霊」・「自信自重」・「独立自尊」」（『近代日本研究』30巻），**福吉勝男『福沢諭吉と多元的「市民社会」論―女性・家族・「人間交際」』**（世界思想社）がある。**平石直昭**「書評『福澤諭吉のアジア』（青木功一著）」（『三田評論』1170号）も興味深い。その他，同じく明六社で活躍した中村敬宇の徳川末期の儒学思想について，静嘉堂文庫に残る史料を駆使して解明した，**李セボン**「中村敬宇における「学者」の本分論―幕末の昌平黌をめぐって」（『日本思想史学』45号），ルソー政治理論を媒介に日仏近代の比較を試みた，**鳴子博子**「フランス革命と明治維新―ルソーの「国家創設」論からの比較考察」（『法学新報』120号1・2号），**Ōkubo, Takeharu**, “Ono Azusa and the Meiji Constitution” (translated by Gaynor Sekimori, *Transcultural Studies*, vol.1 (2013), Universität Heidelberg) がある。

徳富蘇峰を巡っては，「同志社大学設立の旨意」など，新島襄との関係を軸に，その思想と行動を考察した，**伊藤彌彦『維新革命社会と徳富蘇峰』**（萌書房）が刊行されるとともに，生誕150年を記念して**『民友』**（392号）で特集が組まれた。また，高浜虚子との比較を通じて正岡子規の近代性を探究した，**岩岡中正『子規と現代』**（ふらんす堂）が出版された。「生の拡充」を鍵概念に大杉榮の社会構想に迫った，**飛矢崎雅也『現代に甦る大杉榮―自由の覚醒から生の拡充へ』**（東信堂），**同** “The Communion without boundaries and Sakae Osugi's Anarchism” (*Sociology Study*, vol. 3, No. 5) も刊行された。

近代日本とキリスト教については，民権運動家の信仰と政治の世界を探索した，**小川原正道『明治の政治家と信仰―クリスチャン民権家の肖像』**（吉川弘文館），**Chiba, Shin**, “Uchimura Kanzō and His Atonement Eschatology: On “Crucifixianity”” など貴重な内村鑑三論を収載した，**Shibuya, Hiroshi and Chiba, Shin eds., *Living for Jesus and Japan: The Social and Theological Thought of Uchimura Kanzō*** (Eerdmans Publishing Company)，**吉馴明子**「日韓のキリスト教と田中剛二の「政教分離」」（『途上』28号），**同**「「神聖」天皇の非宗教化と現代」（『明治学院大学キリスト教研究所紀要』46号）がある。

近代中国については，**野村浩一**「近代中国における「民主・憲政」のゆくえ（上・中・下）―戦後・内戦期の政治と思想を中心に」（『思想』1072－74号）がある。この論攷では，雑誌『観察』を中心に，辛亥革命以来の民主と憲政の実現という思想的課題を巡って，国共内戦期にいかなる討議がなされ，論争の磁場が変容したのか，「人民共和国」成立に至る政治と思想の展開が明らかにされている。朝鮮開化派の日本留学経験を照射した，**月脚達彦**「兪吉濬『世界大勢論』における「獨立」と「文明」―内田正雄『輿地誌略』との比較から」（『東洋史研究』72巻３号），近代東アジア諸国相互における翻訳語の伝播の重層的理解を試みた，**石川禎浩・狭間直樹編『近代東アジアにおける翻訳概念の展開』**（京都大学人文科学研究所）も，重要な業績である。

近年，東アジアにおける歴史認識の学術的な再検討が求められる中，**劉傑・川島真編『対立と共存の歴史認識―日中関係150年』**（東京大学出版会）は，複雑で多面的な日中関係の対話と交渉の歴史に光を当てている。こうした試みは，アジア各地域の視座から，多様なアジア主義の構造と相互関係に迫った，**松浦正孝編著『アジア主義は何を語るのか―記憶・権力・価値』**（ミネルヴァ書房）の問題関心とも通底するものであろう。（文責　大久保健晴）

政治思想（欧米）　最初に，政治思想史の教科書として**宇野重規『西洋政治思想史』**（有斐閣）が刊行された。同書は，「共和制」，「地域性」，そして政治哲学との架橋を意識して著された，平易かつ知的ボリューム満載の出色のテキストである。また，概念史研究として，続刊の出版が待望されていた**古賀敬太編『政治概念の歴史的展開』**（晃洋書房）の第５巻及び第６巻が刊行され，**長谷川一年**「テロル」（第５巻），**犬塚元**「混合政体」（第６巻），

木村俊道「君主制」（第６巻）など，政治思想研究上の重要なキー概念が取り上げられた。

次に，今年もイギリス政治思想に関する研究で大きな進捗が見られた。まず，**木村俊道『文明と教養の〈政治〉　近代デモクラシー以前の政治思想』**（講談社）は，ルネサンス期から18世紀にかけてのイングランドを中心とした政治の原型に着目し，近代デモクラシー以前の政治思想をレトリック・思慮・シヴィリティといった実践知の観点から再考した労作である。また，**大澤麦**「共和制イングランドの政治原理―「国王殺し」と契約論―」（『法学会雑誌』）は，17世紀イングランドに成立した共和制の政治原理を，当時現れた「厳粛な同盟と契約」，「人民協約」群，「共和国臣従契約」の３種の契約理論の視点から解き明かしている。さらに，**小畑俊太郎『ベンサムとイングランド国制―国家・教会・世論』**（慶應義塾大学出版会）は，ベンサムの政治思想の展開過程を「啓蒙専制主義者」から「急進的デモクラット」への転換と見なす従来の研究に異議を唱え，「自由な国家」の探究という一貫した視座のもとに展開されていたことを明示した大作である。**同**「ベンサムにおけるデモクラシーと官僚制―「責任」の概念を中心に―」（日本政治学会編『年報政治学』2013－Ⅰ）も，ベンサムが世論の「非合理性」に無自覚ではなかったこと，また統治者の相対的独立性・主体性を重視していたことなどを明らかにしている。**下條慎一『J. S. ミルの市民論』**（中央大学出版部）は，ミルの政治参加論，特権階級批判，国際道徳論などを仔細に検討し，ミルの思想を，すべての人が「個性」と「公共精神」を発揮して「幸福」に生きることを目指したものと位置づけた力作である。近時復興の兆しが見える19～20世紀のイギリス理想主義に関する研究も，**芝田秀幹『ボザンケと現代政治理論―多元的国家論，新自由主義，コミュニタリアニズム』**（芦書房）によりなされ，ボザンケの政治思想とマッキーヴァー，ホブハウス，河合栄治郎，サンデルらのそれとの影響関係などが検討された。また，**小松敏弘**「アメリカ二大政党制の批判的考察」（『東海大学総合経営学部紀要』第５号）は，イギリス政治思想を直接扱っている訳ではないが，20世紀イギリスの政治学者ラスキの考察を手がかりにして，アメリカの共和党と民主党を検討し，今日のあるべき政党制を展望している。さらに，**佐藤正志＝ポール・ケリー編『多元主義と多文化主義の間―現代イギリス政治思想史研究』（早稲田大学現代政治経済研究所研究叢書38**　早稲田大学出版部）は，多元主義から多文化主義につながるイギリス政治思想の20世紀的転換と，その21世紀的意義を明らかにするために，「ニューリベラリズム」，「イギリス社会主義」，「保守主義」についての再解釈，「圧力団体」，「福祉」についての分析，そして「シティズンシップ」，「自由」に即する形での新たな政治理論の可能性の探求がなされた画期的な研究である。

ドイツ政治思想に関する研究でも進展が見られ，**田村伊知朗**「初期カール・シュミット（Karl Schmidt，1819－1864年）の研究史的意義づけ（シュミット著作目録（1845－1863年）補訂版添付）」（『北海道教育大学紀要（人文科学・社会科学編）』第64巻第１号）は，初期シュミット研究が19世紀後半以降のヘーゲル左派研究史において看過されてきた根拠を，ヘーゲル左派研究史を通観することで考察している。また，**川合全弘**「エルンスト・ユンガーの『労働者』—戦死者追悼論の視点から—」（京都産業大学『世界問題研究所紀要』第28巻）は，ドイツの思想家ユンガーの主著『労働者』の特徴を成す軍事，文学，政治，形態学という４要素を析出し，戦死者追悼論の視点から同書の構成全体におけるそれぞれの位置づけを試みている。

一方，イタリア政治思想に関する研究成果も公にされ，**鹿子生浩輝『征服と自由—マキァヴェッリの政治思想とルネサンス・フィレンツェ』**（風行社）は，マキァヴェッリの『君主論』と『リウィウス論』との思想的整合性に関する従前からの問題に取り組み，マキァヴェッリが一貫してフィレンツェ共和国の自由を追求した自由の思想家であったことを明らかにした快作である。また，マルクス主義と関連したイタリア政治思想研究として２つの翻訳書が刊行された。**ベネデット・クローチェ／倉科岳志訳**「マルクス主義のいくつかの概念の解釈と批判のために（一八九七年）」（**上村忠男監修／イタリア思想史の会編訳『イタリア版「マルクス主義の危機」論争—ラブリオーラ，クローチェ，ジェンティーレ，ソレル』**未来社）は，19世紀末にイタリアでなされた「マルクス主義の危機」論争に加わり，その展開に重要な役割を果たしたクローチェの論文の抄訳である。また，**アントニオ・グラムシ著，松田博編訳『知識人とヘゲモニー—「知識人論ノート」注解』**（**グラムシ『獄中ノート』著作集Ⅲ**）（明石書店）は，知識人概念の階級還元的，経済決定論的理解を批判し，知識人をヘゲモニー，ヘゲモニー装置との相互関係で分析した点にその知識人概念の独自性があるとされる，イタリアのマルクス主義者アントニオ・グラムシの「知識人論ノート」の全訳である。

このほか，16世紀スペインの政治思想を扱った**松森奈津子**「近代スペイン国家形成と後期サラマンカ学派—ルイス・デ・モリナの権力論を中心に」（関西大学マイノリティ研究センター最終報告書**『多元的世界における「他者」』**（上））は，中世から近代にかけての政治権力をめぐる諸理論を視野に入れながら，後期サラマンカ学派イエズス会派モリナのいう抵抗権と「野蛮人」の権力論を検討している。また，17世紀オランダの哲学者スピノザを扱った**河村厚『存在・感情・政治—スピノザへの政治心理学的接近—』**（関西大学出版部）は，スピノザの倫理学と政治学を，コナトゥスと「感情の模倣」を中軸に据えてリアリズムの観点から考察し，1960年代以降のスピノザ研究の潮流とは一線を画す解釈を提示した労作である。

また，現代政治思想でも研究の進展が見られた。**井上弘貴**「ジョン・デューイとデモクラティック・リアリズム―『公衆とその諸問題』の再検討―」（『日本デューイ学会紀要』第54号）は，題名にもあるデューイの政治学に関する代表的著作の再検討を通じて，リップマンらとは異なる形ではあれ，デューイもまた政治的リアリズムを保持していたことを明らかにしている。さらに，フランスの現代政治哲学者レーモン・ポランに関する研究も，**白石正樹**「政治と力―R．ポランの政治哲学　二八」（『創価法学』第42巻第１・２合併号），「政治と嘘―R．ポランの政治哲学　二九」（『創価法学』第42巻第３号），「平等と自由・反目する姉妹―R．ポランの政治哲学　三十」（『創価法学』第43巻第１号），「幸福の古典的観念―R．ポランの政治哲学　三一」（『創価法学』第43巻第２号）によって従前以上に一層促進された。

近時研究が盛んな国際関係思想の領域でも注目すべき成果が示された。**岩田英子『国家と軍隊―権力政治の超克に資する軍隊の検討』**（御茶の水書房）は，冷戦後の軍隊の変容や国家及び社会の相互関連を思想的に検討し，権力政治の道具としての軍隊を超克するビジョンを提示した力作である。また，国際社会における諸問題を軍隊の使用範囲・形態の拡大・変容から検証し，これを公共の秩序の回復・創出・維持を企図するグローバル公共性の形成と理解する，**同**「グローバル公共性の形成と軍隊の非伝統的活動に関する一考察」（拓殖大学海外事情研究所『海外事情』第61巻９号）も刮目に値する研究成果である。　（文責　芝田秀幹）

政治史（日本）　例年以上に，多様なアプローチの研究が揃った。行政の分野では，重要なアクターである官僚についての貴重な成果が得られた。**清水唯一朗『近代日本の官僚　維新官僚から学歴エリートへ』**（中公新書）は，官僚の歴史を描くことで日本政治の構造を論じた。制度を描くと同時に官僚たちの姿も活写している。**黒澤良『内務省の政治史　集権国家の変容』**（藤原書店）は，戦前の有力官庁である内務省を真正面から論じ，充実した資料情報も提供する。**柏原宏紀**「内治派政権考」（『日本歴史』785号）は，明治国家形成期における政権の特質について，内治優先の内治派に注目した。明治６年の征韓論政変での勝利以後，明治７年の台湾出兵問題までを視野に入れても，内治派政権が主導権を発揮したと言い得ると結論づけた。

議会研究の分野では，**伏見岳人『近代日本の予算政治　1900－1914　桂太郎の政治指導と政党内閣の確立過程』**（東京大学出版会）が刊行された。**上野利三**「第一回総選挙における土居光華と板垣退助　三重県第四区情勢，続・日本初期選挙史の研究（10）」（『三重中京大学地域社会研究所報』25号）は，松阪の土居（元自由新聞主筆）が板垣の愛国公党の党勢拡張に尽力する様子と，立候補断念に追い込まれるまでを明らかにした。**同**「明治22年衆議院議員選挙法の施行過程における第１回総選挙・三重県第５区の情勢」(『法史学研究会会報』17号）は，二人区に尾崎行雄，北川矩一，浦田長民ら３名が立候補した選挙戦を分析した。**佐賀香織**「圧力団体による政党設立の試み　近代初頭の日本における戊申倶楽部を中心に」(『公共政策志林』１号）は，商業会議所連合会を商工業者の世論形成機関とし，戊申倶楽部を日本初の利益団体として位置づける試みを行った。**同**「東京商工会議所の政策過程における影響に関する一考察　条約改正交渉過程を中心として」(『法政論叢』49巻２号）は，商工会議所が条約改正に関する提言を行い，関税自主権回復を訴えたことを論じた。他に，議場の構造とその運用という視点から論じた，**清水唯一朗**「議場の比較研究（１）日本の国会議事堂と議場　民主主義を規定する枠組みとして」(『SFC 研究所日本研究プラットフォーム・ラボワーキングペーパーシリーズ No.5』）が公表された。帝国議会は発足時にドイツ型の議場形式を採用した。その議場は時代を超えて，現代日本の民主主義を規定する「枠組み」となり，議論に一定の制約を与えるとする。

政軍関係の分野では，**川田稔『戦前日本の安全保障』**（講談社現代新書）が，両大戦間期を代表する政治家・軍人として山県有朋，原敬，浜口雄幸，永田鉄山の４人に注目し，彼らの安全保障政策を，当時の国際秩序認識を踏まえて論じた。**小林道彦・黒沢文貴編『日本政治史のなかの陸海軍　軍政優位体制の形成と崩壊　1868～1945』**（ミネルヴァ書房）は，創設から敗戦までの陸海軍を対象とした論文集である。**菅谷幸浩**「第一次近衛内閣期における政界再編成問題と戦争指導　挙国一致体制をめぐる政治的相関関係」(『法学新報』120巻３・４号）は，日中戦争開始期の政治を，近衛首相ら指導層の挙国一致路線の追求と，軍部の動向，政党の内部対立に注意しつつ，再検討した。**大前信也**「戦費調達の政治過程　事変拡大の政治力学」(**北岡伸一編『国際環境の変容と政軍関係　歴史のなかの日本政治２』**中央公論新社）は，先行研究がほとんど注目していない戦費を取り上げることで，戦費調達問題の政治史上の意義を明らかにした。同時に，政治勢力としての陸軍の特徴も明らかにした。なお，同書は，**畑野勇**「戦前期多国籍軍と日本海軍」，**朴廷鎬**「満洲事変における朝鮮軍の独断越境過程の再検討」，**中澤俊輔**「一九三〇年代の警察と政軍関係」，**鈴木多聞**「昭和天皇と日本の「終戦」」などを収録する。**中島信吾**「佐藤政権期における安全保障政策の展開　一九六四～七二年」(**波多野澄雄編『冷戦変容期の日本外交　「ひよわな大国」の危機と模索』**ミネルヴァ書房）は，佐藤政権の安全保障政策，特に防衛政策の展開を，それまでの政権との連続と断絶を意識しつつ，国内的側面と日米安全保障関係の側面から検討した。

伝記的研究の分野では，**茶谷誠一『牧野伸顕』**（吉川弘文館）が刊行された。牧野は文相や外相などを歴任し，宮内大臣や内大臣を務め天皇の側近として活躍した。その生涯を通じて，近代国家日本の繁栄と挫折の歴史を描く。**今井清一『濱口雄幸伝　上・下巻』**（朔北社）は重厚な評伝である。丸山幹治が浜口家から依頼された伝記執筆を今井が引き継ぎ，昭和30年代初頭に完成させた。長らく未刊だった原稿を公刊したものである。政党政治家の研究として，**坂本健蔵**「永井柳太郎の対華外交論　ワシントン体制前半期を中心に」（『平成法政研究』17巻2号）は，第一次幣原外交時に外務参与官を務めた永井の言説をその外交理念も含めて検討し，経済的な観点から中国を重視したことや中国の「独立」「自主」を尊重したことを明らかにした。**菅谷幸浩**「近衛新体制期における政党出身政治家の憲法論　川崎克の大政翼賛会批判論から」（『法史学研究会会報』17号）は，大政翼賛会の違憲論を展開した川崎の議員活動を検討し，戦時下の政党政治家の抵抗と挫折を論じた。**小宮京**「三木武夫研究序説　「バルカン政治家」の政治資源」（『桃山法学』22号）は占領期の三木武夫を論じた。

ここからは時系列で紹介する。**和田幸司**「天皇・朝廷権威の獲得と本願寺法衣の変遷」（『近大姫路大学教育学部紀要』5号）は，法衣の変遷を事例として，近世国家における天皇・朝廷権威の獲得の意義を明らかにし，近世における身分，特に宗教上の身分秩序を実証した。**同**「近世大坂渡辺村真宗寺院の特質と身分上昇志向」（『政治経済史学』561号）は，渡辺村を対象として，部落寺院の特質と門徒の身分上昇の心性を明らかにした。**井竿富雄**「花田仲之助の報徳会運動　山口県を中心に」（『山口県立大学学術情報』6号）は，元陸軍軍人であった花田の半生と，彼が創設した道徳教化運動団体の「報徳会」の思想と活動を論じた。この団体は二宮金次郎の思想を掲げた中央報徳会とは別の団体である。**奈良岡聰智『「八月の砲声」を聞いた日本人　第一次世界大戦と植村尚清「ドイツ幽閉記」』**（千倉書房）は，第一次世界大戦前後にドイツにいた日本人の状況を明らかにした。加藤高明のいとこにあたる植村尚清の手記を収録する。**河島幸夫**「ナチス優生政策と日本への影響　遺伝病子孫予防法から国民優生法へ」（**山崎喜代子編『生命の倫理3　優生政策の系譜』**九州大学出版会）は，優生保護法の前身である国民優生法に遡り，同法の断種の規定が，ナチス・ドイツの断種法である遺伝病子孫予防法から大きな影響を受けたことを明らかにした。実際には，戦時中の断種は少なく，むしろ戦後に優生政策が強化されたとする。**中静未知**「国民健康保険直営診療施設の普及　行政施策の展開を中心に」（**坂本一登・五百旗頭薫編『日本政治史の新地平』**吉田書店）は，農村医療普及の一方策であった国民健康保険直営診療施設に関して，行政当局の構想と施策を中心に，1934年から52年までの事実関係を明らかにした。なお，同書は**松本洋幸**「戦間期の水道問題」，**武田知己**「戦後保守勢力の相互認識と政界再編構想の展開　一九四五―四九年　政党機関誌・機関紙の分析を中心に」，**村井哲也**「戦後政治と保守合同

の相克　吉田ワンマンから自民党政権へ」などを含む，論文集である。**土倉莞爾**「『世界』における清水幾太郎と社会学　戦後日本のジャーナリズムと知識人」（『関西大学法学論集』63巻4号）は，左翼知識人であった清水幾太郎の言動の変化に焦点をあて分析した。当時の代表的な月刊誌『世界』に注目し，テレビという新しいメディアの登場も視野に入れながら，ジャーナリズムと知識人の関係を考察している。**櫻澤誠**「沖縄の復帰過程と「自立」への模索」（『日本史研究』606号）は，「自立経済」をキーワードとして沖縄の「自立」意識を論じる。その際，従来の沖縄内部の保革対立の枠組みではなく，「保守」を包含した「広義の復帰運動」を検討することにより，沖縄と日本（本土）間の関係を浮かび上がらせた。（文責　小宮　京）

政治史・比較政治（西欧・北欧）　各国政治の近年における変容に焦点をあてた研究が多く見られた。

イギリスについては，**渡辺容一郎『イギリス政治の変容と現在』**（晃洋書房）が，自由民主党，保守党および労働党，保守主義，有権者などを中心に分析し，最近のイギリス政治の変容を読み解いている。**小堀眞裕**「イギリスにおける選挙制度改革国民投票とその後」（『論究ジュリスト』5号）は，近年の選挙制度改革をめぐる動きを考察している。2011年に小選挙区廃止，対案投票制導入を問う国民投票が行われたが，実施に至った背景として，二大政党得票率が低下し小選挙区制の下で単独過半数政権の成立が困難となったことなどを詳述し，さらにその結果を分析している。フランスについて，**土倉莞爾**「社会党の政権奪還―2012年フランス大統領選挙・総選挙の考察―」（『関西大学　法学論集』63巻3号）は，大統領選挙でオランドがサルコジに勝利した主な要因は，有権者のサルコジへの拒否であったことを解き明かしている。同時に，脱極右化により勢力を拡大する国民戦線（FN）にも着目し，二大政党制の枠組みの揺らぐ兆しを指摘している。ドイツについて，**中川洋一**「2010年ドイツ・ノルトライン＝ヴェストファーレン州選挙の分析と連邦政治へのインプリケーション」（『立命館国際地域研究』38号）は，第二次メルケル政権初期への評価の指標となったこの選挙に焦点をあてて，選挙戦から政権発足までの政治過程を再構成し，あわせて選挙を検証している。そして，ドイツは「流動的5党制」に移行しており，プラグマティックな連立の余地が増大し，大連立が主流になりつつあると主張する。また，オーストリアについて，**東原正明**「連邦国家オーストリアにおける州政府の形成―プロポルツの原理から多数派の原理へ―」（『福岡大学法学論叢』57巻4号）は，各州政府の形成方法が，多くの州で戦後続いてきた二大政党が獲得議席数に応じて閣僚を比例配分するプロポルツの原理から多数派の原理へと転換が進みつつあることに着目し，そのような変化が生じた要因を州政府内の多党化など近年の政治状況と関連させながら論じている。そして，**芦田淳**「イタリア憲法裁判所の特質と近年における変化」（『比較法研究』75号）は，裁判官等の人的要素や主要判決を分析し，イタリア憲法裁判所の「立法」における役割の変化を考察する。このように分析された各国の変化の中には，地域政党や極右政党の存在，その勢力拡大が大きな影響を与えている例も少なくない。**高橋進・石田徹編『ポピュリズム時代のデモクラシー—ヨーロッパからの考察』**（龍谷大学社会科学研究所叢書97巻，法律文化社）は，1980年代以降のヨーロッパで勢力を拡大してきた極右・急進右翼政党をポピュリズムと捉え，その思想，運動，政策，デモクラシーとの関係等を理論的に整理し，ヨーロッパ6カ国の事例を分析して比較している。

キリスト教民主主義は，ヨーロッパ政治において重要な位置を占めてきた。**近藤正基『ドイツ・キリスト教民主同盟の軌跡—国民政党と戦後政治　1945～2009—』**（ミネルヴァ書房）は，キリスト教民主同盟（CDU）の党運営，路線，社会との関係を分析することを通して，CDU が，時代の変化に合わせてつねに「中道」の「国民政党」を目指してきた動態性の高い政党であることを明らかにしている。また，**土倉莞爾**「冷戦から冷戦後へのフランス・キリスト教民主主義—MRP から UDF へ—」（『関西大学　法学論集』62巻6号）は，戦後の「国土解放」下に登場した人民共和派（MRP）のその後の全盛と衰退，そして，MRP の脈流を継ぐフランス民主連合（UDF）の果たした役割を分析している。

日本の原発事故を契機に2011年にドイツが脱原発の政治的決定を行ったことは，日本のエネルギー政策をめぐる状況をあらためて振り返ることをも促している。**坪郷實『脱原発とエネルギー政策の転換—ドイツの事例から』**（明石書店）は，ドイツと日本を比較し，とくに政権によるエネルギー政策転換の政治的決定と，市民や団体主導，また地域や自治体主導の動きに焦点をあてる。そして，日本におけるエネルギー政策の転換における課題を示し，市民主導，地域・自治体主導の動きを作っていくことの重要性などを論じている。ドイツの政権によるエネルギー政策転換の背景には，長い反原発運動の歴史と緑の党の存在があった。その出発点には1970年代に発生したオルタナティヴ運動（対抗文化の運動）があったとして**西田慎**「70年代西ドイツにおけるオルタナティヴ勢力の形成—緑の党を例に—」（『歴史学研究』911号）は，このオルタナティヴ運動や政治的オルタナティヴ勢力の形成過程を分析し，日本でそのようなオルタナティヴ勢力が成功しなかった背景の解明に結びつけようとしている。

ヨーロッパ研究において，福祉は注目を集める分野の一つであろう。**中島康予**「労働能力ある貧困者の主体化と非申請—挟撃されるフランスの参入政策—」（『法学新報』119巻7・8号）は，フランスの参入政策において，権利の主体化が，潜在的有資格者の非申請を生む一因となっていることを，参入最低所得（RMI）および積極的連帯所得（RSA）についての調査結果を用いて明らかにしようと試みている。一方，**Takeshi Hieda**, “Politics of childcare policy beyond the left-right scale: Post-industrialisation, transformation of party systems and welfare state restructuring”, (*European Journal of Political Research* 52(4)) は，計量分析による多国間比較である。先進民主主義国における1980～2005年の公的保育支出の増減を分析した結果，政党が再分配次元に加え，社会的価値の次元でも競いあっていることを示している。

比較政治研究についての研究成果としては，**網谷龍介**「比較政治研究における『歴史』の変容」(『同時代史研究』６号）がある。ヨーロッパを題材とする比較研究における歴史的アプローチについて，その動向を概観し，歴史の捉え方，扱い方が変化していることが明らかにされている。また，第二次大戦以前を主題とした成果としては，まず，**板倉孝信**「小ピット政権初期（1783～92年）における財政改革の再検討（１）」(『早稲田政治公法研究』103号）が，ウォルポール政権前期とリヴァプール政権後期の財政改革を検討，比較対象とすることで，未完に終わった小ピット政権初期の財政改革の再評価を試みようとしている。**石田憲『日独伊三国同盟の起源　イタリア・日本から見た枢軸外交』**(講談社）は，日本とイタリアを対比させ，なかでもそれぞれの外務省を主な考察対象として，両国が三国同盟に至った経緯と背景を検証している。

９・11以降，ヨーロッパでもテロ事件が続き，ヒトの国際的な移動そのものが安全保障政策にも影響を与えるようになっている。**清水謙**「スウェーデンにおける『移民の安全保障化』―非伝統的安全保障における脅威認識形成―」(『国際政治』172号）は，これまで移民の受け入れに寛容な姿勢を示してきたスウェーデンで，移民が安全保障上の脅威と認識されていく過程を検証している。また，**同**「スウェーデンの『2013年外交方針宣言』と外交討論について―解説と考察―」(『北欧史研究』30号）は，主要紙の社説にも目配りしつつ解説を行っている。

（文責　木下淑恵）

政治史・比較政治（北米）　アメリカでは，2012年に大統領選挙が実施され，バラク・オバマ大統領による２期目の政権がスタートしたということもあって，同政権に関する考察がめだった。たとえば，**前嶋和弘**「『下からの起爆剤』か『上からのコントロール』か－変貌するアメリカ大統領選挙のソーシャルメディア利用－」(**清原聖子・前嶋和弘編『ネット選挙が変える政治と社会－日米韓に見る新たな「公共圏」の姿－』**慶應義塾大学出版会）では，2012年の大統領選挙でのソーシャルメディアの影響について，2008年選挙との比較で論じられている。さらに，マイノリティという観点をふまえて，現代アメリカ政治のかかえる課題を浮き彫りにしたのが，**高橋善隆**「2012年米国大統領選挙における社会運動と投票行動－世代・所得・エスニシティによるグレイ対ブラウンの分断－」（『跡見学園女子大学文学部紀要』48号）と**安岡正晴**「オバマ政権下の人権擁護政策－その展開と問題点－」（『近代』109号）である。前者がヒスパニック・ラティーノ系の動きを視野に入れ，あらたな政策展開を求めているのに対して，後者は黒人や性的少数者（LGBT）に力点をおき，オバマ政権が現実主義的スタンスをとってきたことを実証している。また，**濱賀祐子**「ミシェル・オバマの思想と活動－米国の肥満問題を中心に－」（**清水隆雄編『講座　臨床政治学　第二巻－米国政治の新方向－』**志學社）では，ファースト・レディのとりくんだ，子どもの肥満解消問題について，医療費増大という視点からメスを入れている。そうしたなかで，オバマ政権１期目の内政・外交をめぐる争点をとりあげたのが，**藤本一美『現代米国政治分析－オバマ政権の課題－』**（学文社）である。同書には，近年のアメリカをゆるがす，ティーパーティー運動やウォール街占拠運動などの動向がもられているだけでなく，オバマのこれまでの経歴についても詳述されている。その意味で，オバマ政権を多角的に分析しようとした，意欲的な著作といえよう。

また，紙幅の関係上，書名のみをとどめるが，**大治朋子『アメリカ・メディア・ウォーズ－ジャーナリズムの現在地－』**（講談社），**中山俊宏『アメリカン・イデオロギー－保守主義運動と政治的分断－』**（勁草書房），**同『介入するアメリカ－理念国家の世界観－』**（勁草書房）は，きわめて有意義な内容である。

ところで，従来，比較的業績の少ない領域からの研究成果もみられた。その１つが，教育問題に着目した，**坂部真理**「アメリカ教育改革をめぐる政治過程（一）－制度・情報・社会的学習－」（『大東法学』23巻１号）であり，そこでは，「社会的投資国家」という概念に注目しつつ，2000年代におこなわれた，アメリカの教育改革をめぐる政治過程をビビッドに描きだしている。つぎに，地方政治に関する業績としては，**平田美和子**「フェニックスにみるリフォーム政治の定着と変容」（『武蔵大学人文学会雑誌』45巻１・２号）のなかで，サンベルトの主要都市において生じた，マイノリティの政治参加の拡大が，マシーン政治に対抗するリフォーム政治の変容をもたらした事実が明らかにされる。さらに，**千草孝雄『アメリカの地方自治研究』**（志學社）は，フランク・グッドナウに焦点をあて，市政改革運動の意義について，緻密な検討をおこなっている。

また，翻訳書では，アメリカの政党制を論じた，**ウィリアム・N・チェンバーズ著，藤本一美訳『アメリカ近代政党の起源－1776年～1809年－』**（志學社）と**デイヴィッド・メイヒュー著，岡山裕訳『アメリカ連邦議会－選挙**

とのつながりで－』（勁草書房）が刊行されている。前者では，アメリカにおける政党の形成過程が詳細に記されており，古典的著作とはいえ，興味深い視点を得ることができる。また，後者のほうは，アメリカ政治を理解するうえで欠かせない，連邦議会の政治力学をとりあげたものであり，きわめて有益な論述となっている。

つぎに，日米関係に関する業績に目を転じよう。古い時代をあつかったものに，**Shusuke Takahara**, "America's Withdrawal from Siberia and Japan-US Relations" (*The Japanese Journal of American Studies*, No.24) がある。同論文では，日米関係の相互作用に注目しつつ，アメリカのシベリア撤兵にいたるまでの政策決定過程が克明に分析される。また，通貨という観点から，日米間の経済摩擦問題をとりあげた論考として，**増永真**「不況下の日本に対する米国の通貨政策－1998年と2003年の日米通貨交渉を事例に－」（『東京大学アメリカ太平洋研究』13号）と**同**「米国のドル安・円高容認から見送りへの転換過程－1978年，1987年，および1995年の政策転換を事例として－」（『現代経営経済研究』10号）がある。これら２つの論文では，財務省の役割に力点をおいて，アメリカ国内の政治過程の動向を明らかにしている。さらに，「年次改革要望書」を例にとり，日本へのアメリカからの「外圧」発生のメカニズムを探った，**浅野一弘『現代政治の争点－日米関係・政治指導者・選挙－』**（同文舘出版）もあげておきたい。

このほか，ヨーロッパとの関係に着目したものとしては，**高原秀介**「新興国アメリカの台頭とパクス・ブリタニカの終焉－ウィルソンとロイド＝ジョージ－」（**益田実・小川浩之編『欧米政治外交史－1871～2012－』**ミネルヴァ書房），**倉科一希**「NATO 危機と核兵器共有－1960年代における米欧同盟の変容－」（『二十世紀研究』14号）などがある。

なお，教科書としては，**杉田米行編『アメリカを知るための18章－超大国を読み解く－』**（大学教育出版）が刊行されている。

最後に，カナダ関連の業績を紹介しておこう。残念ながら，例年，カナダ関係の業績は少ないものの，そのなかで，**加藤普章**「カナダにおける国家と宗教の関係－歴史的に見た考察－」（『大東法学』22巻１・２号）と**同**「カナダにおける信仰の自由のありかた－宗教的独自性・平等・統合－」（『法学研究』86巻４号）のように，これまでみられなかった宗教からのアプローチで，カナダ政治をとらえた論考がだされている。さらに，**櫻田大造**「カナダはなぜ NORAD を設立したのか－加米関係史の一考察－」（『国際安全保障』40巻４号）では，最新の一次資料をもちいて，従来軽視されがちであった，北米航空宇宙防衛司令部（NORAD）誕生の背後にあるカナダ国内の政治状況に，スポットライトをあてている。

（文責　浅野一弘）

政治史・比較政治（中南米）　2013年の日本での中南米政治研究では，民主主義政治を前提として，その民主主義のあり方をテーマにする研究が中心をなす傾向が続いた。前の体制と比較しての分析である，**高橋百合子**「メキシコにおける政権交代とその政治的・政策的帰結」（『レヴァイアサン』53号），他の重要な現象との組み合わせで，**松下冽**「市民社会と民主主義を蝕む越境型暴力――岐路に立つメキシコのガヴァナンス構築の視点から」（『立命館国際研究』25巻3号），京大地域研究統合情報センターとペルーの研究所の共同出版，**Yusuke Murakami, ed.,** ***America Latina en la era posneoliberal : democracia, conflictos y desigualdad*** (CIAS-IEP) への日本人政治学者の執筆として，**村上勇介**（序章とペルーにおける不平等・社会紛争・2011年選挙過程を分析した章），**安井伸**（民主化後のチリの分析），**宮地隆廣**（ボリビア・モラーレス政権の発展政策と社会紛争）の論文，**尾尻希和**「ラテンアメリカのリベラル・デモクラシーの変容―コスタリカとベネズエラにおける利害調整プロセス」（『イベロアメリカ研究』35巻2号），**岡田勇**「モラレス政権下におけるボリビア鉱業のアクターと政策過程―強力な利益団体と政府の影響力関係についての試論」（『イベロアメリカ研究』35巻1号），新規の制度への当事者の態度を中心とした分析だが，**舟木律子**「先住民自治の制度化における先住民の選択―混合調査法によるボリビア・アイマラ系自治体の分析」（『アジア経済』54巻2号），憲法学の業績だが，政治学的にも重要な文献としての，**川畑博昭『共和制憲法原理のなかの大統領中心主義―ペルーにおけるその限界と可能性』**（日本評論社）などがある。

前段落で述べた傾向と重なるが，「第3の波」で成立の民主主義が定着したと考えられる地域・諸国や先進諸国との共通テーマの論文集において，この地域の章が含まれている形の業績も目立つ。**村上勇介**「ネオリベラリズムと政党」や，**上谷直克**「新自由主義の功罪と「左傾化」」など（**村上勇介・仙石学編『ネオリベラリズムの実践現場―中東欧・ロシアとラテンアメリカ』**京都大学学術出版会），**宇佐見耕一・牧野久美子**「新興国における年金改革に関するアイデアと言説の政治――南アフリカとアルゼンチンの事例」と，**馬場香織**「ラテンアメリカにおける年金制度「再改革」――第一世代改革後の制度変容の視角から」（**日本比較政治学会編『事例比較からみる福祉政治』**ミネルヴァ書房），**宮地隆廣**「地域研究との対話――アンデス高地先住民運動の政権獲得」（**大矢根聡編『コンストラクティヴィズムの国際関係論』**有斐閣）が代表であろう。

民主主義が継続する中で次々に誕生した「左派政権」への関心も継続している。各国政治の現状分析を政治学的に行う論考が並ぶ『ラテンアメリカレポート』誌であるが，30巻1号の「アンデス特集」では，コロンビアにおける特定政策（犠牲者支援システムにおける政策評価）を扱った**中原篤史**論考以外は，**村上猛**のベネズエラ，**勝田有美**と**木下直俊**のエクアドル，**岡田勇**のボリビアと，「急進左派政権」とされる国が扱われ，30巻２号は，**坂口安紀**（ベネズエラ），**田中高**（ニカラグア），**遅野井茂雄**（ボリビア），**宇佐見耕一**（アルゼンチン）の論考からなる「ポスト・チャベスのラテンアメリカ急進左派政権」特集を持つ。左派政権の中でも，４選後，2013年に病死したチャベスの政権の動向への強い関心は続いている。**坂口安紀編『2012年ベネズエラ大統領選挙と地方選挙―今後の展望』**（アジア経済研究所）は，ベネズエラ人研究者の諸論文とともに，編者による序章と「チャベス政権下の政治・社会・経済政策の概要」を含む。急進的ではない左派政権であるとされることが多いブラジルに関する研究も多く出され，一般読者向けではあるが，**近田亮平編『躍動するブラジル―新しい変容と挑戦』**（アジア経済研究所）は，**堀坂浩太郎**「民主化と現在進行形の政治改革」，**子安昭子**「外交におけるグローバル・プレーヤーへの道」などの政治分析を含む。この年の『ラテンアメリカレポート』の特集外の論考で政治学関連のものは，**清水麻友美**「サンパウロ市のコミュニティ・ポリシング」（30巻１号），**舛方周一郎**「ブラジル地方選挙と地域政治の水平的／垂直的関係」（30巻２号）である。

もちろん，より以前の時期を扱った研究も提出されている。**豊田紳**「独裁国家における「上からの改革」――メキシコ・制度的革命党による党組織／選挙制度改革とその帰結（1960～1980）」（『アジア経済』54巻４号）や**橘生子**「政治家ブリゾーラの確立期――「ガウーショ州」におけるCTN収用を中心に」（『ラテンアメリカ研究年報』33号）がある。　　（文責　出岡直也）

政治史・比較政治（ロシア・東欧）　　まず，1980年代以降のソ連・ロシア・東欧政治史・比較政治の研究史を批判的に概観するものとして，**塩川伸明**「《ユーラシア世界》研究と政治学」（『国家学会雑誌』126巻７－８号）を挙げる。本論文は氏自身の研究史を整理したものであるが，この分野の今後の発展に多くの示唆を与えてくれる。

ロシア政治史では，**下斗米伸夫『ロシアとソ連　歴史に消された者たち　古儀式派が変えた超大国の歴史』**（河出書房新社）が刊行された。1666年のロシア正教会の分裂（正教会正統派と古儀式派）がその後のロシア政治思想（ロシア・ナショナリズムを含む）に影響を与え，現代のプーチン政治にも関係していると考察する。ほかにシンポジウム報告として，**村井淳**「極東におけるロシアの政治・外交戦略と日露関係（シンポジウム　アジア地域における平和への模索）」（日本法政学会『法政論叢』50巻１号），**塩川伸明**「ペレストロイカからソ連解体へ―過程と帰結」，**鈴木義一**「ソ連崩壊20年のバランスシート　ロシアの世論調査結果から」（いずれも国際シンポジウム「にがよもぎの予言－チェルノブイリの悲劇とソ連崩壊20年」報告）（東京外国語大学『スラヴ文化研究』11号）がある。

東欧政治史では，**Keiichi KUBO**, “Host state responses to ethnic rebellion: Serbia and Macedonia in comparison,” in Jean-Pierre Cabestan & Aleksandar Pavković, eds., *Secessionism and Separatism in Europe and Asia: To have a state of one's own* (Routledge) が，1998年に国内で低規模な武装反乱が発生した際のセルビアとマケドニアの対応策とその後の事態の展開の差違について，選挙と外圧が影響していると比較分析する。**藤嶋亮**「「プレイヤーとしての大統領」トライアン・バセスク－比較の視座から見たルーマニアの半大統領制－」(『ロシア・東欧学会年報』41号）は，2000年代ルーマニア政治において中心的役割を演じた大統領バセスクの政治的リーダーシップについて，大統領の憲法上の権限，大統領が与党を通じて行使する党派的権力，大統領個人の人気の三要因に着目し，大統領の政治的資源の増減という観点から分析・説明を試みた。

比較政治では，**村上勇介・仙石学編『ネオリベラリズムの実践現場　中東欧・ロシアとラテンアメリカ（地域研究のフロンティア２）』**（京都大学学術出版会）が，中東欧・ロシアとラテンアメリカへのネオリベラリズム思想の伝播のあり方，政党政治を中心とする政治過程への影響，具体的政策の態様を比較分析している。**上垣彰**「「グローバル・リベラリズム」とロシア－上からの啓蒙の実験」は，1990年代初頭以降ロシアで市場経済化を推進した人々を突き動かした思想がどのようにロシア経済に導入され，実践されたか，その問題点はどこにあったかを描き出す。**小森宏美**「過去の克服としての「新自由主義なるもの」－エストニアの社会正義観と改革党の成功」は，ネオリベラリズム路線推進の中心的役割を果たしてきた改革党が同国で支持を伸ばしてきた背景にはソ連による支配に対する強い反感があると分析する。**林忠行**「スロヴァキア政党政治における「第二世代改革」－遅れてきた新自由主義の「成功」と「定着」」は，スロヴァキアで2002年に成立した第二次ズリンダ政権による新自由主義改革について，その起源や政策内容を分析する。**仙石学**「中東欧諸国における「ネオリベラリズム的改革」の実際－「さらなる改革」が求められるのはいかなる時か」は，中東欧諸国８カ国における2000年代のネオリベラリズム改革（「第二世代改革」）実施の有無や差違の要因を各国の政党間の対抗関係やそこから生じた経済政策の「争点化の形の違い」に基づき比較分析する。**安達祐子**「ロシアにおける私有化政策－「資本主義企業化」の実態」は，体制移管後のロシアで進められたネオリベラリズム改革の三本柱，自由化，安定化，私有化のうち，国営企業の私有化政策の問題点を整理し，２つの事例を紹介する。

田中愛治監修，久保慶一・河野勝編『民主化と選挙の比較政治学　変革期の制度形成とその帰結』（勁草書房）は，データに基づく計量分析や具体的な事例分析にもとづいて，民主化や選挙がもたらす（意図せざる）帰結について考察する。**中井遼**「民主的政党間競争とエスノポリティクス：中東欧10カ国の計量分析」は，民主的政治体制下ではどのようなときに民族的なイシューに関して抑圧と抵抗あるいは融和と妥協が生じるのか，データの比較分析による説明を試みる。**油本真理**「ロシアにおける「民主化の失敗」論再考：サマーラ州の事例にみる民主化とその隘路」は民主化の成功事例と目された地方を取り上げ，そこでの民主化の萌芽がその後どのような困難に直面し，どのような展開をたどったかを解明する。

伊東孝之監修，広瀬桂一・湯浅剛編『平和構築へのアプローチ－ユーラシア紛争研究の最前線』（吉田書店）は，紛争というテーマに関して国際関係論，比較政治学，地域研究の分野から多角的に検討する。同書の**林忠行**「欧州の民族紛争は「過去のもの」となったのか　チェコとスロバキアの事例から」は，現在のチェコ共和国とスロバキア共和国がある場所における「民族紛争」の形態をたどりながら，東欧におけるエスニック・ナショナリズムの問題を検討している。

以上，文中の国名は各論文中の表記に従った。　　　　（文責　橋本信子）

政治史・比較政治（アジア）　アジアを対象とした研究では，政治史研究や事実関係の厚い記述を中心にすえた地域研究が多く公刊されている。**木宮正史**「日本の韓国研究の展開と現状：新たな可能性の模索」（**姜尚中・木宮正史編『日韓関係の未来を構想する』**新幹社）は，韓国政治研究における日本の政治研究者の優位性を生み出すものとして歴史的アプローチを挙げ，日本の韓国政治研究の今後の新しい展開に期待を示す。**木宮正史**「日本の対朝鮮半島外交の展開―地政学・脱植民地化・冷戦体制・経済協力」（**波多野澄雄編『日本の外交第2巻外交史戦後編』**岩波書店）は，政治史研究の手法を用いた具体例である。ここでは，いくつかの制約条件の下に置かれた日本の対朝鮮半島外交の過程が明らかにされている。中国に関する政治史研究としては，**土屋光芳**「汪精衛と宋教仁の日本留学経験―二人の革命家の比較研究―」（『政経論叢』81巻5・6号）と**土屋光芳**「汪精衛政権の『第亞洲主義』とその実現構想―周化人の『亜細亜連盟（汎亜連合）』―」（**松浦正孝編『アジア主義は何を語るのか―記憶・権力・価値―』**ミネルヴァ書房）が挙げられる。双方とも革命家に焦点を当て，前者はそのキャリアの形成，後者は思想の内容に接近した。また，**井尻秀憲『激流に立つ台湾政治外交史 李登輝，陳水扁，馬英九の25年』**（ミネルヴァ書房）は民主化後の台湾政治外交史を三人の指導者を軸にして詳細に記述している。

東南アジアにおいても，**岩崎育夫『物語シンガポールの歴史』**（中公新書），**本名純『民主化のパラドックス―インドネシアにみるアジア政治の深層』**（岩波書店）が同様に政治史研究，地域研究の流れのなかに位置づけることができよう。

こうしたアプローチは東アジア・東南アジアに限らず，中東政治研究においても見られる。**鹿島正裕『増補新版 中東政治入門―アラブの春とその背景』**（第三書館）は，関心の高まる中東地域について，歴史的な背景を意識しながらアラブの春以降の状況も含めて基礎的な情報をわかりやすく整理したものである。**末近浩太『イスラーム主義と中東政治　レバノン・ヒズブッラーの抵抗と革命』**（名古屋大学出版会）も，詳細に記述することによってイスラーム主義組織ヒズブッラーの特性を明らかにしようとしている。

一方，理論的な示唆の提示を射程に入れた研究も見受けられる。**磯崎典世**「韓国の選挙管理委員会の準司法機能―選挙法違反取り締まりと民主主義」（**大西裕編『選挙管理の政治学　日本の選挙管理と「韓国モデル」の比較研究』**有斐閣）は，韓国の選挙管理委員会の権限強化の原因と強い権限を持つ選挙管理委員会が政治過程に及ぼす影響を議論したもので，同書所収の他の論文とともに，選挙管理委員会をめぐる因果関係に関心を寄せる。**大西裕**「韓国における市場志向的政党組織改革のゆくえ」（**建林正彦編『政党組織の政治学』**東洋経済新報社）は，政党組織への市場原理の導入という発想によってクライアンタリズム排除が進められた韓国の政党組織改革（政党支部廃止）を分析した。党員の意識調査に基づき実証的な検証を行った点が特筆される。**日下渉『反市民の政治学 フィリピンの民主主義と道徳』**（法政大学出版局）は，民主主義の安定が損なわれるメカニズムについて，異なる社会階層間の道徳的な対立に原因を求めている。

中東を対象とするものでも，**石黒大岳『中東湾岸諸国の民主化と政党システム』**（明石書店）はクウェートとバーレーンの政党システム，**山尾大『紛争と国家建設―戦後イラクの再建をめぐるポリティクス』**（明石書店）はイラクにおける国家建設の進展度合い，**江崎智絵『イスラエル・パレスチナ和平交渉の政治過程―オスロ・プロセスの展開と挫折―』**（ミネルヴァ書房）は和平プロセスの進展度合いをそれぞれ従属変数として位置づけ，その原因を探っており，事例記述を基礎とした地域研究としての特性を持ちつつも，理論的な貢献を意識している。

久保慶一を編集担当として組まれた**アジア経済研究所『アジア経済』特集号「権威主義体制における議会と選挙の役割」**（54巻4号）所収の論文は，権威主義体制維持のメカニズムについて関心が高まっているなか，そのなかで議会と選挙という制度の果たす役割を事例研究に基づいて明らかにしようとする試みである。なかでもアジアを対象としたものとして，**加茂具樹**「現代中国における民意機関の政治的役割―代理者，諫言者，代表者。そして共演。―」，**山田紀彦**「ラオス人民革命党の体制持続メカニズム―国会と選挙を通じた国民の包摂過程―」，**増原綾子**「インドネシア・スハルト体制下の議会とコンセンサス形成」が挙げられる。

なお，政治史・地域研究にとどまらず，理論的な志向性の認められる研究にしても事例研究を検証方法として用いる研究が多いなかで，**Ken'ichi Ikeda**, "Social and Institutional Trust in East and Southeast Asia" (*Taiwan Journal of Democracy*, Vol. 9, No. 1) はアジアンバロメータのデータセットを使って，アジア的価値の政治参加に対する効果を計量の手法で検証したものとして注目される。

（文責　川中　豪）

政治史，比較政治（アフリカ）　近年のアフリカでは，武力紛争の収束や発生件数の減少がひとつの傾向として観察される。このような情勢に呼応するかたちで，2013年のアフリカ政治研究では紛争からの脱却や紛争後の時代をめぐる諸論点を取り上げた研究が数多く発表されている。「紛争後の国家建設」を掲げた『国際政治』174号の特集では，アフリカ研究者の**武内進一**が特集の序論（「紛争後の国家建設」）を執筆し，紛争後の国家建設という取り組みが国際社会で主流化されてきた経緯とその背景を論じている。同特集では，**古澤嘉朗**「国家建設と非国家主体―ケニアのコミュニティ宣言が示唆する国家像」が地域コミュニティの関与という観点から，**舩田クラーセンさやか**「モザンビークにおける民主化の後退と平和構築の課題―2009年選挙を中心に」が与党の選挙権威主義化という観点から，それぞれアフリカの事例を検討している。

また**武内進一**は，"'Twin Countries' with Contrasting Institutions: Post-Conflict State-Building in Rwanda and Burundi" (Yoichi Mine et al. eds., *Preventing Violent Conflict in Africa: Inequalities, Perceptions and Institutions*, Palgrave-Macmillan) において，社会構造などに共通性を持つルワンダとブルンジにおいて紛争後に対照的な政治制度が導入されたことをめぐり，内戦の性格との関係や両国に通底する歴史的特徴という観点から考察を行っている。**遠藤貢**「アフリカにおける武力紛争からの脱却への課題」（『国際問題』621号）では，外部関与型で高コストの「あるべき国家」をつくる国家建設から，外部コストの削減の可能性も含んだハイブリッド・ガバナンスの可能性を模索する動きが出てきていることが指摘されている。

紛争後の重要課題である和解に焦点をあて，和解を目指す動きの中でいかなる政治が展開されるかを探ったのが，**佐藤章編『和解過程下の国家と政治―アフリカ・中東の事例から』**（アジア経済研究所）である。アフリカに関する事例研究として，**武内進一**「言明された和解，実践された和解―ルワンダとブルンジ」，**阿部利洋**「南アフリカにおける和解政策後の社会統合―カラード・アイデンティティの再構築」，**津田みわ**「紛争勃発後のケニアにおける和解と法制度改革—離党規制関連諸制度を中心に」，**佐藤章**「コートジボワールにおける和解の隘路—権力の独占が生みだす政治的対話の阻害」，**遠藤貢**「北部ソマリアにおける競合する国家形成と和解機能の変容」を収める。

紛争が収束・減少する一方で，新しい紛争も今なお発生している。近年の紛争事例に関しては，**佐藤章**「コートジボワール紛争にみる『保護する責任』の課題」（『アフリカレポート』No.51）が，2010年末から翌年にかけて発生したコートジボワールの選挙後紛争と国連PKOによる軍事介入を考察した。分離独立運動の激化によりフランスの軍事介入にまで発展したマリ情勢については，**山本健太郎**「フランスのマリ軍事介入—オランド政権における『テロとの戦い』」（『法と政治』64巻２号）ならびに**同**「アフリカにおけるフランスの軍事介入—リビアからマリ，連鎖する戦争とテロ」（同64巻３号）が事例報告を行っている。

アパルトヘイト体制の終焉から20年近くを経た南アフリカに関する研究も数多く発表された。**牧野久美子・佐藤千鶴子編『南アフリカの経済社会変容』**（アジア経済研究所）は，アパルトヘイト体制終焉後の南アフリカがどう変わったかとの問題意識に立ち，経済と社会の現状を多角的に読み解いている。さらに今日の南アフリカで大きな議論を呼んでいる福祉や労働の問題をめぐっては，**佐藤千鶴子**「南アフリカにおける農場労働者のストライキをめぐる一考察」ならびに**同**「南アフリカ，マリカナ鉱山の悲劇から１年」（いずれも『アフリカレポート』No.51）のほか，**宇佐見耕一・牧野久美子**「新興国における年金改革に関するアイデアと言説の政治—南アフリカとアルゼンチンの事例」（『日本比較政治学会年報』15号）が詳しい検討を行っている。

国際社会のなかのアフリカというテーマに関わるものとしては，**吉川元・矢澤達宏編『世界の中のアフリカ—国家建設の歩みと国際社会』**（上智大学出版）が，独立後およそ半世紀のあいだにおける国際社会との関わり，および国家建設の歩みというふたつのテーマのもと，さまざまな視座からサブサハラアフリカ地域を論じている。また国際社会のなかでもとくに日本に焦点を当てたものとして，**遠藤貢**「『反応』から『理念』へ—対アフリカ外交」（**国分良成編**『日本の外交４』岩波書店）が，戦後の日本における対アフリカ政策の特徴を踏まえ，新たなアフリカ政策の段階に至り始めている可能性を示唆している。（文責　佐藤　章）

国際政治・外交　アメリカの理論が強い国際政治学の分野であるが，日本においてはアメリカ以外の様々なルーツの国際政治思想の研究も盛んである。英国学派も根強い人気がある。**佐藤誠・大中真・池田丈佑編『英国学派の国際関係論』**（日本経済評論社）は，日英両国の共同研究者たちが改めて英国学派を取り上げており，第１部起源と形成，第２部現状と批判，第３部課題と展望，という構成になっており，英国学派が包括的に論じられている。**大中真**「マーティン・ワイトとグロティウス主義」（第２章）は，英国学派の草分けであるマーティン・ワイトが，グロティウス主義をどのようなものととらえ，自らの国際政治理論の中に位置づけて行ったのかを分析している。これに対して**河村厚**「スピノザと現実主義（リアリズム）国際政治学」（『季報　唯物論研究』123号，2013年５月）は，スピノザの国際政治観を取り上げ，スピノザの人間観とそれに基づく国際関係論を改めて検討し，これが，現代国際政治の現実主義（リアリズム）の代表的理論家たち（カー，モーゲンソー，キッシンジャー，ワルツ）に少なからぬ影響を与えたことを論考している。

大原俊一郎『ドイツ正統史学の国際政治思想―見失われた欧州国際秩序論の本流―』（ミネルヴァ書房）は，英米の国際政治思想に，ドイツの国際政治思想を対峙させ，とりわけ1970年代以降の日本で支配的となった，英語圏の国際政治観や世界観を相対化・客観化する必要性を説く。大原は，ドイツの国際政治思想の中の，ランケ的伝統とヘーレン的伝統の二つを挙げ，国家理性・普遍主義・国際体系といった概念を中心に，ドイツ的国際政治思想と取り組むことによって，自律的な国際政治思考の確立に向かうことを提唱している。

太平洋戦争における外交・同盟戦略は，相変わらず研究の対象となっており，**三宅正樹**「日独伊三国同盟とユーラシア大陸ブロック構想」（**三宅正樹・庄司潤一郎・石津朋之・山本文史編著『戦争と外交・同盟戦略―検証　太平洋戦争とその戦略２』**中央公論新社，第２章）は，日独伊三国同盟にソ連を加え，ユーラシア大陸ブロックにしようという構想を持っていた日本外交が，リッベントロップの「反英親ソ路線」に期待をかけ，ヒトラーの「親英反ソ路線」を読み切れずに，四国協定交渉に突進する様を分析している。

冷戦研究も，様々な角度から深められている。**藤井篤**「アルジェリア戦争とアメリカ国務省―脱植民地化をめぐる仏米関係―」（『香川法学』32巻３・４号），**同**「アルジェリア戦争と英仏関係」（『国際政治』173号）は，西側同盟の転機ともなったこの戦争の前半（1954－1957年）を，多角的に捉える試みである。前者はフランスが，冷戦・反共主義のレトリックを使ってアルジェリア戦争へのアメリカの支持を得ようとするのに対して，アメリカが対植民地・新興国政策の観点からフランス支援に冷淡になり，両国関係に溝が深まっていく様を考察している。後者は，同時期のイギリスが原則フランス寄りの立場を取りつつも，実際にはフランスの問題解決能力に疑問を深めていく様を研究している。スエズ危機からドゴール期において，頂点を迎える同盟危機へと至るNATO諸国の政策をより深く理解するために役立つ。

信夫隆司「核持ち込みの事前協議をめぐる日米交渉」（『政経研究』49巻４号）は，日米安保条約の改定交渉時に，事前協議事項となった「核持ち込み」

について，日米間にどの程度の了解があったのかという問題を改めて論じている。その際，いわゆるフォーミュラや『討議の記録』に関する交渉が行われた1958年10月から1959年６月までの９カ月間の日米交渉に関する日米の記録を綿密に検討し，日米の当事者が，核搭載艦船の一時寄港問題をどのように扱おうとしていたかという疑問に迫ろうとしている。

伊東孝之監修，広瀬佳一・湯浅剛編『平和構築へのアプローチ―ユーラシア紛争研究の最前線』（吉田書店）は，ポスト冷戦期のユーラシアにおける平和構築の実例を検討すると共に，紛争研究の方法論にも多角的に取り組んでおり，**久保慶一**「平和政策の比較政治学―計量分析と数理モデルによる政策効果の研究」（第３章）は，計量分析と数理モデルを用いた比較政治学の方法が，紛争介入，平和構築研究に貢献し始めていることを紹介している。全体は，第Ⅰ部　紛争研究の方法――現状と可能性，第Ⅱ部　冷戦後の地域紛争の展開，第Ⅲ部　残された課題――復興・移行期正義・民主化，第Ⅳ部　日本はユーラシアのプレーヤーたりえるか，という四部構成になっており，平和構築研究の方法論，現状分析と共に，日本にとっての政策論にもなっている。

松下冽「民主的ガヴァナンス構築と『人間の安全保障』―グローバル・サウスからのアプローチ―」（『立命館国際研究』26巻１号）は，グローバリゼーションの進行の中での先進諸国における統治の視点から論じられることの多かったガヴァナンス論を，グローバル・サウスの視点から論じている。特に，「人間の安全保障」実現のために，先進諸国とは異なる社会発展を経てきたグローバル・サウスにおける民主的ガヴァナンス構築の重要性を考察している。

2012年にノーベル平和賞を受賞したEUに関しても日本では研究の蓄積が厚いが，**羽場久美子**「EUはどこに向かうのか？――EU創設二〇年とこれから」（『歴史地理教育』811号）は，あらためてEUを振り返り，現状を分析して，今後の課題を，「何よりもユーロ危機の克服，グローバル化と国境の開放による移民の流入とそれにともなうゼノフォビア（外国人嫌い）の成長への対処」であるとしている。EUの問題は，**同編著『EU（欧州連合）を知るための63章』**（明石書店）でさらに詳細に論じられている。63章にわたってEUの様々な側面を論じ，さらなる知識を得るための参考文献案内，関連年表がついている。

入門書としてその他にも，**東海大学教養学部国際学科編『国際学のすすめ―グローバル時代を生きる人のために』**（東海大学出版会）の第４版が出版された。編集幹事の野口和彦が，「まえがき」，「国家と安全保障―軍事力の役割をどう考えるか―」と「あとがき」を担当している。野口が分担執筆した，**『国際関係・安全保障用語辞典』**（編集委員：**小笠原高雪，来栖薫子，広瀬佳一，**宮坂直史**，**森川幸一**；ミネルヴァ書房）も，国際関係・安全保障分野における700余に渡る項目を網羅した，包括的な辞典である。

（文責　岩間陽子）

2014年文献委員会

本委員会では，各分野を次の委員が担当した。施光恒［政治学･政治理論］，武蔵勝宏［日本政治・政治過程］，小原隆治［行政学・地方自治］，大久保健晴［政治思想（日本・アジア）］，芝田秀幹［政治思想（欧米）］，小宮京［政治史（日本）］，木下淑恵［政治史・比較政治（西欧・北欧）］，浅野一弘［政治史・比較政治（北米）］，出岡直也［政治史・比較政治（中南米）］，橋本信子［政治史・比較政治（ロシア・東欧）］，川中豪［政治史・比較政治（アジア）］，佐藤章［政治史・比較政治（アフリカ）］，および岩間陽子［国際政治・外交］である。なお，表記の統一化を含めて全体的な調整は，委員長の西川伸一が行った。

分野の数と名称については，前年委員会で採用されたものを踏襲した。本委員会が『日本政治学会会報』No.66（2013年12月）掲載の「研究業績自己申告のお願い」に基づき受理した文献数は208点であり，申告者数は134名であった。本項執筆にあたって委員によるコメントは簡潔を旨とし，できる限り多くの研究業績を紹介するよう配慮した。だが，紙幅の都合などで自己申告された業績すべてを掲載することはできなかった。業績紹介が割愛された会員各位にはご海容をお願いする次第である。一方，自己申告件数が極端に少ない分野もいくつかあり，その場合は委員の判断で自己申告されなかった文献も加えて，学界展望としてふさわしい内容に整えた。

最後に，業績自己申告書および業績本体をご送付いただいた会員各位と，本項執筆を担当された上記13名の文献委員に心からの御礼を申し上げる。

（文責　西川伸一）

2014年度日本政治学会総会・研究大会日程

日時　2014年10月11日（土）～10月12日（日）
場所　早稲田大学早稲田キャンパス

【第１日目】10月11日（土）

10：00～12：00　＜分科会Ａ１～Ａ８＞

Ａ１　企画委員会企画　日本型レジームの変容と政治的対立軸のゆくえ

司会者：久米郁男（早稲田大学）
報告者：三浦まり（上智大学）「政党競争と日本型雇用・福祉レジームの変容」
　　　　牧原　出（東京大学）「自民党政権と憲法運用ルールの変容」
　　　　大村華子（関西学院大学）「日本の有権者は政府の何を評価してきたのか？―業績投票における経済とアカウンタビリティ」
討論者：村井哲也（明治大学）

Ａ２　企画委員会企画　政治家育成と政治学

司会者：岩井奉信（日本大学）
報告者：宇野重規（東京大学）「政治家オバマの形成と政治学」
　　　　永久寿夫（PHP 研究所）「松下政経塾における政治家養成「成功」の要因と課題」
討論者：磯崎育男（千葉大学）・石川敬史（東京理科大学）

Ａ３　公募企画　国境を越えるデモクラシーにおける「政治的平等」の再考：理念と制度のあいだで

司会者：押村　高（青山学院大学）
報告者：井之口智亮（早稲田大学大学院）「国境横断的な次元における相互尊重の可能性」
　　　　宮井健志（北海道大学大学院）「在留外国人と在外国民の政治参加―「複合的な政治的平等」の理念型―」
　　　　内田　智（早稲田大学大学院）「根源的な正義としての政治的平等の擁護とその制度化の行方」
討論者：遠藤知子（関西学院大学）・土谷岳史（高崎経済大学）

Ａ４　公募企画　近代日本の戦争と政治・社会・メディア―満州事変から敗戦まで―

司会者・討論者：小山俊樹（帝京大学）

報告者：片山慶隆（関西外国語大学）「正木ひろしの国際認識—戦中期を中心に—」
　　　　手塚雄太（鎌ケ谷市郷土資料館）「昭和戦時期における代議士と利益団体の相互関係—愛知県選出代議士加藤鐐五郎と陶磁器業界—」
　　　　島田大輔（早稲田大学）「日中戦争期における中国専門記者の認識と活動—太田宇之助を中心に—」
討論者：樋口秀実（國學院大學）

Ａ５　現代政治学研究会　政治の大統領制化は続いているのか：大統領制化論の再検討

司会者：松田憲忠（青山学院大学）
報告者：岩崎正洋（日本大学）「政治の大統領制化論の意義とは何か—大統領制化と政党政治のガバナンス—」
　　　　渡辺博明（龍谷大学）「北欧における政党政治の変容と「大統領制化」論の射程」
　　　　古地順一郎（北海道教育大学）「大統領制化論とカナダ政治：ハーパー政権を中心に」
討論者：三竹直哉（駒澤大学）・西岡　晋（金沢大学）

Ａ６　日本政治過程研究会　変化の政治過程

司会者：河野武司（慶應義塾大学）
報告者：堤　英敬（香川大学）「候補者リクルートメントの変容の政治過程－地方組織主導の候補者選定における候補者公募制度の普及－」
　　　　三田妃路佳（椙山女学園大学）「航空政策における制度変化の政治過程：日米航空自由化を事例として」
　　　　築山宏樹（慶應義塾大学大学院・日本学術振興会）「地方議会の役職配分変化の政治過程」
討論者：中谷美穂（明治学院大学）・鎌原勇太（横浜国立大学）

Ａ７　自由論題　国家社会関係

司会者：高安健将（成蹊大学）
報告者：板倉孝信（早稲田大学大学院）「反革命戦争中期の英国戦時財政に対する請願運動の展開」
　　　　太田響子（東京大学）「複合的政策の構造分析—イギリスにおける対人社会サービス政策の形成と変容」
　　　　山邊達彦（早稲田大学大学院）「オーストラリア労使関係の分権化」
討論者：秋本富雄（東海大学）・杉田弘也（神奈川大学）

A８　自由論題　中国・北朝鮮政治
司会者・討論者：唐　　亮（早稲田大学）
報告者：Yida Zhai（東京大学）「パワーを持てば立派な国になれるか：アジア諸国における中国の国家像」
尹　　月（東京大学大学院）「中国における権威主義体制がインターネットユーザーの心理・行動に及ぼす影響について」
宮本　悟（聖学院大学）「延坪島への砲撃に至る北朝鮮の政策決定過程－４つのモデルの適用－」

13：30～15：30　＜分科会Ｂ１～Ｂ８＞
Ｂ１　中止

Ｂ２　公募企画　政治理論とは何か
司会者：田村哲樹（名古屋大学）
報告者：河野　勝（早稲田大学）「「政治理論」と政治学：規範分析の方法論のために」
盛山和夫（関西学院大学）「政治理論の応答性とその危機――脱政治への志向がもたらしたもの」
討論者：西山真司（名古屋大学大学院）・井上　彰（立命館大学）

Ｂ３　公募企画　二つの民主党―イタリアと日本における政治改革と中道左派政党
司会者：小川有美（立教大学）
報告者：村上信一郎（神戸市外国語大学）「ポストモダンの君主論―イタリア民主党論―」
山口二郎（法政大学）「なぜ民主党政権の崩壊は政党政治の危機をもたらしたのか」
討論者：伊藤　武（専修大学）・中北浩爾（一橋大学）

Ｂ４　公募企画　マルクスと政治学
司会者・討論者：神谷章生（札幌学院大学）
報告者：松井　暁（専修大学）「自由主義と社会主義の規範理論－マルクスの「自由」「平等」「コミュニティ」概念を中心に」
堀　雅晴（立命館大学）「マルクスとガバナンス論：アソシエーション論への包摂にむけて」

進藤　兵（都留文科大学）「2008年以後の日本の政治－藤田＝ジェソップ・アプローチによる資本主義国家分析・試論」

Ｂ５　現代政治過程研究フォーラム　現代の政治過程における政策と選挙の実証分析

司会者：石上泰州（平成国際大学）

報告者：樋渡展洋（東京大学）「経済の国際変動と政党の政策位置の連動―競争的民主統治ではなぜ左派政権でも市場指向的改革に着手するのか？」

信田智人（国際大学）「日本の政権交代と対外政策決定過程」

光延忠彦（島根県立大学）「国政選挙における投票参加状況の差異の要因に関する一考察―島根県，全国平均，東京都との比較を通じて―」

討論者：河野武司（慶應義塾大学）・境家史郎（東京大学）

Ｂ６　自由論題　戦後日本の争点

司会者：徳久恭子（立命館大学）

報告者：舟橋正真（日本大学大学院・日本学術振興会）「1970年代の昭和天皇外遊問題と自民党政権―意思決定にみる象徴天皇の位置づけを中心に―」

尾野嘉邦（東北大学）・籠谷公司（大阪経済大学）「周辺諸国の脅威と国会審議：日本は「普通の国」へ戻ろうとしているのか？」

討論者：北岡伸一（国際大学）・建林正彦（京都大学）

Ｂ７　自由論題　アメリカの安全保障政策

司会者・討論者：西崎文子（東京大学）

報告者：松本明日香（日本国際問題研究所）「議会と世論に制約されるオバマ外交・安全保障政策：2010年，2012年，2014年米議会選挙を事例として」

岩田英子（防衛研究所）「非伝統的安全保障に関する一考察―米軍の事例から捉える女性軍人の活用とその意味」

討論者：三浦瑠麗（日本学術振興会）

Ｂ８　自由論題　各国の中央地方関係

司会者・討論者：小原隆治（早稲田大学）

報告者：舟木律子（中央大学）「チリにおける地方分権改革の政治過程―2001年「市長市議選挙分離法」の成立要因について」

石見　豊（国士舘大学）「スコットランド独立をめぐる住民投票実施までの政治過程に関する一考察」

15：45～18：15　<共通論題>

政治改革以降の日本政治の変容－20年後にみる政治改革の意義

司会者：辻中　豊（筑波大学）

報告者：小林良彰（慶應義塾大学）「代議制民主主義の変容と課題」

　　　　待鳥聡史（京都大学）「政治改革以後の政策過程」

　　　　宮本太郎（中央大学）「政治改革以後の福祉政治」

討論者：河田潤一（神戸学院大学）・苅部　直（東京大学）

18：30～20：30　懇親会（於：リーガロイヤルホテル東京）

【第２日目】10月12日（日）

９：30～11：30　<分科会Ｃ１～Ｃ８>

Ｃ１　企画委員会企画　平成大合併の総括

司会者：新川達郎（同志社大学）

報告者：今井　照（福島大学）「なぜ市町村合併が繰り返されるのか　「関係の自治体」試論」

　　　　長峯純一（関西学院大学）「東北被災地の合併自治体が抱える諸問題―被災地の自治体は行革を行うことが可能か―」

　　　　河村和徳（東北大学）「危機管理・復興から考える「平成の大合併」」

Ｃ２　公募企画　選挙ガバナンスの国際比較

司会者：大西　裕（神戸大学）

報告者：遠藤　貢（東京大学）「アフリカにおける選挙ガバナンスの現状と課題：南部アフリカ地域を中心として」

　　　　川中　豪（アジア経済研究所）「選挙管理システムの形成：東南アジア諸国の比較」

　　　　高橋百合子（神戸大学）「選挙管理機関への信頼の決定要因：ラテンアメリカに焦点を当てて」

討論者：鹿毛利枝子（東京大学）・浜中新吾（山形大学）

Ｃ３　公募企画　なぜ「不正」は発生するのか：政治学によるその発生原因の解明

司会者：山本武彦（早稲田大学）

報告者：玉井雅隆（立命館大学）「選挙監視とウソ－CIS諸国と選挙監視の「虚言」と「受容」－」

清水直樹（高知短期大学）「クライエンタリズムと金融政策：都道府県別政府系金融機関の融資データの分析」
横田匡紀（東京理科大学）「気候変動政策における公約の後退」
討論者：藤井禎介（立命館大学）

C 4　公募企画　民主主義の形態と方向性の実証分析：政治学者によるコーディングと知的エリート世論調査による
司会者：恒川恵市（政策研究大学院大学）
報告者：猪口　孝（新潟県立大学）「グローバル化時代の民主主義世論調査：概念的枠組と予備的分析」
窪田悠一（新潟県立大学）「世界の民主主義体制のデータ分析－エキスパート・サーベイ」
討論者：宇野重規（東京大学）

C 5　自由論題　西洋政治思想史
司会者：谷澤正嗣（早稲田大学）
報告者：隠岐（須賀）麻衣（早稲田大学）「説得―プラトンの政治的言論の技術―」
加藤雅俊（横浜国立大学）「ボブ・ジェソップの政治分析－戦略・関係アプローチに基づく資本主義国家分析，その到達点と課題－」
谷本純一（福岡教育大学）「例外状態と市民社会」
討論者：小田川大典（岡山大学）

C 6　自由論題　選挙・投票行動
司会者：森　　正（愛知学院大学）
報告者：今井亮佑（早稲田大学）・荒井紀一郎（首都大学東京）・日野愛郎（早稲田大学）「政党システムの変容と政策対立軸の変化」
松谷　満（中京大学）・成　元哲（中京大学）「原発事故被災地における市民の政治意識・投票行動」
金　兌希（慶應義塾大学）「選挙動員と信頼」
討論者：三船　毅（中央大学）・中村悦大（愛媛大学）

C 7　自由論題　韓国政治
司会者：磯崎典世（学習院大学）
報告者：安　周永（常葉大学）「韓国における「直接行動」の隆盛と保守政党体制の変化」
李　正吉（名古屋大学）「言説政治から見る韓国の保守側政治家の危機

克服メカニズム：1980年代の政治発展過程を照らして今日の政治を展望する」
金　東煥（立命館大学）「候補者指名方法の開放と議員行動，そして政党組織―2012年総選挙における済州市（乙）選挙区・民主党の事例―」
討論者：清水敏行（札幌学院大学）

C８　自由論題　ヨーロッパ政治

司会者：安井宏樹（神戸大学）
報告者：中川洋一（立命館大学）「2013年ドイツ連邦総選挙と連邦政治や政党システムへの含意」
杉村豪一（神戸大学）「ヨーロッパ政党システムの「現在」と「歴史」」
東村紀子（大阪大学）「オランド政権下におけるフランスの移民・難民政策及びモナコの外国人政策―国益と人道主義のはざまで―」
稲永祐介（EPHE / CNRS-GSRL）「フランス第三共和政における国民意識とナショナリズム：差異に対する憎悪をめぐって」
討論者：小野　一（工学院大学）・川嶋周一（明治大学）

11：40～12：25　総会

13：15～15：15　<分科会D１～D８>

D１　企画委員会企画　災厄の政治学

司会者：小田川大典（岡山大学）
報告者：尾原宏之（立教大学）「関東大震災と「反省」の作法－「災後」政治論の再検討」
前川真行（大阪府立大学）「都市／国家と災厄」
討論者：北原糸子・伊藤光利（関西大学）

D２　国際交流委員会企画　公選首長と地方議会　＊使用言語：英語

司会者：曽我謙悟（神戸大学）
報告者：Chris Game（バーミンガム大学）“The UK’s problem with directly elected mayors: should we have learned more from Europe and Japan?”
砂原庸介（大阪大学）“Party Politics and Presidentialism in Japanese Local Government”
討論者：石原俊彦（関西学院大学）・伊藤正次（首都大学東京）

D３　公募企画　政治的判断と時間の断層―尖鋭化するセキュリタイゼーションをめぐって

司会者：高橋良輔（佐賀大学）
報告者：大庭弘継（南山大学）「最終手段としての人道的介入—不確実性と〆切」
高澤洋志（東京大学大学院）「非時間化とセキュリタイゼーション—『保護する責任』概念の変遷から」
伊藤丈人（青山学院大学）「正当化に必要な「時間」に関する考察—食品安全問題を事例として」
討論者：太田　宏（早稲田大学）・芝崎厚士（駒澤大学）

D４　公募企画　アラブの春の再検討

司会者：浜中新吾（山形大学）
報告者：山本達也（清泉女子大学）「中東政治変動におけるインターネットの役割」
杉浦功一（和洋女子大学）「中東の政治変動に対する民主化支援の検証」
小松志朗（早稲田大学）「中東の政治変動と軍事介入：リビアとシリア」
討論者：山尾　大（九州大学）・岩崎正洋（日本大学）

D５　政治学方法論研究会　選挙研究における実証分析のフロンティア

司会者：鈴木基史（京都大学）
報告者：浅古泰史（早稲田大学）・松林哲也（大阪大学）“The Business Cycle and the Entry of Third-Party Candidates in the US State-Level Elections”
梅田道生（愛媛大学）「競争的／非競争的な選挙戦の民主的帰結」
勝又裕斗（東京大学）“Making the Responsibility Clearer: A Bayesian Dynamic Linear Model for the Analysis of Economic Voting”
討論者：鈴木基史（京都大学）・遠藤晶久（早稲田大学）

D６　自由論題　日本政治思想史・政治史

司会者：大久保健晴（慶應義塾大学）
報告者：矢嶋　光（大阪大学）「芦田均と政民連携運動—1930年代の外交と政党政治の関係をめぐって」
原田伸一（国士舘大学）「民政党はなぜ，党内の掌握に失敗したのか？」
討論者：梅森直之（早稲田大学）・五百旗頭薫（東京大学）

D７　自由論題　議員・政党

司会者：堤　英敬（香川大学）
報告者：小島真一（神戸大学大学院）「自民党復党の分析」
鶴谷将彦（公益財団法人　ひょうご震災記念21世紀研究機構）「大都市における自民党～京都市を事例に～」

討論者：濱本真輔（北九州市立大学）・森　正（愛知学院大学）

Ｄ８　自由論題　東南アジア政治

司会者・討論者：日下　渉（名古屋大学）

報告者：東島雅昌（ミシガン州立大学）・粕谷祐子（慶應義塾大学）「権威主義体制の存続と執政府・議会関係：大統領制と議院内閣制のもたらす違い」

鷲田任邦（早稲田大学）「長期政権下の選挙政治と政党間協力：マレーシア与党連合の閣僚ポスト配分戦略」

伊賀　司（京都大学）「民主化移行期の機密保護と情報公開をめぐる政治過程―マレーシアの事例から」

討論者：川中　豪（アジア経済研究所）

15：30〜17：30　＜分科会Ｅ１〜Ｅ８＞

Ｅ１　企画委員会企画　ジェンダーの政治学と政治学のジェンダー性

司会者：衛藤幹子（法政大学）

報告者：辻　由希（京都大学）「制度改革とジェンダー政治－ナショナル・マシーナリーを手がかりに」

戸田真紀子（京都女子大学）「アフリカから見るジェンダーと政治学」

討論者：岡野八代（同志社大学）・三浦まり（上智大学）

Ｅ２　公募企画　政治哲学／政治理論とリアル・ポリティクス

司会者：宇野重規（東京大学）

報告者：大澤　津（北九州市立大学）「「現実政治」と政治理論の接点―政治的現実主義とロールズ政治理論の関係を手がかりに」

乙部延剛（茨城大学）「どの実践に，どうやって架橋するのか―政治理論の役割の再検討」

討論者：山岡龍一（放送大学）・松元雅和（関西大学）

Ｅ３　公募企画　移民政策と福祉再編の政治

司会者：横田正顕（東北大学）

報告者：島田幸典（京都大学）「再編期自由主義レジームにおける福祉国家と移民―英国を事例として」

伊藤　武（専修大学）「イタリアの移民政策と家族主義レジームの「再家族化」」

尾玉剛士（獨協大学）「フランスにおける“移民問題”と福祉国家再編の政治」

討論者：近藤正基（神戸大学）・小川有美（立教大学）

E４　公募企画　政権交代期における有権者の政治意識と投票行動

司会者：小林良彰（慶應義塾大学）

報告者：飯田　健（同志社大学）「2009年政権交代への失望と政治不信　有権者は合理的である「べき」か」

三輪洋文（東京大学）・谷口将紀（東京大学）「現代日本における有権者の政策空間認識の不均質性」

平野　浩（学習院大学）「「アベノミクス」評価と投票行動」

討論者：竹中佳彦（筑波大学）・日野愛郎（早稲田大学）

E５　公募企画　政治資金分析の理論と実証

司会者：池谷知明（早稲田大学）

報告者：河崎　健（上智大学）「ドイツにおける政治資金制度と実証—近年の収支の動向を中心に—」

富崎　隆（駒澤大学）「政治資金研究の動向及びイギリスにおける実証分析」

増田　正（高崎経済大学）「フランスにおける政治資金制度と実証」

討論者：水戸克典（日本大学）

E６　戦前戦後・比較政治史研究フォーラム　日本外交・安全保障の歴史的基盤

司会者：村井良太（駒澤大学）

報告者：佐々木雄一（東京大学大学院）「明治立憲政治における外交と世論—原内閣期を中心に」

大前信也（同志社女子大学）「戦火はなぜ広がったか—事変をめぐる陸軍と議会」

萩藤大明（神戸大学大学院）「日米安全保障条約が中華民国に与えた影響1958-1962年—1958年の台湾海峡危機と日米共同声明—」

討論者：戸部良一（国際日本文化研究センター）・伏見岳人（東北大学）

E７　現代地域政治研究会　周辺・境界からの視座

司会者：岡澤憲芙（早稲田大学）

報告者：渡辺容一郎（日本大学）「2014年スコットランド住民投票と政党政治」

古川浩司（中京大学）「日本の国境地域における諸問題」

池尾靖志（立命館大学）「安全保障政策をめぐる中央－地方の政府間関係－地域から安全保障を考える視点－」

討論者：孫崎　亨（元外務省）・照屋寛之（沖縄国際大学）・白鳥　浩（法政大学）

Ｅ８　自由論題　政策過程

司会者：青木栄一（東北大学）

報告者：京　俊介（中京大学）「刑事政策の政治学的分析：少年法「厳罰化」とイシュー・セイリアンス」

松浦淳介（慶應義塾大学）「分裂議会のもとにおける閣法の立法過程」

討論者：内山　融（東京大学）・佐々田博教（北海道大学）

13：00～17：00　ポスターセッション：政治学のフロンティア（Ｆ１～Ｆ14）

Ｆ１　佐藤智美（日本安全保障・危機管理学会）「地方自治体における防災危機管理監に求められる資質，役割とは何か？―東日本大震災における岩手県を事例として―」

Ｆ２　北村　浩（政治経済研究所）「原発災害による広域避難者の現状と「復興支援」の課題－ソーシャルワーク的実践における規範的政治理論の可能性・２－」

Ｆ３　寺迫　剛（(一財）行政管理研究センター）「日独地域レベル（道州制／連邦制）における行政制度と政党政治の比較」

Ｆ４　中村悦大（愛媛大学）「土建政治の理論」

Ｆ５　小田勇樹（慶應義塾大学）「開放型の公務員制度における公募任用」

Ｆ６　朴　志善（東京大学大学院）「政府与党間事前協議制度の日韓比較：与党一体性をめぐるダイナミズム」

Ｆ７　吉田龍太郎（慶應義塾大学）「日本民主党の挑戦と終焉―政策調整の成功と複合的な保革対立―」

Ｆ８　山本英弘（山形大学）「社会運動に対する許容度の規定因―日韓独の国際比較分析―」

Ｆ９　平山　実（防衛大学校）「アルジェリア事件の再検討－在外邦人・在外企業の保護は万全か」

Ｆ10　深谷　健（武蔵野大学）「生産者カルテルのゆらぎ―規制政治における特殊利益と一般利益の相剋」

Ｆ11　前田幸男（東京大学）「内閣支持率と選挙結果－参院補選を例に」

Ｆ12　坂井亮太（早稲田大学）「熟議過程における意思決定プロセスの探求―多属性選択を通じた市民の意見表明と集計における規範的課題―」

Ｆ13　崔　碩鎭（北海道大学）「「ポピュリスト」なきポピュリズムの可能性：2011年の大阪ダブル選挙とソウル市長補欠選挙の事例を中心に」

Ｆ14　細貝　亮（早稲田大学）・工藤　文（早稲田大学）「新聞記事のテキスト分析－全国紙と地方紙の比較を中心に」

『年報政治学』論文投稿規程

※第９条の「投稿申込書」は，日本政治学会のホームページからダウンロードできます（URL: http://www.jpsa-web.org/publish/nenpo.html）。

１．応募資格

・日本政治学会の会員であり，応募の時点で当該年度の会費を納入済みの方。

２．既発表論文投稿の禁止

・応募できる論文は未発表のものに限ります。

３．使用できる言語

・日本語または英語。

４．二重投稿の禁止

・同一の論文を本『年報政治学』以外に同時に投稿することはできません。
・同一の論文を『年報政治学』の複数の号に同時に投稿することはできません。

５．論文の分量

・日本語論文の場合，原則として20,000字以内（注，参考文献，図表を含む）とします。文字数の計算はワープロソフトの文字カウント機能を使って結構ですが，脚注を数える設定にして下さい（スペースは数えなくても結構です）。半角英数字は２分の１字と換算します。図表は，刷り上がり１ページを占める場合には900字，半ページの場合には450字と換算して下さい。
　論文の内容から20,000字にどうしても収まらない場合には，超過を認めることもあります。ただし査読委員会が論文の縮減を指示した場合には，その指示に従って下さい。
・英語論文の場合，8,000語（words）以内（注，参考文献，図表を含む）とします。図表は，刷り上がり１ページを占める場合には360語（words），半ページの場合には180語（words）と換算して下さい。
　論文の内容から8,000語にどうしても収まらない場合には，超過を認めることもあります。ただし査読委員会が論文の縮減を指示した場合には，その指示に従って下さい。

６．論文の主題

・政治学に関わる主題であれば，特に限定しません。年報各号の特集の主題に密接に関連すると年報委員会が判断した場合には，特集の一部として掲載する場合があります。ただし，査読を経たものであることは明記します。

7．応募の締切

・論文の応募は年間を通じて受け付けますので，特に締切はありません。ただし，6月刊行の号に掲載を希望する場合は刊行前年の10月20日，12月刊行の号に掲載を希望する場合は刊行年の3月20日が応募の期限となります。しかし，査読者の修正意見による修正論文の再提出が遅れた場合などは，希望の号に掲載できないこともあります。また，査読委員会が掲載可と決定した場合でも，掲載すべき論文が他に多くある場合には，直近の号に掲載せず，次号以降に回すことがありますので，あらかじめご了承ください。掲載が延期された論文は，次号では最優先で掲載されます。

8．論文の形式

・図表は本文中に埋め込まず，別の電子ファイルに入れ，本文中には図表が入る位置を示して下さい。図表の大きさ（1ページを占めるのか半ページを占めるのか等）も明記して下さい。また，他から図表を転用する際には，必ず出典を各図表の箇所に明記して下さい。
・図表はスキャン可能なファイルで提出してください。出版社に作成を依頼する場合には，執筆者に実費を負担していただきます。
・投稿論文には，審査の公平を期すために執筆者の名前は一切記入せず，「拙著」など著者が識別されうるような表現は控えて下さい。

9．投稿の方法

・論文の投稿は，ワードまたは一太郎形式で電子ファイルに保存し，『年報政治学』査読委員会が指定する電子メールアドレス宛てに，メールの添付ファイルとして送信して下さい。投稿メールの件名（Subject）には，「年報政治学投稿論文の送付」と記入して下さい。
・なお，別紙の投稿申込書に記入の上，投稿論文と共にメールに添付して送付して下さい。
・また，投稿論文を別に3部プリントアウト（A4用紙に片面印刷）して，査読委員会が指定する宛先に送ってください（学会事務局や年報委員会に送らないようにご注意ください）。
・送付された投稿論文等は執筆者に返却致しません。

10．投稿論文の受理

・投稿論文としての要件を満たした執筆者に対しては，『年報政治学』査読委員会より，投稿論文を受理した旨の連絡を電子メールで行います。メールでの送受信に伴う事故を避けるため，論文送付後10日以内に連絡が来ない場合には，投稿された方は『年報政治学』査読委員会に問い合わせて下さい。

11. 査読

・投稿論文の掲載の可否は，査読委員会が委嘱する査読委員以外の匿名のレフリーによる査読結果を踏まえて，査読委員会が決定し，執筆者に電子メール等で結果を連絡します。

・「掲載不可」および「条件付で掲載可」と査読委員会が判断した場合には，執筆者にその理由を付して連絡します。

・「条件付で掲載可」となった投稿論文は，査読委員会が定める期間内に，初稿を提出した時と同一の手続で修正稿を提出して下さい。なお，その際，修正した箇所を明示した修正原稿も電子メールの添付ファイルとして送って下さい。

12. 英文タイトルと英文要約

・査読の結果，『年報政治学』に掲載されることが決まった論文については，著者名の英文表記，英文タイトル，英文要約を提出いただくことになります。英文要約150語程度（150 words）になるようにして下さい（200語以内厳守）。査読委員会は原則として手直しをしないので，執筆者が各自で当該分野に詳しいネイティヴ・スピーカーなどによる校閲を済ませて下さい。

13. 著作権

・本『年報政治学』が掲載する論文の著作権は日本政治学会に帰属します。掲載論文の執筆者が当該論文の転載を行う場合には，必ず事前に文書で本学会事務局と出版社にご連絡下さい。また，当該『年報政治学』刊行後1年以内に刊行される出版物への転載はご遠慮下さい。

・また，投稿論文の執筆に際しては他人の著作権の侵害，名誉毀損の問題を生じないように充分に配慮して下さい。他者の著作物を引用するときは，必ず出典を明記して下さい。

・なお，万一，本『年報政治学』に掲載された執筆内容が他者の著作権を侵害したと認められる場合，執筆者がその一切の責任を負うものとします。

14. その他の留意点

・執筆者の校正は初校のみです。初校段階で大幅な修正・加筆をすることは認められません。また，万が一査読委員会の了承の下に初校段階で大幅な修正・加筆を行った場合，そのことによる製作費用の増加は執筆者に負担していただきます。

・本『年報政治学』への同一の著者による論文の投稿数については何ら制限を設けるものではありませんが，採用された原稿の掲載数が特定の期間に集中する場合には，次号以下に掲載を順次繰り延べることがあります。

査読委員会規程

1．　日本政治学会は，機関誌『年報政治学』の公募論文を審査するために，理事会の下に査読委員会を置く。査読委員会は，委員長及び副委員長を含む7名の委員によって構成する。

　査読委員会委員の任期は2年間とする。任期の始期及び終期は理事会の任期と同時とする。ただし再任を妨げない。

　委員長及び副委員長は，理事長の推薦に基づき，理事会が理事の中から任命する。その他の委員は，査読委員長が副委員長と協議の上で推薦し，それに基づき，会員の中から理事会が任命する。委員の選任に当たっては，所属機関，出身大学，専攻分野等の適切なバランスを考慮する。

2．　査読委員会は，『年報政治学』に掲載する独立論文および特集論文を公募し，応募論文に関する査読者を決定し，査読結果に基づいて論文掲載の可否と掲載する号，及び配列を決定する。特集の公募論文は，年報委員長と査読委員長の連名で論文を公募し，論文送付先を査読委員長に指定する。

3．　査読者は，原則として日本政治学会会員の中から，専門的判断能力に優れた者を選任する。ただし査読委員会委員が査読者を兼ねることはできない。年報委員会委員が査読者になることは妨げない。査読者の選任に当たっては，論文執筆者との個人的関係が深い者を避けるようにしなければならない。

4．　論文応募者の氏名は査読委員会委員のみが知るものとし，委員任期終了後も含め，委員会の外部に氏名を明かしてはならない。査読者，年報委員会にも論文応募者の氏名は明かさないものとする。

5．　査読委員長は，学会事務委託業者に論文応募者の会員資格と会費納入状況を確認する。常務理事は学会事務委託業者に対して，査読委員長の問い合わせに答えるようにあらかじめ指示する。

6．　査読委員会は応募論文の分量，投稿申込書の記載など，形式が規程に則しているかどうか確認する。

7．　査読委員会は，一編の応募論文につき，2名の査読者を選任する。査読委員会は，査読者に論文を送付する際に，論文の分量を査読者に告げるとともに，論文が制限枚数を超過している場合には，超過の必要性についても審査を依頼する。

　査読者は，A，B，C，Dの4段階で論文を評価するとともに，審査概評を報告書に記載する。A～Dには適宜＋または－の記号を付してもよい。記号の意味は以下の通りとする。

　　A：従来の『年報政治学』の水準から考えて非常に水準が高く，ぜひ掲載すべき論文

B：掲載すべき水準に達しているが，一部修正を要する論文

C：相当の修正を施せば掲載水準に達する可能性がある論文

D：掲載水準に達しておらず，掲載すべきではない論文。

査読者は，BもしくはCの場合は，別紙に修正の概略を記載して査読報告書とともに査読委員会に返送する。またDの場合においては，論文応募者の参考のため，論文の問題点に関する建設的批評を別紙に記載し，査読報告書とともに査読委員会に返送する。査読委員会は査読者による指示ならびに批評を論文応募者に送付する。ただし査読委員会は，査読者による指示ならびに批評を論文応募者に送付するにあたり，不適切な表現を削除もしくは変更するなど，必要な変更を加えることができる。

AないしCの論文において，その分量が20,000字（英語論文の場合には8,000語）を超えている場合には，査読者は論文の内容が制限の超過を正当化できるかどうか判断し，必要な場合には論文の縮減を指示することとする。

8．　修正を施した論文が査読委員会に提出されたときは，査読委員会は遅滞なく初稿と同一の査読者に修正論文を送付し，再査読を依頼する。ただし，同一の査読者が再査読を行えない事情がある場合には，査読委員会の議を経て査読者を変更することを妨げない。また，所定の期間内に再査読結果が提出されない場合，査読委員会は別の査読者を依頼するか，もしくは自ら査読することができるものとする。

9．　最初の査読で査読者のうち一人がD（D＋およびD－を含む。以下，同様）と評価した論文は，他の査読者に査読を依頼することがある。ただし，評価がDDの場合は掲載不可とする。修正論文の再査読の結果は，X（掲載可），Y（掲載不可）の2段階で評価する。XYの場合は，委員会が査読者の評価を尊重して掲載の可否を検討する。

10．　査読委員会は，年報委員長と協議して各号に掲載する公募論文の数を決定し，その数に応じて各号に掲載する公募論文を決定する。各号の掲載決定は，以下の原則によるものとする。

1）　掲載可と判断されながら紙幅の制約によって前号に掲載されなかった論文をまず優先する。

2）　残りの論文の中では，初稿の査読評価が高い論文を優先する。この場合，BBの評価はACの評価と同等とする。

3）　評価が同等の論文の中では，最終稿が提出された日が早い論文を優先する。

上記3つの原則に拘らず，公募論文の内容が特集テーマに密接に関連している場合には，その特集が組まれている号に掲載することを目的として掲載号を変えることは差し支えない。

11．　応募論文が特集のテーマに密接に関連する場合，または応募者が特集の一

部とすることを意図して論文を応募している場合には，査読委員長が特集号の年報委員長に対して論文応募の事実を伝え，その後の査読の状況について適宜情報を与えるものとする。査読の結果当該論文が掲載許可となった場合には，その論文を特集の一部とするか独立論文として扱うかにつき，年報委員長の判断を求め，その判断に従うものとする。

12.　査読委員長，査読委員及び査読者の氏名・所属の公表に関しては，査読委員長の氏名・所属のみを公表し，他は公表しない。

付則１

1．本規程は，2005年10月より施行する。

2．本規程の変更は，理事会の議を経なければならない。

3．本規程に基づく査読委員会は2005年10月の理事会で発足し，2006年度第２号の公募論文から担当する。最初の査読委員会の任期は，2006年10月の理事交代時までとする。

付則２

1．本規程は，2007年３月10日より施行する。

The Annuals of Japanese Political Science Association 2014-II

Summary of Articles

Tax Reform and Prospect Theory

Hajime KIDERA (11)

The consumption tax reform is considered as one of the risky policies for the ruling party in Japan. But the Murayama cabinet (1994-1995) and the Noda cabinet (2011-2012) decided to increase the rate of consumption tax. How can we explain the decision making process? Using the behavioral economic theory "(Cumulative) Prospect Theory" that describes how people make decisions under conditions of uncertainty, this article shows that, as the support for the Murayama cabinet and the Noda cabinet were getting worse and worse, the ruling parties turned to be the risk-loving player who is willing to take more risks in order to earn higher returns and then decided to commit the tax reform.

Citizen Panels for Participatory Program Reviews in Municipal Governance: Case studies in the Greater Tokyo Area

Motoki NAGANO (41)

Recently, more and more municipal governments have begun to incorporate citizen participation into program reviews. One recruitment method that is becoming increasingly common is random sampling of residents, who are invited to participate in deliberations over policy issues in small groups as part of the review process. We investigated these new citizen participation activities in the Greater Tokyo Area by conducting participatory observations. We found that the activities could potentially have positive effects on municipal governance. One effect is increasing the number of participants, who previously had little access to existing public consultation, and this in turn contributes new policy knowledge to the policy making process; another is improving policy learning for technocrats through fuller deliberations. Like other forms of citizen participation involving by political actors, however, these activities have a downside: political mobilization. They provide municipal executives with political legitimacy for acting against the interests of other stakeholders (including related municipal divisions and private service providers) and for achieving their policy objectives through indirect means (framing and agenda controls) and direct ones (attendance and high visibility). Accordingly, we must be aware of the potential and risk for politicization of citizen panels in the reform of municipal governments and governance.

Interpersonal Exchange and Media as the Determinant of Affection for the Political Actors: Party Competition and Growth in Awareness of Voters

Mamoru SHIRASAKI (66)

This study aspires to ascertain effects of interpersonal exchange and TV news on the electorates' political awareness during the Koizumi administration that is the growth phase of the two-party system in Japan. Focusing attention on the effects of interpersonal exchange and NHK news channel on the approval rating of the DPJ with respect to members of the electorate who were surrounded by LDP voters, interpersonal exchange could be seen to have an effect only in the fourth election, whereas NHK news had a greater significance in the first two elections. On the other hand, the effects of the NHK news channel on opinions of the LDP and Koizumi seemed to occur most strongly in the fourth and final election considered in this study. Voters' knowledge of the DPJ, or their interest in the party, or their expectations of the party, might have been so minimal that little influential argument about the party occurred before the fourth election. In the meantime, the apparently objective NHK news reported the emerging party. Thus, the fact conversation partners knew less about the DPJ may have increased the influence of the NHK news reports on voters.

Presidentialization and Party Governance

Masahiro IWASAKI (91)

In this article, we focus on a relationship between presidentialization and party politics. Especially, we pay attention to the governance of party politics. According to Thomas Poguntke and Paul Webb, phenomenon of presidentialization "denominates a process by which regimes are becoming more presidential in their actual practice without, in most cases, changing their formal structure, that is, their regime type." They refer to as three faces of presidentialization, that is, (1) the executive face, (2) the party face, and (3) the electoral face. These faces are complementary in the democratic governance. In this paper, the phenomenon of presidentialization means the governance of party politics. There are two types of governance by political parties. One is "governance in the party" and another one is "governance among the parties." It is useful for us to understand the changes of party politics by using the concepts of "governance in the party" and "governance among the parties."

The Review on the 'Politics of the Corporate Governance': Approaches of the 'Three I's

Susumu NISHIOKA（110）

In recent years, among the governance theory, especially the corporate governance has attracted social attention. In the field of the business administration, economics and law, a number of literature on the corporate governance have been written. However, it has not been much attention in the political science. The object of this article is to review several recent political studies on the corporate governance, here termed the 'politics of the corporate governance'.

This article summarizes the previous researches, stressing the distinctiveness of the 'three I's approaches in the political analysis of the corporate governance: institution, interest and idea-based approaches. The institution-based approaches reveal correlation between the political institutions and diversity of the corporate governance. The interest-based approaches focus on the role of political parties, political coalitions of some interest groups and corporate actors to the political process of the corporate governance. The idea-based approaches reveal role of the ideas, discourses and framing which effect on the corporate governance system changes.

Although the previous studies has contributed to the 'politics of the corporate governance', there still remain questions. We need to address the challenges.

Re-thinking Governance in a Post-conflict Society: The Case of Iraq

Dai YAMAO（135）

This study attempts to reconsider governance in a post-conflict society by shedding special light on non-official actors, using the case of Iraq after the U.S. invasion of 2003.

Widespread governance indicators such as 'Worldwide Governance Indicators' tend to emphasize the abilities of the government to govern a certain country.

This cannot, however, be applied while analysing situations in a post-conflict society, as non-governmental or non-official bodies tend to play an important role in organizing the government, as well as in shaping the political institutions that influence the process of state building. Hence, this study tries to clarify the alternative roles played by non-official actors such as tribes, regional governors, and religious establishments by evaluating governance in post-war Iraq.

The study concludes that these non-official actors prevented a collapse of governance by the government, and contributed to improving it by maintaining public security, improving public services, and supervising governmental policies in post-war Iraq.

This implies that analysing governance by paying attention to non-official actors might also contribute to the research on state building in post-conflict societies.

Partnerships in Governance: Practices and Theories at the National and Global Level

Koichi SUGIURA (156)

"Partnerships" are essential for national and global governance. This article attempts to understand the history of partnerships, their roles in governance, their characteristics and challenges, and analytical frameworks for them by examining partnerships at both the national and the global level in terms of practices and theories. First, this article examines the debates on governance and the experiences of partnership practices, especially public-private partnerships (PPP), in developed countries. Then, this article considers what partnerships represent in developing countries. Furthermore, this article examines how partnerships have developed in global governance, focusing on the United Nations' attempts at building partnerships and on partnerships in the fields of sustainable development and health. Then, this article compares and contrasts national and global partnerships, and attempts to construct an inclusive analytical framework for partnerships. Finally, this article indicates that the research on partnerships can overcome the artificial division between developed and developing countries, as well as that between national and global governance, inherent in current practices and theories of governance.

Legislative Activities of Local Legislators in Japan

Hiroki TSUKIYAMA (185)

In Japan, local legislators often seem inactive and redundant. In fact, they introduce much fewer bills than local governors. However, why don't these local legislators devote themselves to legislative activities, especially introduction of bills?

Using the panel data of 47 Japanese prefectural assemblies from 1967 to 2006, this study investigates the determinants of bill introduction by local legislators. We mainly focus on the effect of political institutions: executive-legislative relations, parliamentary rules, and central-local relations via the party system. The results of Poisson and a negative binominal regression model with unconditional fixed effects show that parliamentary factions tend to introduce more bills in following situations: while opposing the governor, when the factions are large enough to introduce bills on their own, and when they don't have a close connection with the central government via the party system. These results imply that the institutional restrictions of local legislatures cause their legislators to be inactive in introducing bills.

Discursive Dilemma and the Justification for Judicial Review

Nao SAITO (211)

The aim of this paper is to clarify the theoretical possibilities for judicial review by arguing the influence and implication of social choice theory.

There are three schools of thought concerning this issue. First, scholars such as William Riker consider the negative implication of Arrow's theorem against populism, and defend the normative validity of judicial review. Second, social choice theorists such as Amartya Sen study the mathematical formulas of constitutional choice. Third, scholars such as Cristian List have recently defended the normal validity of judicial review as one solution to discursive dilemma.

This paper supports the third scholar, as his thinking can clarify the fundamental character of judicial review. However, List's perspective can only justify the normative validity of judicial review, without formalizing it. The paper concludes with examples of further possibilities for the application of List's arguments.

A Study on Hirobumi Ito's "Legislation" Perspective

Satoshi KUBOTA (232)

According to Article 5 of the Meiji Constitution, the Imperial Diet was identified as a kyosan organization. Then, what intention did Ito have to identify it as a kyosan organization?

Ito learned from Mosse and Stein that the legislature should not be allowed to act completely arbitrarily, but that the legislative process for deliberation bills was required for a constitutional system of government. Those days in Japan, as such a fixed legislative process did not yet exist, this point can be considered pioneering. Moreover, while Ito thought that Japan was not yet ready for party politics, he hoped that the Imperial Diet would support the enactment of the law that suited national polity in the future. Ito having an antinomic "legislation" perspective — a legislature not acting arbitrarily and the hope to enact the law which suited national polity — found flexibility in the constitutional positioning of the Imperial Diet.

It can then be said that kyosan was an exquisite expression which includes Ito's "legislation" perspective.

The Threshold in Sufficientarianism: Doubt about Egalitarianism in Distributive Justice

Sachiko YASUDA (253)

This paper advocates sufficientarianism, which insists that everyone should be above a certain threshold. There are three criticisms against sufficientarianism on the threshold of sufficiency. First, it is said that sufficientarianism does not define where the threshold is. Secondly, many sufficientarians assume a single threshold, but there is no reason. Thirdly, both subjective and objective way of threshold setting have difficulties. Despite the significance of these criticisms, sufficientarianism has not responded.

To fill this gap in the literature, this paper tries to respond these criticisms. To begin with, I show that the first criticism is not persuasive because the important issue here is the choice between subjective threshold and objective threshold. Next, about the second criticism, I propose two-threshold ssufficientarianism. Then I divide the objective threshold into two types; one depends on distributive condition, the other does not. The objective threshold which does not depend on distributive condition can avoid the third criticism.

This paper concludes by suggesting that two-thresholds sufficientarianism which does not depend on distributive condition favors resource sufficiency or capability sufficiency rather than welfare sufficiency.

The Emerging Paradigm of Development in the 1930s: Poverty, Radicalism, and Depoliticization

Motomichi IGARASHI (271)

This article will show how the paradigm of development emerged in the British Empire in the 1930s. Some existing works on development seek to describe the power structure of 'depoliticization' in developing countries by analyzing development aid policies after decolonization. However, they hardly explain when and how the depoliticization of poverty and development began. This article will demonstrate that when the paradigm of development emerged in the 1930s, poverty and development were depoliticized from the very beginning. In the late 19th and early 20th century, British colonial administration was based mainly on the colonial philosophy of 'indirect rule.' However, in the 1930s, poverty was found by new experts such as social anthropologists and biologists in the British colonies. By using scientific methods, they constituted the paradigm of development which required social policies in dependent territories. In this process, the structure of depoliticization was established.

年報政治学2014－Ⅱ
政治学におけるガバナンス論の現在

2015年１月15日　第１刷発行　©

編　者　日本政治学会（年報編集委員長　吉野　篤）
発行者　坂口節子
発行所　有限会社　木鐸社（ぼくたくしゃ）

〒112-0002　東京都文京区小石川５-11-15-302
電話（03）3814-4195　　郵便振替　00100-５-126746番
ファクス（03）3814-4196　　http://www.bokutakusha.com/

印刷　㈱アテネ社／製本　吉澤製本

乱丁・落丁本はお取替致します

ISBN978-4-8332-2483-3　C3331

政治学（政治学・政治思想）

議会制度と日本政治 ■議事運営の計量政治学

増山幹高著（政策研究大学院大学・慶應義塾大学）

A5判・300頁・4000円（2003年）ISBN4-8332-2339-2

既存研究のように，理念的な議会観に基づく国会無能論やマイク・モチヅキに端を発する行動論的アプローチの限界を突破し，日本の民主主義の根幹が議院内閣制に構造化されていることを再認識する。この議会制度という観点から戦後日本の政治・立法過程の分析を体系的・計量的に展開する画期的試み。

立法の制度と過程

福元健太郎著（学習院大学法学部）

A5判・250頁・3500円（2007年）ISBN978-4-8332-2389-8 C3031

本書は，国会をテーマに立法の理想と現実を実証的に研究したもの。著者は「制度は過程に影響を与えるが，制度設計者が意図したとおりとは限らない」とする。すなわち［理想のどこに無理があるのか］［現実的対応のどこに問題があるのか］を的確に示すことは難しい。計量的手法も取り入れながら，立法の理想と現実に挑む。

参加のメカニズム

荒井紀一郎著（首都大東京都市教養学部）

A5判・184頁・2800円（2014年）ISBN978-4-8332-2468-0 C3031

■民主主義に適応する市民の動態

市民による政治参加は民主主義の基盤であり，また現代政治学における重要なテーマであり続けてきた。本書はまず既存のアプローチの問題点を指摘し，強化学習という新たな理論に基づいて投票参加のパラドックスを解明する。さらに投票行動とそれ以外の政治参加を，同一のモデルを用いることによって体系的に説明する。

日本型教育システムの誕生

徳久恭子著（立命館大学法学部）

A5判・352頁・4500円（2008年）ISBN978-4-8332-2403-1 C3031

敗戦による体制の転換において，教育改革は最優先課題であった。それは米国型の「国民の教育権」を推し進めようとするGHQと旧来の伝統的自由主義にもとづく教育を取り戻したい文部省との対立と妥協の政治過程であった。教育基本法という日本型教育システムの誕生にいたるそのプロセスを，従来の保革対立アプローチの呪縛を脱し，アイディアアプローチを用いて論証する政治学的考察。

教育行政の政治学

村上祐介著（東京大学教育学部）

A5判・322頁・3000円（2011年）ISBN978-4-8332-2440-6 C3031

■教育委員会制度の改革と実態に関する実証的研究

教育行政学と行政学は教育委員会制度改革に対する規範的な見解の違いはあるが，現状認識としては，共に教育行政が縦割り集権構造の強い領域であるというモデルの理解に立っている。本書はこれに対し通説とは異なるモデルによって実証的な分析を提示する。更にその実証過程で新しい制度論に基づき，理論的貢献を果たす。

著作権法改正の政治学

京　俊介著（中京大学法学部）

A5判・270頁・3500円（2011年）ISBN978-4-8332-2449-9 C3031

■戦略的相互作用と政策帰結

多くの有権者，政治家にとって極めて専門的な内容であるロー・セイリアンスの政策分野の一つに著作権法・知的財産政策がある。本書は著作権法改正過程を巡る政治家，官庁，利益集団，外国の戦略的相互作用をゲーム理論を用いて分析し，その上でそれらを民主的手続きの正当性の観点から考察する。

制度発展と政策アイディア

佐々田博教著（北海道大学国際本部）

A5判・270頁・3500円（2011年）ISBN978-4-8332-2448-2 C3031

戦後日本における開発型国家システムの起源はどこにあるか，またそのシステムが戦時期から戦後の長期に亙って維持されたのは何故か。本書は主導的官僚機構と政策アイディアの連続性のポジティブ・フィードバック効果によるアプローチに基づき，満州国，戦時期日本，戦後日本の歴史を過程追跡し，検証する。

ニューロポリティクス

井手弘子著

A5判・208頁・2500円（2012年）ISBN978-4-8332-2452-9 C3031

■脳神経科学の方法を用いた政治行動研究

本書は，2007年に政治学分野では日本で初めて機能的磁気共鳴画像法（fMRI）を用いて，著者を含む研究グループが行った，1992年米国大統領選挙のネガティヴ広告およびコーラ商品の選択の実験研究を詳細に報告しつつ，政治的意思決定の解明や政治行動の特徴を捉えたもの。

日本のマクロ政体

大村華子著（関西学院大学総合政策学部）

A5判・272頁・4000円（2012年）ISBN978-4-8332-2453-6 C3031

■現代日本における政治代表の動態分析

政府及び政党の掲げる政策と世論の動きに注目することによって，有権者の期待する政策を実現し，その負託に応えてきたのか，代議制民主主義の機能である応答責任を果たしてきたのか，それらをマクロ政体として捉え動態的に検証することで日本の実質的民主主義の特徴＝弱者に優しい民主主義を提示する。

日本における政治への信頼と不信

善教将大著（関西学院大学法学部）

A5判・280頁・4000円（2013年）ISBN978-4-8332-2461-1 C3031

本書は政治への信頼を認知と感情に大別し，それがどのような意識か，どのように推移しているのか。それが低下するとどのような問題が生じるのか。さらに，その原因は何なのか。これらの問いに，政治意識調査を用いた実証分析を通じて答える。

日本と中国のレアアース政策

福田一徳著（経済産業省）

A5判・206頁・2500円（2013年）ISBN978-4-8332-2469-7 C3031

レアアース産業は日本製造業の発展を支えてきた陰の功労者である。しかし，社会科学的な研究は少なかった。本書では経済産業省非鉄金属課に属していた著者が，レアアースの定義からはじめ，6つのキーワードをもとに国内・国際政治との関連にいたるまで網羅的に解説を加える。